D1754471

SCHÄFFER
POESCHEL

Ergänzende Unterlagen zum Buch bieten wir Ihnen unter **www.schaeffer-poeschel.de/webcode** zum Download an.

Ihr persönlicher Webcode: **2976-5RMGZ**

Wolfgang Rasspe-Dahmann

Investitionsmanagement

Praxishandbuch für Unternehmer und Führungskräfte

2011
Schäffer-Poeschel Verlag Stuttgart

Bibliografische Information Der Deutschen Bibliothek
Die Deutsche Bibliothek verzeichnet diese Publikation in der Deutschen
Nationalbibliografie; detaillierte bibliografische Daten sind im Internet
über < http://dnb.ddb.de > abrufbar

Gedruckt auf chlorfrei gebleichtem, säurefreiem und alterungsbeständigem Papier

ISBN 978-3-7910-2976-4

Dieses Werk einschließlich aller seiner Teile ist urheberrechtlich geschützt. Jede Verwertung außerhalb
der engen Grenzen des Urheberrechtsgesetzes ist ohne Zustimmung des Verlages unzulässig und strafbar.
Das gilt insbesondere für Vervielfältigungen, Übersetzungen, Mikroverfilmungen und die Einspeicherung
und Verarbeitung in elektronischen Systemen.

© 2011 Schäffer-Poeschel Verlag für Wirtschaft · Steuern · Recht GmbH
www.schaeffer-poeschel.de
info@schaeffer-poeschel.de
Einbandgestaltung:
Satz: DTP + TEXT Eva Burri, Stuttgart
www.dtp-text.de
Druck und Bindung: CPI – Ebner & Spiegel, Ulm
Printed in Germany
Februar 2011

Schäffer-Poeschel Verlag Stuttgart
Ein Tochterunternehmen der Verlagsgruppe Handelsblatt

Vorwort

Wie Investitionsentscheidungen getroffen werden, ist schon eine spannende Sache. In meiner beruflichen Praxis – früher als Vertriebsleiter, Kaufmännischer Leiter und Geschäftsführer, heute als Unternehmensberater – erlebte ich die unterschiedlichsten Varianten: Da lässt sich der Unternehmer von einer neuen Idee hinreißen, investiert aus Begeisterung, ohne die Risiken wirklich zu prüfen. Das Gegenstück ist der Zauderer, der Investitionen hinausschiebt, weil er deren Folgen nicht überschaut und Angst vor den Auswirkungen hat – und der deshalb am Ende seine Chancen verpasst. Dann gibt es aber auch den Unternehmer, der seine Investitionen mutig, aber sachlich fundiert trifft. Vor allem an ihn wendet sich dieses Buch.

Für verantwortungsbewusste Investitionsentscheidungen, zumal bei größeren Vorhaben, bedarf es eines umfassenden Konzepts, das sich aus drei großen Elementen zusammensetzt: Es besteht erstens aus einem *strategischen Teil*, weil Investitionen Kapital binden, Fixkosten verursachen und daher einen langfristigen Horizont haben. Zweitens besteht dieses Konzept aus einem *betriebswirtschaftlichen Teil*, weil die Betriebswirtschaft einige Methoden und Tools anbietet, die dabei helfen, das komplexe Feld einer Investition in den Griff zu bekommen. Drittens erfordern Investitionen *Führung*, weil auch strategisch richtige und betriebswirtschaftlich sinnvolle Investitionen scheitern können, wenn die Beteiligten nicht richtig in das Investitionsprojekt eingebunden werden.

Alle drei Aspekte sind Bestandteil des Investitionsprozesses und ziehen sich deshalb durch die einzelnen Kapitel dieses Buches – ganz gleich, ob es um die Aufstellung des Investitionsprogramms, das Risikomanagement, die Finanzierung, die Umsetzung des Investitionsprojektes, die Nutzungsphase oder das Controlling geht. Auch wenn es um die Bewältigung aktueller Herausforderungen im Investitionsmanagement geht, spielt die strategische Einbindung der Methoden und Maßnahmen eine entscheidende Rolle. Stichworte sind hier u.a. Investieren in der Krise, F&E-Investitionen, Nachhaltigkeit und Investitionen in immaterielle Werte.

Jeder, der mit dem Thema zu tun hat, weiß: Investitionen stellen ein komplexes Entscheidungs- und Handlungsfeld dar. Durch eine systematische Vorgehensweise lassen sie sich jedoch in den Griff bekommen. Hierzu möchte dieses Buch eine Anleitung geben – theoretisch fundiert, aber stets an der Praxis orientiert. Viele Beispiele, die zum großen Teil aus der eigenen Berufs- und Beratungspraxis stammen, veranschaulichen die Zusammenhänge, belegen aber auch, dass das Thema Investitionen im Unternehmensalltag für viel Aufregung sorgen kann und keineswegs nur mit nüchternen Rechenverfahren zu tun hat. Graue Theorie ist das eine, gelebte Praxis das andere. Mit dem vorliegenden Buch möchte ich beides verbinden, denn letztendlich kann nur jene Theorie hilfreich sein, die in der Praxis auch erfolgreich funktioniert hat.

Das Buch wendet sich in erster Linie an Unternehmer, Führungskräfte und Mitarbeiter, die in ihrer Arbeit mit Investitionen bzw. Investitionsentscheidungen zu tun haben, aber auch Lernende und Studierende werden es für ihre Ausbildung nutzen können. Das vorgestellte Konzept ist im Prinzip branchenunabhängig. Es bezieht sich aber vorrangig auf kapitalintensive Bereiche, in denen traditionell viel investiert wird, also

Branchen wie den Maschinenbau oder die Metallverarbeitung, aber auch Handel und andere Dienstleister. Ein Download-Bereich mit zahlreichen zusätzlichen Hilfestellungen ergänzt das gedruckte Werk.

Mein Dank geht an Herrn Christian Deutsch für die redaktionelle Unterstützung, ebenso an Herrn Stefan Brückner vom Schäffer-Poeschel Verlag für sein umsichtiges und kritisches Lektorat. Danken möchte ich nicht zuletzt meiner Frau Barbara und meinen Kindern für ihr Verständnis und ihre Unterstützung, die sie mir während der Monate meiner Autorentätigkeit zuteil werden ließen.

Ich wünsche Ihnen viel Freude beim Lesen und viel Erfolg bei der Umsetzung der gewonnenen Erkenntnisse.

Solingen, im Januar 2011   Wolfgang Rasspe-Dahmann

Inhaltsübersicht

Teil 1 – Grundlagen: Der Investitionsprozess 1
1 Vom Bedarf zur Planung: Die Investitionsziele festlegen 3
2 Investitionsrechnung: Die Alternativen bewerten 26
3 Risikomanagement: Risiken erkennen und einschränken 63
4 Finanzierung: Investitionen bezahlen 87
5 Umsetzung: Die Investition tätigen 122
6 Nutzungsphase: Das Investitionsziel erreichen 154
7 Investitionscontrolling: Damit die Rechnung aufgeht 167

Teil 2 – Spezialbereiche des Investitionsmanagements 177
8 Investitionen auslagern 179
9 Lernen von den Besten: Investitionsstrategien der Marktführer 191
10 Investitionen in Forschung und Entwicklung 202
11 Investieren in Krisenzeiten 216
12 Investieren in Umwelt und Nachhaltigkeit 228
13 Investieren in intellektuelles Kapital 245
14 Schlussakkord: Der Dreiklang des Investitionsmanagements 256

Inhaltsverzeichnis

Vorwort V

Teil 1 – Grundlagen: Der Investitionsprozess 1

1   Vom Bedarf zur Planung: Die Investitionsziele festlegen 3
    1.1   Investitionsbedarf erkennen 5
        1.1.1   Frühe Signale wahrnehmen 6
        1.1.2   Offenen Austausch pflegen 9
        1.1.3   Produktlebenszyklen verfolgen 10
    1.2   Investitionsziele aus der Strategie ableiten 12
        1.2.1   Strategische Basis 14
        1.2.2   Vom Leitbild zum Investitionsziel 15
            1.2.2.1   SWOT-Analyse 16
            1.2.2.2   Balanced Scorecard 17
            1.2.2.3   Wissensbilanz 19
            1.2.2.4   Ziele 20
    1.3   Die Rolle als Unternehmer und Führungskraft 21
        1.3.1   Der unternehmerische Aspekt: Mut, Energie und Weitblick 21
        1.3.2   Die Führungskultur 22
        1.3.3   Einbindung der Know-how-Träger 24
    1.4   Zusammenfassung 25

2   Investitionsrechnung: Die Alternativen bewerten 26
    2.1   Qualitative Methoden 26
        2.1.1   Checklistenverfahren 27
        2.1.2   Nutzwertanalyse 28
    2.2   Quantitative Methoden 32
        2.2.1   Statische Investitionsrechenverfahren 33
            2.2.1.1   Kostenvergleichsrechnung 34
            2.2.1.2   Gewinnvergleichsrechnung 36
            2.2.1.3   Amortisationsrechnung 37
            2.2.1.4   Rentabilitätsrechnung 41
            2.2.1.5   Praxisbeurteilung der statischen Rechenverfahren 42
        2.2.2   Dynamische Investitionsrechenverfahren 43
            2.2.2.1   Dynamische Amortisationsrechnung mit Diskontierung ... 43
            2.2.2.2   Kapitalwertmethode 44
            2.2.2.3   Interne Zinsfußmethode 47
            2.2.2.4   Annuitätenmethode 48
        2.2.3   Vollständiger Finanzplan 50
    2.3   Bewertung von Investitionen unter Unsicherheit 52
        2.3.1   Korrekturverfahren 52
        2.3.2   Sensitivitätsanalyse 53
        2.3.3   Risikoprofile 54

2.4	Vorgehensweise: Auswahl der Investition	55
	2.4.1 Schritt 1: Datenermittlung	55
	2.4.2 Schritt 2: Anwendung der Bewertungsverfahren	56
	2.4.3 Schritt 3: Erstellung des Investitionsantrags	57
	2.4.4 Schritt 4: Entscheidung über das Investitionsprogramm	60
2.5	Zusammenfassung	61
3	**Risikomanagement: Risiken erkennen und einschränken**	**63**
3.1	Wie Risikomanagement unter die Räder kommt	64
3.2	Risiken erkennen: Was kann passieren?	66
	3.2.1 Typische Investitionsrisiken in der Praxis	66
	3.2.2 Strukturierte Informationssammlung	67
3.3	Risiken bewerten: Wo lauern die wirklichen Gefahren?	69
	3.3.1 Das Risiko abschätzen	69
	3.3.2 Modelle für die Risikoanalyse	71
	3.3.3 Die Risiken auswählen, die Sie managen wollen	72
3.4	Risiken einschränken: Zwei zentrale Stellhebel	76
	3.4.1 Strategie 1: Den Schaden begrenzen	76
	3.4.1.1 Handlungsoptionen schaffen	78
	3.4.1.2 Typische Risiken – und wie sich deren Schaden begrenzen lässt	79
	3.4.1.3 Risiken durch Versicherungen absichern	80
	3.4.2 Strategie 2: Die Eintrittswahrscheinlichkeit verkleinern	80
	3.4.2.1 Vorkehrungen gegen das Risiko	81
	3.4.2.2 Vorkehrungen bei gesetzlichen Risiken	83
3.5	Den Risikoprozess steuern	83
3.6	Zusammenfassung	85
4	**Finanzierung: Investitionen bezahlen**	**87**
4.1	Risiken und Kosten der Finanzierung bewerten	88
	4.1.1 Vorbereitung auf das Rating	89
	4.1.2 Basis der Kennzahlen: Bilanz und GuV	90
	4.1.3 Erfolgskennzahlen	92
	4.1.3.1 Cashflow und Cashflow-Rate	92
	4.1.3.2 Gesamtkapitalverzinsung und Gesamtkapitalrendite	93
	4.1.3.3 Personalkostenquote	94
	4.1.4 Finanzierungs- und Liquiditätskennzahlen	94
	4.1.4.1 Anlagendeckung	94
	4.1.4.2 Dynamischer Verschuldungsgrad	95
	4.1.5 Bilanzstrukturkennzahlen und sonstige Kennzahlen	95
	4.1.5.1 Eigenkapitalquote	95
	4.1.5.2 Sonstige Kennzahlen	96
4.2	Finanzierungsinstrumente	97
	4.2.1 Innenfinanzierung: Aus eigener Kraft	98
	4.2.1.1 Gewinnthesaurierung	99
	4.2.1.2 Abschreibungen	99
	4.2.1.3 Rückstellungen	100

	4.2.2	Außenfinanzierung: Zusätzliche Schubkraft für das Unternehmen	101
		4.2.2.1 Leverage-Effekt: Mit Fremdkapital zu höherer Rendite	101
		4.2.2.2 Der Bankkredit	104
		4.2.2.3 Öffentliche Förderprogramme	106
		4.2.2.4 Leasing	108
		4.2.2.5 Lieferantenkredit	109
		4.2.2.6 Factoring	110
		4.2.2.7 Beteiligungskapital	111
		4.2.2.8 Mezzanine	112
4.3	Finanzierungsprozess in sechs Schritten		113
	4.3.1	Schritt 1: Prüfung des Investitionsprogramms	113
	4.3.2	Schritt 2: Entscheidung über die Finanzierungsstruktur	115
	4.3.3	Schritt 3: Finanzierungskonzept erstellen	116
		4.3.3.1 Vorgespräche mit den Financiers	116
		4.3.3.2 Verfassen des Konzepts	117
	4.3.4	Schritt 4: Verhandlungen mit den Geldgebern	117
	4.3.5	Schritt 5: Verträge rechtswirksam unterzeichnen	119
	4.3.6	Schritt 6: Kommunikation mit den Geldgebern	119
4.4	Zusammenfassung		120

5 Umsetzung: Die Investition tätigen ... 122

5.1	Umsetzungsprozess in sechs Schritten		123
	5.1.1	Schritt 1: Die Projektorganisation einrichten	124
		5.1.1.1 Festlegung der Aufbauorganisation	124
		5.1.1.2 Bestimmung von Projektleiter, Teammitgliedern und Ressourcen	125
		5.1.1.3 Den Überblick gewinnen: Die AKV-Matrix	126
	5.1.2	Schritt 2: Feinplanung erstellen	128
	5.1.3	Schritt 3: Die Lieferanten beauftragen	129
	5.1.4	Schritt 4: Das Investitionsprojekt managen	130
	5.1.5	Schritt 5: Abnahmen erteilen	132
	5.1.6	Schritt 6: Das Projekt abschließen	133
5.2	Den Umsetzungsprozess steuern und kontrollieren		133
	5.2.1	Das magisches Dreieck des Projektmanagements	133
	5.2.2	Kosten planen und verfolgen	134
	5.2.3	Change Request: Änderungswünsche prüfen	136
	5.2.4	Claim Management: Nachforderungen abwehren	138
	5.2.5	Laufende Projektüberwachung	140
		5.2.5.1 Meilensteintrendanalyse	140
		5.2.5.2 Überwachung Investitionsbudget	141
		5.2.5.3 Earned-Value-Analyse	143
	5.2.6	Information über den Projektstatus	147
	5.2.7	Umgang mit kritischen Situationen	148
5.3	Kritischer Erfolgsfaktor: Führung und Kommunikation		149
	5.3.1	Führungsaufgaben der Geschäftsleitung	150
	5.3.2	Führungsaufgaben des Projektleiters	151
5.4	Zusammenfassung		152

6		Nutzungsphase: Das Investitionsziel erreichen	154
	6.1	Die Investition auf Kurs halten	155
		6.1.1 Strategische Steuerung: Marktsignale wahrnehmen – und handeln	155
		6.1.2 Kontinuierliche Verbesserung: Korrigieren und optimieren	156
	6.2	Effektives Controlling sicherstellen	157
		6.2.1 Die Investition ins Unternehmenscontrolling überführen	157
		6.2.2 Die richtigen Kennzahlen definieren	158
		6.2.3 Zielkontrolle nach zwei Jahren	159
	6.3	Die Investition erneuern oder beenden	160
		6.3.1 Ersatzinvestition: Den richtigen Zeitpunkt finden	160
		6.3.2 Desinvestition: Die Aktivität aufgeben	163
		6.3.2.1 Ausgangslage	164
		6.3.2.2 Analyse der Situation	164
		6.3.2.3 Prüfung der Desinvestition	164
		6.3.2.4 Vergleich der Alternativen	165
		6.3.2.5 Vorbereitung der Desinvestition	165
		6.3.2.6 Umsetzung der Desinvestition	166
	6.4	Zusammenfassung	166
7		Investitionscontrolling: Damit die Rechnung aufgeht	167
	7.1	Organisation des Controllings	168
		7.1.1 Planungsphase: Die Controlling-Strukturen festlegen	168
		7.1.2 Umsetzungsphase: Effektives Projektcontrolling sicherstellen	169
		7.1.3 Nutzungsphase: Überleitung in die Kostenrechnung	169
	7.2	Die Rolle des Controllers	170
	7.3	Standards für Investitionen setzen	171
		7.3.1 Transparenz und Vergleichbarkeit	172
		7.3.2 Vorgaben für den Investitionsantrag	173
		7.3.3 Anreizsystem installieren	174
	7.4	Zusammenfassung	175

Teil 2 – Spezialbereiche des Investitionsmanagements 177

8		Investitionen auslagern	179
	8.1	Varianten einer Auslagerung	180
		8.1.1 Kooperationen	180
		8.1.1.1 Gemeinsame Investition in eine Vertriebsplattform	181
		8.1.1.2 Kooperieren statt alleine investieren	181
		8.1.2 Outsourcing	182
		8.1.3 Betreibermodelle	184
		8.1.3.1 Der Zulieferer übernimmt die Investition	184
		8.1.3.2 PPP-Projekte und Contracting	185
	8.2	Entscheidungskriterien	186
		8.2.1 Bewertung der Alternativen »Make« und »Buy«	187
		8.2.2 Beispielrechnung: Investieren oder Einkaufen	188
	8.3	Zusammenfassung	190

9	Lernen von den Besten: Investitionsstrategien der Marktführer	191
	9.1 Benchmarking: Wie man von anderen lernen kann	193
	9.1.1 Möglichkeiten und Grenzen des Benchmarkings	193
	9.1.2 Von der eigenen Branche lernen	194
	9.1.3 Von anderen Branchen lernen	195
	9.2 Erkenntnisse: Was man von anderen lernen kann	196
	9.2.1 Beispiele: Marktführer und ihre Strategiemuster	196
	9.2.1.1 In Synergien investieren: Maschinenfabrik Berger	196
	9.2.1.2 Investieren in der Produktnische: Klingenhersteller Frielinghaus	197
	9.2.1.3 Erfolg durch innovative Konzepte: Anlagenbauer Egon Evertz	198
	9.2.1.4 Mit schwäbischer Solidität: Fertighaus Weiss GmbH	199
	9.2.1.5 Den Markenaufbau im Blick: Faber-Castell AG	199
	9.3 Die fünf häufigsten Erfolgsmuster	200
	9.4 Zusammenfassung	200
10	Investitionen in Forschung und Entwicklung	202
	10.1 Der Schritt zum innovativen Unternehmen	203
	10.1.1 Prozessziel festlegen	203
	10.1.2 Den Innovationsprozess installieren	205
	10.1.3 Investitionsbedarf	205
	10.2 Von der Idee zum Prototyp: Den Innovationsprozess betreiben	207
	10.2.1 Systematisch Ideen generieren	207
	10.2.2 Ideenfindung breit anlegen – und erst dann filtern	208
	10.2.3 Ideen selektieren und testen	210
	10.2.4 Den Innovationsprozess steuern	212
	10.2.4.1 Ideennachschub sicherstellen	212
	10.2.4.2 Prozesscontrolling: Zeit und Kosten im Blick	212
	10.3 Innovationen absichern	213
	10.4 Zusammenfassung	215
11	Investieren in Krisenzeiten	216
	11.1 Unternehmensstrategie: Die Substanz bewahren	217
	11.2 Investitionsstrategie in der Krise	218
	11.2.1 Ziel 1: Kostenstrukturen verbessern	219
	11.2.1.1 Kapazitäten anpassen	219
	11.2.1.2 Prozesse und Abläufe optimieren	221
	11.2.2 Ziel 2: Erlöse stabilisieren und langfristig sichern	221
	11.2.2.1 Das Investitionsprogramm festlegen	222
	11.3 Umsetzung: Investieren – und Liquidität halten	223
	11.3.1 Szenarien berechnen	223
	11.3.2 Integrierte Unternehmens- und Liquiditätsplanung	224
	11.3.3 Finanzierung in der Krise	226
	11.4 Zusammenfassung	227

12 Investieren in Umwelt und Nachhaltigkeit 228
    12.1 Motive für Investitionen in Nachhaltigkeit.. 229
        12.1.1 Langfristiges Motiv: In die Zukunftsfähigkeit investieren 229
            12.1.1.1 Dreiklang aus ökologischer, ökonomischer
                    und sozialer Nachhaltigkeit... 230
            12.1.1.2 Zukunftsrisiken begrenzen... 230
            12.1.1.3 Investoren erwarten langfristige Wertsteigerung 232
        12.1.2 Kurzfristige Motive: Gesetzliche Vorgaben, Kosten-
            und Absatzeffekte... 232
    12.2 Nachhaltiges Handeln im Unternehmen verankern 233
        12.2.1 Nachhaltigkeit als Unternehmensziel 234
    12.3 Vom Leitgedanken zur konkreten Investition 235
    12.4 Controlling: Nachhaltigkeit messen und steuern 237
        12.4.1 Einbeziehung von Nachhaltigkeit in Rechnungswesen
            und Controlling 237
        12.4.2 Kennzahlen für ein Nachhaltigkeits-Controlling......................... 237
        12.4.3 Standard für das Nachhaltigkeitsreporting 242
    12.5 Zusammenfassung.. 244

13 Investieren in intellektuelles Kapital... 245
    13.1 Die Wissensbilanz – ein Instrument für den Investor 246
        13.1.1 Das Wissensbilanzmodell... 246
        13.1.2 Nutzen der Wissensbilanz aus Sicht des Investors 248
    13.2 Wissensbilanz in der Praxis: Die weichen Faktoren managen 249
        13.2.1 Die Wissensbilanz einführen.. 249
        13.2.2 Den Investitionsbedarf aus der Wissensbilanz ableiten 250
    13.3 Zusammenfassung.. 255

14 Schlussakkord: Der Dreiklang des Investitionsmanagements........................ 256
    14.1 Strategie.. 256
    14.2 Betriebswirtschaft... 257
    14.3 Führung.. 257

Anhang: Werkzeuge für das Investitionsmanagement 259
1. Checklistenverfahren 261
2. Nutzwertanalyse 263
3. Kostenvergleichsrechnung 266
4. Gewinnvergleichsrechnung 269
5. Amortisationsrechnung 272
6. Rentabilitätsrechnung 278
7. Kapitalwertmethode 282
8. Interne Zinsfußmethode 286
9. Annuitätenmethode 289
10. Vollständiger Finanzplan 291
11. Ersatz einer Anlage (optimaler Ersatzzeitpunkt) 294
12. Lebenszykluskosten 297
13. Ermittlung der optimalen Nutzungsdauer 299

Glossar 301
Literatur- und Quellenverzeichnis 317
Stichwortverzeichnis 321
Der Autor 325

Alle Werkzeuge aus dem Anhang können als Excel-Dokumente unter www.schaeffer-poeschel.de/webcode aus dem Internet heruntergeladen werden. Ihren persönlichen Zugangscode finden Sie ganz vorne im Buch.

Verzeichnis der Werkzeuge im Download-Bereich

Im Download-Bereich unter www.schaeffer-poeschel.de/webcode finden Sie Formularvorlagen für folgende Werkzeuge:

01_Checklistenverfahren
02_Nutzwertanalyse
03_Kostenvergleichsrechnung
04_Gewinnvergleichsrechnung
05a_Amortisationsrechnung_Kostenvergleich
05b_Amortisationsrechnung_Gewinnvergleich
05c_Kumulative Amortisationsrechnung
05d_Kumulative Amortisationsrechnung_dynamisch
06a_Rentabilitätsrechnung_abnutzbare Güter
06b_Rentabilitätsrechnung_nicht abnutzbare Güter
07_Kapitalwertmethode
08_Interne Zinsfußmethode
09_Annuitätenmethode
10_Vollständiger Finanzplan
11_Ersatz einer Anlage (optimaler Ersatzzeitpunkt)
12_Lebenszykluskosten
13_Ermittlung der optimalen Nutzungsdauer

Die Formularvorlagen können Sie für Ihre eigene Arbeit als Excel-Dateien herunterladen. Ihren persönlichen Zugangscode zum Download-Bereich finden Sie ganz vorne im Buch.

Teil 1 – Grundlagen: Der Investitionsprozess

Investitionen binden finanzielle Mittel und verursachen Fixkosten. Entscheidend ist deshalb eine systematische Auswahl der Investitionsobjekte, die sich an den Unternehmenszielen und einer möglichst großen Wirkung der eingesetzten Mittel orientiert. Für den Erfolg kommt es dabei nicht nur auf strategische Überlegungen und betriebswirtschaftliches Wissen an, sondern ebenso auf die Führungsfähigkeiten des Unternehmers.

Die sieben Kapitel des ersten Teils dieses Buches folgen dem Investitionsprozess: Der Unternehmer legt die Investitionsziele fest, bewertet die möglichen Alternativen, ergreift Maßnahmen zur Risikobegrenzung, kümmert sich um die Finanzierung, tätigt die Investition und erreicht schließlich – wenn alles gut geht – während der Nutzungsphase seine Investitionsziele. Um den Prozess erfolgreich zu steuern, benötigt er ein gutes Investitionscontrolling.

1 Vom Bedarf zur Planung: Die Investitionsziele festlegen

Am Anfang einer Investition steht manchmal eine kühne Idee. So verschiffte der amerikanische Unternehmer John D. Rockefeller gegen Ende des 19. Jahrhunderts große Mengen an Öllampen nach China, um sie dort zu verschenken. Die Chinesen, die bislang Talgkerzen nutzten, waren von der neuen Lichttechnik sehr angetan und kauften fortan den Brennstoff für die Öllampen bei Rockefeller. Für den Öl-Unternehmer tat sich ein riesiger Markt auf.

Mutig war aber auch der Solinger Unternehmer, der vor gut 40 Jahren für seine Gießerei einen hochmodernen Formautomat[1] anschaffte. Stolz präsentierte der Mittelständler damals seine millionenschwere Investition, die mit ihrem glühenden Ofen nicht allein technisch faszinierte, sondern dem Unternehmen auf Jahre hinaus einen großen Wettbewerbsvorteil sicherte. Damals war noch ein Gießverfahren üblich, bei dem jede einzelne Form manuell vorbereitet wurde. Das automatische Formen brachte somit erhebliche Zeit- und Kostenvorteile.

Doch gründen solche Erfolge nicht allein auf dem Wagemut des Unternehmers, ebenso wichtig sind eine systematische Planung und Vorgehensweise. Investitionen lösen Anfangsauszahlungen aus, bei Rockefeller für die Öllampen und bei dem Solinger Unternehmer für die Anschaffung des Formautomaten. Hieraus resultieren Nutzenpotenziale: Jeder Öllampenbesitzer ist ein potenzieller Kunde für Öl – und der Formautomat ist in der Lage, Teile zu produzieren. Wie im Falle des Formautomaten werden Investitionen auch zu Vermögenspositionen, die das Unternehmen in seiner Bilanz ausweist.

Ob Öllampen oder Formautomat: Investitionen überdauern das Geschäftsjahr und lösen in den Folgejahren Ein- und Auszahlungen aus. So führen die Erlöse aus dem Verkauf der Produkte zu Einzahlungen, die Kosten aus dem Betreiben der Anlage verursachen Auszahlungen.[2] Mit diesen Investitionsauszahlungen werden längerfristige Nutzenpotenziale oder Vermögenspositionen aufgebaut. Das können neue Produkte oder Maschinen, Wissen (z. B. Marktkenntnis, Markenaufbau, Weiterbildung von Mitarbeitern), Rechte (z. B. Softwarelizenzen) oder auch Geldanlagen auf dem Kapitalmarkt sein (wobei Letztere nicht Gegenstand dieses Buches sind).

Investitionen lassen sich auf unterschiedliche Weise klassifizieren: Nach *Objekten* werden Sach-, Finanz-, und immaterielle Investitionen unterschieden, nach der *Wirkung* Bruttoinvestitionen (die Gesamtheit aller Investitionen) oder Nettoinvestitionen (Brut-

---

1 Formautomaten werden in Gießereien eingesetzt, um in mittleren und großen Stückzahlen Formteile herzustellen. Der Automat hat verschiedene Kästen, die mit einem speziellen Sand befüllt werden. Mit Hilfe eines Musterteils wird eine Negativform in den Sand gedrückt, die Hohlräume werden mit einem Kern versehen. Das so entstandene Negativ des Musterteils lässt sich nun mit flüssigem Gusseisen verfüllen.
2 Vgl. zur Definition des Investitionsbegriffs *Adam* 1997, S. 1.

toinvestitionen abzüglich der Reinvestitionen, also der Ersatzinvestitionen im weitesten Sinne). Bezogen auf die *Unternehmenshierarchie* lassen sich Investitionen auch in strategische, taktische und operative Investitionen einteilen.

Da Investitionen auch einen direkten und langfristigen Einfluss auf die Liquidität des Unternehmens haben, sollte der Investor drei Dinge grundsätzlich beherzigen:
- *Klarheit.* Der Investor benötigt eine solide Informationsgrundlage – sei es, um sich über den riesigen chinesischen Markt Klarheit zu verschaffen, oder sei es, um die technischen Möglichkeiten eines Formautomats genau zu kennen.
- *Absicherung.* Der Investor sollte seine Investitionsentscheidung durch verschiedene Maßnahmen absichern.
- *Finanzielle Perspektive.* Der Investor benötigt die eindeutige Perspektive, mit der Investition Geld zu verdienen.

So einleuchtend das klingt – die Praxis sieht oft ganz anders aus. Investitionen werden aus dem Bauch oder einfach aus Gewohnheit getätigt – mit entsprechend zweifelhaftem Erfolg. So schaffte jener Solinger Unternehmer kürzlich für den inzwischen betagten Formautomaten eine neue Steuerung für etwa 400.000 Euro an, weil für die alte keine Ersatzteile mehr erhältlich waren. Die Entscheidung war zwar auf den ersten Blick nachvollziehbar, zumal auf diesem Automaten strategisch wichtige Teile als Halbfertigfabrikate hergestellt wurden. Die Gießerei musste jedoch auch mit Fremdfabrikaten ausgelastet werden – und das gelang in dem mittlerweile hart umkämpften Markt nicht mehr. Die Absatzzahlen und die Preise der Gießereiprodukte sanken, und der teilrenovierte Automat konnte nicht ausgelastet werden.

Kurzsichtig handelte auch ein Hersteller von Spezialklingen für die Landtechnik, der in seinem Produktionsprozess spezielle Bolzen verarbeitete. Um Kosten zu sparen, verzichteten die Techniker auf eine Vorrichtung und den zusätzlichen Arbeitsgang für die Warmverformung der Bolzen und begnügten sich mit kalt eingeformten Bolzen. Für eine normale Beanspruchung der Teile hätte das auch genügt. Einige Kunden setzten jedoch die Bolzen hohen Belastungen aus, worauf diese brachen. Die Folgen waren verheerend: Das Unternehmen hatte sich als Hersteller qualitativ hochwertiger Verschleißersatzteile positioniert. Doch genau diese Kompetenz wurde in der Branche nach dem Vorfall bezweifelt. Eine kleine zusätzliche Investition hätte genügt, um einen immensen Imageschaden zu vermeiden.

Zwei Beispiele, die zeigen: Schlecht geplante Investitionen können fatale Folgen haben. Da wird eine Ersatzinvestition getätigt, ohne absehbare Marktentwicklungen einzukalkulieren. Oder eine billigere Technologie spart zwar Kosten, gefährdet aber die Qualität. Tatsächlich sind solche Fehler keineswegs selten. Es lohnt sich deshalb, bereits zu Beginn des Investitionsprozesses sorgfältig und systematisch vorzugehen. Hierbei sind drei Aspekte gleichermaßen entscheidend:
- die Strategie und die strategische Position des Unternehmens,
- die Betriebswirtschaft mit ihren Controlling- und Kostenrechnungskennzahlen und
- die Führung im Unternehmen.

Thema dieses Kapitels ist die erste Phase des Investitionsprozesses. Sie beginnt mit dem Erkennen eines Investitionsbedarfs und führt bis zur Ableitung der Investitionsziele aus der Unternehmensstrategie. Im Mittelpunkt stehen dabei zwei Kernfragen:

1. Wie erkennt ein Unternehmen einen akuten Investitionsbedarf? Hinter dieser Frage steht die Erfahrung, dass erfolgreiche Unternehmer sehr frühzeitig und geschickt aktiv Nutzenpotenziale aufbauen, während andere eher reagieren und den Investitionsbedarf häufig nicht rechtzeitig erkennen, d. h. sie verpassen den richtigen Augenblick für eine Investition und unterschätzen den Investitionsbedarf für ein dauerhaftes erfolgreiches Nutzenpotenzial.
2. Wie leitet ein Unternehmen aus seiner Unternehmensstrategie die Investitionsziele ab? Hinter dieser Frage steht die Erkenntnis, dass Investitionen nur dann sinnvoll sind, wenn sie dazu verhelfen, die Unternehmenszpiele zu erreichen. Deshalb ist es notwendig, die Investitionsziele systematisch aus den Unternehmenszielen abzuleiten.

Ein weiterer Aspekt dieses Kapitels bezieht sich auf den Unternehmer selbst. Viele Investitionen erfordern neben Analyse und Systematik auch unternehmerischen Mut und Weitblick sowie den Einbezug wichtiger Fach- und Führungskräfte des Unternehmens. Gerade der erste Abschnitt eines Investitionsprozesses ist damit in hohem Maße eine Führungsaufgabe.

1.1 Investitionsbedarf erkennen

In vielen Fällen, etwa bei einer Unternehmensgründung oder bei Ersatzinvestitionen, ergibt sich der Investitionsbedarf scheinbar von selbst. Auch wenn etwa ein Einzelhändler auf die Idee kommen sollte, künftig professionell Küchen zu verkaufen, ergibt sich die Abfolge fast automatisch: Er sucht sich Standort, Musterausstellung, Ladenausstattung, Werbung, Warenbestände und andere Dinge mehr aus – und investiert. Auch wenn der Ablauf einfach erscheint, muss er seine Entscheidungen dennoch sorgfältig und strukturiert treffen, wie später noch gezeigt wird, damit sein Geschäftsmodell erfolgreich wird.

Doch gibt es auch Situationen, in denen sich Investitionen keineswegs aufdrängen, deren Unterbleiben jedoch gravierende Folgen haben kann. So hatte zum Beispiel ein Hersteller von Klingen für die Landmaschinenindustrie nicht bemerkt, dass einer seiner Materiallieferanten ebenfalls eine Fertigung für Klingen aufbaute. Völlig unerwartet trat der bisherige Lieferant als Konkurrent auf und bot seine Klingen circa 15 Prozent unter dem bisherigen Preisniveau an. Oder denken wir an den Fachhandel, bei dem sich Kunden häufig intensiv beraten lassen – die Produkte dann aber über Vertriebskanäle im Internet günstiger erwerben. Wer in solchen Situationen zu spät reagiert, kann schnell ins Hintertreffen geraten.

Welche Möglichkeiten gibt es, einen Investitionsbedarf rechtzeitig zu erkennen? Um den Blick für den richtigen Augenblick zu schärfen, haben sich in der Praxis folgende Ratschläge gut bewährt:
- Achten Sie auf frühe Signale.
- Pflegen Sie den Austausch mit Ihren Fach- und Führungskräften.
- Verfolgen Sie die Produktlebenszyklen und Prozesse.

Es geht also darum, die Gefahren und Chancen neuer Trends frühzeitig zu erkennen, Marktsignale wahrzunehmen, das Ende der eigenen Produktlebenszyklen zu bedenken – und dafür zu sorgen, dass die Mitarbeiter mitdenken und selbst die Augen offen halten.

1.1.1 Frühe Signale wahrnehmen

Die klassischen Frühwarnsignale, die auf eine mögliche strategische Krise hindeuten, weisen in vielen Fällen auch auf einen aktuellen Investitionsbedarf hin – um eben diese Krise zu vermeiden. Neben der rechtzeitigen Ortung von Bedrohungen ist aber für eine erfolgreiche Unternehmensführung auch das Erkennen von Chancen von herausragender Bedeutung.

Trendbrüche in ökonomischen, technologischen, politischen und sozialen Bereichen deuten sich schon lange vor ihrem Eintreten in unscharf strukturierten Informationen an. Als Beispiele für solche »schwachen Signale« nennt z. B. *Krystek*[3] die Verbreitung neuartiger Meinungen und Ideen in den Medien, die plötzliche Häufung gleichartiger Ereignisse mit strategischer Relevanz für die Unternehmung, Tendenzen in der Rechtsprechung oder Initiativen für Veränderungen der Gesetzgebung.

Die Sender solcher schwachen Signale bedienen sich bevorzugt öffentlich zugänglicher Kommunikationswege wie Internet oder Zeitschriften, um ihre Ideen zu verbreiten. »Damit sind diese einer Frühaufklärung grundsätzlich zugänglich«, konstatiert Krystek. Zugleich beobachtet er jedoch eine weit verbreitete »Ignoranz bei den Empfängern« und warnt vor einer »Ignoranzfalle«: In einer frühen Phase, solange das Unternehmen »in der Regel noch über eine sehr hohe Manövrierfähigkeit« verfügt, bleiben die Signale häufig unbeachtet. Wenn sich die Anzeichen verdichten und das Unternehmen schließlich doch zum Handeln bereit ist, können die Reaktionsmöglichkeiten schon stark eingeschränkt sein.

Einen bereits akuten Handlungsbedarf signalisieren häufig Warnzeichen, die auf unmittelbare Marktänderungen hindeuten. In folgenden Situationen sollten die »inneren Alarmglocken« jedes Unternehmers läuten:
- Die Preisgestaltung ist außer Kontrolle geraten, Preiserhöhungen können nicht mehr durchgesetzt werden.
- Die Absatzzahlen schwanken auf unerklärliche Weise.
- Wichtige Kunden gehen verloren.
- Die Erträge sinken bei gleichem oder sogar höherem Produktionsvolumen.
- Am Markt taucht ein Produkt auf, das in der Lage sein könnte, das bestehende Produkt zu ersetzen.
- Die Spannen der Händler verschlechtern sich; die Händler müssen ihr Produktspektrum ausweiten, um ihre Wettbewerbsposition oder Gewinne zu sichern.
- Überdurchschnittlich viele Händler sind zur Konkurrenz abgewandert.
- Es gibt neue Wettbewerber oder ein etablierter Wettbewerber hat Marktanteile gewonnen.

---

3   *Krystek/Müller* 1999, S. 5.

Im Unternehmensalltag werden solche Signale gerne ignoriert. Da verteidigen die Techniker, möglicherweise alt bewährte Mitarbeiter, das Bestehende, schwören auf die Qualität der vorhandenen Technologie, etwa nach dem Tenor: »Was dieser neue Wettbewerber da anbietet, ist doch nur Pfuschwerk, das sich niemals durchsetzen wird.« Die Wirklichkeit sieht aber oft ganz anders aus. Hinter dem Marktauftritt des dilettantisch anmutenden Neulings kann durchaus eine innovative Idee stehen, die den etablierten Anbietern einige Jahre später das Fürchten lehrt.

Diese Lektion musste zum Beispiel ein Hersteller von Markiermaschinen für die Stahlindustrie lernen. Quasi als Alleinlieferant beherrschte er den Markt, als ein neuer Wettbewerber auftauchte, der das Markierverfahren technisch abwandelte. Die ersten installierten Maschinen wiesen erhebliche qualitative Mängel auf und mussten teilweise ausgetauscht werden. Doch war es ein Fehler, den Neuling nicht ernst zu nehmen: Der neue Wettbewerber lernte hinzu und dank eines hohen Kapitaleinsatzes im Rücken entwickelte er zunehmend Maschinen, die nicht nur von akzeptabler Qualität waren, sondern auch noch erheblich preisgünstiger als die des etablierten Herstellers.

Es lohnt sich also, genauer hinzusehen. Ein weiteres Beispiel: Als ein mittelständischer Maschinenbauer seine Fachleute dazu anhielt, nach den tatsächlichen Ursachen eines *unerwarteten Preiswettbewerbs* zu forschen, überraschte das Ergebnis alle Beteiligten. Es stellte sich heraus, dass der größte Wettbewerber neuerdings eine Technik einsetzte, die es ihm erlaubte, drei Arbeitsgänge in einer Produktionsstufe zusammenzufassen. So konnte er tatsächlich ohne Qualitätseinbuße deutlich günstiger produzieren. Damit war für den Mittelständler klar, dass auch er technologisch aufrüsten musste. Es bestand unmittelbarer Investitionsbedarf.

Spätestens wenn nach einer Preiserhöhung Aufträge wegbleiben oder wenn Aufträge nur noch durch Preisnachlässe bei nicht gedeckten Kosten zu halten sind, sollte die Unternehmensleitung alarmiert sein und nach den Ursachen forschen. Sehr wahrscheinlich ist es dann notwendig, die Produktivität zu steigern, indem das Unternehmen zum Beispiel die Prozesse optimiert, eine modernere Maschine anschafft oder einen neuen Vertriebsweg eröffnet. Kurzum: Es besteht Investitionsbedarf.

In eine ähnliche Richtung deuten *unerklärliche Absatzschwankungen*. Ein Kunde kauft einmal, dann wieder nicht – und auch der Vertrieb kann dieses Verhalten nicht vernünftig erklären. Der Verdacht liegt dann nahe, dass der Kunde nur noch in Notlagen bestellt, wenn der Wettbewerber nicht lieferfähig ist. Absatzschwankungen können somit ein Indiz dafür sein, dass das eigene Produkt für den Kunden nicht mehr die erste Wahl darstellt – und damit ebenfalls einen Investitionsbedarf signalisieren.

Höchste Gefahr ist im Verzuge, wenn im Markt ein *Substitutionsprodukt* auftaucht. Es gefährdet das Geschäft mit dem bisherigen Produkt nicht nur beim Endproduzenten, sondern zwingt auch sämtliche Anbieter auf den Vorstufen zum Handeln. Das illustriert eindrucksvoll das Beispiel eines Teilezulieferers für Balkenmäher, der in seinem Segment seinerzeit unbestrittener Marktführer in Deutschland war. Als der Rotormäher aufkam, mit dem man wesentlich schneller mähen kann, sank die Nachfrage nach Balkenmähern und damit auch nach dessen Zulieferteilen. Der Teileproduzent versäumte es, sich rechtzeitig auf Komponenten für Rotormäher einzustellen – und verpasste so einen Großteil seiner Marktchancen. Zugleich macht dieses Beispiel auch deutlich: Des einen Risiko ist des anderen Chance. Wer gezielt Substitutionsprodukte entwickelt, hat gute Chancen, den Wettbewerber aus dem Feld zu schlagen.

Um die unterschiedlichen Signale zu erkennen, ist das Unternehmen auf die Zusammenarbeit von Mitarbeitern aus den verschiedenen Funktionen angewiesen. Gut aufgestellt sind in dieser Hinsicht Unternehmer die eine Unternehmenskultur geschaffen haben, in der die Mitarbeiter die Augen offen halten und Informationen sammeln, indem sie zum Beispiel Fachzeitschriften lesen, Internetrecherchen durchführen oder auf Messen gehen (s. Abb. 1.1).

Strategisches Radar: Frühe Signale wahrnehmen...	
... im Bereich Forschung und Entwicklung	Erkenntnisse praktischer Forschungs- und Entwicklungsarbeit
	Studium der Fachliteratur
	Erfahrungsaustausch der Fachleute
	Beobachten der Entwicklung von Schutzrechten
... im Bereich Marketing	Aktivitäten der Konkurrenz
	Erwartungen des Handels und der Absatzmittler
	Einstellungen der Endverbraucher
	Einstellungen der Endverwender
	Veränderungen des Marktes
	Verschiebungen des Absatzprogrammes

Abb. 1.1: Informationsquellen für ein strategisches Radar[4]

Die Ergebnisse dieser Recherchen können dann regelmäßig – z. B. halbjährlich – in einem »Workshop Zukunft«, an dem sich auch die Geschäftsführung beteiligt, zusammengetragen und bewertet werden. Ein in der Praxis bewährtes Instrument, um die Informationen zu ordnen und zu analysieren, ist das Fünf-Kräfte-Modell von Michael E. Porter[5]. Es beschreibt die Kräfte, die von der externen Umwelt auf das Unternehmen einwirken: die Wettbewerber in der Branche, die Bedrohung durch neue Konkurrenten, die Verhandlungsmacht der Abnehmer, die Bedrohung durch Ersatzprodukte und die Verhandlungsstärke der Lieferanten (s. Abb. 1.2).

Jede dieser fünf Kräfte stellt eine mögliche Bedrohung für das Unternehmen dar, kann aber auch durch strategische Maßnahmen beeinflusst werden. Ziel sollte es also sein, die fünf Wettbewerbskräfte so zu steuern, dass von ihnen eine möglichst geringe Bedrohung ausgeht. Bezogen auf unser Thema, einen Investitionsbedarf zu erkennen, bietet das Modell die Möglichkeit,
- die gesammelten Beobachtungen und Warnsignale den fünf Kräften zuzuordnen,
- Veränderungen im Markt auf diese Weise systematisch wahrzunehmen und
- einen Handlungs- und ggf. Investitionsbedarf zu identifizieren.

---

4 *Olfert/Reichel* 2006, S. 67 f. Die Autoren listen diese Punkte als Anregungen der Investition auf.
5 *Porter* (b) 1995, S. 26.

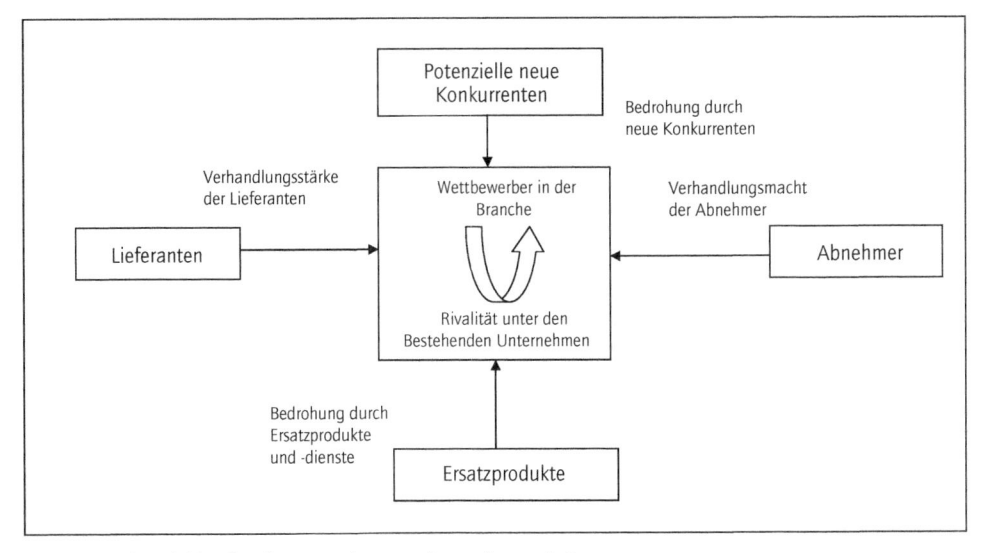

Abb. 1.2: Die Triebkräfte des Branchenwettbewerbs nach Porter

1.1.2 Offenen Austausch pflegen

Eine strategische Früherkennung funktioniert nur, wenn Teilinformationen aus unterschiedlichen Richtungen zusammenfließen. Gefordert sind daher alle Funktionsbereiche: Entwickler und Produktionstechniker halten sich über Fertigungstechnologien auf dem Laufenden, Marketing und Vertrieb über die Kundenwünsche und Veränderungen am Markt. Die Einkäufer verfolgen die Neuentwicklung von Materialien oder beobachten international die Rohstoffpreise, damit das Unternehmen rechtzeitig reagieren kann, wenn sich Verknappungen und Preiserhöhungen abzeichnen. Auch andere Fachleute wie Juristen oder der Umweltschutzbeauftragte können Teil des strategischen Radars sein, indem sie rechtzeitig auf Gesetzesänderungen oder neue Auflagen hinweisen.

Die Kunst der Unternehmensleitung liegt darin, alle Antennen auf Empfang zu halten und die Signale systematisch auszuwerten, ernst zu nehmen und gegebenenfalls die notwendigen Konsequenzen zu ziehen. Das setzt einen offenen Austausch mit den beteiligten Mitarbeitern voraus, die auch über die wesentlichen strategischen Ziele informiert sein müssen. Denn nur wer die Ziele kennt, weiß, worauf er achten soll – und hat auch die Motivation, wachsam zu sein und seine Beobachtungen mitzuteilen.

Sicher: Der Unternehmer sollte die wesentlichen Entwicklungen selbst verfolgen, am Ball bleiben und sich zum Beispiel über neue Techniken informieren. Dennoch lohnt es sich, in den einzelnen Bereichen seine »Späher« zu haben, die dabei helfen, Trends oder Warnzeichen frühzeitig auszumachen. Das erfordert zum einen offenen Austausch mit den Mitarbeitern, zum anderen ist der Unternehmer aber auch gefordert, sich nicht mit oberflächlichen Informationen zufrieden zu geben, sondern bei seinen Technikern, Außendienst- oder Marketingleuten konkret nachzufragen: Welche Qualität haben die Konkurrenzprodukte? Was genau ist dort anders? Warum hat Kunde X bei der Konkurrenz gekauft? Bewährt hat es sich, wenn die Geschäftsleitung die Beteiligten von Zeit zu Zeit um einen Tisch versammelt, um wesentliche Beobachtungen gemeinsam zu bewerten.

1.1.3 Produktlebenszyklen verfolgen

Ein Hersteller von Heckenscheren geriet unter Preisdruck, seine wichtigsten Abnehmer forderten deutliche Preisnachlässe. Der Technikleiter schlug daraufhin eine Lösung vor, um die Produktionskosten zu senken. Der Vorschlag war wirklich gut – und so stimmte der Chef, selbst ebenfalls Techniker, ohne Zögern zu. Das Unternehmen investierte einen erheblichen Betrag in ein neues Fertigungssystem.

Eine Fehlinvestition, wie sich später herausstellte. Hätte der Unternehmer seinen Marketingchef in die Entscheidung miteinbezogen, hätte er vermutlich begriffen, dass die aktuelle Produktvariante keine Zukunftsperspektive mehr hatte. Zum einen fertigten die Wettbewerber durch Einsatz neuer Technologien kostengünstiger. Investitionen in verbesserte Werkzeuge oder den Einsatz neuer Materialien halfen daher nur wenig, denn die Wettbewerber hatten genügend Spielraum, um sofort mit einer erneuten Preissenkung zu reagieren. Zum anderen standen insgesamt fünf Anbieter einem einzigen Nachfrager gegenüber, was nahezu zwangsläufig einen hohen Preisdruck zur Folge hatte.

Tendenzielles Überangebot und der daraus resultierende Preisdruck sind ein Hinweis darauf, dass sich der Lebenszyklus eines Produkts dem Ende zuneigt und sich weitere Investitionen in das Produkt nicht mehr lohnen. Tatsächlich sank im Falle des Heckenscherenherstellers in den folgenden Monaten die Nachfrage. Vermutlich wäre es besser gewesen, das Geld in die Entwicklung eines Nachfolgemodells zu investieren, um das auslaufende Produkt am Markt durch eine echte Innovation zu ersetzen. Das Beispiel zeigt: Auch der Lebenszyklus eines Produktes kann Hinweise auf einen Investitionsbedarf geben. Der »Produktlebenszyklus« ist ein betriebswirtschaftliches Modell, das die Lebensdauer eines Produktes in mehrere Phasen unterteilt, die idealtypisch wie folgt verlaufen:

- In der *Entstehungsphase* experimentieren die Unternehmen noch mit den Produkten und Leistungen. Die endgültige Gestaltung ist noch nicht absehbar und der potenzielle Markt schwer abschätzbar. In dieser Phase zögern die Kunden noch, das neue Angebot anzunehmen. Denn oft müssen sie Gewohnheiten ändern, um den Vorteil des neuen Produktes oder der neuen Leistung zu nutzen.[6]
- In der *Wachstumsphase* schafft das Produkt oder die Leistung seinen Durchbruch. Nun gilt es, die Produkte gezielt auf den Markt zuzuschneiden, demnach das Sortiment zu erweitern und die Produkte weiterzuentwickeln. Auch wird in dieser Phase gezielt in die Erweiterung der Produktionskapazitäten, in den Vertrieb sowie in die Produkt- und Sortimentsentwicklung investiert.
- Die *Reifephase*, in der Regel die längste Marktphase, ist anhaltend profitabel. Es lohnt sich, in die Verbesserung der Produktivität zu investieren. Das Ersatzgeschäft bekommt bei langlebigen Konsumgütern eine höhere Bedeutung. Die Anbieter konzent-

---

6   *Little* 1988, S. 28.

rieren sich auf Service und Konditionen. Deshalb sind Größenvorteile in dieser Phase ein entscheidender Faktor. Oft wird in dieser Phase noch in den Kapazitätsaufbau investiert, was jedoch die Gefahr einer Unterauslastung birgt, da der Markt ja nicht mehr wächst.
- Die *Altersphase* ist erreicht, wenn Substitutionsprodukte und -leistungen auf dem Markt angeboten werden oder etablierte Marktsegmente deutlich schrumpfen.[7]

Aus dieser Sicht heraus ist es für Unternehmen wichtig, bereits in der Reifephase über Nachfolgeprodukte nachzudenken. Es ist sehr genau zu überlegen, welcher Anteil der Mittel für das Investitionsprogramm in die Ersatzinvestitionen der »Cashcow« fließen und welcher Anteil in den Aufbau neuer Produkte.

Bei der Anwendung des Lebenszyklus-Konzeptes ist zu beachten, dass viele Produkte nicht diesen idealtypischen Verlauf nehmen. Es gibt Produkte, welche die Reifephase nie erreichen, wie z. B. der NSU Ro 80, eine Limousine der 1960er-Jahre. Sie kam über eine Produktionszahl von rund 37.000 Stück nicht hinaus und blieb ohne Nachfolger. Andere Produkte, wie etwa das Schmerzmittel Aspirin, verweilen 100 Jahre und mehr in der Reifephase. Der Fahrradmarkt befand sich lange Zeit in der Altersphase, bis Innovationen und ein neues Gesundheitsbewusstsein in der Bevölkerung das Fahrrad wieder interessant machten und ihm zu neuem Wachstum verhalfen. Dementsprechend gibt es in jeder einzelnen Phase des Produktlebenszyklus interessante Möglichkeiten der Investition.

Aus diesen unterschiedlichen Erfahrungen heraus ist das Konzept des Produktlebenszyklus denn auch nicht unumstritten. So müssen bei seiner Anwendung folgende *Kritikpunkte* beachtet werden[8]:
- Die Abgrenzung der einzelnen Phasen ist willkürlich.
- Produkte können nach der Altersphase ein neues Comeback erfahren.
- Die Dauer eines Lebenszyklus lässt sich im Vorhinein nicht bestimmen. Die Phasenabgrenzung kann erst im Nachhinein vorgenommen werden. Die Vorhersage der Entwicklung des Lebenszyklus ist daher mit erheblichen Unsicherheiten behaftet.
- In dem Konzept wird nur die Zeit als Variable des Absatzes gesehen. Andere Einflussgrößen wie Kaufhäufigkeit, Konsumentenbedürfnisse, Rate des technischen Fortschritts, absatzpolitische Maßnahmen der Unternehmung und Verhalten potenzieller Nachahmer werden nicht berücksichtigt.

Der Produktlebenszyklus darf daher nicht als alleinige Entscheidungsgrundlage herangezogen werden, stellt aber in Kombination mit den anderen Instrumenten eine gute ergänzende Hilfe dar, um den aktuellen Investitionsbedarf zu erkennen.

Little zeigt für den Produktlebenszyklus in den einzelnen Phasen die Markt- und Technologieschwerpunkte wie folgt (s. Abb. 1.3):

---

7   *Little* 1988, S. 28 ff.
8   *Corsten* 2004, S. 207.

Penetrationsphasen eines Produktes/einer Leistung				
	Entstehung	*Wachstum*	*Reife*	*Alter*
Markt-schwerpunkt	Produkt-/Leistungs-experimente, um Bedarfsprofil besser zu treffen	• Gestaltung der Angebotspalette • Aufbau effizienter Fertigungskapazitäten • Ausbau der Vertriebsorganisation	• Qualität • Konditionen • Mengendegression • Produktverfeinerung	Konzentration auf verbleibende Nische
Technologie-Schwerpunkt	Schrittmachertechnologien bei Produkten	Schlüsseltechnologien bei Produkten und Fertigung	Schlüsseltechnologien in der Fertigung	Rationalisierung

Abb. 1.3: Investitionsbedarf und Produktzyklus nach einer Darstellung von *Arthur D. Little*[9]

1.2 Investitionsziele aus der Strategie ableiten

Unternehmer, die investieren, wollen in der Regel die Ertragskraft ihres Unternehmens sichern und versprechen sich davon eine kontinuierliche Ausschüttung oder Dividendenzahlung.[10] Ein Einzelhändler, der seine Ausstellungsfläche neu gestaltet, verspricht sich von dieser Maßnahme mehr Interessenten, die sich seine Produkte dort beschauen. Der Abschluss des Geschäftes, also der Zeitpunkt, an dem der Kunde tatsächlich Geld bezahlt und sich die Investition auszahlt, liegt zeitlich noch weit in der Zukunft. Zunächst geht es darum, die Interessenten überhaupt zum Betreten des Ladens zu bewegen. Nicht anders das IT-Service-Unternehmen, das mit einer neuen Hard- und Software für seine Kunden Sicherheit und Verfügbarkeit der Daten sicherstellen will. Ziel ist zunächst eben diese Sicherheit und Verfügbarkeit der Daten. Oder das Landtechnik-Unternehmen, das sich auf kundenindividuelle Produkte in der Erntetechnik spezialisiert hat: Dessen Investitionen in Schulungsmaßnahmen, CAD-System und Montagevorrichtungen haben zunächst das Ziel, jederzeit maßgeschneiderte Produkte herzustellen.

Die drei Beispiele verdeutlichen, dass Investitionen einem Unternehmensziel untergeordnet sind. Im Falle des Einzelhändlers waren es Neukundengewinnung und Kundenbindung, beim IT-Service-Unternehmen der Kundennutzen »Datenverfügbarkeit und Sicherheit« und beim Landtechnik-Unternehmen die Fähigkeit, kundenindividuell produzieren zu können.

Investitionen müssen sich also letztlich aus der strategischen Zielvorstellung des Unternehmens, d.h. seinem Leitbild ableiten.

Betrachten wir hierzu zwei Beispiele aus unterschiedlichen Branchen. Zunächst das Leitbild der Douglas-Gruppe:

---

9 *Little* 1988, S. 29.
10 *Adam* 1999, S. 29.

> »Handel mit Herz und Verstand: Die Douglas-Gruppe steht für Handel mit Herz und Verstand « mit herausragenden Service, erstklassigen Sortimenten, erlebnisorientiertem Ambiente und den freundlichsten Mitarbeitern und Mitarbeitern.«[11]

Greifen wir den Leitgedanken »erlebnisorientiertes Ambiente« heraus. Er könnte das Unternehmen veranlassen, in die Einrichtung der Verkaufsräume zu investieren, um sie den aktuellen Trends und Geschmacksrichtungen anzupassen. Ebenso gilt der Umkehrschluss: Alle Investitionen werden daraufhin geprüft, ob sie dieses Leitbild unterstützen.

Betrachten wir nun das Leitbild der Firma Lemken, eines Herstellers von Landmaschinen:

> Der Kunde im Mittelpunkt. Mit unserer Landtechnik wollen wir einen wichtigen Beitrag zum Ernteerfolg und zur Einkommensverbesserung unserer Kunden leisten. Bessere Arbeitsergebnisse, lange Lebensdauer und komfortable Bedienung sind die maßgeblichen Kriterien für unsere Forschungs- und Entwicklungsarbeit. Lemken zeichnet sich durch hohe Praxisrelevanz und Kundennähe aus.
>
> Wie ein Maßanzug. Kein Ackerboden ist wie der andere! Unsere jahrzehntelangen Erfahrungen mit den unterschiedlichsten Anforderungen haben wir in einem umfassenden Produktangebot für die Bodenbearbeitung, die Aussaat und den Pflanzenschutz umgesetzt. Deshalb finden Sie bei Lemken Geräte, die wir nach Kundenwunsch individuell anfertigen – für die unterschiedlichsten Einsatzbedingungen, für konventionelle und konservierende Bestellverfahren, für kleine, große und ganz große Betriebe, für Landwirte und Lohnunternehmer. Zudem bieten unsere Geräte Kombinationsmöglichkeiten, mit denen Sie trotz unterschiedlicher Witterungsbedingungen immer flexibel bleiben. Wir wollen jedem Kunden das für ihn genau richtige Gerät anbieten – passend wie ein Maßanzug.[12]

Zu diesem Leitbild würde es passen, in ein modernes CAD-System zu investieren, um Produkte schnell auf neue Kundenwünsche zuschneiden zu können. Im Einklang mit dem Leitbild stünde auch eine Investition in einen Forschungs- und Entwicklungsauftrag, der die Idee eines Kunden zur Verbesserung der Ernteergebnisse bei bestimmten Bodenverhältnissen aufgreift.

Sicher: Viele Praktiker, die Investitionsmaßnahmen schnell und zügig umsetzen möchten, sehen den Aufwand nicht ein, erst noch ein solches Leitbild zu entwickeln. Dass sich dieser Aufwand lohnt, lässt sich anhand eines Beispiels verdeutlichen:

Zwei Pilgergruppen, Gruppe A und Gruppe B, entscheiden sich, den Jakobsweg zu wandern. Gruppe A macht sich klar, dass eine so große Entfernung gut geplant werden sollte und täglich neue Entscheidungen verlangt. Als Basis für die täglichen Entscheidungen entwirft sie ein Leitbild, das unter anderem das tägliche Zurücklegen einer bestimmten Wegstrecke, das Übernachten in einfachen Herbergen, die Rast in einfachen Gasthöfen und die Weiterbildung durch den Besuch der großen Kathedralen auf dem Weg vorsieht. Kommt Gruppe A nun abends in einer Stadt an, orientieren sich die Mit-

---

11 Douglas Gruppe: Geschäftsbericht 2008/2009, S. 5.
12 http://www.lemken.com/appc/content_manager/page.php?ID = 194317&dbc = c3890db55da59526 afa90c451d5894e7 am 10.05.2010.

glieder für die Übernachtung an ihrem Leitbild, schauen sich gezielt die einfachen Herbergen an und wählen davon die beste aus.

Anders Gruppe B, die auf ein Leitbild verzichtete. Unter den Mitgliedern entbrannte jeden Abend neu eine Diskussion, ob man nicht doch das schicke Hotel anstelle der einfachen Herberge nehmen sollte. Durch immer wiederkehrende Diskussionen verlor die Gruppe viel Zeit. Während Gruppe A eine klare Linie verfolgte, Zeit und Kosten im geplanten Rahmen blieben, lief Gruppe B Gefahr, mehr Geld als geplant auszugeben und womöglich am Ende das Ziel gar nicht zu erreichen.

Ein Leitbild bietet, wie das Beispiel zeigt, Orientierung in Bezug auf Werte und Normen. Es vereinfacht die Kommunikation, vermittelt ein Wir-Gefühl und enthält Entscheidungsregeln zum Beispiel für Krisensituationen – es bietet Beständigkeit auch in unruhigen Zeiten. Bezogen auf eine Investition stellt ein Leitbild sicher, dass die Investition das Unternehmen tatsächlich in Richtung seines strategischen Ziels voranbringt.

Noch einen Schritt weiter gehen Unternehmen, die eine Vision, d.h. ein attraktives Zukunftsbild vorgeben, mit dem sich Führungskräfte und Mitarbeiter identifizieren. So hat zum Beispiel der Handy-Hersteller Nokia ein Zukunftsbild formuliert: »Unsere Vision ist eine Welt, in der jeder mit jedem in Verbindung stehen kann.«[13]

Solche Visionen weisen in die fernere Zukunft. Sie stellen das Gegenwärtige in Frage und entwickeln eine Idee für die Zukunft, die heute oft noch unmöglich erscheint.[14] Eine Vision ist also ein Gestaltungsmodell, das Fernbild einer neuen unternehmerischen Logik. Wer Visionen hat, denkt über Chancen nach. Es gehört jedoch schon viel Mut dazu, Visionen zu formulieren und mit Blick hierauf zu investieren, besonders wenn die Vision bestehende Grundsätze in Frage stellt. Nach meiner Erfahrung muss man nicht so weit gehen: Für Investitionen bietet ein gelebtes Leitbild eine ausreichende und sehr gute Orientierung.

1.2.1 Strategische Basis

Konkret können wir uns den Investitionszielen über die Frage nähern, welche strategischen Ziele erfolgreiche Unternehmen tatsächlich verfolgen. Hier lohnt sich ein Blick auf die Erfolgsfaktoren der »Hidden Champions«, jener stillen Stars, die *Hermann Simon* in verschiedenen Studien untersucht hat. Gemeint sind damit mittelständische Unternehmen, die jenseits der Schlagzeilen mit unauffälligen Produkten den Weltmarkt beherrschen. Das Geheimnis ihres Erfolgs lässt sich mit neun Erfolgsfaktoren[15] beschreiben:
1. Das Unternehmen stellt den Anspruch auf Marktführerschaft, es will die Nummer eins sein.
2. Die Führung ist team- und leistungsorientiert, aber intolerant gegenüber Faulenzern.
3. Das Unternehmen definiert seine Märkte eng. Es schafft sich Marktnischen, d.h. es entwickelt einzigartige Produkte, die ihren eigenen Markt definieren.
4. Die enge Spezialisierung kombiniert das Unternehmen mit globaler Vermarktung.
5. Kundennähe ist der Dreh- und Angelpunkt der Marktführerstrategie.

---

13 Internet Seite des Unternehmens http://www.nokia.de/nokia/ueber-nokia/unternehmen/vision-and-strategie am 19.05.2010.
14 *Zakon* 1993, S. 104.
15 Vgl. *Simon* 2007.

6. Innovation ist eines der Fundamente für Marktführerschaft. Viele stille Stars haben als Pioniere ein völlig neues Produkt eingeführt und ihre Pionierstellung durch ständige Innovation bewahrt.
7. Das Unternehmen agiert in oligopolistischen Märkten mit intensivem Wettbewerb. Seine Wettbewerbsvorteile beruhen weniger auf Kostenvorteilen als auf Differenzierung.
8. Eine hohe Fertigungstiefe (anstelle von Outsourcing) schützt Kern-Know-how und hält hoch qualifizierte Mitarbeiter an Bord.
9. Die Führungskräfte zeichnen sich durch Energie, Willenskraft, Schwung und Autorität aus. Die durchschnittliche »Amtszeit« des Unternehmenschefs beträgt mehr als 20 Jahre.

Sicherlich kann es lohnend sein, sich bei der eigenen Strategieentwicklung von diesen Erfolgsfaktoren inspirieren zu lassen. Simon fasst seine Analyse anhand von zwei strategischen Grundlinien zusammen, die diese Unternehmen nach seiner Feststellung auf geschickte Weise kombinieren[16]:

- Die erste strategische Grundlinie folgt einer Denkschule, die hauptsächlich durch *Michael Porter* vertreten wird und ein Vorgehen von außen nach innen vorschlägt: Ein Unternehmen sollte Märkte besetzen, die gute Chancen versprechen; die erforderlichen internen Fähigkeiten müssen in der Folge entwickelt werden.
- Dem steht die Strategie gegenüber, die für ein Vorgehen von innen nach außen plädiert: Ein Unternehmen sollte sich bei der Entwicklung seiner Strategie hauptsächlich an seiner Kernkompetenz orientieren. Nach dieser Lehre bilden also die internen Ressourcen den Ausgangspunkt für das strategische Management.

Mit Blick auf diese beiden, einander auf den ersten Blick ausschließenden Lehrmeinungen kommt *Hermann Simon* bei seinem Studium der Hidden Champions zu folgendem Ergebnis: Die wirklich erfolgreichen Unternehmen verstehen es, beide Ansätze miteinander zu verbinden. Sie kombinieren externe Chancen, die ihnen Märkte, Kunden und Wettbewerb bieten, mit ihren internen Ressourcen, also ihren Kernkompetenzen, besonderen Fähigkeiten und Stärken.

Hieraus lässt sich folgern: Bei der Ableitung der strategischen Ziele – und damit auch der Investitionsziele – gilt es, den Blick sowohl nach innen (auf die Kernkompetenz) als auch nach außen (auf den Markt) zu richten. Der Blick nach innen betrifft vor allem Produkte, Prozesse und Mitarbeiter, der Blick nach außen das Verhalten des Wettbewerbs, aber auch Entwicklungen wie gesellschaftliche Trends oder gesetzliche Vorhaben.

Bei der Ableitung der Ziele ist es deshalb sinnvoll, Instrumente zu verwenden, die differenziert genug sind, um beide Felder abzudecken. Bewährt haben sich hier die im folgenden Abschnitt vorgestellten Vorgehensweisen.

1.2.2 Vom Leitbild zum Investitionsziel

Im Idealfall existiert ein Leitbild, an dem sich die Unternehmensziele orientieren, aus denen wiederum die strategischen Ziele abgeleitet sind. Üblicherweise werden die strategischen Ziele im Zuge eines Strategieworkshops bestimmt, an dem die Geschäftsleitung

---

16 *Simon* 1996, S. 110–111.

und die wichtigsten Führungskräfte beteiligt sind. Das gebräuchlichste Instrument, das hierbei zum Einsatz kommt, ist eine Stärken-Schwächen- sowie Chancen-Risiken-Analyse (die so genannte SWOT-Analyse). Ebenfalls bewährt hat sich die Balanced Scorecard, mit deren Hilfe sich Unternehmensziele auf effektive Weise konkretisieren und umsetzen lassen.

1.2.2.1 SWOT-Analyse

Die SWOT-Analyse (SWOT = **S**trengths – **W**eaknesses – **O**pportunities – **T**hreats) besteht aus drei wesentlichen Schritten. Zunächst analysiert die Workshop-Gruppe die Stärken und Schwächen des Unternehmens; es geht darum, die eigenen Kernkompetenzen herauszuarbeiten. Der zweite Schritt, die Analyse der Chancen und Risiken, richtet demgegenüber das Augenmerk nach außen: Welche Markt- und Umweltentwicklungen bedrohen das Unternehmen, welche dagegen bieten besondere Chancen? Der dritte Schritt liegt nun darin, die beiden Sichtweisen zusammenzuführen: Welche Stärken passen zu welchen Chancen? In der Gruppendiskussion wird versucht, die besonderen Kompetenzen des Unternehmens mit den besonderen Marktchancen zu kombinieren.

Der Analyse folgt schließlich die Entwicklung einer Strategie. Die Teilnehmer des Workshops überlegen, wie sie die Stärken des Unternehmens gezielt einsetzen können, um die identifizierten Chancen zu realisieren. Hieraus ergeben sich die strategischen Ziele (einschließlich der Investitionsziele), daraus abgeleitet dann Teilziele, Aktionspläne und Maßnahmen.

Ein Beispiel verdeutlicht diese Vorgehensweise. Ein Messerhersteller identifizierte als erfolgskritische Faktoren Preisniveau, Kostenstruktur, Marktanteil, Qualität und Sortiment sowie Liefertreue. Im Vergleich zum Wettbewerb bewertete es diese Faktoren wie folgt:

Erfolgskritischer Faktor	Bewertung	Chancen	Risiken
Preisniveau	Ca. 10 % über dem Preisniveau des Hauptwettbewerbers		Der Preis wurde immer stärker zum Hauptkaufargument, insofern wurde die Gefahr größer, dass Kunden zum Wettbewerb überwechselten.
Kostenstruktur des Unternehmens	Ungünstige Kostenstruktur durch veralteten Maschinenpark, ungünstige Gebäudestruktur, hohe Gemeinkosten durch reparaturanfällige Maschinen		Die Kosten stiegen jedes Jahr stärker an als der Preis, so verringerte sich die Marge zunehmend; aus Gewinnen wurden allmählich Verluste.
Relativer Marktanteil	Der relative Marktanteil lag knapp unterhalb des Niveaus des Hauptwettbewerbers.	Dieser hohe Marktanteil bot die Chance, auf hohe abzusetzende Stückzahlen und bildete damit noch eine breite Basis für den Absatz.	

Erfolgskritischer Faktor	Bewertung	Chancen	Risiken
Qualität und Sortiment	Die Qualität wurde besser als die des Hauptwettbewerbers beurteilt, das Sortimentsangebot breiter.		
Liefertreue	Die Lieferbereitschaft war von häufigen Terminüberschreitungen und hohen Fertigungsrückständen gekennzeichnet.		Die pünktliche Lieferung wurde zu einem immer stärkeren Vertriebsargument. Kunden drohten aufgrund unpünktlicher Lieferung abzuspringen. Die hohen Fertigungsrückstände führten zu einer erhöhten Lagerhaltung von Halbfertigfabrikaten und hektischer Fertigungsplanung, da ständig Notfälle bedient werden mussten.

Abb. 1.4: Beispiel SWOT-Analyse

Eingehend befassten sich die Teilnehmer des SWOT-Workshops mit den Auswirkungen aktueller Marktveränderungen: Bei den Kunden war eine erhebliche Tendenz zur Konzentration erkennbar. Die einzelnen Filialen eines A-Kunden kauften zunehmend zentral ein, andere Kunden gingen durch Insolvenz verloren. Zugleich verschärfte sich der Wettbewerb italienischer Anbieter, deren Qualität sich bei niedrigerem Preisniveau verbesserte. Als Chance werteten die Workshopteilnehmer das bekannte gute Markenimage des eigenen Unternehmens und den hohen relativen Marktanteil, den es zu halten und auszubauen galt.

Aus dieser Analyse resultierte dann die Strategie, durch den Kauf neuer Maschinen und Änderung der Abläufe die Kostenstruktur zu verbessern, um auf diese Weise auch die Lieferzuverlässigkeit zu erhöhen. Abgeleitet aus dieser Strategie setzte das Unternehmen dann zahlreiche Maßnahmen um, zu denen auch Investitionen in den Maschinenpark zählten.

1.2.2.2 Balanced Scorecard

Die besondere Stärke der Balanced Scorecard (BSC) liegt darin, dass sie dazu zwingt, alle relevanten Zielfelder immer im Blick zu behalten. Die BSC setzt beim Leitbild oder den Unternehmenszielen an. Davon ausgehend werden für mehrere Perspektiven – in der klassischen BSC sind dies die vier Dimensionen Finanzen, Kunden, Prozesse und Potenziale – konkrete strategische Ziele erarbeitet und gegeneinander gewichtet (vgl. Abb. 1.5). Jedes Ziel trägt dazu bei, dem Leitbild des Unternehmens einen guten Schritt näher zu kommen. Für diese Ziele werden dann Messgrößen, Kennzahlen und Sollwerte festgelegt, Aktionspläne beschlossen sowie Verantwortliche benannt.[17]

---
17 *Kaplan/Norton* 1997, S. 9.

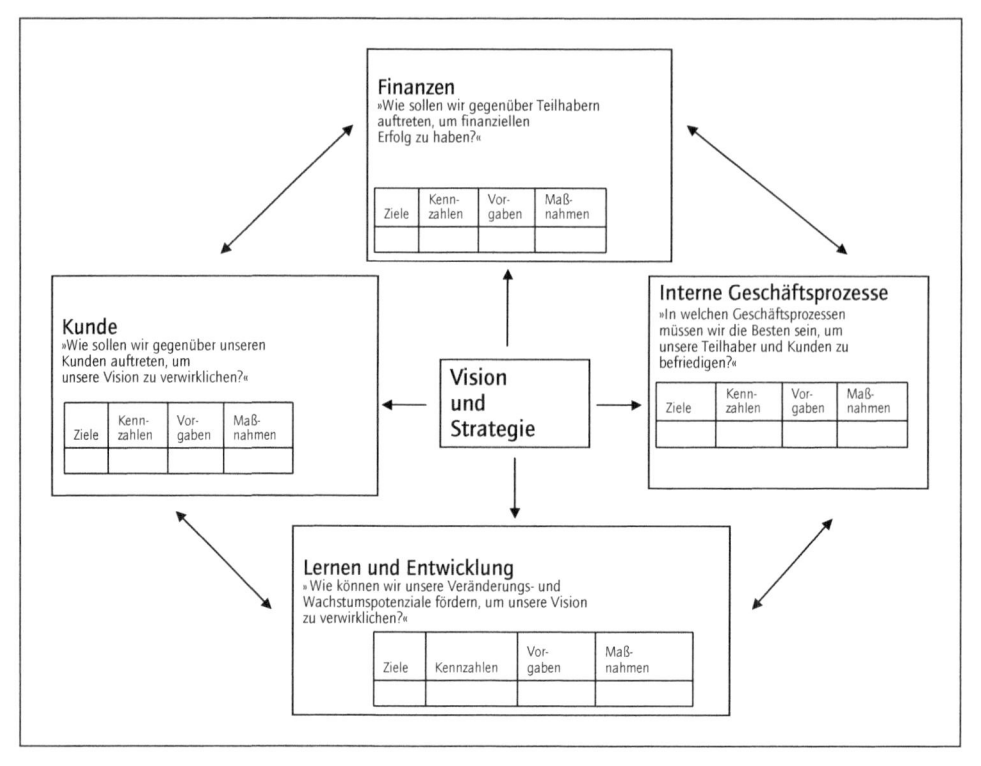

Abb. 1.5: Die Balanced Scorecard

Die Balanced Scorecard hat das Ziel, ein ausbalanciertes Portfolio verschiedener Kennziffern aufzubauen und für die Steuerung zu nutzen. Den dahinter stehenden Grundgedanken verdeutlichen die Erfinder der BSC, *Robert Kaplan* und *David Norton*, mit einem treffenden Bild: Auch ein Pilot fliegt nicht nur nach dem Höhenmesser, sondern behält das Zusammenspiel der unterschiedlichsten Messinstrumente im Auge. Die BSC geht damit weit über das klassische Controlling hinaus. Sie weist sehr viel mehr in die Zukunft, konzentriert sich nicht nur auf Finanzzahlen – und vor allem: Sie schwört die Mitarbeiter auf die Unternehmensziele ein.[18]

Die Balanced Scorecard ist nicht nur ein Controllinginstrument, sondern durch ihre zukunftsgerichtete Konzeption auch ein Instrument für die strategische Planung. Bei der Entwicklung der strategischen Ziele (und damit auch der Investitionsziele) erfüllt sie im Grunde die Funktion einer Checkliste: Mit ihrer Hilfe werden die relevanten Zielfelder – finanzielle Ziele, kundenorientierte Ziele, interne Prozessziele und mitarbeiterbezogene Ziele – systematisch abgeprüft.

Bezogen auf das Thema Investitionsziele hat die BSC somit zwei Vorteile: Zum einen zwingt sie das Management, alle relevanten Bereiche zu berücksichtigen. Zum anderen

---

18 *Kaplan/Norton* 1997, S. 1.

stellt sie sicher, dass die Investitionsziele stimmig in die Unternehmensstrategie eingebunden sind.

In welche Investitionsziele der Strategiefindungsprozess konkret mündet, hängt natürlich vom Unternehmen und seiner individuellen Strategie ab. Angelehnt an das Konzept der Balanced Scorecard zeigt die folgende Tabelle (Abb. 1.6) beispielhaft einige Investitionsziele, wie sie am Ende eines Strategiefindungsprozesses stehen können.

Zielfeld	Investitionsziele		
	Handelsunternehmen Vision: »Die Deutschen werden auch im großen Stil über das Internet einkaufen.«	**Maschinenbauer** Vision: »Wir wollen der weltweit beste Sägenhersteller werden.«	**Zulieferer** Vision: »Die Hersteller verlagern zunehmend Entwicklungsarbeit auf die Zulieferer.«
Finanzen	Unsere Eigenkapitalquote liegt über 30 %. Unser Ziel der Umsatzrentabilität ist 2 %.	Wir investieren jedes Jahr 5 % der Summe vom Umsatz.	
Kunden	Wir bauen den Vertriebskanal Internet konsequent aus: In zwei Jahren erzielen wir 50 % unseres Umsatzes über Online-Verkäufe.	Für den Kunden global präsent sein. Hierzu werden wir bis in zwei Jahren: • in jedem EU-Land eine eigene Filiale haben, • in USA und China eine eigene Niederlassung haben, • ansonsten arbeiten wir mit eigenen Vertretungen und werden • auf den drei wichtigsten internationalen Messen vertreten sein.	Wir machen uns nicht abhängig von einzelnen Kunden. Der Umsatzanteil eines Kunden darf sich nicht auf über 10 % vom Gesamtumsatz entwickeln.
Prozesse	Wir verbessern unser Qualitätsmanagement, so dass die Reklamationsquote bis in einem Jahr auf unter 1 % sinkt.	Wir senken unsere Produktionskosten in den nächsten fünf Jahren jährlich um 3 %.	Wir wollen bis in einem Jahr unsere Durchlaufzeiten um 20 % verkürzen.
Potenzial	Unser Personal ist fachlich und sozial geschult.	Zur Qualifikation unserer Führungskräfte veranstalten wir halbjährlich einen funktionsübergreifenden Workshop.	

Abb. 1.6: Beispiele für Investitionsziele, die mit Hilfe einer Balanced Scorecard abgeleitet wurden

1.2.2.3 Wissensbilanz

Neuere Ansätze leiten den Investitionsbedarf aus der Zukunftsfähigkeit eines Unternehmens ab. Mit Hilfe der Wissensbilanz werden gezielt die Faktoren ermittelt, mit denen das Unternehmen die größte Wirkung hinsichtlich des Unternehmensergebnisses erwirtschaftet. So stellte zum Beispiel ein Softwareunternehmen fest, dass es durch ein erhöhtes Fachwissen der Mitarbeiter auch eine erhöhte Anzahl an innovativen Produkten auf den Markt bringt, die zu verbesserten Geschäftsergebnissen führen. Das wiederum ermöglicht es, erneut in das Fachwissen der Mitarbeiter zu investieren – ein positiver Kreislauf kommt in Gang. Die Wissensbilanz ermöglicht es, die Investitionsmittel im Bereich der weichen Faktoren effektiv einzusetzen. Mehr hierzu finden Sie in Kapitel 13, das sich eingehend dem Thema Wissensbilanz widmet.

1.2.2.4 Ziele

Unabhängig vom gewählten Instrument: Ziele sollten immer konkret und griffig formuliert sein. Also nicht: »Wir wollen global wachsen«, sondern besser: »Wir werden in fünf Jahren in 30 von 50 Ländern, die für unseren Markt relevant sind, vertreten sein.« In der Managementpraxis wird gerne davon gesprochen, dass Ziele »smart« sein müssen: spezifisch, messbar, angemessen, relevant, terminiert. Ähnliche Forderungen stellt *Dietrich Adam*[19] auf, der für die Formulierung eines Investitionsziels vor allem drei Kriterien nennt: Das Ziel sollte *messbar* sein, es sollte *lösungsneutral* sein (d. h. keine Lösungen von vornherein ausschließen) und es sollte *realistisch* sein (d. h. fordernd, aber nicht demotivierend).

Erst jetzt, wenn die strategischen Ziele systematisch aus der Unternehmensstrategie abgeleitet und formuliert sind, folgt die Diskussion über konkrete Maßnahmen. Ein Einzelhandelsunternehmen, das zum Beispiel eine einzigartige Wahrnehmung seiner Produkte wünscht, investiert in den gezielten Markenaufbau. Wer die Qualitätsführerschaft anstrebt, benötigt möglicherweise ein Messgerät, das nicht nur die Qualität seiner Produkte misst und dokumentiert, sondern – mit Blick auf einen reibungslosen Prozessablauf – sogar in der Produktionsmaschine integriert ist. Ein Unternehmen, das kundenindividuelle Produkte fertigt, kommt jetzt zu dem Schluss, dass es in entsprechendes Fachpersonal investieren muss, das die Kunden kompetent beraten kann. Ein anderes Unternehmen hat sich das strategische Ziel gesetzt, schneller als der Wettbewerb neue Produktvarianten zu entwickeln. In diesem Fall kann es notwendig sein, ein hochmodernes CAD-System anzuschaffen.

Im betrieblichen Alltag besteht die manchmal fatale Neigung, sofort über mögliche Maßnahmen zu diskutieren, anstatt zunächst strategisch sauber die Investitionsziele abzuleiten. Dieses Verhalten ist menschlich und liegt auch nahe: Man hat oft konkret vor Augen, was zu tun ist – und missachtet hierbei den Bezug zu den übergeordneten Zielen. Die Maschine ist defekt, also muss sie repariert oder ersetzt werden. Dass eine Ersatzmaschine womöglich gar nicht mehr ins Zielsystem des Unternehmens passt, wird dann übersehen.

---

19 *Adam* 1999, S. 29.

1.3 Die Rolle als Unternehmer und Führungskraft

Gerade in der Anfangsphase des Investitionsprozesses ist der Investor in seiner Rolle als Unternehmer und Führungskraft gefordert. Vor allem auf drei Aspekte kommt es an: Da ist zunächst der unternehmerische Aspekt – viele Investitionen verlangen Mut, Energie und Weitblick. Der zweite Aspekt liegt darin, eine Unternehmenskultur zu schaffen, in der die Mitarbeiter für Veränderungen aufgeschlossen und deshalb auch bereit sind, größere Investitionen mitzutragen. Und der dritte Aspekt: Aufgabe der Führung ist es, die wesentlichen Know-how-Träger frühzeitig in das Investitionsvorhaben einzubinden.

1.3.1 Der unternehmerische Aspekt: Mut, Energie und Weitblick

Viele Menschen haben gute Ideen, doch meist bleibt es dabei. Nicht so bei den Gründern eines Sägewerks in der Uckermark. Drei Männer – zwei Schlosser und ein Forstwirt – verloren nach der Wende ihre Arbeit. Mehr oder weniger durch Zufall entdeckten sie, dass gesägte Bretter in der früheren DDR Mangelware waren. Ihre Idee: ein Sägewerk gründen. Wie sich dann aber herausstellte, lag die Investition für eine Sägeanlage weit jenseits ihrer finanziellen Möglichkeiten.

In den meisten Fällen wäre die Geschichte an diesem Punkt zu Ende. Die drei Männer ließen sich jedoch nicht beirren. Sie glaubten an ihr Geschäftsmodell, forschten weiter – bis sich schließlich der Kontakt zu einem Maschinenlieferanten auftat, über den sie eine gebrauchte Anlage aus Schweden zu einem finanziell tragbaren Preis beziehen konnten. Heute beschäftigt die Firma Robeta im brandenburgischen Milmersdorf 150 Mitarbeiter und erzielt einen Jahresumsatz von rund 25 Millionen Euro.[20]

Erfolgsgeschichten wie das Sägewerk in der Uckermark zeigen: Investieren ist eine unternehmerische Herausforderung. Ob eine Investition getätigt wird, hängt vom persönlichen Mut ab, aber auch von der Konsequenz, mit der ein Unternehmer die eigenen Ziele verfolgt und sich in seinen Plänen nicht von anderen beirren lässt.

Natürlich spielt der unternehmerische Aspekt nicht bei jeder Investition eine derart große Rolle. Sinnvoll ist es hier, zwischen strategischen und operativen Investitionen zu unterscheiden. Letztere dienen der Aufrechterhaltung des täglichen Geschäfts und sind eher als Routineangelegenheit zu betrachten. Wenn zum Beispiel ein Maschinenbauer, der seit Jahren ein bestimmtes Teil in hoher Stückzahl fertigt, hierfür ein Ersatzwerkzeug benötigt, kann er diese Investition anhand der vorhandenen Erfahrungswerte sauber durchrechnen.

Die strategische, langfristig ausgelegte Investition hat dagegen einen viel stärker qualitativen Charakter; der Rückfluss einer solchen Investition beruht auf groben Abschätzungen. Jeder Gründer kennt eine solche Situation: Nehmen wir das Beispiel einer Existenzgründerin, die eine logopädische Praxis eröffnen möchte. Um die Praxis zu betreiben, benötigt sie eine Grundausstattung, ohne die ihr Geschäft nicht möglich ist. Um jedoch den Kapitalrückfluss der Investition zu berechnen, fehlen ihr zuverlässige Erfahrungswerte. Auch wenn sie als Angestellte durchaus über Branchenerfahrung verfügt,

---

20 *Kurz* 2009, S. 44 ff.

stellt sich in der Selbstständigkeit doch Manches anders dar. Nicht anders ergeht es dem Gründer eines Autohauses: Um überhaupt anfangen zu können, kann er z. B. eine Halle auf der grünen Wiese errichten. Er weiß zwar, dass sein Grundstück an einer befahrenen Straße liegt und die Automarke eine gute Nachfrage erwarten lässt. Doch selbst wenn er Erfahrungswerte anderer Autohäuser kennt, bleibt er letztlich auf eine qualitative Abschätzung der Situation angewiesen.

Strategisch sind auch Investitionen in neue Technologien, Produkte oder Entwicklungen – also all jene Investitionen, die die »Hidden Champions« so erfolgreich machen. Beispiel hierfür ist ein Automobilzulieferer, der aus seiner Kernkompetenz heraus ein völlig neues Produkt entwickelte: Hatte das Unternehmen bislang Reifenventile erstellt, nutzt es inzwischen dieselbe Technologie mit gutem Erfolg auch, um Druckregler für Klimaanlagen zu produzieren. Ein anderer Mittelständler, ein norddeutscher Getriebehersteller, kam auf die Idee, zwei Techniken – die mechanische und die elektronische Bearbeitung – zu kombinieren und wagte es, rund 90 Millionen Euro in das neue Verfahren zu investieren. Er erzielte damit eine hocheffiziente Fertigung, mit der er deutlich kostengünstiger produziert als seine Wettbewerber. Bei einem Umsatz von inzwischen rund 350 Millionen Euro wächst der Maschinenbauer deutlich schneller als der Markt.

Oder denken wir an ein Beispiel, das – anders als die »heimlichen Weltmarktführer« – Schlagzeilen machte: Der Hamburger Versandhändler Otto nutzte die Chancen der Internettechnik, indem er einen dreistelligen Millionenbetrag in diesen neuen Vertriebskanal investierte. Weit mehr als der Wettbewerb setzte das Unternehmen auf Konsequenz und Perfektion, um ein reibungslos funktionierendes und absolut kundenfreundliches Online-Angebot zu schaffen. Das Kalkül ging auf. Während andere Versandunternehmen im Krisenjahr 2009 um die Existenz kämpften, konnte sich der Otto-Versand mit einem kräftigen Umsatzplus vom Branchentrend abkoppeln. Wesentlicher Umsatztreiber sei das Internet, berichtete Otto-Vorstandssprecher Dr. Rainer Hillebrand im Januar 2010. »Hier sehen wir uns weiter auf der Überholspur.« Im Online-Geschäft verzeichnete das Unternehmen einen Zuwachs von rund 30 Prozent, insgesamt betrug Anfang 2010 der Online-Anteil am Gesamtumsatz rund 60 Prozent.[21]

Die Beispiele machen deutlich, wie sehr bei Investitionen auch unternehmerische Qualitäten zählen: Der Unternehmer verfolgt Trends, erkennt die Chancen neuer Technologien. Er kann sich vorstellen, wie er diese Chancen für sein Unternehmen nutzt – und hat den persönlichen Mut, hierfür dann auch tatsächlich Geld einzusetzen. Dabei blickt er über das Tagesgeschäft hinaus und entscheidet mit einem Zeithorizont von drei bis fünf Jahren in die Zukunft.

1.3.2 Die Führungskultur

Die Bedeutung einer innovationsfreundlichen Führungskultur lässt sich eindrucksvoll anhand eines Negativbeispiels zeigen. Es handelt sich um ein einstmals sehr erfolgreiches Maschinenbauunternehmen, das sich auf vergangenen Erfolgen ausruhte und

---

21 *Presseinformation Otto*, 18.01.2010.

so seine Zukunft verspielte. Im Nachhinein, als es für Gegenmaßnahmen zu spät war, rekonstruierte ein Berater die internen Verhältnisse wie folgt:

Unter den mehreren 100 Mitarbeitern des Unternehmens herrschte ein ausgeprägtes Wir-Gefühl, das sich im Werkschor, in der Werksfeuerwehr, der jährlichen Feier für die Rentner, einer eigenen Renten- und Krankenkasse und vielen anderen Dingen zeigte. Die Geschäftsführer legten Wert darauf, diese Harmonie zu bewahren, erkannten sie darin doch eine wichtige Vorraussetzung für gute Teamarbeit. Die negativen Seiten dieses Festhaltens an bewährten Strukturen übersahen sie jedoch:

- Die Idee eines Kunden, ein Bauteil in einer anderen Form zu produzieren, wurde prompt zerredet, denn die alten Formen waren ja erfolgreich im Markt. Die neue Produktvariante passte nicht in die Produktionsstruktur – man hätte mehrere Investitionen in neue Maschinen und Werkzeuge wagen müssen.
- Ziel- und Renditevorgaben, die den Abteilungsleitern Anreize geboten hätten, über Investitionen nachzudenken, gab es nicht. Stattdessen wurde immer wieder signalisiert, dass die bewährten Maschinen ja noch gut tauglich seien.
- Die Geschäftsführer waren selbst nur selten im Betrieb präsent. Den Mitarbeitern blieb damit der kurze Weg zum Chef versperrt, um über einen Investitionsbedarf zu informieren; übrig blieb nur der Instanzenweg.
- Es gab keine Renditevorgaben; Kostenrechnung und Controllingzahlen wurden oft erst ein Jahr nach Abschluss des Geschäftsjahres erstellt. Es herrschte der unerschütterliche Glaube, die Bank gewähre dem Unternehmen unbegrenzt Kredit.

In der Summe resultierte hieraus eine Kultur, die das Unternehmen lähmte. Die Chefs erhielten sich ihre eigene heile Welt. Es gab ja auch niemanden, der ihnen ernstlich die Meinung sagen durfte oder wollte. Notwendige Investitionen blieben aus, Marktchancen wurden verpasst. Nach einigen Jahren musste der einstige Marktführer Insolvenz anmelden.

Der Fall zeigt, wie sehr die Innovationsbereitschaft eines Unternehmens von der Führungskultur abhängt. Wie im Negativen gilt dies auch im Positiven: Eine innovationsfördernde Kultur erzeugt ein Klima, bei dem Führungskräfte und Mitarbeiter mitdenken, sich engagieren, am Erfolg interessiert sind und nicht zuletzt auch Investitionen mittragen. Ob Mitarbeiter ihre Antennen ausfahren, Warnsignale am Markt erkennen und ihre Beobachtungen in die Besprechungsrunden des Unternehmens einbringen, so dass auch ein akuter Investitionsbedarf rechtzeitig auf den Tisch kommt – auch das hängt in hohem Maße von der Führungskultur ab.

Ein sehr bekanntes Beispiel für eine erfolgreiche Führungskultur ist die Firma Würth in Künzelsau, die Reinhold Würth von einer kleinen Schraubenhandlung in den Kreis der größten deutschen Handelsunternehmen führte. Wichtiger noch als die »Führungstechnik« mit ihren Management-, Informations-, Finanzierungs- und Planungssystemen sei für den Erfolg die Führungskultur, betont der Unternehmer. Entscheidend hierfür sei eine positive Unternehmensphilosophie, die auf Mitarbeitermotivation, aber auch auf Zuverlässigkeit und Geradlinigkeit fokussiert sein müsse.

Erfolg entstehe zu 75 Prozent aus eben jener Führungskultur, konstatierte Reinhold Würth im Juli 2009 bei einem Vortrag vor Studenten in Tübingen. Die Führungskultur seines Unternehmens umschrieb er mit den Begriffen Vertrauen, Zuverlässigkeit, Offenheit, Ehrlichkeit, Motivation, Dank und Anerkennung. Der Führungsstil seines Unternehmens sei geprägt

- von der Hochachtung vor den Mitarbeitern und deren Leistungen,
- dem Willen, den besten Kundenservice zu bieten sowie
- einer dezentralen Führung, die das Ziel habe, »die Gewinnverantwortung möglichst weit nach vorne an die Front zu geben«.

Zu den Grundlagen seines Erfolgs zählt Würth einen Führungsstil, der sich durch Ehrlichkeit, Berechenbarkeit und Geradlinigkeit nach innen und außen auszeichnet. In der Berücksichtigung dieser Werte liegt nach seinen eigenen Erfahrungen und nach seiner Beobachtung bei anderen erfolgreichen Unternehmen »ein gemeinsamer Nenner für exzellente Leistung über lange Zeiträume«.[22]

1.3.3 Einbindung der Know-how-Träger

Eine Studie belegt[23]: Unternehmer, die seit vielen Jahren erfolgreich ein Unternehmen leiten, haben in der Regel ein Gespür für gute Investitionen. Zwar sind auch sie auf das Wissen ihrer Fachleute in Marketing, Produktion und Entwicklung angewiesen, ihre Erfahrung hilft ihnen jedoch, Veränderungen rechtzeitig wahrzunehmen und Markttrends richtig einzuschätzen. Junge, weniger erfahrene Führungskräfte mögen zwar den Mut und Willen haben, eine Investition zu tätigen, aber ihnen fehlt dieses Gespür. Umso wichtiger ist es für sie, das Wissen erfahrener Mitarbeiter von Anfang an in den Prozess einzubeziehen.

Die Einbeziehung hat einen weiteren Vorteil: Der Unternehmer macht die Betroffenen zu Beteiligten. So erreicht er bereits in der Anfangsphase der Investition, dass seine Mannschaft hinter der Investition steht. Sie ist bereit, das Vorhaben und die damit verbundenen Veränderungen mitzutragen.

Bei der Einbindung der Mitarbeiter bewegt sich der Unternehmer allerdings auf einem schmalen Grat. Einerseits muss er mit Blick auf eine innovationsfreundliche Führungskultur seine Mitarbeiter beteiligen, sie also offen informieren und ihre Meinungen ernst nehmen. Andererseits darf er seine Souveränität nicht gefährden und muss sich vor irreführenden Ratschlägen in Acht nehmen. In jedem Unternehmen gibt es Mitarbeiter, die aufgrund ihrer persönlichen Sichtweise eine bestimmte Investition bevorzugen oder ablehnen. Ihre Argumente folgen einer selektiven, vielleicht auch tendenziösen Wahrnehmung, die für das Unternehmen gefährlich sein kann – denen der Unternehmenschef aber manchmal allzu gerne folgt. Ein typischer Fall ist der technikaffine Unternehmer, der die Sprache seiner Techniker spricht und sich schnell von deren Argumenten einnehmen lässt. Oder der Unternehmenschef ist Informatiker: Wenn der EDV-Leiter ins Zimmer tritt, strahlt er und freut sich auf dessen neueste Idee.

Dieser Gefahr können Sie mit der in diesem Kapitel vorgeschlagenen Vorgehensweise begegnen: Holen Sie als Unternehmenschef die Leiter der wesentlichen Funktionen zu einem Strategieworkshop zusammen. Nutzen Sie dann Instrumente wie Stärken-Schwächen-Analyse, Balanced Scorecard oder Wissensbilanz, um gemeinsam mit Ihren

---

22 *Würth* 2002/2003, S. 4.
23 *Dahm/Selbach* 2010, S. 17.

engsten Mitarbeitern die Investitionsziele systematisch aus der Unternehmensstrategie abzuleiten.

1.4 Zusammenfassung

Vom Bedarf zur Planung – dieser erste Abschnitt des Investitionsprozesses umfasst drei wesentliche Aspekte:
1. *Das rechtzeitige Erkennen eines Investitionsbedarfs.* Hierzu sollte das Unternehmen ein strategisches Radar entwickeln, mit dem es frühe Signale zu Gefahren und Chancen empfängt. In ein solches Früherkennungssystem sollten Fach- und Führungskräfte aus allen Unternehmensfunktionen eingebunden sein.
2. *Die systematische Ableitung der Investitionsziele aus der Unternehmensstrategie.* Wie jedes strategische Ziel sollten auch die Investitionsziele aus der Gesamtstrategie des Unternehmens hervorgehen. Ausgangspunkt ist die Vision oder das Leitbild des Unternehmens. Hieraus leiten sich die strategischen Ziele, daraus wiederum Teilziele und Maßnahmen ab. Hierin miteinbezogen sind auch die Investitionsziele.
3. *Die Rolle des Investors als Unternehmer und Führungskraft.* Investitionen verlangen Mut, Energie und Weitblick. Vor allem aber kommt es darauf an, eine innovationsfördernde Führungskultur zu pflegen, in der die Mitarbeiter für Veränderungen aufgeschlossen und deshalb auch bereit sind, größere Investitionen mitzutragen.

Bei der Ableitung der Investitionsziele lohnt es sich, den Erfolgsgeheimnissen der »Hidden Champions« nachzuspüren. Ihre Stärke liegt in der Zusammenführung zweier strategischer Ansätze: Auf geschickte Weise kombinieren sie *externe Chancen*, die ihnen Märkte, Kunden und Wettbewerb bieten, mit ihren *internen Ressourcen*, also ihren Kernkompetenzen, besonderen Fähigkeiten und Stärken. Dieses Erfolgsgeheimnis der »stillen Stars« legt die Schlussfolgerung nahe, bei der Ableitung der strategischen Ziele – und damit auch der Investitionsziele – Instrumente zu verwenden, die eben diese Zusammenführung externer Chancen und interner Kompetenz ermöglichen. Bewährt haben sich hier insbseondere die SWOT-Analyse und die Balanced Scorecard.

2 Investitionsrechnung: Die Alternativen bewerten

Die Investitionsziele liegen vor, stimmig abgeleitet aus der Strategie und formuliert im Leitbild. Doch welche konkreten Investitionsprojekte soll das Unternehmen nun auswählen, um diese Ziele zu erreichen? Was ist mit dem vorhandenen Budget überhaupt machbar?

In der zweiten Phase des Investitionsprozesses geht es darum, anhand verschiedener Methoden die Alternativen »durchzurechnen« und zu bewerten, um sich dann auf bestimmte Investitionen festzulegen. Phase zwei mündet damit in einem Investitionsprogramm, das unter Berücksichtigung der vorhandenen Mittel die Vorhaben enthält, die den größten Beitrag zu den Unternehmenszielen leisten. In der Regel verlässt sich ein Investor nicht nur auf eine Prüfmethode. Doch jede Prüfung kostet das Unternehmen Zeit und Geld. Deshalb sollten die Prüfungen auch straff organisiert und gut vorbereitet sein.

Vor allem bei strategischen Investitionen liegt es nahe, das Vorhaben zuerst *qualitativ* zu prüfen: Ist es in der Lage, das gewünschte Investitionsziel, zum Beispiel einen bestimmten Wettbewerbsvorteil, zu erreichen? Wenn das der Fall ist, stellt sich sofort die nächste Frage, nämlich inwieweit sich die Investition *quantitativ* auszahlt, sich also für das Unternehmen überhaupt rechnet. Für beide Prüfaspekte gibt es jeweils eigene Verfahren. Zu den qualitativen Methoden der Investitionsrechnung zählen zum Beispiel das Checklistenverfahren und die Nutzwertanalyse, zu den quantitativen Methoden die Kostenvergleichsrechnung, die Amortisationsrechnung und die Kapitalwertmethode.

In den folgenden Abschnitten lernen wir zunächst die wichtigsten Prüfverfahren mit Blick auf ihre Praxisrelevanz kennen – zuerst die qualitativen Methoden (Abschnitt 2.1), dann die quantitativen Methoden (Abschnitt 2.2). Ergänzend hierzu kann der Unternehmer dann noch verschiedene Methoden einsetzen, um die Unsicherheiten der Investition zu bewerten (Abschnitt 2.3). Nach der Vorstellung der Verfahren geht es dann um deren praktische Anwendung: Das Unternehmen wählt mit ihrer Hilfe die geeigneten Investitionen aus und stellt das Investitionsprogramm zusammen (Abschnitt 2.4). Deutlich wird dabei: Nicht die Anwendung der Rechenverfahren ist in der Praxis das Problem, sondern die Ermittlung der hierfür notwendigen Daten.

> Einen Überblick über die einzelnen Verfahren und dazu passende Beispiele finden Sie im Anhang ab S. 259 dieses Buches. Im Download-Bereich auf www.schaeffer-poeschel.de/webcode finden Sie passende Formularvorlagen für Ihre eigene Arbeit. Ihren persönlichen Zugangscode finden Sie ganz vorne im Buch.

2.1 Qualitative Methoden

Jede Investition lässt sich anhand der Investitionsziele beurteilen, wobei ein Teil dieser Ziele häufig nicht in Geldeinheiten messbar ist. In solchen Fällen empfiehlt sich der Einsatz von qualitativen Methoden. Angenommen, ein Unternehmen stellt fest, dass es für die Auslieferung seiner Produkte grundsätzlich länger benötigt als die Konkurrenz und dadurch einen Wettbewerbsnachteil erleidet: In diesem Fall kann das Investitionsziel darin liegen, die Auslieferungszeit z. B. durch den Einsatz eines neuen EDV-Programms zu verkürzen. Maßgeblich ist hier das qualitative Kriterium »Lieferzeit«, von dem sich das Unternehmen einen zusätzlichen Kundennutzen verspricht.

Je nach strategischem Ziel können die unterschiedlichsten qualitativen Bewertungskriterien als Maßstab dienen, um ein Investitionsprojekt zu beurteilen. Das können zum Beispiel technische, soziale oder rechtliche Bewertungskriterien sein (s. Abb. 2.1).

Technische Kriterien	Soziale Kriterien	Rechtliche Kriterien
Leistungsvermögen	Betriebssicherheit	Garantie
Qualität	Einflüsse auf das Personal	Auflagen Gewerberecht
Kombinierbarkeit	Reaktionen Betriebsrat	Auflagen Arbeitsrecht
Störanfälligkeit	Bedienungsanforderungen	Auflagen Umweltschutz
Energieverbrauch	Betriebsklima	Markenrechte
	Umweltfreundlichkeit	Produkthaftung

Abb. 2.1: Beispiele für qualitative Bewertungskriterien

Für die Bewertung qualitativer Kriterien gibt es verschiedene Möglichkeiten. Zu ihnen zählt auch die in Kapitel 1 bereits vorgestellte *SWOT-Analyse*, bei der ein funktionsübergreifend zusammengesetztes Team die Stärken und Schwächen der geplanten Investition den Chancen und Risiken gegenüberstellt. Zwei weitere, in der Praxis häufig verwendete Verfahren sind das *Checklistenverfahren* und die *Nutzwertanalyse*.

In aller Regel ist es erforderlich, die qualitative Analyse durch ein quantitatives Investitionsrechnungsverfahren zu ergänzen, um zusätzlich die Wirtschaftlichkeit einer Investition zu bestimmen. Erst dann ist es möglich, eine Gesamtwürdigung der Alternativen vorzunehmen. Ergibt die qualitative Bewertung z. B. einen ähnlichen Nutzwert der Alternativen, lässt sich die Alternative mit der höheren Wirtschaftlichkeit wählen. Oder umgekehrt: Bei gleicher Wirtschaftlichkeit kann sich der Investor für die Alternative mit dem größten Nutzen entscheiden.

2.1.1 Checklistenverfahren

Das in der Praxis sehr beliebte Checklistenverfahren dient in erster Linie dazu, eine Vorauswahl der Investitionen zu treffen. Gibt es neue gesetzliche Auflagen, so kann man mithilfe dieses Verfahrens recht einfach prüfen, ob diese durch die bestehenden Anlagen oder Investitionsalternativen erfüllt werden. Das hört sich einfach an, ist aber in der Praxis manchmal tückisch. Denn nicht immer ist man in Spezialgebieten so eng mit Vorschriften vertraut, dass man sie sicher anwenden kann. Um teure Fehlinvestitionen zu vermeiden, empfiehlt sich hier der Einsatz von Experten.

An das Verfahren wird selbstverständlich der Anspruch der Vollständigkeit gestellt. Dieser Anspruch darf jedoch nicht dahin verführen, dass man sich mit dieser Liste zu sehr verzettelt. Für eine Vorauswahl reichen oft wenige, aber wichtige Kriterien.

Werden diese Listen wiederholt eingesetzt, so kann man sie über die Zeit perfektionieren und ergänzen. Gerade für Investitionen, die sich laufend wiederholen oder einander sehr ähnlich sind, sollten die Auswahl- und Entscheidungsprozesse im Unternehmen optimiert werden.

Im Einzelhandel wird diese Analyse z. B. gerne zur Standortanalyse eingesetzt. Auch die Ladenausstattung lässt sich so festhalten, wie das folgende Beispiel verdeutlicht. Nehmen wir an, ein Einzelhändler sucht ein neues Ladenlokal. Er verkauft ein buntes Sortiment an Geschenkartikeln. Für die Suche nach einer geeigneten Immobilie könnte seine Checkliste wie folgt aussehen:
- Das Ladenlokal liegt in einer 1a- oder 1b-Lage in seiner Heimatstadt, einer mittelgroßen Stadt in Nordrhein Westfalen.
- Die monatliche Miete darf den Betrag von 2.000 Euro nicht übersteigen.
- Zur Präsentation seines Warenangebotes benötigt er eine Schaufensterfläche von mindestens fünf Metern Länge.
- Das Ladenlokal hinterlässt von außen einen modernen und gepflegten Eindruck.
- Öffentliche Parkplätze sollten nicht weiter als 500 Meter entfernt liegen.

Die Liste könnte natürlich noch weitere Kriterien enthalten. Bei der Suche nach einer Immobilie braucht der Einzelhändler nun nur abzuhaken, ob die einzelnen Kriterien erfüllt sind. Dabei kann er bestimmte Kriterien als K.o.-Kriterien definieren. Wenn z. B. die Miethöhe einen bestimmten Betrag überschreitet, ist das für ihn ein absolutes Ausschlusskriterium, da er aus der Erfahrung weiß, dass er mit seiner Ware nur ein bestimmtes Umsatzziel pro Quadratmeter erreichen kann. Kriterien lassen sich dabei *nominal* oder *ordinal* definieren.[24] Wenn er festlegt, dass der Laden in der Nähe einer Bäckerei liegen sollte (da dort häufig eine hohe Kundenfrequenz herrscht), lässt sich diese Frage nur mit Ja oder Nein beantworten – ein nominales Kriterium. Ordinal definiert ist ein Kriterium, wenn die Bewertung auf einer Skala erfolgt: Der äußere Eindruck des Ladens ist sehr gut – gut – mittel – schlecht – sehr schlecht.

2.1.2 Nutzwertanalyse

Die Nutzwertanalyse stellt auf den Nutzen einer Investition ab, d. h. die Alternative mit dem höchsten Nutzen gilt als die vorteilhafteste. Dieser Nutzen kann z. B. in Produktmerkmalen liegen, auf die der Kunde besonderen Wert legt. Oder die Investition ermöglicht einen besonderen Service, den bislang noch kein Wettbewerber anbietet.

Die Nutzwertanalyse deckt damit einen Aspekt ab, den die monetären Verfahren nicht erfassen können: Sie ermöglicht es, wettbewerbsentscheidende Kriterien wie zum Beispiel Durchlaufzeiten, Qualitätsmerkmale oder Umweltaspekte in die Beurteilung einer Investition einzubeziehen. Genau hier liegt die besondere Stärke der Nutzwertanalyse: Mit ihrer Hilfe kann ein Unternehmen die aus seiner Kernkompetenz resultierenden Differenzierungschancen berücksichtigen und in die Bewertung einer Investition einbeziehen. Gerade bei strategischen Investitionen, mit denen sich ein Unternehmen auf dem Markt besser positionieren möchte, spielt die Nutzwertanalyse deshalb in der Praxis eine große Rolle.

Die Nutzwertanalyse basiert auf einem strukturierten Kriterienkatalog, der die wesentlichen Kriterien auflistet, die eine Investition erfüllen soll. Die Vorgehensweise erfolgt in fünf Schritten:

---

24 *Adam* 1997, S. 72 ff.

Schritt 1: Bewertungskriterien formulieren.
Welche Kriterien muss das Projekt erfüllen? Welche Kriterien soll es erfüllen? Geordnet nach unterschiedlichen Dimensionen (z. B. technische Kriterien, soziale Kriterien, wirtschaftliche Kriterien) werden die Beurteilungskriterien der Investition festgelegt. Da die Muss-Kriterien erfüllt sein müssen, ist hier eine weitere Analyse nicht erforderlich. Die anderen Kriterien hingegen werden im weiteren Verlauf des Verfahrens durch die Vergabe von Punkten gewichtet (Schritt 2). Handelsunternehmen etwa definieren bei der Standortauswahl diese Kriterien sehr genau, indem sie z. B. die Größe der Stadt, das durchschnittliche Einkommen der Bevölkerung, Verkehrsfrequenz der Straße, Größe des Grundstücks etc. festlegen.

Schritt 2: Kriterien gewichten.
Welches Kriterium ist besonders wichtig? Welche Kriterien sind weniger wichtig? Im zweiten Schritt wird die Bedeutung der Kriterien im Verhältnis zueinander festlegt. In der Praxis hat sich der Paarvergleich bewährt: Kriterium A und B werden miteinander verglichen – und dann wird festgelegt, welches Kriterium das wichtigere ist. Um das Gewicht der einzelnen Kriterien zu definieren, wird eine bestimmte Punktzahl vergeben und auf die Kriterien verteilt. Setzt man nun die Punktzahl eines Kriteriums zur Gesamtzahl der Punkte in Bezug, ergibt sich für jedes Kriterium ein Gewichtungsfaktor. Er spiegelt den Anteil wider, den das Kriterium später am Gesamtnutzen der Investitionsalternative haben wird.

Ein solches Kriterienpaar könnte z. B. »Einwohnerzahl« und »durchschnittliches Einkommen der Bevölkerung« sein. Ist das durchschnittliche Einkommen bedeutender, so bekommt dieses Kriterium in der Gewichtung einen höheren Faktor (z. B. 15 Prozent) und die Einwohnerzahl den Faktor 10 Prozent. Anschließend wird das durchschnittliche Einkommen mit der Verkehrsfrequenz verglichen usw.

Schritt 3: Mögliche Kriterienausprägungen bewerten.
Um den Erfüllungsgrad der einzelnen Kriterien bewerten zu können, wird eine Skala von »sehr schlecht erfüllt« bis »sehr gut erfüllt« aufgestellt. Gebräuchlich ist zum Beispiel eine Skala von 0 bis 8 Punkten, anhand der sich ein schlecht erfülltes Kriterium mit 0 bis 2 Punkten, ein mittlerer Erfüllungsgrad mit 3 bis 5 Punkten und ein gut erfülltes Kriterium mit 6 bis 8 Punkten bewerten lässt.

Nun gilt es, den Punkten bestimmte Kriterienausprägungen zuzuordnen. Nehmen wir zum Beispiel das Kriterium »Durchlaufzeit« in einem metallverarbeitenden Unternehmen: Wenn bei einer Durchlaufzeit von drei Tagen das Unternehmen einen klaren Wettbewerbsvorteil erzielen würde, liegt es nahe, die Kriterienausprägung »drei Tage« als sehr gut einzustufen und mit 8 Punkten zu bewerten. Eine Durchlaufzeit von fünf Tagen, die etwa im branchenüblichen Schnitt liegt, könnte dann mit 4 Punkten benotet werden. Schon dieses kleine Beispiel zeigt, dass die Bewertung der möglichen Kriterienausprägungen sorgfältig durchdacht sein muss. Nur mit guten Kenntnissen über Märkte und Kunden lässt sich beurteilen, welche Durchlaufzeit als gut, welche noch als hinnehmbar und welche als schlecht einzustufen ist.

Schritt 4: Die Investitionsalternativen bewerten.
Ausgangspunkt der Nutzwertanalyse war es, den Nutzwert von zwei oder drei Investitionsalternativen zu bestimmen. Für jede dieser Alternativen wird nun festgestellt, wie

die einzelnen Kriterien ausgeprägt sind. Gehen wir noch einmal zurück zum Beispiel mit dem Kriterium »Durchlaufzeit«: Mit Investition A würde das Unternehmen eine Durchlaufzeit von drei Tagen erreichen, bei Investition B läge sie bei fünf Tagen. Somit wird Investition A beim Kriterium »Durchlaufzeit« mit 8 Punkten bewertet, Investition B lediglich mit 4 Punkten. Auch diese Einordnung der Investitionsalternativen in das Bewertungsschema erfordert in der Regel detailliertes Fachwissen.

Schritt 5: Den Nutzwert der Investitionsalternativen berechnen.
Nun werden die Ausprägungen der einzelnen Kriterien mit ihrem (in Schritt zwei ermittelten) Gewichtungsfaktor multipliziert. Hieraus ergibt sich für jedes Kriterium ein Teilnutzwert. Hat zum Beispiel Investition A beim Kriterium »Durchlaufzeit« die Bewertung 8 Punkte erhalten, ergibt sich bei einem Gewichtungsfaktor von 0,4 ein Teilnutzwert von 3,2. Bei Investition B, die beim Kriterium Durchlaufzeit nur 4 Punkte erhalten hat, ergibt sich ein Teilnutzwert von nur 4 x 0,4 = 1,6. Aus der Summe der Teilnutzwerte errechnet sich dann der Nutzwert der Investitionsalternative.

Vor allem eine Gefahr gilt es beim Einsatz der Nutzwertanalyse im Auge zu behalten: Sowohl die Auswahl der Kriterien als auch die Bewertung der Kriterienausprägungen erfolgen aufgrund von subjektiven Einschätzungen. Die Bewertung allein durch eigene Mitarbeiter kann leicht zu Fehlurteilen führen. Um eine gewisse Objektivität sicherzustellen, hat es sich bewährt, externe Experten oder auch Kunden in das Verfahren mit einzubeziehen.[25]

Um die Ermittlung des Nutzwertes zu illustrieren, können wir das obige Beispiel des Einzelhändlers fortführen. Das Verfahren soll hier nur anhand weniger Kriterien gezeigt werden; in der Praxis sind die Kataloge meist wesentlich umfangreicher. Nehmen wir an, unser Einzelhändler hat anhand seiner Checkliste zwei Immobilien zur Auswahl gefunden, die sich an unterschiedlichen Standorten befinden. Für seine Entscheidungsfindung skaliert er zunächst seine Kriterien ordinal und legt folgendes Punktesystem für die Bewertung fest:

Die Lauflage:

	Sehr schlechte Lauflage	Schlechte Lauflage	Mittlere Lauflage	Gute Lauflage	Sehr gute Lauflage
Punkte	0	1	2	3	4

Abb. 2.2: Punktbewertung am Beispiel der Lauflage

Die monatliche Miete:

	1801 € bis 2.000 €	1.601 € bis 1.800 €	1.401 € bis 1.600 €	1.201 € bis 1.400 €	1.200 € und kleiner
Punkte	0	1	2	3	4

Abb. 2.3: Punktbewertung am Beispiel der monatlichen Miete

---

25 *Adam* 1997, S. 76 ff; *Reichmann* 2006, S. 330 ff.

Breite der Schaufensterfläche:

	Bis 5,50 m	5,51 m bis 6 m	6,01 m bis 6,50 m	6,51 m bis 7 m	7,01 m bis 7,5 m
Punkte	0	1	2	3	4

Abb. 2.4: Punktbewertung am Beispiel der Schaufensterfläche

Eindruck von außen:

	Fassade neu zu streichen Schaufenster aus den 1970er-Jahren Eingang von der Seite mit Stufen	Fassade gepflegt Schaufenster aus den 1970er-Jahren Eingang mit Stufen	Fassade gepflegt Glasflächen Eingang mit Stufen	Fassade gepflegt, Große Glasflächen Seiteneingang	Fassade neu und modern Große Glasflächen Schicker Eingang von vorne
Punkte	0	1	2	3	4

Abb. 2.5: Punktbewertung am Beispiel des Eindrucks von Außen

Entfernung der Parkplätze:

	500 m bis 400 m	399 m bis 350 m	349 m bis 300 m	299 m bis 250 m	Unter 249 m
Punkte	0	1	2	3	4

Abb. 2.6: Punktbewertung am Beispiel der Entfernung zu öffentlichen Parkplätzen

Nun ermittelt er die Punktwerte der beiden Alternativen. Dies erfolgt anhand folgender Beschreibungen der Immobilien:

Die mittlere Lauflage der Immobile A ergibt einen Punktwert von 2 Punkten, die monatliche Miethöhe von 1.700 Euro einen Wert von 1 Punkt, die Schaufensterfläche mit einer Breite von sieben Metern 3 Punkte, der Eindruck von außen ergibt 4 Punkte und die Entfernung zu den öffentlichen Parkplätzen 2 Punkte. In der Summe also ein Wert von 12 Punkten.

Für Immobilie B ergeben sich folgende Werte: Die sehr gute Lauflage der Immobilie B erbringt einen Punktwert von 4 Punkten, die monatliche Miethöhe von 2.000 Euro einen Wert von 0 Punkten, die Schaufensterfläche mit einer Breite von 6,20 m 2 Punkte, der Eindruck von außen ergibt 4 Punkte und die Entfernung zu den öffentlichen Parkplätzen 2 Punkte. In der Summe ergeben sich also ebenfalls 12 Punkte.

Das Ergebnis zeigt die Tabelle in Abbildung 2.7.

Beide Immobilien stellen also nach dieser Bewertung den gleichen Nutzwert dar.

Im nächsten Schritt verfeinert der Einzelhändler die Auswahl, indem er die Kriterien gewichtet. Da ihm die Lauflage besonders wichtig erscheint, gibt er diesem Kriterium durch den Gewichtungsfaktor 2 eine besondere Bedeutung. Die Schaufensterfläche ist nicht ganz so entscheidend, erhält daher nur eine Gewichtung von 0,5. Nun ändert sich die Bewertung von Immobilie A: Die Lauflage wird jetzt mit 4 Punkten bewertet, die Schaufensterfläche mit 1,5 Punkten, in der Summe ergeben sich somit 12,5 Punkte.

	Immobilie A	Immobilie B
Lauffrequenz	2	4
Monatliche Miete	1	0
Schaufensterfläche	3	2
Eindruck von Außen	4	4
Entfernung Parkplätze	2	2
Summe = Nutzwert	12	12

Abb. 2.7: Ermittlung des Nutzwertes anhand beispielhaft gewählter Kriterien

Wie die folgende Tabelle zeigt, erreicht bei Berücksichtigung der Gewichtung die Immobilie B einen um 3 Punkte höheren Nutzwert als Immobilie A und ist somit vorzuziehen.

	Gewichtungsfaktor	Immobilie A	Immobilie A mit Gewichtung	Immobilie B	Immobilie B mit Gewichtung
Lauffrequenz	2	2	4	4	8
Monatliche Miete	1	1	1	0	0
Schaufensterfläche	0.5	3	1,5	2	1
Eindruck von Außen	1	4	4	4	4
Entfernung Parkplätze	1	2	2	2	2
Summe= Nutzwert		12	12,5	12	15

Abb. 2.8: Ermittlung des Nutzwertes anhand beispielhaft gewählter und gewichteter Kriterien

2.2 Quantitative Methoden

Investitionen haben stets auch finanzwirtschaftliche Ziele: Sie sollen die Rentabilität und die Zahlungsfähigkeit des Unternehmens sichern oder verbessern. Um eine Investition auf diese Ziele hin zu überprüfen, bietet die Betriebswirtschaft die quantitativen Investitionsrechenverfahren an. Wie Abb. 2.9 zeigt, lassen sich diese Methoden wiederum in statische und dynamische Investitionsrechenverfahren einteilen. Um die Planungssicherheit zu erhöhen, empfiehlt es sich, eine Investition mit mehreren Methoden zu rechnen.

Gelegentlich erweisen sich die quantitativen Methoden aber noch aus einem anderen Grund als sehr nützlich. Sie sind in der Lage, den Entscheidungsprozess über ein Investitionsvorhaben zu versachlichen. Manches Investitionsvorhaben wird zunächst allzu euphorisch in Angriff genommen – und kann durch ein nachvollziehbares Rechenverfahren auf den Boden der Tatsachen geholt werden (sofern die Euphorie nicht dazu verführt, auch die Zahlen der Rechenverfahren euphorisch zu gestalten). Insofern erweisen sich die quantitativen Methoden auch als nützliches Führungsinstrument, um Konflikte zu vermeiden und unfruchtbare Diskussionen zum Abschluss zu bringen.

Im Folgenden werden diese gebräuchlichen Investitionsrechenverfahren kurz vorgestellt. Hierbei richten wir das Augenmerk auf ihre praktische Bedeutung und zeigen Möglichkeiten und Grenzen der einzelnen Methoden auf. Im Download-Bereich auf www.schaeffer-poeschel.de\webcode finden Sie darüber hinaus entsprechende Formularvorlagen, die Sie für Ihre eigene Arbeit verwenden können.

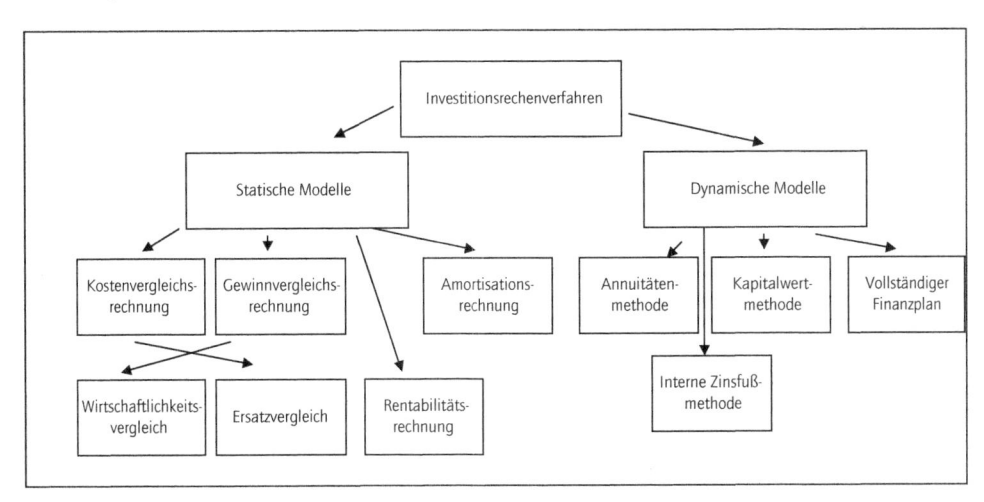

Abb. 2.9: Übersicht Investitionsrechenverfahren

2.2.1 Statische Investitionsrechenverfahren

Statische Verfahren verwenden kurzfristig orientierte Größen wie Kosten und Gewinn. Von Kosten spricht man, wenn ein bewerteter Verbrauch von Gütern und Dienstleistungen vorliegt, der dem eigentlichen Unternehmenszweck oder der Aufrechterhaltung der Kapazitäten dient.[26] In der Investitionsrechnung werden dagegen Zahlungsströme verwendet. Auszahlungen sind nicht gleich Kosten und Einzahlungen nicht gleich Gewinne. Wird zum Beispiel ein Investitionsgut angeschafft, so entsteht bei seinem Kauf zunächst eine oftmals hohe Auszahlung, es fallen aber noch keine Kosten an. Die Kosten entstehen erst in der Abschreibungsperiode während der Nutzung.

Ein weiterer wichtiger Aspekt der statischen Verfahren liegt darin, dass sie nur eine relevante Teilperiode mit Durchschnittswerten betrachten. Die eingehenden Daten verändern sich im Zeitablauf nicht. Da die Verfahren somit einfach zu handhaben sind, werden sie in der Praxis gerne verwendet. Kostenvergleichsrechnung, Gewinnvergleichsrechnung, Rentabilitätsrechnung und die Amortisationsrechnung sind statische Verfahren.

---

26 *Olfert* 2008, S. 37.

2.2.1.1 Kostenvergleichsrechnung

Sehr beliebt, vor allem im Maschinenbau, ist ein einfacher Vergleich der Kosten. Kostenreduzierung ist ein vieldiskutiertes Thema, fordern doch die Kunden immer wieder nachhaltige Preisreduzierungen.

Ziel des Verfahrens ist es, die Alternative mit den geringsten Kosten zu ermitteln, also die Kosten zu minimieren. Es sind grundsätzlich alle Kosten mit einzubeziehen, die entscheidungsrelevant sind. Den Zuschlag erhält die Alternative mit den niedrigsten Kosten. Die Kostenvergleichsrechnung existiert als Wirtschaftlichkeitsvergleich und als Ersatzvergleich:

- Beim *Wirtschaftlichkeitsvergleich* werden zwei sich ausschließende Investitionsalternativen beurteilt. Es kann also entweder nur Maschine A oder B gekauft werden. Beide Alternativen wurden im Betrieb noch nicht realisiert.
- Der *Ersatzvergleich* dient zur Beurteilung, ob eine im Betrieb befindliche Anlage durch eine andere, technisch verbesserte ersetzt werden soll.

Eingangsgrößen sind nur Kostengrößen, also Anschaffungskosten, variable Stückkosten, fixe Stückkosten, Material-, Personal-, Sachkosten, Abschreibungen, Nutzungsdauer, Kapazitäten und Zinssatz. Kosten, die nicht entscheidungsrelevant sind, können in dem Vergleich vernachlässigt werden. Zum Beispiel verändert sich die Raummiete der Halle, in der die Maschinen aufgestellt werden, durch den Kauf einer Maschine nicht. Sie kann deshalb unberücksichtigt bleiben. Eine gute Ausgangslage zur Anwendung des Verfahrens ist eine gut strukturierte mehrstufige Deckungsbeitragsrechnung, die die variablen und fixen Kosten stufenweise aufzeigt. Für jede Variante werden die Kosten addiert und dann auf eine Periode umgerechnet. Abb. 2.10 zeigt ein Beispiel, bei dem sich Maschine 1 als die günstigere Alternative erweist.

Eingangsdaten vom Unternehmen vorgegeben: Kalkulatorischer Zinssatz		10,00%		
	Daten pro Stück		Gesamtdaten	
Eingangsdaten Maschine	Maschine 1	Maschine 2	Maschine 1	Maschine 2
Anschaffungskosten			100.000 €	50.000 €
Liquidationserlös am Ende der Nutzung			0 €	0 €
Nutzungsdauer			10,00 Jahre	10,00 Jahre
Ausbringung p. a.			11.000 Stück	11.000 Stück
Sonstige fixe Kosten p. a.			1.000 €	600 €
Löhne und Lohnnebenkosten	0,50 €	1,00 €	5.500 €	11.000 €
Materialkosten	0,18 €	0,20 €	1.980 €	2.200 €
Energie und sonst. var. Kosten	0,14 €	0,36 €	1.540 €	3.960 €

Lösung			Maschine 1	Maschine 2
Nutzungsdauer			10 Jahre	10 Jahre
Ausbringung p. a.			11.000 Stück	11.000 Stück

Berechnung der variablen Kosten				
Löhne und Lohnnebenkosten	0,50 €	1,00 €	5.500,00 €	11.000,00 €
Materialkosten	0,18 €	0,20 €	1.980,00 €	2.200,00 €
Energie und sonst. var. Kosten	0,14 €	0,36 €	1.540,00 €	3.960,00 €
Summe variable Kosten	0,82 €	1,56 €	9.020 €	17.160 €
Sonstige fixe Kosten p. a.	0,09 €	0,05 €	1.000 €	600 €
Berechnung der Kapitalkosten				
Anschaffungskosten			100.000 €	50.000 €
Durchschnittliche Kapitalbindung (Anschaffungskosten abzgl. Liquidationserlös/2)			50.000 €	25.000 €
Kalkulatorischer Zinssatz			10,00%	10,00%
Zinsen p. a.	0,45 €	0,23 €	5.000 €	2.500 €
Abschreibung p. a. (Anschaffungskosten/ Nutzungsdauer)	0,91 €	0,45 €	10.000 €	5.000 €
Summe fixe Kosten	1,45 €	0,74 €	16.000 €	8.100 €
Summe Gesamtkosten p. a.	2,27 €	2,30 €	25.020 €	25.260 €

Abb. 2.10: Beispiel für eine Kostenvergleichsrechnung

Dass die alleinige Betrachtung der Kosten nur einen beschränkten Aussagewert hat, liegt auf der Hand. Die wesentlichen Kritikpunkte an diesem Verfahren sind:
- Die Erlöse werden als gleich hoch unterstellt. Diese Prämisse ist eigentlich nur dann zulässig, wenn viele Maschinen für die Produktion eines Produktes erforderlich sind und sich damit die Erlöse nur schwer einer bestimmten Maschine zurechnen lassen.
- Es wird ein repräsentatives Nutzungsjahr mit einer konstanten Auslastung und konstanten Preisen unterstellt. Eine geänderte Planauslastung führt jedoch ebenso zu einer anderen Kostenstruktur wie Veränderungen in den Faktorpreisen (z. B. Material, Energie). Beide Effekte werden in der Kostenvergleichsrechnung nicht berücksichtigt. Fallen die Kosten zu unterschiedlichen Zeitpunkten an, so bleiben auch die Zinswirkungen unberücksichtigt.

Somit lässt sich festhalten: Die Kostenvergleichsrechnung ist zwar sehr einfach zu handhaben, eignet sich jedoch nur für Investitionsobjekte mit einer relativ kurzen Nutzungsdauer, die eine gewisse Routine im Unternehmen haben und die ein eher bescheidenes Investitionsvolumen aufweisen.[27]

---

27 Witt 2002, S. 484; Olfert/Reichel 2006, S. 149 ff; Reichmann 2006, S. 446; Kruschwitz 2007, S. 35.

2.2.1.2 Gewinnvergleichsrechnung

Anders als die Kostenvergleichsrechnung bezieht die Gewinnvergleichsrechnung die Erlöse der Investitionen mit ein: Die Gewinne verschiedener Investitionsalternativen werden verglichen – und den Zuschlag bekommt die Option mit der höchsten Gewinnerwartung. Anstelle eines bloßen Vergleichs der Kosten wird nun berücksichtigt, wenn zum Beispiel eine der Maschinen die doppelte Menge produziert oder aufgrund verbesserter Qualität bei gleicher Produktionsmenge einen wesentlich höheren Deckungsbeitrag erwirtschaftet. Es liegt auf der Hand, dass die Gewinnvergleichsrechnung zu anderen Ergebnissen führen kann als der Kostenvergleich.

Im Beispiel von Abb. 2.11 unterscheiden sich die verglichenen Alternativen in der maximalen Leistungsabgabe der Maschinen. Mit 16.000 Stück hat die Maschine 1 eine höhere Kapazität als Maschine 2 mit 11.000 Stück. Damit kann Maschine 1 auch einen entsprechend höheren Verkaufserlös erbringen: 16.000 Stück zu 2,50 Euro stehen 11.000 Stück zu 2,50 Euro gegenüber, was einen entsprechend höheren Gesamterlös für Maschine 1 ergibt. Trotz eines höheren Anschaffungspreises erweist sich diese Maschine am Ende als die bessere Alternative, weil sie aufgrund ihrer größeren Kapazität den höheren Gewinn erwirtschaftet. Dies setzt natürlich voraus, dass es dem Unternehmen gelingt, die höheren Mengen tatsächlich am Markt abzusetzen.[28]

Eingangsdaten vom Unternehmen vorgegeben:				
Kalkulatorischer Zinssatz		10,00%		
		Daten pro Stück	Gesamtdaten	
Eingangsdaten Maschine			Maschine 1	Maschine 2
Anschaffungskosten			100.000 €	50.000 €
Liquidationserlös am Ende			0 €	0 €
Nutzungsdauer			10,00 Jahre	10,00 Jahre
Ausbringung p. a.			16.000 Stück	11.000 Stück
Erlös		2,50 €	2,50 €	
Sonstige fixe Kosten p. a.			1.000 €	600 €
Löhne und Lohnnebenkosten	0,50 €	1,00 €	8.000 €	11.000 €
Materialkosten	0,18 €	0,20 €	2.880 €	2.200 €
Energie und sonst. var. Kosten	0,14 €	0,36 €	2.240 €	3.960 €
Lösung		Daten pro Stück	Maschine 1	Maschine 2
Nutzungsdauer			10 Jahre	10 Jahre
Ausbringung p. a.			16.000 Stück	11.000 Stück
Berechnung der variablen Kosten				
Löhne und Lohnnebenkosten	0,50 €	1,00 €	8.000,00 €	11.000,00 €
Materialkosten	0,18 €	0,20 €	2.880,00 €	2.200,00 €
Energie und sonst. var. Kosten	0,14 €	0,36 €	2.240,00 €	3.960,00 €
Summe variable Kosten	0,82 €	1,56 €	13.120 €	17.160 €

---

28 Olfert/Reichel 2006, S. 169 ff.; Kruschwitz 2007, S. 33.

Sonstige fixe Kosten p. a.	0,06 €	0,05 €	1.000 €	600 €
Berechnung der Kapitalkosten				
Anschaffungskosten			100.000 €	50.000 €
Durchschnittliche Kapitalbindung (Anschaffungskosten abzgl. Liquidationserlös/2)			50.000 €	25.000 €
Kalkulatorischer Zinssatz			10,00%	10,00%
Zinsen p. a.	0,31 €	0,23 €	5.000 €	2.500 €
Abschreibung p. a. (Anschaffungskosten/ Nutzungsdauer)	0,63 €	0,45 €	10.000 €	5.000 €
Summe fixe Kosten	1,00 €	0,74 €	16.000 €	8.100 €
Summe Gesamtkosten p. a.	1,82 €	2,30 €	29.120 €	25.260 €
Erlöse p. a.	2,50 €	2,50 €	40.000,00 €	27.500,00 €
Variable Kosten	0,82 €	1,56 €	13.120,00 €	17.160,00 €
Deckungsbeitrag p. a.	1,68 €	0,94 €	26.880,00 €	10.340,00 €
Fixe Kosten			16.000,00 €	8.100,00 €
Gewinn p. a.	0,68 €	0,20 €	10.880,00 €	2.240,00 €

Abb. 2.11: Beispiel für eine Gewinnvergleichsrechung

2.2.1.3 Amortisationsrechnung

Die Amortisationsrechnung beantwortet die Frage, mit welcher abgesetzten Menge oder in welchem Zeitraum das eingesetzte Kapital für eine Investition durch Einnahmenüberschüsse wieder zurückfließt. Die Alternative mit der geringsten Amortisationsmenge bzw. kürzesten Amortisationszeit ist die vorteilhafteste. Mit der Amortisationsrechnung wird also festgestellt, welche Mengen (auch Amortisationsmenge oder Pay-off-Menge genannt) erforderlich sind oder welche Zeit (auch Amortisationszeit oder Pay-off-Periode genannt) benötigt wird, um die Ausgaben für eine Investition durch Einnahmenüberschüsse zurückzuzahlen. Jenseits dieser Schwelle (Break-even-Point) ist die Gewinnzone erreicht.[29]

Hinter der Amortisationsrechnung steht also die Annahme: Je weniger Zeit bis zum Rückfluss einer investierten Summe verstreicht, je rascher die investierten Mittel also wieder zur Verfügung stehen, desto vorteilhafter ist die Investition.

Ein wesentlicher Nachteil der Amortisationsrechnung liegt darin, dass sie die Entwicklung einer Investition nach der Amortisationszeit nicht mehr berücksichtigt. Es ist durchaus denkbar, dass ein sehr vorteilhaftes Projekt abgelehnt wird, weil es zunächst nur wenig einbringt und damit eine vergleichsweise lange Amortisationszeit aufweist, danach jedoch hohe Einnahmenüberschüsse erwirtschaften würde. Dagegen ist die Amortisationsrechnung gut einzusetzen, wenn das Unternehmen eine zügige Rückge-

---

29 *Adam* 1997, S. 100.

winnung der eingesetzten Mittel erzielen möchte. Die Amortisationsrechnung dient dabei als Maß für das Risiko einer Investition. Ist die Amortisationszeit kurz, so ist das Risiko dieser Investition auch gering, da der Kapitaleinsatz schnell wieder zurückgewonnen wird.

Es gibt drei Varianten der Amortisationsrechnung. Während die *statische Amortisationsrechnung* nur Durchschnittswerte einsetzt, also gleichbleibende jährliche Rückflüsse unterstellt, erfasst die *kumulative oder dynamische Amortisationsrechnung* einzeln die Jahr für Jahr anfallenden Zahlungsüberschüsse. Werden zudem die Zinsen berücksichtigt, d. h. die Rückflüsse diskontiert, spricht man von der *dynamischen Amortisationsrechnung mit Diskontierung*.

Ein Anwendungsbeispiel der *statischen Amortisationsrechnung* zeigt Abb. 2.12. Trotz der höheren Anschaffungskosten erweist sich hier Maschine 1 als vorteilhafter. Innerhalb eines Zeitraumes von 9,54 Jahren oder einer Menge von 104.962 Stück sind die Mehrkosten der Maschine bei Vollauslastung amortisiert. Die Zinsen wurden in diesem Beispiel als Kosten betrachtet.

Eingangsdaten vom Unternehmen vorgegeben				
Kalkulatorischer Zinssatz		10,00%		
		Daten pro Stück	Gesamtdaten	
Eingangsdaten Maschine			Maschine 1	Maschine 2
Anschaffungskosten			100.000 €	50.000 €
Liquidatitionserlös am Ende			0 €	0 €
Nutzungsdauer			10,00 Jahre	10,00 Jahre
Ausbringung p. a.			11.000 Stück	11.000 Stück
Sonstige fixe Kosten p. a.			1.000 €	600 €
Löhne und Lohnnebenkosten	0,50 €	1,00 €	5.500 €	11.000 €
Materialkosten	0,18 €	0,20 €	1.980 €	2.200 €
Energie und sonst. Var. Kosten	0,14 €	0,36 €	1.540 €	3.960 €
Berechnung der Amortisationszeit als Kostenvergleich				
Summe variable Kosten	0,82 €	1,56 €	9.020,00 €	17.160,00 €
Differenz der Anschaffungskosten			50.000,00 €	
Differenz der variablen Kosten	0,74 €		8.140,00 €	
Differenz der jährlichen Fixkosten	−0,04 €		−400,00 €	
Differenz der jährlichen Zinskosten (Durchschnitt)	−0,23 €		−2.500,00 €	
Differenz der jährlichen Kosten	0,48 €		5.240,00 €	
Amortisationsdauer d. h. ab diesem Zeitpunkt ist Maschine 1 günstiger			9,54 Jahre	
Amortisationsmenge			104.962	

Abb. 2.12: Die Amortisationsrechnung als Wirtschaftlichkeitsvergleich

Das folgende Beispiel (Abb. 2.13) zeigt eine Amortisationsrechnung auf der Basis eines Gewinnvergleichs. Die Vorgehensweise ist analog. Der Vergleich kann auf Basis der Deckungsbeiträge in den einzelnen Stufen oder auf Basis der Kapitalrückflüsse erfolgen – was zeigt, dass ein sehr flexibler Einsatz dieses Instruments möglich ist.

Eingangsdaten vom Unternehmen vorgegeben Kalkulatorischer Zinssatz		10,00%		
		Daten pro Stück	Gesamtdaten	
Eingangsdaten Maschine			Maschine 1	Maschine 2
Anschaffungskosten			100.000 €	50.000 €
Liquidatitionserlös am Ende			0 €	0 €
Nutzungsdauer			10,00 Jahre	10,00 Jahre
Ausbringung p. a.			11.000 Stück	11.000 Stück
Erlös	2,50 €	2,50 €		
Sonstige fixe Kosten p. a.			1.000 €	600 €
Löhne und Lohnnebenkosten	0,50 €	1,00 €	5.500 €	11.000 €
Materialkosten	0,18 €	0,20 €	1.980 €	2.200 €
Energie und sonst. Var. Kosten	0,14 €	0,36 €	1.540 €	3.960 €
Berechnung der Amortisation als Deckungsbeitragsvergleich (nur variable Kosten)				
Deckungsbeitrag p. a. I	1,68 €	0,94 €	18.480,00 €	10.340,00 €
Differenz der Anschaffungskosten	100.000 €	50.000 €	100.000 €	50.000 €
Amortisationszeit			5,41 Jahre	4,84 Jahre
Amortisationsmenge			59.524 Stück	53.191 Stück
Berechnung der Amortisation als Deckungsbeitragsvergleich (Variable Kosten und sonstige fixe Kosten)				
Deckungsbeitrag p. a. I	1,68 €	0,94 €	18.480,00 €	10.340,00 €
Sonstige fixen Kosten	0,09 €	0,05 €	1.000,00 €	600,00 €
Deckungsbeitrag p. a. II	1,59 €	0,89 €	17.480,00 €	9.740,00 €
Amortisationszeit			5,72 Jahre	5,13 Jahre
Amortisationsmenge			62.929 Stück	56.468 Stück
Berechnung der Amortisation als Gewinnvergleich (Variable Kosten, sonstige fixe Kosten, ZInskosten)				
Deckungsbeitrag p. a. II	1,59 €	0,89 €	17.480,00 €	9.740,00 €
Zinskosten (Durchschnittskosten)	0,45 €	0,23 €	5.000,00 €	2.500,00 €
Gewinn p. a.	1,13 €	0,66 €	12.480,00 €	7.240,00 €
Amortisationszeit			8,01 Jahre	6,91 Jahre
Amortisationsmenge			88.141 Stück	75.967 Stück

Abb. 2.13: Die statische Amortisationsrechnung als Deckungsbeitrags- oder Gewinnvergleich

Bei kleineren Investitionen kann das Verfahren durchaus eine sinnvolle Beurteilungsgrundlage bieten. Das zeigt das Beispiel eines Maschinenbauunternehmens, das jährlich in ca. 100 Werkzeuge und Vorrichtungen für die eigene Produktion investiert. Die Entscheidungen über diese hohe Zahl relativ kleiner Investitionen hat die Geschäftsleitung mit einer simplen Vorgabe erheblich vereinfacht: Alle Werkzeuge, die sich unter Vollkostengesichtspunkten innerhalb von 1,3 Jahren amortisieren, werden gefertigt – alle anderen nicht. Hier erwies sich die statische Amortisationsrechnung als tragfähig. Die Werkzeuge, die alle etwa einen Wert von 10.000 bis 20.000 Euro haben, lassen sich mit diesem Verfahren relativ schnell und gut beurteilen.

Dagegen erweist sich bei größeren Investitionen mit langen Laufzeiten die statische Amortisationsrechnung als problematisch. Hier verfälscht die Durchschnittsbildung die tatsächlichen Verhältnisse oft sehr stark: Es ist höchst unwahrscheinlich, dass die Rückflüsse sich gleichmäßig über die Jahre verteilen. So liegen zum Beispiel im Falle eines neuen Produktes die erzielbaren Absatzmengen in den ersten Jahren in der Regel noch relativ niedrig, um dann bei zunehmendem Markterfolg anzusteigen. Die Investition in eine Maschine, die dieses Produkt herstellen soll, würde in den ersten Jahren dementsprechend niedrige, in den Folgejahren jedoch steigende Rückflüsse erwirtschaften.

In der Praxis stärkere Beachtung findet deshalb die *kumulative Amortisationsrechnung*. Werden während der Laufzeit einer Investition in den Jahren unterschiedliche Zahlungsströme erwartet (steigend, fallend oder schwankend), so bietet sich diese Variante an: Sie berücksichtigt die unterschiedlichen Kapitalrückflüsse der einzelnen Zeitperioden, wie das Beispiel in Abb. 2.14 zeigt. Der Einsatz dieser Methode setzt voraus, dass das Unternehmen durch entsprechende Marktrecherchen feststellt, welche Mengen des Produktes in den einzelnen Jahren verkauft werden. In der Regel geschieht dies anhand einer Absatzvorschätzung, die zum Beispiel einbezieht, dass der Produktlebenszyklus nach einer gewissen Zeit ausläuft.

Beispiel für die kumulative Amortisationsrechnung für Maschine I				
	Maschine I	Veränderung des Kapitalrückflusses zum Vorjahr	Kumulierter Rückfluss abzgl. Anschaffungskosten Masch. I	Berechnung der dynamischen Amortisationszeit
Anschaffungskosten	100.000,00 €			
Kapitalrückfluss Jahr 1	12.480,00 €		−87.520,00 €	1,00 Jahr
Kapitalrückfluss Jahr 2	12.729,60 €	2,00%	−74.790,40 €	1,00 Jahr
Kapitalrückfluss Jahr 3	12.984,19 €	2,00%	−61.806,21 €	1,00 Jahr
Kapitalrückfluss Jahr 4	13.243,88 €	2,00%	−48.562,33 €	1,00 Jahr
Kapitalrückfluss Jahr 5	13.508,75 €	2,00%	−35.053,58 €	1,00 Jahr
Kapitalrückfluss Jahr 6	13.778,93 €	2,00%	−21.274,65 €	1,00 Jahr
Kapitalrückfluss Jahr 7	14.054,51 €	2,00%	−7.220,14 €	1,00 Jahr
Kapitalrückfluss Jahr 8	14.335,60 €	2,00%	7.115,45 €	0,50 Jahre
Kapitalrückfluss Jahr 9				
Kapitalrückfluss Jahr 10				
Summe Kapitalrückfluss	107.115,45 €			7,50 Jahre

Durchschnittl. Rückfluss	13.389,43 €			
Berechnung der Amortisation nach der statischen Durchschnittsmethode	7,47 Jahre			

Abb. 2.14: Beispiel für eine kumulative Amortisationsrechnung

Wie die Abbildung zeigt, unterscheidet sich die dynamische Amortisationsrechnung von der statischen dadurch, dass die Rückflüsse nach Jahren aufgeschlüsselt sind. Während bei der statischen Betrachtung einfach nur die Anschaffungskosten durch den durchschnittlichen Rückfluss dividiert werden, addiert man beim kumulativen Verfahren die Rückflüsse kumulativ auf: Die Rückflüsse verändern sich im Vergleich zum Vorjahr um einen Prozentsatz (wie in der Tabelle angegeben); bis die Gewinnschwelle erreicht wird, dauert es 7,5 Jahre. In diesem Beispiel führt das dynamische Verfahren zu fast dem gleichen Ergebnis wie die statische Amortisationszeit. In der Praxis können die Werte jedoch stark abweichen.

2.2.1.4 Rentabilitätsrechnung

Die Rentabilitätsrechnung, sie wird auch als Rentabilitätsvergleichsrechnung bezeichnet, hat in der Praxis deswegen eine hohe Bedeutung, weil für das Rating eines Unternehmens die Gesamtkapitalverzinsung eine wichtige Kenngröße ist. Mithilfe der Rentabilitätsrechnung kann festgestellt werden, ob die Rentabilität der Investition die Gesamtrentabilität des Unternehmens verbessert oder verschlechtert.

Die Rentabilitätsrechnung setzt die erzielten Gewinne eines Investitionsprojektes ins Verhältnis – wobei es hier folgende Möglichkeiten gibt:
- Der Gewinn wird auf die Anschaffungsauszahlung bezogen.
- Der Gewinn wird zum durchschnittlich gebundenen Kapital in Beziehung gesetzt.
- Der Gewinn wird auf den aktuellen abgeschriebenen Wert bezogen.

Als Erfolgsgröße wird der Gewinn plus die gezahlten Fremdkapitalzinsen verwendet. Die dritte Variante, bei der der Gewinn auf den abgeschriebenen Wert bezogen wird, hat ihren verführerischen Reiz darin, das die Rentabilität natürlich relativ hoch ausfällt. In der Regel wird jedoch in der Praxis die Rentabilität im Verhältnis zum durchschnittlichen Kapitaleinsatz berechnet.

Die Bruttorentabilität errechnet sich, indem man den aus der Gewinnvergleichsrechnung ermittelten Gewinn durch das eingesetzte Kapital dividiert. Werden die Gewinne zudem noch um die kalkulatorischen Zinsen auf das Eigenkapital korrigiert, ergibt sich die Nettorentabilität.

Es gelten nun folgende Entscheidungsregeln:
- Das Investitionsobjekt mit der höchsten Rentabilität ist am vorteilhaftesten.
- Um eine einzelne Investition zu beurteilen, gibt das Unternehmen eine gewünschte Rentabilität vor. Die Investition soll zum Beispiel eine Bruttorentabilität von zehn Prozent erwirtschaften. Lässt die Rentabilitätsrechnung diese oder eine höhere Rentabilität erwarten, lohnt sich die Investition.

Abbildung 2.15 zeigt ein Beispiel für eine Rentabilitätsrechnung. Vorzuziehen ist Maschine 2, die Maschine mit der höheren Rentabilität. Die Nettorentabilität enthält die Information, dass die Investition auch dann noch positiv ist, wenn man den kalkulatorischen Zinssatz berücksichtigt; sie zeigt also die »Überrendite« auf.[30]

	Daten pro Stück		Gesamtdaten	
Eingangsdaten Maschine			Maschine 1	Maschine 2
Anschaffungskosten			100.000 €	50.000 €
Liquidationserlös am Ende			0 €	0 €
Nutzungsdauer			10,00 Jahre	10,00 Jahre
Ausbringung p.a.			11.000 Stück	11.000 Stück
Erlös	2,50 €	2,50 €		
Sonstige fixe Kosten p.a.			1.000 €	600 €
Löhne und Lohnnebenkosten	0,50 €	1,00 €	5.500 €	11.000 €
Materialkosten	0,18 €	0,20 €	1.980 €	2.200 €
Energie und sonst. var. Kosten	0,14 €	0,36 €	1.540 €	3.960 €
Erlöse p.a.	2,50 €	2,50 €	27.500,00 €	27.500,00 €
Variable Kosten	0,82 €	1,56 €	9.020,00 €	17.160,00 €
Deckungsbeitrag (Stück/p.a.)	1,68 €	0,94 €	18.480,00 €	10.340,00 €
Fixe Kosten inkl. Abschreibungen ohne Zinsen			11.000,00 €	5.600,00 €
Gewinn vor Zinsen	0,23 €	0,20 €	7.480,00 €	4.740,00 €
Bruttorentabilität			14,96 %	18,96 %
Kalkulatorischer Zinssatz			10,00 %	10,00 %
Zinsen p.a.			5.000,00 €	2.500,00 €
Gewinn nach kalkulatorischen Zinsen			2.480,00 €	2.240,00 €
Nettorentabilität			4,96 %	8,96 %

Abb. 2.15: Beispiel für eine Rentabilitätsrechnung

2.2.1.5 Praxisbeurteilung der statischen Rechenverfahren

Die statischen Modelle haben einen unbestrittenen Vorteil: Es handelt sich um einfache Rechenverfahren, die in der Praxis daher auch sehr beliebt sind. Sinnvoll ist ihr Einsatz bei kleineren Routineinvestitionen mit kurzer Nutzungsdauer – zum Beispiel bei der Anschaffung von Werkzeugen oder einfachen Ersatzinvestitionen bis zu etwa einer Größenordnung von 20.000 Euro. Für größere Investitionen sind diese Verfahren jedoch zu ungenau.

Die Kritik an den statischen Rechenverfahren betrifft vier wesentliche Punkte:
1. *Die zeitliche Verteilung der Zahlungen bleibt unberücksichtigt.* Es kommt nicht darauf an, zu welchem Zeitpunkt die Ein- und Auszahlungen fließen. Gibt es mehrere Zah-

---

30 *Bieg/Kussmaul* 2007, S. 37; *Bleis* 2006, S. 9; *Reichmann* 2006, S. 303; *Olfert/Reichel* 2006, S. 184 ff.; *Witt*, S. 693.

lungen, z. B. bei der Investition in eine große Maschine, so bleiben die Zinseffekte unberücksichtigt. Eventuelle längere Anlaufzeiten bleiben ebenfalls unberücksichtigt, da von Durchschnittswerten ausgegangen wird.
2. *Die Finanzierungsseite wird nur rudimentär über eine Durchschnittsverzinsung abgebildet.* In den statischen Verfahren wird ein einheitlicher Zinssatz unterstellt, obwohl sich bei mehreren Krediten schon einzelne Sollzinssätze unterscheiden können – und die Habenzinssätze in der Regel ohnehin wesentlich niedriger sind.
3. *Veränderungen von Daten werden vernachlässigt.* Steigende oder fallende Absatzmengen und Preise oder veränderte Faktorpreise im Zeitablauf finden (mit Ausnahme der kumulativen und dynamischen Amortisationsrechnung) keine Berücksichtigung.
4. *Ergänzungsinvestitionen bleiben unberücksichtigt.* Unterscheiden sich zwei Investitionsalternativen in ihrem Kapitaleinsatz, wird keine Aussage darüber getroffen, wie die Differenzinvestition angelegt wird und welche Gewinn- und Rentabilitätsfolgen daraus entstehen.

2.2.2 Dynamische Investitionsrechenverfahren

Im Unterschied zu den statischen Methoden berücksichtigen die dynamischen Investitionsrechenverfahren die unterschiedlichen Ein- und Auszahlungen während der Nutzungsdauer einer Investition. Es werden Zahlungsströme berücksichtigt. Diese Verfahren bilden die Realität damit ein gutes Stück besser ab und führen daher zu aussagefähigeren Ergebnissen.

Dynamisch heißt: Die Werte verändern sich über die Zeitachse. Für jede Periode werden die Zahlungen erfasst und mit Hilfe der Zinseszinsrechnung auf einen gemeinsamen Vergleichszeitpunkt, nämlich den Zeitpunkt der Investition, abgezinst. Hinter der Abzinsung (Diskontierung) steht die Überlegung, dass Einzahlungen und Auszahlungen, die zu unterschiedlichen Zeitpunkten anfallen, auf den heutigen Zeitpunkt bezogen nicht gleichwertig sind. Sie werden deshalb auf ihren Gegenwartswert, den so genannten Barwert, zurückgerechnet (diskontiert).

In der Praxis sind im Wesentlichen vier dynamische Investitionsrechenverfahren gebräuchlich: die dynamische Amortisationsrechnung, die Kapitalwertmethode, die Methode des internen Zinsfußes und die Annuitätenmethode.

2.2.2.1 Dynamische Amortisationsrechnung mit Diskontierung

Wird das statische Verfahren der kumulativen Amortisationsrechnung um einen Abzinsungsfaktor ergänzt, so kann die Amortisationsrechnung auch als dynamisches Verfahren eingesetzt werden. Hieraus ergeben sich auf die einzelnen Jahre abgezinste Rückflüsse – mit einer entsprechend längeren Amortisationszeit als ohne die Annahme eines Zinssatzes (s. Abb. 2.16).[31]

---

31 *Olfert/Reichel* 2006, S. 188ff; *Reichmann* 2006, S. 311; *Kruschwitz* 2007, S. 37 ff.

Beispiel für die dynamische Amortisationsrechnung für Maschine I						
	Periode	Maschine I	Abzinsungsfaktor	Abgezinste Überschüsse	Kumulierter Rückfluss abzgl. Anschaffungskosten Masch. I	Berechnung der dynamischen Amortisationszeit
Anschaffungskosten		100.000,00 €	5,00%			
Kapitalrückfluss Jahr 1	1	12.480,00 €	1,05	11.885,71 €	-88.114,29 €	1,00 Jahr
Kapitalrückfluss Jahr 2	2	12.729,60 €	1,10	11.546,12 €	-76.568,16 €	1,00 Jahr
Kapitalrückfluss Jahr 3	3	12.984,19 €	1,16	11.216,23 €	-65.351,93 €	1,00 Jahr
Kapitalrückfluss Jahr 4	4	13.243,88 €	1,22	10.895,77 €	-54.456,16 €	1,00 Jahr
Kapitalrückfluss Jahr 5	5	13.508,75 €	1,28	10.584,46 €	-43.871,70 €	1,00 Jahr
Kapitalrückfluss Jahr 6	6	13.778,93 €	1,34	10.282,05 €	-33.589,65 €	1,00 Jahr
Kapitalrückfluss Jahr 7	7	14.054,51 €	1,41	9.988,28 €	-23.601,37 €	1,00 Jahr
Kapitalrückfluss Jahr 8	8	14.335,60 €	1,48	9.702,90 €	-13.898,48 €	1,00 Jahr
Kapitalrückfluss Jahr 9	9	14.622,31 €	1,55	9.425,67 €	-4.472,81 €	1,00 Jahr
Kapitalrückfluss Jahr 10	10	14.914,76 €	1,63	9.156,37 €	4.683,56 €	0,49 Jahre
Summe Kapitalrückfluss		136.652,52 €				9,49 Jahre
Durchschnittl. Rückfluss		13.665,25 €				
Amortisation nach der statischen Durchschnittsmethode		7,32 Jahre				

Abb. 2.16: Beispiel für eine dynamische Amortisationsrechnung mit Diskontierung

2.2.2.2 Kapitalwertmethode

Die Kapitalwertmethode vergleicht den Kapitaleinsatz für eine Investition mit der Summe der künftig erwirtschafteten Einzahlungsüberschüsse. Liegt die Summe der – auf den Investitionszeitpunkt abgezinsten – Überschüsse über dem Kapitaleinsatz, lohnt sich die Investition; der Kapitalwert ist positiv. Liegen sie darunter, ist der Kapitalwert negativ – die Investition lohnt sich nicht.

Die Zahlungen zu den unterschiedlichen Zeitpunkten werden über Barwerte auf einen Zeitpunkt hin abgezinst:

```
Zeitstrahl:

        t₀      t₁      t₂      t₃                          tₙ
    ────┼───────┼───────┼───────┼──────────────────────────┼────▶
      8.260 €          10.0000 €
```

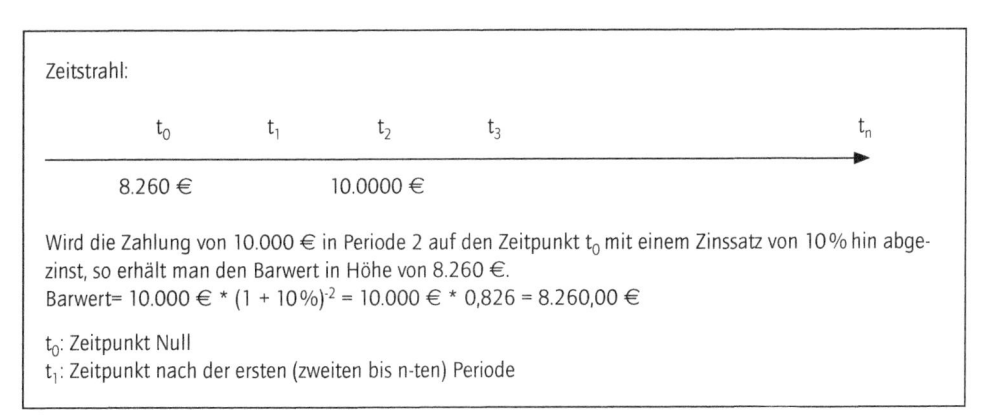

Wird die Zahlung von 10.000 € in Periode 2 auf den Zeitpunkt t_0 mit einem Zinssatz von 10% hin abgezinst, so erhält man den Barwert in Höhe von 8.260 €.
Barwert = 10.000 € * $(1 + 10\%)^{-2}$ = 10.000 € * 0,826 = 8.260,00 €

t_0: Zeitpunkt Null
t_1: Zeitpunkt nach der ersten (zweiten bis n-ten) Periode

Abb. 2.17: Kapitalwertmethode: Zahlungen zu unterschiedlichen Zeitpunkten vergleichbar machen.

Der Kapitalwert ist somit eine Saldogröße, die sich aus der Summe der diskontierten Einzahlungsüberschüsse (den Barwerten) abzüglich des Kapitaleinsatzes ergibt. Fällt am Ende der Nutzungsdauer ein Liquidationserlös an, wird dieser wie eine Einzahlung im letzten Jahr behandelt, d.h. ebenfalls abgezinst und hinzuaddiert. Der Kapitalwert berechnet sich somit wie folgt:

$$K_0 = A_0 + \sum_{t=1}^{n}(e_t - a_t)(1+i)^{-t}$$

t: Zeitpunkt
K_0: Kapitalwert zum Zeitpunkt Null
A_0: Anfangsauszahlung zum Zeitpunkt Null
e_t: Einzahlung zum Zeitpunkt t
a_t: Auszahlung zum Zeitpunkt t
i: Kalkulationszinsfuß

Kapitalwert = Summe der diskontierten Einzahlungsüberschüsse
    + diskontierter Liquidationserlös
    − Kapitaleinsatz

Ist der Kapitalwert positiv, erwirtschaftet die Investition eine höhere Rendite als der gewählte Kalkulationszinsfuß – mithin ist die Investition lohnend. Das folgende Beispiel (s. Abb. 2.18) zeigt eine solche Investition: Bei einer geforderten Verzinsung von 4 Prozent erwirtschaftet die Investition in Maschine 1 einen positiven Kapitalwert in Höhe von 1.224 Euro und Maschine 2 in Höhe von 8.723 Euro.

Zinssatz				4,00%		
Periode		Maschine 1 Zahlungsüberschüsse Gewinn + Abschreibungen	Maschine 2 Zahlungsüberschüsse Gewinn + Abschreibungen	Barwert- faktoren	Bar- und Kapitalwert Maschine 1	Bar- und Kapitalwert Maschine 2
0	Anschaffungs- auszahlung	−100.000,00 €	−50.000,00 €	1,00	−100.000 €	−50.000 €
1	Überschuss	12.480,00 €	7.240,00 €	1,04	12.000 €	6.962 €
2	Überschuss	12.480,00 €	7.240,00 €	1,08	11.538 €	6.694 €
3	Überschuss	12.480,00 €	7.240,00 €	1,12	11.095 €	6.436 €
4	Überschuss	12.480,00 €	7.240,00 €	1,17	10.668 €	6.189 €
5	Überschuss	12.480,00 €	7.240,00 €	1,22	10.258 €	5.951 €
6	Überschuss	12.480,00 €	7.240,00 €	1,27	9.863 €	5.722 €
7	Überschuss	12.480,00 €	7.240,00 €	1,32	9.484 €	5.502 €
8	Überschuss	12.480,00 €	7.240,00 €	1,37	9.119 €	5.290 €
9	Überschuss	12.480,00 €	7.240,00 €	1,42	8.768 €	5.087 €
10	Überschuss	12.480,00 €	7.240,00 €	1,48	8.431 €	4.891 €
				Kapitalwert	1.224 €	8.723 €

Abb. 2.18: Beispiel für die Anwendung der Kapitalwertmethode

Anhand des Kapitalwerts lässt sich sowohl eine einzelne Investition bewerten, als auch zwischen verschiedenen Investitionsalternativen die vorteilhafteste auswählen. Dies geschieht anhand einfacher Entscheidungsregeln:
- Eine Investition ist vorteilhaft, wenn der Kapitalwert größer oder gleich null ist.
- Eine Alternative mit einem negativen Kapitalwert sollte abgelehnt werden, weil sie die geforderte Mindestverzinsung nicht erreicht.
- Im Falle mehrerer Alternativen ist die Investitionen mit dem größten Kapitalwert die vorteilhafteste.

Die Anwendung der Kapitalwertmethode stellt den Investor vor allem vor zwei Schwierigkeiten. Das erste Problem besteht in der Datenermittlung: Häufig ist es schwer, die jeweiligen Ein- und Auszahlungen während der Nutzungsdauer des Investitionsobjektes zuverlässig zu ermitteln, da sie oft nicht einzeln den Investitionen zugeordnet werden können und oft auch noch gar nicht erhoben worden sind. Das zweite Problem liegt in der Wahl des Kalkulationszinssatzes.

Beim *Kalkulationszinssatz* handelt es sich um die Mindestrendite, die der Investor mit seinem Vorhaben erzielen möchte. Über dessen Höhe lässt trefflich streiten. Sie kann sich an einer alternativen Anlage der Investitionssumme orientieren, an der branchenüblichen Rendite oder an den ehrgeizigen Zielen des einzelnen Unternehmers. Je nach Annahme der Zinshöhe kann eine Investition vorteilhaft sein oder nicht. In der Regel gibt die Geschäftsleitung den Zinssatz vor. Somit ist es auch ihre Aufgabe festzulegen, welche Kapitalverzinsung sie erwartet.

Eine vernünftige, in der Praxis gebräuchliche Möglichkeit ist ein Zinssatz, der mit der Methode des *durchschnittlichen Kapitalkostenansatzes* (WACC) bestimmt wird. Die Abkürzung WAAC steht für »Weighted Average Cost of Capital«. Das Verfahren berücksichtigt die Tatsache, dass ein Unternehmen für seine Finanzierung in der Regel eine Mischung aus Eigen- und Fremdkapital verwendet – und dass die Zinssätze für Eigen- und Fremdkapital unterschiedlich sind. Der Kalkulationszinssatz setzt sich also aus den Sollzinsen für das Fremdkapital sowie einer auf das Eigenkapital angesetzten Verzinsung zusammen.[32]

2.2.2.3 Interne Zinsfußmethode

Bei der internen Zinsfußmethode wird der interne Zinssatz (= Zinsfuß) bestimmt, der sich ergibt, wenn der Kapitalwert null beträgt. Ergibt sich ein interner Zinsfuß größer null, ist die Investition vorteilhaft. Werden mehrere Alternativen miteinander verglichen, so ist diejenige Alternative mit dem größten internen Zinssatz die vorteilhafteste. Im Unterschied zur Kapitalwertmethode ist der Ausgangspunkt somit nicht eine gegebene Mindestverzinsung, also ein vom Investor festgelegter Kalkulationszinsfuß. Gesucht wird vielmehr ein Zinssatz, der zu einem Kapitalwert von null führt.

Periode		Maschine 1 Zahlungsüberschüsse Gewinn + Abschreibungen	Maschine 2 Zahlungsüberschüsse Gewinn + Abschreibungen
0	Anschaffungs- auszahlung	−100.000 €	−50.000 €
1	Überschuss	12.480 €	7.240 €
2	Überschuss	12.480 €	7.240 €
3	Überschuss	12.480 €	7.240 €
4	Überschuss	12.480 €	7.240 €
5	Überschuss	12.480 €	7.240 €
6	Überschuss	12.480 €	7.240 €
7	Überschuss	12.480 €	7.240 €
8	Überschuss	12.480 €	7.240 €
9	Überschuss	12.480 €	7.240 €
10	Überschuss	12.480 €	7.240 €
Interner Zinsfuß	IKV	4,25 %	7,37 %
Modifizierter interner Zinsfuß oder Baldwin Zinssatz (unterschiedliche Soll- und Habenzinssätze)	QIKV	3,17 %	4,72 %

Abb. 2.19: Beispiel für interne Zinsfußmethode[33]

---

32 *Bleis* 2006 26 ff; *Olfert/Reichel* 2006, S. 209 ff.; zum WaCC vgl.: *Schweitzer/Küpper* 2008, S. 239 ff.
33 IKV: Interne Kapitalverzinsung
    QIKV: Qualifizierte interne Kapitalverzinsung
    In diesem Beispiel wird eine Verzinsung der Guthaben von 2 % unterstellt (für die Berechnung des QIKV).

Der interne Zinsfuß wird nicht mit einer Formel, sondern durch Interpolation ermittelt. Hierzu berechnen wir von einem Investitionsprojekt mehrmals den Kapitalwert, indem wir unterschiedliche Zinssätze verwenden – je höher der gewählte Zinssatz, desto kleiner wird der Kapitalwert. Mit jedem Rechenvorgang nähern wir uns dem Kapitalwert von null. Derjenige Zinssatz, der schließlich zu einem Kapitalwert von null führt, ist der interne Zinssatz. Das Beispiel in Abb. 2.19 zeigt eine Investition, bei der sich ein Zinsfuß von 4,25 Prozent bzw. 7,37 Prozent ergibt. Nun kann der Unternehmer einfach prüfen: Liegt der interne Zinsfuß über oder unter der gewünschten Kapitalverzinsung?

Eine Weiterentwicklung der internen Zinsfußmethode stellt das Baldwin-Verfahren dar. Während bei der einfachen internen Zinsfußmethode die Einzahlungsüberschüsse zum internen Zinsfuß angelegt werden, geht die *Baldwin-Methode* einen Schritt weiter: Sie berücksichtigt bei der Anlage der frei werdenden Mittel die unterschiedliche Höhe von Haben- und Sollzinssatz – was der Realität näher kommt und durchaus zu anderen Ergebnissen führen kann.[34]

Praxis-Tipp: Das Tabellenkalkulationsprogramm Excel verfügt über eine Formel, mit der sich der Baldwin-Zinssatz berechnen lässt. Er verbirgt sich hinter der Abkürzung QIKV unter der Formelsammlung in der Kategorie Finanzmathematik (aufrufbar über Menüleiste Einfügen → Funktion).

2.2.2.4 Annuitätenmethode

Die Annuitätenmethode basiert auf der Kapitalwertmethode: Der Kapitalwert einer Investition wird in gleich bleibenden Zahlungen (Annuitäten) auf die einzelnen Perioden verteilt. Der Erfolg der Investition wird nicht als Gesamterfolg, sondern als Erfolg von Teilperioden ausgewiesen – jede Periode erhält einen anteiligen Kapitalwert. Das Ziel der Annuitätenmethode ist es somit, über die Nutzungsdauer der Investition gleich bleibende Zahlungsströme zu ermitteln.

Die Annuität errechnet sich aus dem Produkt von Kapitalwert und Wiedergewinnungsfaktor. Mit Hilfe des Wiedergewinnungsfaktors wird der Kapitalwert unter Berücksichtigung von Zinsen und Zinseszinsen auf gleich hohe Zahlungen während der Nutzungsdauer aufgeteilt. Er lässt sich auf folgende Weise ermitteln:

$$K = a * RBF, \text{ oder: } a = K * 1/RBF$$

$$RBF = ((1+i)^n - 1)/(i(1+i)^n)$$

K: Kapitalwert
a: Annuität
i: Zinssatz
RBF: Rentenbarwertfaktor (der Kehrwert wird als Wiedergewinnungsfaktor bezeichnet)
n: Anzahl der Perioden

---

34 *Olfert/Reichel* 2006, S. 220 ff.; *Kruschwitz* 2007, S. 106 ff.

Beispiel für Berechnung des Wiedergewinnungsfaktors

Zinssatz i	4,00 %
1 + i	104,00 %
Anzahl Perioden	10,00
$(1 + i)^n$	1,48
$i * (1 + i)^n$	0,05920977
$((1 + i)^n) -1$	0,48
Wiedergewinnungsfaktor	**0,12329094**

Zinssatz		4,00%				
		Maschine 1			Maschine 2	
Periode		Zahlungs-überschüsse Gewinn + Abschreibungen	Barwertfaktoren	Barwerte	Zahlungsüberschüsse Gewinn + Abschreibungen	Barwerte
0	Anschaffungsauszahlung	−100.000,00 €	1,00	−100.000,00 €	−50.000,00 €	−50.000,00 €
1	Überschuss	12.480,00 €	1,04	12.000,00 €	7.240,00 €	6.961,54 €
2	Überschuss	12.480,00 €	1,08	11.538,46 €	7.240,00 €	6.693,79 €
3	Überschuss	12.480,00 €	1,12	11.094,67 €	7.240,00 €	6.436,33 €
4	Überschuss	12.480,00 €	1,17	10.667,96 €	7.240,00 €	6.188,78 €
5	Überschuss	12.480,00 €	1,22	10.257,65 €	7.240,00 €	5.950,75 €
6	Überschuss	12.480,00 €	1,27	9.863,13 €	7.240,00 €	5.721,88 €
7	Überschuss	12.480,00 €	1,32	9.483,77 €	7.240,00 €	5.501,80 €
8	Überschuss	12.480,00 €	1,37	9.119,01 €	7.240,00 €	5.290,20 €
9	Überschuss	12.480,00 €	1,42	8.768,28 €	7.240,00 €	5.086,73 €
10	Überschuss	12.480,00 €	1,48	8.431,04 €	7.240,00 €	4.891,08 €
			Kapitalwert	1.223,98 €		8.722,89 €
Wiedergewinnungsfaktor				0,1223		0,1223 €
Annuität (Gleichbleibende Zahlung)				150,91 €		1.075,45 €

Abb. 2.20: Beispiel für die Annuitätenmethode

Das in Abb. 2.20 dargestellte Beispiel geht im Fall von Maschine 1 wieder von einer Anfangsauszahlung von 100.000 Euro sowie von Rückzahlungen über 10 Perioden mit je 12.480 Euro aus. Bei einem Kalkulationszinssatz von 4 Prozent errechnet sich ein Wiedergewinnungsfaktor von 0,1223. Wie aus der Tabelle weiter hervorgeht, addieren sich die kumulierten Barwerte zu einem Kapitalwert von 1.223,98 Euro. Die Multiplikation mit dem Wiedergewinnungsfaktor ergibt eine Annuität von 150,91 Euro. Dies besagt, dass die Investition dem Unternehmen neben der Verzinsung des eingesetzten Kapitals jedes Jahr einen Überschuss von knapp 151 Euro einbringt. Bei Maschine 2 ergibt sich dagegen eine Annuität von fast 1.075 Euro.[35]

2.2.3 Vollständiger Finanzplan

Der vollständige Finanzplan erfasst sämtliche finanzielle Auswirkungen einer Investition als Originalgrößen. Ziel der Methode ist es, das Vermögen am Ende des Planungszeitraums zu ermitteln. Der Endwert zeigt die Entwicklung des anfangs eingesetzten Kapitals über den Investitionszeitraum.

Im Grunde wird ein Finanzplan wie für eine ganze Unternehmung aufgestellt – nur mit dem Unterschied, dass es sich hier um einen Finanzplan für eine einzelne Investition handelt. In den Plan gehen sämtliche Ein- und Auszahlungen während der Laufzeit der Investition ein. So ist es möglich, dass zum Beispiel Steuerzahlungen (diese werden nur mit einem Durchschnittssteuersatz bewertet) oder die Wiederanlagen frei werdender Mittel realitätsgerecht einbezogen werden. Das gilt auch für die Zinsen, wobei hier je nach Vermögens- oder Schuldenstand in jeder Periode die entsprechenden Haben- oder Sollzinsen in die Rechnung eingehen. Hierin liegt einer der großen Vorteile des Verfahrens – legen doch die klassischen dynamischen Verfahren einen einheitlichen Kalkulationszinssatz zugrunde, was angesichts der großen Unterschiede zwischen Haben- und Sollzinsen nicht unproblematisch ist.

Den Aufbau eines vollständigen Finanzplans zeigt das folgende Beispiel (Abb. 2.21). Das Unternehmen möchte entscheiden, zu welchem Zeitpunkt es vorteilhaft ist, die alte durch eine neue Anlage zu ersetzen. In den Entscheidungsraum fallen die nächsten drei Planungsjahre. Folgende Daten sind bekannt:

Der vollständige Finanzplan: Vorgegebene Daten		
	Alte Anlage	Neue Anlage
Verkaufspreis/Stück	30 €	30 €
Kosten/Stück	25 €	23 €
Produktionsmenge p. a.	10.000	12.000
Gesamterlöse p. a.	300.000 €	360.000 €
Gewinn vor Abschreibungen	50.000 €	84.000 €
Restnutzungsdauer	6 Jahre	10 Jahre
Anschaffungsausgabe		200.000 €
Buchwert in t = 0	90.000 €	
Abschreibung p. a.	15.000 €	20.000 €

---

35 *Olfert/Reichel* 2006, S. 230 ff.; *Reichmann* 2006, S. 309.

	Alte Anlage	Neue Anlage
Liquidationserlös in t = 0	20.000 €	
Habenzinssatz	0,25%	
Sollzinssatz	12,00%	

Zeitpunkt	0	1	2	3	4	5	6
Investitionstätigkeit							
Investitionsausgaben			-200.000 €				
Liquidationserlöse			8.000 €				120.000 €
Einnahmen/Ausgaben Investitionstätigkeit	0 €		-192.000 €	0 €	0 €	0 €	120.000 €
Einzahlungen/ Auszahlungen aus Betriebstätigkeit							
Einnahmen Betrieb Anlage alt		50.000 €	50.000 €				
Einnahmen Betrieb Anlage neu				84.000 €	84.000 €	84.000 €	84.000 €
Summe Einnahmen		50.000 €	50.000 €	84.000 €	84.000 €	84.000 €	84.000 €
Zinsen Haben			90 €	0 €	0 €	18 €	164 €
Zinsen Soll			0 €	-11.898 €	-5.746 €	0 €	0 €
Zinssaldo			90 €	-11.898 €	-5.746 €	18 €	164 €
Ermittlung der Steuerlichen Zahlungen							
Abschreibung Anlage alt		15.000 €					
Sonderabschreibung Anlage alt wegen Verkauf unter Restbuchwert			67.000 €				
Abschreibung Anlage neu				20.000 €	20.000 €	20.000 €	20.000 €
Gesamtbetrag Abschreibung		15.000 €	67.000 €	20.000 €	20.000 €	20.000 €	20.000 €
Steuerliches Ergebnis		35.000 €	-16.910 €	52.102 €	58.254 €	64.018 €	64.164 €
Davon Steuerzahlung/-ersparnis		14.000 €	-6.764 €	20.841 €	23.302 €	25.607 €	25.665 €
Überschuss (Cashflow)	0 €	36.000 €	-135.146 €	51.261 €	54.952 €	58.411 €	178.498 €
Vermögen/Schulden		36.000 €	-99.146 €	-47.885 €	7.068 €	65.478 €	243.977 €

Abb. 2.21: Beispiel für einen vollständigen Finanzplan

Die Berechnung zeigt: Wenn die Anlage in Periode 3 getauscht wird, entsteht ein positiver Vermögensendwert in Höhe von 243.997 Euro. Der Planungszeitraum beträgt hier 6 Jahre. Zum Ende des Planungszeitraumes ist die neue Anlage allerdings noch nicht verschlissen; deshalb wird sie mit dem jeweiligen Restwert bewertet.

Will man mit dieser Methode den optimalen Ersatzzeitpunkt bestimmen, so wird für jeden Ersatzzeitpunkt ein alternativer Finanzplan durchgerechnet. Beim Zeitpunkt, bei dem der Vermögenswert den höchsten Wert anzeigt, liegt der optimale Ersatzzeitpunkt.[36]

2.3 Bewertung von Investitionen unter Unsicherheit

Wenn ein Rechenverfahren zu einem klaren Ergebnis führt, heißt das natürlich nicht, dass damit die Unsicherheiten einer Investition aus dem Wege geräumt sind. Niemand kann wissen, wie hoch die künftigen Aus- und Einzahlungen tatsächlich sein werden: Gibt es überraschende Kosten, die nicht in die Kalkulation eingegangen sind? Lassen sich die erwarteten Absatzmengen realisieren? Wurde der Absatzpreis richtig angesetzt? All das bleibt auch bei sorgfältiger Datenrecherche unsicher. Um den Aspekt der Unsicherheit in die Investitionsrechnungsmodelle einzubeziehen, gibt es verschiedene Verfahren. In der Praxis kommen vor allem Korrekturverfahren und Sensitivitätsanalysen zum Einsatz. Eine weitere Möglichkeit ist die Erstellung eines Risikoprofils.

2.3.1 Korrekturverfahren

Das Korrekturverfahren bezieht den Aspekt der Unsicherheit in die Investitionsrechnung mit ein, indem die mit Unsicherheiten behafteten Größen durch Risikozu- oder -abschläge verändert werden. Nehmen wir an, ein Unternehmenschef zweifelt an den Eingangsdaten einer Investition. Nun prüft er, ob sich die geplante Anschaffung der Maschine auch bei anderen Eingangswerten rechnet. Er könnte dann im Kreise seines Führungsteams in etwa so argumentieren:
- »Dass wir das Teil für 10 Euro absetzen können, glaube ich nicht. Nehmen wir zur Vorsicht besser einen Absatzpreis von 9 Euro.«
- »Die Stückkosten haben wir in der Vergangenheit immer unterschätzt, da setzen wir statt 5 Euro lieber 7 Euro ein.«
- »Beim Kalkulationszinssatz müssen wir einen Risikozuschlag hinzurechnen. Statt der üblichen 7 Prozent gehen wir auf 10 Prozent.«

---

36 *Adam* 1997, S. 104 ff.

So funktioniert – grob gesagt – das Korrekturverfahren in der Praxis. Man dreht willkürlich an einzelnen Eingangsgrößen. Wenn die Investition sich dann immer noch rechnet, vermittelt dies ein Gefühl der Sicherheit – einfach deshalb, weil die subjektiven Einschätzungen der Beteiligten eingeflossen sind. Das Verfahren hat aber den Nachteil, dass Übervorsicht oder einfach nur die Tageslaune des Unternehmenschefs eine lohnende Investition zu Fall bringen können.

Machen Sie die Probe aufs Exempel: Wenn Sie in den Rechenbeispielen dieses Kapitels die Erlöse um 10 Prozent verringern und die Kosten um 10 Prozent erhöhen, werden Sie erkennen, dass die Investitionen nicht mehr den geforderten wirtschaftlichen Kriterien genügen.

Trotz aller Problematik: Das Korrekturverfahren ist in der Praxis beliebt und weit verbreitet. Häufig wird es auch unbewusst eingesetzt, indem die Beteiligten »einmal sicherheitshalber« einige Daten verändern. Dieses subjektive Mehr an Sicherheit wird jedoch damit erkauft, dass die Ergebnisse weder objektiv begründet noch nachvollziehbar sind. Gerade hierauf kommt es jedoch spätestens beim Gespräch mit der Bank an, wenn es darum geht, die Finanzierung der Investition sicherzustellen. Die Einbeziehung des Aspektes »Unsicherheit« sollte daher auf einer transparenteren Vorgehensweise wie etwa der Sensitivitätsanalyse beruhen.[37]

2.3.2 Sensitivitätsanalyse

Eine Sensitivitätsanalyse untersucht die Empfindlichkeit eines Ergebnisses auf Änderungen in den Prämissen. Bezogen auf eine Investition heißt das: Es wird untersucht, inwieweit sich der Kapitalwert, die Annuität oder der interne Zinsfuß ändern, wenn man eine oder mehrere Eingangsdaten verändert. Sie gibt Antwort auf die Frage: Wie dürfen Daten schwanken, ohne dass eine Investition unvorteilhaft wird?

Das folgende Beispiel (Abb. 2.22) zeigt, wie sich der Kapitalwert unter der Annahme eines – mit Blick auf die Rückflüsse – optimistischen, realistischen und pessimistischen Szenarios ändert. In den drei Fällen ändert sich der Kapitalwert zwar deutlich, bleibt jedoch auch in der pessimistischen Variante noch positiv. Dies zeigt, dass die Investition auch bei deutlich niedrigeren Erträgen lohnend bleibt.

---

[37] *Adam* 1997, S. 335 f.; *Kruschwitz* 2007, S. 343 ff.; *Olfert* 2008, S. 102.

Zinssatz				4,00%	
Periode	Veränderung der jährlichen Überschüsse gegenüber Realistisch	Maschine 1 Zahlungsüberschüsse Gewinn + Abschreibungen	Maschine 2 Zahlungsüberschüsse Gewinn + Abschreibungen	Kapitalwert Maschine 1	Kapitalwert Maschine 2
Anschaffungsauszahlung		-100.000 €	-50.000 €		
Optimistisch	10,00 %	13.728,00 €	7.964,00 €	11.346 €	14.595 €
Realistisch		12.480,00 €	7.240,00 €	1.224 €	8.723 €
Pessimistisch	-10,00 %	11.232,00 €	6.516,00 €	-8.898 €	2.851 €

Abb. 2.22: Beispiel für eine Sensitivitätsanalyse

Mit Hilfe der Sensitivitätsanalyse können auch Grenzwerte errechnet werden, bei deren Überschreiten die Vorteilhaftigkeit einer Investitionsalternative verloren geht. Erfolgt die Prüfung der Investition zum Beispiel anhand des Kapitalwerts, dann liegt der kritische Grenzwert einer Eingangsgröße dort, wo der Kapitalwert den Wert null erreicht. Die Sensitivitätsanalyse prüft also, wie stark der Wert dieser Eingangsgröße vom ursprünglich angesetzten Wert abweichen darf, ohne dass der Kapitalwert negativ wird.

Ermittelt man auf diese Weise die kritischen Werte der relevanten Eingangsgrößen, lässt sich ein recht gutes Bild von der Unsicherheit ermitteln, die mit dieser Investitionsalternative verbunden ist. Die Sensitivitätsanalyse schafft die Unsicherheiten einer Investition zwar nicht aus der Welt, zeigt aber bei den kritischen Daten die vorhandenen Spielräume auf. Damit lässt sich immerhin abschätzen, wie stabil die Beurteilung der Investition bleibt, wenn sich die Datenlage verändert.[38]

2.3.3 Risikoprofile

Eine weitere Möglichkeit im Umgang mit Unsicherheit liegt darin, ein Risikoprofil der geplanten Investition zu erstellen. Bei diesem Verfahren werden für bestimmte Datenkonstellationen Wahrscheinlichkeiten vergeben, entweder aufgrund von subjektiven Einschätzungen oder durch Zufallszahlen. Hieraus ergibt sich dann eine entsprechende Wahrscheinlichkeitsverteilung für die Ergebnisgröße (also z. B. den Kapitalwert). Jeder Kapitalwert hat also einen bestimmten Risikowert.

Der Investor kann somit errechnen, wie hoch das Risiko ist, mit einer Investition einen bestimmten Kapitalwert zu erreichen. Es gibt Kapitalwerte, die mit absoluter Sicherheit erzielt werden, andere höhere Kapitalwerte dagegen nur unter Inkaufnahme zusätzlicher Risiken. Der Zusammenhang zwischen Risiko und zu erzielendem Kapitalwert wird im Risikoprofil dargestellt.[39]

---

38 *Adam* 1997, S. 336 ff.; *Kruschwitz* 2007, S. 346; *Olfert* 2008, S. 104.
39 *Adam* 1997, S. 346 ff.

2.4 Vorgehensweise: Auswahl der Investition

Wir haben nun die wesentlichen Bewertungsverfahren kennengelernt. Sehen wir uns nun an, wie ein Unternehmen mit Hilfe dieser Verfahren die Investitionsalternativen bewerten, auswählen und zu einem Investitionsprogramm zusammenstellen kann. Die Vorgehensweise lässt sich in vier Schritte gliedern:
1. Datenermittlung
2. Anwendung der Bewertungsverfahren
3. Erstellung des Investitionsantrags
4. Entscheidung über das Investitionsprogramm

In der Praxis stellt sich vor allem ein Problem: die Datenermittlung. Denn nur wenn die Modelle mit zuverlässigen Daten gefüttert werden, können sie auch brauchbare Ergebnisse liefern. Sind die Daten vorhanden, so gestaltet sich Schritt 2, die Anwendung der Bewertungsverfahren, relativ einfach.

Der Investitionsantrag (Schritt 3) fasst die Bewertungsergebnisse zusammen, d. h. er beschreibt, begründet und bewertet ein Investitionsvorhaben. Wenn das Unternehmen mit Blick auf die Investitionsziele mehrere Investitionen ins Auge fasst, erstellt das damit befasste Team für jeden einzelnen Investitionsvorschlag einen solchen Antrag. Im nächsten Schritt entscheidet die Geschäftsleitung über die Anträge und stellt das Investitionsprogramm zusammen. Hierbei orientiert sie sich einerseits am vorhandenen Budget, andererseits an den Investitionszielen. Zur Umsetzung ausgewählt wird die Kombination an Investitionen, die den größten Beitrag für die Unternehmensziele leistet.

2.4.1 Schritt 1: Datenermittlung

Selbst bei einer routinemäßigen Ersatzinvestition hat eine solide Datenermittlung eine enorme Bedeutung. Der folgende Fall steht vermutlich für viele andere: Ein Maschinenbauunternehmen investierte in eine Anlage, die monatlich von einer bestimmten Komponente 100 Stück fertigen konnte. Kaum war die Produktion angelaufen, meldete sich ein Verkäufer mit dem Hinweis, auch einer seiner Kunden habe Interesse an dem Teil, er würde gerne monatlich 400 Stück abnehmen. Für diese Menge war die neue Anlage jedoch nicht ausgelegt. Wenige Wochen später kam aus der Fertigung schlechte Nachricht. Die neue Maschine benötige noch eine Schleifvorrichtung, erklärte der Produktionsleiter. Kostenpunkt: 3000 Euro.

Das Unternehmen lernte aus dem Fall – und führte eine strukturierte Datenermittlung ein:
- Der Marketingchef hat seitdem die Aufgabe, vor jeder Investition die absehbaren Verkaufspreise und Verkaufsmengen festzustellen. Hierzu muss jeder Außendienstmitarbeiter verbindlich erklären, wie viel Stück er von der betreffenden Komponente verkaufen kann.
- Der Produktionsleiter ist verpflichtet, vor jeder Investition den jeweiligen Fertigungsprozess sorgfältig zu durchdenken und wirklich alle Kosten zusammenzutragen. Nachforderungen duldet der Unternehmenschef nicht mehr.

Im Falle größerer Investitionen kann die Datensammlung schnell sehr aufwändig werden. Manche Unternehmen scheuen diesen Aufwand, gehen dabei aber ein hohes Risiko ein. Wird anstelle von recherchierten Fakten mit Vermutungen gearbeitet, ist die Gefahr einer Fehlinvestition groß. Es besteht die Gefahr, dass sich die Beteiligten die Daten dann so zurecht legen, dass am Ende das von ihnen gewünschte Ergebnis herauskommt.

Es gibt vor allem eine Möglichkeit, um den Aufwand für die Datenermittlung in vertretbaren Grenzen zu halten: ein transparentes Kostenrechnungssystem, aus dem sich relativ schnell die grundlegenden Daten für eine Investitionsrechnung abrufen lassen. Konkret heißt das: Ein Unternehmen sollte über eine Deckungsbeitragsrechnung verfügen, die nicht zu sehr ins Detail geht, aber gut strukturiert ist. Ein modernes Kostenrechnungsprogramm, das sich durchaus mit vertretbarem Aufwand einrichten lässt, erfüllt in der Regel diese Anforderung.

Darüber hinaus kann es sinnvoll sein, in die Datenrecherche auch Fachleute einzuschalten. Ohne einen Fachberater an der Seite dürfte zum Beispiel die Einführung eines ERP-Systems oder einer anderen komplexen Software kaum möglich sein. Zwar kann ein Unternehmen die Kosten für Hardware, Lizenzen und die künftige Wartung sicherlich relativ leicht selbst feststellen, doch manche Posten, wie etwa die Integration an ein vorhandenes Netzwerk oder die Anbindung an eine Datenbank, werden gerne übersehen. Die Folge davon ist, dass in die Bewertung der Investition deutlich zu niedrige Kosten eingehen. Hier lohnt sich ein Fachberater, der mit dem Unternehmen die Leistungsbeschreibung und die Kosten abstimmt. Niemand käme auf die Idee, ein Haus ohne einen Architekten zu bauen – die Einführung eines IT-Systems ohne IT-Berater kommt dagegen durchaus vor.

2.4.2 Schritt 2: Anwendung der Bewertungsverfahren

Für verschiedene Arten von Investitionen kann das Unternehmen Vorgaben festlegen, mit denen die Investitionen zu bewerten sind. Kleinere, häufig wiederkehrende Investitionen können dabei mit den statischen Verfahren, größere risikoreichere mit den dynamischen oder mit einer Kombination verschiedener Verfahren bewertet werden.

Ein Unternehmen kann ein Portfolio seiner geplanten Investitionen erstellen, indem es Schwellenwerte definiert. Priorität haben Investitionen, die bei einer kurzen Amortisationszeit einen hohen Kapitalwert bieten. Ist der Kapitalwert dagegen niedrig und die Amortisationszeit hoch, bedeutet das ein hohes Risiko bei niedrigen Gewinnmöglichkeiten. Die Schwellenwerte können für die kleineren operativen Investitionen anders definiert sein als für die strategisch langfristigen.

Die einzelnen Investitionen können mit einem geeigneten Tabellenkalkulationsprogramm berechnet werden, welches man nach einem geeigneten Investitionsrechenverfahren für das eigenen Unternehmen standardisiert.

In der täglichen Unternehmenspraxis empfiehlt es sich, die Investitionsanträge (siehe Schritt 3) über eine zentrale Abteilung – die Controllingabteilung oder eine Stabsstelle (z.B. einen Assistenten der Geschäftsleitung) – zu koordinieren. Diese Abteilung sollte auch die Erfassung der Daten strukturell vorgeben und klar definieren, welche Entscheidungskriterien es gibt und wer befugt ist, Investitionsentscheidungen zu treffen.

2.4.3 Schritt 3: Erstellung des Investitionsantrags

Anhand der Analysen und Bewertungsergebnisse verfassen die zuständigen Fachabteilungen die Investitionsanträge. Für jedes Investitionsvorhaben gibt es einen eigenen Antrag, der das Vorhaben beschreibt und sowohl sachlich als auch finanziell begründet.
- Die *sachliche* Begründung nimmt auf Strategie und Investitionsziel Bezug. Beispiel: »Die Investition ermöglicht es, unsere Durchlaufzeit von fünf auf drei Tage reduzieren. Damit entsprechen unsere Lieferzeiten wieder den Erwartungen der Kunden und wir können einen drohenden Wettbewerbsnachteil abwenden.«
- Die *finanzielle* Begründung nimmt Bezug auf die Ergebnisse der Investitionsrechenverfahren. Sie legt dar, inwieweit sich das Vorhaben rentiert.

Der Investitionsantrag ist standardisiert, d.h. es gibt ein Formular oder eine feste Vorgabe, an der sich die zuständige Fachabteilung orientiert. Bei großen Unternehmen wird häufig eine Vielzahl von Anträgen parallel erarbeitet; im Falle von Millionenprojekten kann ein Antrag auch mehrere 100 Seiten umfassen. Aber auch ein kleines Unternehmen sollte jede Investition in Form eines Investitionsantrags darlegen, um eine nachvollziehbare Entscheidungsgrundlage zu haben. Entscheidend ist es, den Investitionsantrag so zu gestalten, dass er die wichtigen Daten enthält, die später für eine zentrale vergleichende Beurteilung, Erfassung und Nachverfolgung der Investitionen benötigt werden.

Der Investitionsantrag kann je nach Art der Investition unterschiedlich ins Detail gehen, sollte aber in jedem Fall folgende Punkte enthalten:[40]

1. Einen einheitlichen Kopf mit zentralen Angaben wie z. B.:
   - einen Hinweis auf das Investitionsprogramm, zu dem die Investition gehört (mit Bezeichnungen und Nummern)
   - eine Klassifizierung nach steuerlichen Gesichtspunkten (z. B. geringwertige Wirtschaftsgüter)
   - eine Klassifizierung, ob es sich um eine Ersatz- oder Neuinvestition handelt
   - den Investitionsbetrag
   - eine Inventarnummer des neuen Objektes bzw. ggf. die Inventarnummer der Investition, die es zu ersetzen gilt

2. Angaben zum Investitionsobjekt selber:
   - eine Begründung des Vorhabens mit einer textlichen Beschreibung des Vorhabens
   - eine Beschreibung der Risiken
   - Bereich, Abteilung, Kostenstelle
   - Aufstellungsort
   - detaillierter Kostenvoranschlag, differenziert nach Eigen- und Fremdleistung, evtl. mit mehreren Angeboten belegt
   - einen Zahlungsplan
   - Datum des Antrages mit den entsprechenden autorisierten Unterschriften

---

40 *Olfert* 2008, S. 86 ff.

3. Darstellung der Vorteile der Investition für das Unternehmen
   - Beitrag der Investition zu den Unternehmenszielen
   - Nutzenbewertung
   - detaillierte Erfassung möglicher Erlöse
4. Wirtschaftlichkeitsberechnung
5. Kaufmännische Beurteilung mit den entsprechenden Analyseunterlagen
   - Marktanalyse, Nutzwertanalyse, Risikobewertung, Bewertung nach einem Investitionsrechenverfahren
   - Alternativen
6. Zusammenfassung
   - Übersicht über die wichtigsten Daten
   - Genehmigungen (evtl. als Teilbeträge)

Die genaue Ausgestaltung des Investitionsantrags hängt, wie gesagt, von der Art und Höhe der Investition ab. Der folgende Kasten fasst hierfür jedoch einige wesentliche Praxistipps zusammen.

Checkliste: Erstellung von Investitionsanträgen

☑ Überprüfen Sie, welche finanzielle Dimension das Investitionsvorhaben für Ihr Unternehmen hat. Je höher der Anteil am Gesamtbudget, desto intensiver sollten Daten recherchiert und mehrere Investitionsrechenverfahren eingesetzt werden.

☑ Machen Sie Ihre erste Intuition durch Fakten so nachvollziehbar, das ein Fremder sie nachvollziehen kann. So können Sie auch später nach Jahren überprüfen, ob die angenommenen Prämissen eingetroffen sind oder nicht.

☑ Setzen Sie bei der Prüfung klare Terminvorgaben, z.B. dass alle Investitionsanträge zu einem Fixtermin vorliegen sollten.

☑ Legen Sie die Inhalte (Beschreibung der Maßnahmen, Kostenstelle, Budget, Wirtschaftlichkeit, Zielbeitrag, etc.) der Investitionsanträge von vornherein fest. Die zentrale Erfassung und Koordinierung durch das Controlling stellt sicher, dass alle Daten erfasst werden.

☑ Geben Sie für die Investitionen wirtschaftliche Zielvorgaben. So werden Sie entlastet von Anträgen, die diese Zielvorgaben nicht erfüllen.

☑ Kommunizieren Sie die Unternehmensziele den Mitarbeitern und Führungskräften, damit diese die Investitionen schon entsprechend auswählen können.

☑ Die Erfassung und Messung von Daten der Hauptkostenarten und des Vertriebs sind wichtige Eingangsgrößen für die Kostenrechnung.

Abb. 2.23: Praxistipps für die Erstellung der Investitionsanträge

Ein allgemeingültiges Formular lässt sich angesichts der Vielfalt möglicher Investitionsprojekte nicht erstellen. Bei großen Investitionen dient der Antrag häufig als Deckblatt, dem die entsprechenden Anlagen hinzugefügt werden. Der folgende Vorschlag für einen Investitionsantrag sollte daher in jedem Fall auf die individuellen Belange angepasst werden sollte.

Investitionsantrag Nr.				
Investitionsprogramm:				
Bereich:				
Kostenstelle:				
Aufstellungsort:				
Art der Investition:	Neu		Ersatz	
Investition ersetzt Inventarnummer:				
Neue Inventarnummer:				
Investitionsbetrag (Gesamt):				
Geringwertiges Wirtschaftsgut	Ja		Nein	

Investitionsobjekt
Begründung und Vorteile des Vorhabens:
Beitrag zu den Unternehmenszielen (Nutzendarstellung):
Risiken:

Datenermittlung Wirtschaftlichkeit	
Erlösermittlung	
Erwartete Absatzmengen per anno:	
Erwartete Absatzpreise:	
Gesamterlös per anno:	

Kostenermittlung Verfahren alt:		Kostenermittlung Verfahren neu:	
Variable Kosten pro Stück:		Variable Kosten pro Stück:	
Fixe Kosten per anno:		Fixe Kosten per anno:	

Kostenermittlung Investitionsobjekt		
	Zeitpunkt	Betrag
Zugekaufte Leistungen:		
Eigenleistungen:		
Gesamtsumme Investition:		

Berechnung der wirtschaftlichen Vorteilhaftigkeit			
Kapitalwert:		Amortisationszeit:	
Annuität:		Interne Verzinsung:	

Interne Organisation	
Projektverantwortlich:	
Benötigte Personalressourcen:	
Andere interne Ressourcen:	
Projektstart:	Projektende:

Genehmigung		
	Unterschrift	Datum
Kostenstellenleiter:		
Abteilungsleiter:		
Geschäftsleitung:		
Verantwortlich Controlling:		

Abb. 2.24: Beispiel eines Investitionsantrages

2.4.4 Schritt 4: Entscheidung über das Investitionsprogramm

Anhand der Investitionsanträge entscheidet die Geschäftsleitung über die Zusammenstellung des Investitionsprogramms. Bei großen Unternehmen werden die Anträge auch von einer Stabstelle, vom Controlling oder vom technischen Leiter gesammelt und der Geschäftsleitung vorgelegt. Welche Investitionen die Geschäftsleitung in das Programm aufnimmt, hängt vor allem von zwei Faktoren ab: dem vorhandenen Budget und dem Beitrag zu den Unternehmenszielen.

Um die Investitionsanträge systematisch beurteilen zu können, müssen sie zunächst gesammelt und alle bis zu einem festen Termin im Jahr vorliegen. Ist dann das Investitionsbudget kleiner als die Summe der vorliegenden Investitionsanträge, was in der Regel der Fall ist, gibt es zwei Vorgehensweisen:

- Die Investitionsanträge werden in die Bereiche mit dem Hinweis zurückverwiesen, sie um eine Summe x oder einen bestimmten Prozentsatz zu kürzen. Dies löst einen Kommunikationsprozess mit den jeweiligen Fachabteilungen aus.
- Die Unternehmensführung beurteilt selber anhand geeigneter Verfahren, welche Investitionen sie vorziehen möchte.

Im zweiten Fall hat sich folgender Ansatz bewährt: Die Investitionen werden anhand der Kapitalwertmethode und der Amortisationsrechnung bewertet. Die Kapitalwertmethode zeigt den Kapitalrückfluss und die Amortisationsrechnung das Maß für das Risiko an. Die Ergebnisse lassen sich in einem Portfolio (siehe Abb. 2.25) darstellen. Priorität haben die Investitionen mit den kürzesten Amortisationszeiten und den höchsten Kapitalwerten (Quadrant oben rechts).

Risiken (Amortisationszeit) / Kapitalwert

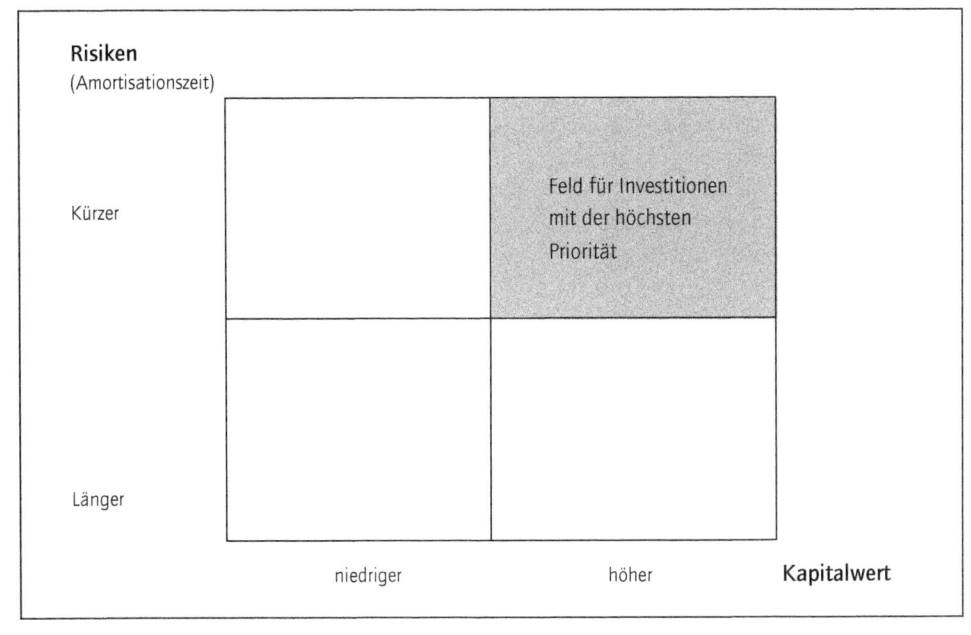

Feld für Investitionen mit der höchsten Priorität (Kürzer / höher)

Abb. 2.25: Festlegung des Investitionsprogramms nach den Kriterien Risiko (Amortisationszeit) und Kapitalwert

Eine andere Möglichkeit liegt darin, mit Hilfe der Nutzwertanalyse Prioritäten festzulegen. Für die Gesamtsicht hat sich der Einsatz einer integrierten Planungssoftware bewährt. Mit ihrer Hilfe kann das Unternehmen alle finanziellen und steuerlichen Auswirkungen der Investitionen im Rahmen des laufenden operativen Geschäftes erfassen und so die Auswirkungen auf Liquidität, Planbilanzen und Unternehmensergebnis errechnen.

2.5 Zusammenfassung

Thema dieses Kapitels war die zweite Phase des Investitionsprozesses: die Bewertung der Investitionsalternativen und die Zusammenstellung des Investitionsprogramms. Zunächst wurden die gängigen Bewertungsverfahren mit ihren Möglichkeiten und Grenzen vorgestellt. Unterschieden wird hier zwischen quantitativen und qualitativen Bewertungsmethoden.

Zu den *qualitativen Methoden der Investitionsrechnung* zählen vor allem das Checklistenverfahren und die Nutzwertanalyse (Abschnitt 2.1). Beim *Checklistenverfahren* wird einfach abgehakt, welche Kriterien eine Investition erfüllen muss. Die *Nutzwertanalyse* ermöglicht es, wettbewerbsentscheidende Kriterien wie zum Beispiel Durchlaufzeiten, Qualitätsmerkmale oder Umweltaspekte in die Beurteilung einer Investition einzubeziehen. Mit ihrer Hilfe kann ein Unternehmen die aus seiner Kernkompetenz resultierenden Differenzierungschancen berücksichtigen und in die Bewertung einer Investition einbeziehen. Gerade bei strategischen Investitionen spielt die Nutzwertanalyse deshalb in der Praxis eine große Rolle.

Um eine Investition auf ihre wirtschaftlichen Ziele hin zu überprüfen, bietet die Betriebswirtschaft die *quantitativen Investitionsrechenverfahren* an (Abschnitt 2.2). Nützlich sind diese Verfahren aber auch als Führungsinstrument, um anhand nachvollziehbarer Zahlen den Entscheidungsprozess über ein Investitionsvorhaben zu versachlichen.

Bei den Rechenverfahren wird zwischen statischen und dynamischen Methoden unterschieden: Die *statischen Verfahren* werden gerne auch als Praktiker-Verfahren bezeichnet. Sie sind einfach zu handhaben, aber sehr grob und deshalb nur für kleinere Investitionen nutzbar. Im Unterschied zu den statischen Methoden berücksichtigen die *dynamischen Investitionsrechenverfahren* die unterschiedlichen Ein- und Auszahlungen während der Nutzungsdauer einer Investition und kommen der Realität damit deutlich näher. In der Praxis sind im Wesentlichen drei dynamische Investitionsrechenverfahren gebräuchlich: die *Kapitalwertmethode*, die *Methode des internen Zinsfußes* und die *Annuitätenmethode*.

Die Unterscheidung zwischen qualitativen und quantitativen Methoden legt eine zweistufige Vorgehensweise bei der Beurteilung von Investitionsobjekten nahe:
- Stufe 1: Sortieren Sie zunächst anhand eines qualitativen Bewertungsverfahrens (Checklistenverfahren oder Nutzwertanalyse) die ungeeigneten Alternativen aus.
- Stufe 2: Untersuchen Sie die verbliebenen Investitionsalternativen mithilfe der quantitativen Investitionsrechenverfahren auf ihre Wirtschaftlichkeit.

Um den Aspekt der *Unsicherheit* in die Investitionsrechnungsmodelle einzubeziehen (Abschnitt 2.3), kommen in der Praxis vor allem *Korrekturverfahren* und *Sensitivitätsanalysen* zum Einsatz. Eine weitere Möglichkeit ist die Erstellung eines *Risikoprofils*.

Der letzte Teil dieses Abschnitts (2.4) befasste sich dann mit dem *praktischen Einsatz* der vorgestellten Verfahren – von der Ermittlung der Daten über die Erstellung des Investitionsantrags bis hin zur Entscheidung über das Investitionsprogramm. Dabei wird deutlich: Die Rechenverfahren selbst sind in der Praxis weniger das Problem. Die eigentliche Schwierigkeit liegt darin, die notwendigen Daten zu beschaffen, um am Ende des Rechengangs zuverlässige Ergebnisse zu erhalten.

Das Investitionsprogramm steht. Wie geht es nun weiter? Bevor die Investition umgesetzt werden kann, stehen noch zwei Prozessschritte an: die Risikobeurteilung (Kapitel 3) und die Finanzierung (Kapitel 4).

3 Risikomanagement: Risiken erkennen und einschränken

Nach außen war die Welt in Ordnung: Stolz präsentierte der Unternehmenschef seine schmucke neue Anlage, ein echtes Highlight. Neue Maschinen, neue Technik, alles sehr innovativ – es war wirklich ein Vorzeigeobjekt. Die Besucher des Unternehmens waren beeindruckt, sogar die regionale Presse berichtete über das neue CNC-Bearbeitungszentrum[41]. Tatsächlich handelte es sich um eine Investitionsruine, die den Niedergang des Unternehmens einleitete.

Wie konnte es dazu kommen? Das mittelständische Unternehmen produzierte mit gutem Erfolg Präzisionsdrehteile für die Landmaschinenindustrie. Eines Tages erhielt der Verkaufsleiter eine Projektanfrage von einem großen Unternehmen der Öl- und Erdgasindustrie, das nach einem Zulieferer für spezielle Pneumatikteile suchte. Technisch gesehen passte die Anfrage durchaus zur Kernkompetenz des Mittelständlers. Der Verkaufsleiter sah in der Anfrage eine Riesenchance und war überzeugt, den Auftrag schon in der Tasche zu haben. Auch der technische Leiter fing Feuer: Er hatte sich schon immer große, technisch perfekte Maschinen gewünscht und sah das Projekt als einmalige Herausforderung. Der Geschäftsführer schließlich ließ sich von der Euphorie anstecken. Er hatte schon länger überlegt, neben der Landmaschinenbranche ein weiteres Standbein aufzubauen.

So errichtete der Maschinenbauer für zwei Millionen Euro ein hochmodernes CNC-Zentrum – mit eigenem Gebäude, Steuerungszentrale, Klimaanlage und allem was dazugehört. Um es kurz zu machen: Der Auftrag aus der Erdölindustrie blieb wider Erwarten aus. Verzweifelt suchte der Verkaufsleiter nach Alternativen, doch nur vereinzelt zog er einen Auftrag an Land, der in dem CNC-Zentrum bearbeitet werden konnte. Nach außen hin präsentierte man sich als hoch innovatives Unternehmen, intern setzte sich jedoch die bittere Erkenntnis durch: Es gab keinen Markt, um das Bearbeitungszentrum auszulasten.

Die verheerenden Auswirkungen des missglückten Abenteuers in die Ölindustrie zeigten sich erst in den folgenden Jahren. Gescheitert war nicht nur der Versuch, in ein neues Geschäftsfeld einzusteigen – auch im angestammten Geschäft verlor das Unternehmen den Boden unter den Füßen. Die Investition in das CNC-Zentrum band enorme Mittel, die nun für das eigentliche Geschäft fehlten. Das Unternehmen verzichtete auf notwendige Investitionen, geriet dadurch technologisch mehr und mehr ins Hintertreffen. Die Margen wurden kleiner, der Investitionsstau immer größer. Am Ende stand die Insolvenz.

Mit einem konsequenten Risikomanagement wäre die Geschichte vermutlich anders ausgegangen. Bei nüchterner Betrachtung hätte der Mittelständler festgestellt, dass der

---

41 CNC ist die Abkürzung für »computerized numerical control« und bedeutet Maschinensteuerung durch eingebauten Rechner. Ein CNC-Bearbeitungszentrum ist eine von einer CNC-Steuerung geregelte Maschine. Mit ihr kann man an einem Werkstück mit einer Werkstückaufspannung mehrere Bearbeitungsschritte durchführen, zum Beispiel sägen, fräsen, bohren und schleifen.

in Aussicht gestellte Auftrag keineswegs gesichert war – und dass bei Ausbleiben dieses Auftrags die Anlagen nicht ausgelastet werden konnten. Er hätte das Risiko identifiziert, bewertet – und vermutlich die Finger von der Investition gelassen.

Wie wir in diesem Kapitel sehen werden, ist die Gefahr groß, dass bei einer Investition die Risiken leichtfertig übergangen werden (Abschnitt 3.1). Ein Unternehmen sollte daher größere Investitionen durch ein systematisches Risikomanagement absichern. Dies geschieht in drei wesentlichen Schritten: Der Unternehmer muss die Risiken erkennen (Abschnitt 3.2), bewerten (Abschnitt 3.3) und einschränken (Abschnitt 3.4). Darüber hinaus sollte er die dann noch verbliebenen Risiken während der Umsetzung der Investition weiterhin im Auge behalten (Abschnitt 3.5).

3.1   Wie Risikomanagement unter die Räder kommt

Die geschilderte Fehlinvestition in das CNC-Zentrum hat gezeigt, wie leicht ein Unternehmer sich von der Aussicht auf ein gutes Geschäft blenden lässt und deshalb die Risiken nicht näher prüft. Aber auch das gegenteilige Verhalten kommt immer wieder vor, mit nicht weniger fatalen Folgen: Anstatt ein Vorhaben auf seine tatsächlichen Risiken hin zu überprüfen, will man lieber kein Risiko eingehen und verzichtet darauf. Dabei wird übersehen, dass in eben diesem Verzicht das eigentliche Risiko liegt.

Beispiel hierfür ist ein Hersteller von speziellen Scherenblättern, seinerzeit Marktführer in diesem Segment. Beim Chef des Unternehmens meldete sich eines Tages der Technische Leiter und unterbreitete den Vorschlag, eine Laserschneidmaschine anzuschaffen – eine damals innovative Technik, die erhebliche Materialeinsparungen erwarten ließ. Der Unternehmer war von der Idee alles andere als begeistert, verdiente man doch mit den alten Maschinen prächtig Geld. »Warum sollen wir dieses Risiko eingehen? Die alten Maschinen laufen doch«, beschied er seinem Mitarbeiter, ohne sich näher mit dem Vorschlag zu befassen.

Womit er nicht gerechnet hatte: Sein Hauptabnehmer hörte ebenfalls von der neuen Lasertechnologie und führte daraufhin für das Produkt eine Wertanalyse durch. Dabei stellte er fest, dass er mit der neuen Technik die Scherenblätter selber günstiger herstellen konnte. Prompt kaufte er eine Laserschneidmaschine und kündigte den Vertrag mit seinem Lieferanten.

Für den Hersteller der Scherenblätter kam es jedoch noch schlimmer. Er verlor nicht nur seinen Hauptkunden, sondern erhielt auch noch einen technologisch überlegenen Konkurrenten. Der frühere Abnehmer kam nämlich auf die Idee, mit seiner neuen Lasermaschine nicht nur den eigenen Bedarf zu decken, sondern nun auch als Anbieter auf dem Scherenblätter-Markt aufzutreten. Als der Chef des bisherigen Marktführers daraufhin seine Techniker zusammenrief, um Ideen einzufordern und die Kosten zu senken, war es im Grunde zu spät. Die Chance, einen technologischen Vorsprung zu erlangen, war verspielt. Stattdessen kämpfte das Unternehmen um sein Überleben.

Ob nun wie im Fall des Scherenblätter-Herstellers Risiken überschätzt oder wie im Falle des CNC-Zentrums vernachlässigt werden: Unsere eigene *selektive Wahrnehmung* beeinflusst uns hier stärker, als wir es oft wahrhaben wollen. Im einen Fall führt sie zu unangemessener Euphorie, die mit einer Investitionsruine endet. Im anderen Fall mündet sie in eine starre Haltung, bei der unternehmerisches Risiko durch statisches Verhalten ersetzt wird; Kontrolle bis ins Detail und der Versuch, jedes Risiko auszuschalten, lähmen unternehmerisches Handeln.

Besonders groß ist die Gefahr der selektiven Wahrnehmung, wenn der Chef ein gut ausgebildeter Techniker ist, der sich dementsprechend intensiv auf die technische Seite seines Geschäfts konzentriert – was für eine gute technische Lösung zunächst auch wichtig und richtig ist. Unterhält er sich mit seinem Betriebsleiter, wird er jedoch wahrscheinlich in erster Linie die Technik diskutieren, denn beide haben denselben Erfahrungshintergrund und denken in die gleiche Richtung. Die Gefahr, ein Vorhaben einseitig zu beurteilen, ist groß. Das Ergebnis ist dann technisch perfekt, aber möglicherweise zu teuer oder nicht nachgefragt. Oder anders ausgedrückt: Man kann noch so schöne Dampflokomotiven bauen – wenn Elektroloks verlangt werden, hilft hier auch das genialste Konzept nichts.

Haben die beiden Techniker, der Chef und sein Betriebsleiter, gemeinsam eine gute Lösung gefunden, mündet die Stimmung gerne in eine übertriebene Euphorie. Damit geht oft auch eine gewisse Selbstüberschätzung einher, vor allem dann, wenn vergangene Projekte immer gut gelaufen sind. Nur: Diese Erfahrungen sind nicht einfach übertragbar – zumal wenn ein Unternehmen mit seiner Investition in eine neue Branche einsteigen möchte.

Selektive Wahrnehmung, die in Euphorie mündet: Darin liegt ein typischer Grund, vor den Risiken einer Investition die Augen zu verschließen. Weitere häufige Gründe sind zu großes Vertrauen in den Geschäftspartner, Defizite in der internen Kommunikation oder schlicht der Zeitdruck, unter dem Entscheidungen fallen.

Auf welche Weise zu *großes Vertrauen* zu einem teuren Vergnügen werden kann, zeigt der Fall eines Mittelständlers, der viel Geld in eine neue Anlage investierte und diese in einer gemieteten Gewerbehalle aufbaute. Es bestand bereits seit langer Zeit ein unbefristetes Mietverhältnis mit gesetzlicher Kündigungsfrist. Mündlich hatte der Vermieter die Absicht bekundet, einen Zehnjahresvertrag abzuschließen, zum schriftlichen Abschluss kam es jedoch nicht. Aufgrund des langjährigen guten Verhältnisses wähnte sich der Unternehmer in Sicherheit. Ein Trugschluss, wie sich herausstellte: Drei Jahre nach Produktionsstart meldete der Vermieter Eigenbedarf an, und der Unternehmer musste seinen Betrieb verlagern.

Ein Grund, Risiken einer Investition zu ignorieren, können auch *Defizite bei der internen Kommunikation* sein – nämlich dann, wenn andere Abteilungen nicht genügend in das Investitionsvorhaben einbezogen sind und der Unternehmenschef alleine entscheidet. Das Fatale dabei: Einsame Entscheider holen kein Feedback ein, erhalten aber auch von ihren Mitarbeitern und aus ihrem Umfeld keine kritischen Rückmeldungen. Die Mitarbeiter in patriarchalisch geführten Unternehmen neigen zum Ja-Sagen; sie üben ihrem Chef gegenüber eher nur moderat Kritik, zumal sie die Gesamtsicht der Dinge häufig nicht kennen. Ein solcher Unternehmenslenker ist dann von Menschen umgeben, die dazu neigen, ihm eher sein Selbstbild zu bestätigen, selbst wenn dieses sich von der Realität entfernt hat. Seine Entscheidungen verlieren damit mehr und mehr den Bezug zur Wirklichkeit – was im Falle einer größeren Investition höchst riskant werden kann.

Fallen *Entscheidungen unter großem Zeitdruck*, werden Risiken häufig erst gar nicht untersucht. Oder aber das Management entscheidet über die Investition, bevor die Ergebnisse der Risikoanalysen vollständig vorliegen. Großer Zeitdruck entsteht oft dann, wenn eine Unternehmensleitung glaubt, eine einmalige Chance schnell wahrnehmen zu müssen. Sie verengt dann gerne den Blick auf diese Chance, während sie die Risiken ausblendet oder eine Risikoanalyse gar nicht erst abwartet. Das gilt besonders in einer Krise, wenn das Unternehmen seine Umsätze kurzfristig steigern muss. Häufig werden dann neue Produkte auf den Markt gebracht, ohne die Marktchancen wirklich geprüft zu haben.

Diese Beispiele und Erfahrungen zeigen: Dass Risiken vernachlässigt werden, ist meistens verständlich und nachvollziehbar, kann aber fatale Folgen haben. Zeitdruck, Selbstüberschätzung, Euphorie, selektive Wahrnehmung – oft sind die Gründe nur menschlich und können in jeder Organisation vorkommen. Um diesen Gefahren wirksam zu begegnen, genügen in den meisten Fällen schon vergleichsweise einfache Modelle zur Risikoanalyse.

3.2 Risiken erkennen: Was kann passieren?

3.2.1 Typische Investitionsrisiken in der Praxis

Ein Automobilzulieferer aus Solingen unterschätzte das Ausmaß des Konjunktureinbruchs im Jahr 2008. Noch während des Aufschwungs investierte er 4,5 Millionen Euro in neue Kapazitäten. Als dann die Nachfrage einbrach, konnte er in der für drei Schich-

---

Checkliste: Typische Investitionsrisiken beim Beschaffen einer neuen Anlage
- ☑ Absatzrisiken (Preis und Menge)
- ☑ Auslastungsrisiko
- ☑ Euphorische Bewertung des Vorhabens (einseitige Bewertung, verfälschte Daten)
- ☑ Entwicklungen und Trends werden verpasst
- ☑ Analyseteam liefert nicht rechtzeitig die Ergebnisse
- ☑ Unfälle während der Bau- und Installationsphase
- ☑ Lieferanten stellen Nachforderungen
- ☑ Voreilige Bezahlung der Maschine (Leistung noch nicht vollständig erbracht)
- ☑ Die Maschinen bringt die geforderte Leistung nicht
- ☑ Lieferverzug des Lieferanten
- ☑ Insolvenz des Lieferanten (Anzahlungs- und Ausfallbürgschaften des Lieferanten)
- ☑ Anlaufkosten werden unterschätzt
- ☑ Abstimmungsaufwand zwischen Maschine und Peripherie unterschätzt
- ☑ Widerstände der Mitarbeiter
- ☑ Integration in die Organisation
- ☑ Unzureichende Qualifikation der Mitarbeiter

Abb. 3.1: Beschaffung einer Anlage: Typische Investitionsrisiken

ten ausgelegten Produktion nicht einmal eine Schicht auslasten. Die Folge: Das traditionsreiche Unternehmen musste Insolvenz anmelden.

Dieses Beispiel zeigt, wie schnell sich die Grundlagen für eine Investition verändern können und wie wichtig es ist, auch »undenkbare« Risiken zu denken und ernst zu nehmen. Das zeigt auch der gegenteilige Fall: Das Unternehmen investiert, die Nachfrage ist da, übertrifft sogar die Erwartungen – doch die Mitarbeiter beherrschen die neue Technik nicht und benötigen eine längere Anlaufphase, so dass das Unternehmen seine Lieferverträge nicht einhalten kann. Überraschungen kann es auch von Seiten der Lieferanten geben. Zum Beispiel installierte ein Unternehmen eine hochmoderne Anlage, schulte seine Mannschaft auf vorbildliche Weise, machte eigentlich alles richtig. Doch dann erhöhte ein Teilezulieferer unerwartet seine Preise, weil die neue Anlage von ihm veränderte Spezifikationen erforderte.

Keine Frage: Investitionen stecken voller Risiken, auch wenn man es oft nicht wahrhaben möchte. Welche Risiken in der Praxis bei der Anschaffung einer neuen Anlage häufig auftreten, illustriert beispielhaft die Auflistung (s. Abb. 3.1).

3.2.2 Strukturierte Informationssammlung

Um die Risiken managen zu können, benötigt der Unternehmer zunächst einen Überblick: Welche Risiken gibt es konkret, was kann bei dieser Investition passieren? In der Praxis hat es sich bewährt, zunächst eine strukturierte Informationssammlung anzulegen, in der die Risiken der geplanten Investition dokumentiert werden.

Zu diesem Zweck gibt es professionelle Software von spezialisierten Anbietern. Oft genügt es aber auch, einfache Mappen anzulegen oder sich über ein Tabellenkalkulationsprogramm zu behelfen. Das hat den Vorteil, dass ein rascher Einstieg möglich ist, aber den Nachteil, dass ein solches einfaches Werkzeug später möglicherweise nicht mehr ausreicht und seine Anwendung komplex und fehlerbehaftet wird.

Entscheidend ist jedoch, Risiken und Argumente nachvollziehbar dazulegen. Um die Informationssammlung anzulegen, können Sie in vier Schritten vorgehen:

Schritt 1: Rückgriff auf Erfahrungen
Gehen Sie das Vorhaben zunächst in Gedanken durch und überlegen Sie, welche Risiken die einzelnen Prozessschritte bergen. Nützlich sind hierbei auch Erfahrungen aus früheren Investitionen: Welche unvorhergesehenen Ereignisse traten bei vergleichbaren Vorhaben auf? Im Idealfall existiert im Unternehmen bereits eine Risikoliste die aus einer vorangegangenen Investition stammt.

Schritt 2: Analyse und Diskussion
Holen Sie Ihre Fachbereichsleiter zusammen und diskutieren Sie mit ihnen das Projekt. Achten Sie darauf, alle relevanten Bereiche einzubeziehen. Als nützliches Werkzeug hat sich hier die Systematik einer Balanced Scorecard (s. Kapitel 1) erwiesen, die mit ihren verschiedenen Dimensionen (Finanzen, Kunden, Prozesse, Mitarbeiter) die möglichen Risikofelder gut abdeckt und die Verantwortlichen dazu zwingt, systematisch alle Bereiche abzuchecken. Auch andere Werkzeuge sind hier sinnvoll und werden in der Praxis beim Aufspüren der Risiken gerne eingesetzt. Hierzu zählen Risikokataloge,

die SWOT-Analyse, *Michael E. Porters* Fünf-Kräfte-Modell (»Porters Five Forces«), der Produktlebenszyklus sowie das Erfahrungskurvenkonzept. Nützliche Werkzeuge, wenn auch sehr technisch orientiert, sind Gefahrenanalysen und die FMEA-Methode (Fehler-Möglichkeits- und -Einfluss-Analyse).

Das Aufspüren und Beschreiben der Risiken ist eine Teamaufgabe. Indem die Unternehmensleitung die Fachbereichsleiter an einen Tisch holt, führt sie das Wissen von Einkauf, Produktion, Marketing und Controlling zusammen. So ist es möglich, zusätzliche Aspekte zu entdecken: Der Einkaufsleiter erzählt, dass der Lieferant X mit Problemen bei der Entwicklung einer neuen Technik kämpft, während sich der Vertriebsleiter daran erinnert, dass der Kunde Y auf ein bestimmtes Material besonderen Wert legt. Schnell wird klar, wie sehr der Teufel auch im Detail steckt. Aus der Analyse resultiert daher fast immer Bedarf an zusätzlichen Informationen.

Schritt 3: Weitere Recherchen
Vergeben Sie nun Rechercheaufträge um offene Fragen zu klären – wobei hier der Aufwand in einem vernünftigen Verhältnis zur Investition stehen sollte, denn solche Recherchen kosten Geld und Zeit.

Technische Risiken	• Neuartigkeit des Produkts oder Prozesses • Schnittstellen • fehlende Ausrüstung • Inkompatibilität der Komponenten • Wichtige zugesicherte Eigenschaften • Fehler bei Montage und Inbetriebnahme • ...
Wirtschaftliche Risiken	• Bonitäts-, Finanzierungs- und Währungsrisiko • ungünstige Marktpreisentwicklung • falsche Absatzprognosen • Kalkulationsrisiken (zum Beispiel zu geringe oder zu hohe Puffer eingeplant) • Unzuverlässigkeit von Lieferanten • Risiken aus der Zusammenarbeit mit dem Auftraggeber • ...
Personelle Risiken	• Geringe Personalkapazitäten • Qualifikation der Mitarbeiter • Zugriff auf externe Mitarbeiter • Verbleib der Mitarbeiter im Projekt während der Laufzeit • ...
Externe Risiken	• veränderte gesetzliche Bestimmungen • Störfälle • Medienkampagnen • gesellschaftliche Veränderungen • gesetzliche Veränderungen • Compliance Vorschriften • politische Einflüsse • wirtschaftliche Trends • ...

Abb. 3.2: Die Informationssammlung strukturieren: Übersicht über die Risiken einer Investition

Ein Metall verarbeitendes Unternehmen plante beispielsweise, das Produktionsverfahren von Auspressen auf Laserschneiden umzustellen. Die Techniker gaben zu bedenken, dass mit dem neuen Verfahren die Kante etwas weicher als mit der alten Technik ausfalle, was später beim Härten oder Schleifen zu Problemen führen könnte. Es galt also zu klären, ob die nach dem neuen Verfahren hergestellten Teile für den Kunden noch akzeptabel sein würden.

Solche Fragen lassen sich nicht durch theoretisches Nachdenken beantworten, sondern nur durch praktisches Testen, durch Erkundigungen und Befragungen. Konkret bedeutet das: Der Einkäufer erhält den Auftrag, die Preise bestimmter Materialien anzufragen, der Verkaufsleiter nimmt Kontakt zu wichtigen Kunden auf, während der Technikleiter sich die neue Maschine vor Ort beim voraussichtlichen Lieferanten ansieht und dort vielleicht auch einige Testläufe durchführt. Unterdessen prüft der Produktionsleiter, wie sich das neue Verfahren auf die anderen Arbeitsgänge auswirkt.

Schritt 4: Dokumentation

Tragen Sie nun die Ergebnisse zusammen und erstellen Sie eine Übersicht über die Risiken der Investition. Eine mögliche Gliederung kann nach technischen, wirtschaftlichen, personellen und externen Risiken unterscheiden (siehe Abb. 3.2).

Es liegt auf der Hand, dass dieses Zusammentragen und Dokumentieren der Ergebnisse einigen Aufwand erfordert. Die Unternehmensleitung sollte daher einen Mitarbeiter für diese Aufgabe bestimmen und freistellen. Das kann zum Beispiel ein technischer Assistent oder auch ein Meister aus der Produktion sein.

3.3 Risiken bewerten: Wo lauern die wirklichen Gefahren?

Die Risiken sind aufgelistet, die Argumente zusammengetragen und nachvollziehbar dokumentiert. Was nun? Möglicherweise umfasst die Risikoliste mehrere Seiten. Es macht wenig Sinn, nun sämtliche Risiken gleichermaßen im Auge zu behalten. Der Aufwand wäre enorm, das Risikomanagement kaum zu handhaben. Es geht also im nächsten Schritt darum, die wirklich gefährlichen Risiken zu identifizieren – und erst dann zu überlegen, wie man mit dieser nunmehr begrenzten Zahl an Risiken umgeht.

3.3.1 Das Risiko abschätzen

Wie dargestellt können unerwartete Ereignisse außerhalb oder innerhalb des Unternehmens erhebliche Wirkungen entfalten und dazu führen, dass das erwartete Ergebnis einer Investition verfehlt wird. Davon ausgehend lässt sich – in Anlehnung an *Reichmann* – Risiko als die Gefahr definieren, »dass Ereignisse (externe Faktoren) oder Entscheidungen und Handlungen (interne Faktoren) das Unternehmen daran hindern (ursachenbezogene Komponente), definierte Ziele zu erreichen bzw. Strategien erfolgreich zu realisieren (wirkungsbezogene Komponente)«[42].

---

42 *Reichmann* 2006, S. 623 (er zitiert hier unter anderen Quellen auch *Diedrichs/Richter* 2001, S. 135–142.

Wie groß diese Gefahr ist, hängt zum einen davon ab, wie wahrscheinlich der Eintritt des jeweiligen Ereignisses ist, zum anderen aber auch, welche Konsequenzen es im Falle seines Eintretens hat. Ein Risiko hängt somit von zwei Faktoren ab: der Eintrittswahrscheinlichkeit und dem Schadensausmaß. Es bietet sich an und hat sich in der Praxis des Risikomanagements auch bewährt, »Risiko« als das Produkt dieser beiden Faktoren zu definieren:

Risiko = Schadensausmaß x Eintrittswahrscheinlichkeit

Das Schadensausmaß lässt sich meist relativ gut abschätzen, sofern man das Risiko in der Analyse erfasst hat und auch dazu bereit ist, den Eintrittsfall sorgfältig durchzuspielen. Im folgenden Fall erfolgte genau das nicht , obwohl das Schadensausmaß sehr einfach zu errechnen gewesen wäre: Das Unternehmen hatte eine neue Anlage angeschafft und war mit seiner Fertigung bereits in eine neue Halle eingezogen, als der technische Leiter auf die Idee kam, die neu aufgestellten Maschinen noch anstreichen zu lassen. Die optische Verschönerung hatte zur Folge, dass die Produktion erst vier Wochen später aufgenommen werden konnte. Durch die Lieferverzögerung war ein Hauptkunde so verärgert, dass er den Lieferanten wechselte. Der Schaden ließ sich leicht beziffern: Der Kunde hatte bislang Produkte für 10.000 Euro im Monat bezogen, mithin ein Umsatzverlust von 120.000 Euro im Jahr.

Das Risiko lautete hier: Verlust eines Kunden bei verzögerter Inbetriebnahme. Der Schaden ist schnell ausgerechnet – und ohne Zweifel immens. Doch wie wahrscheinlich ist dieser Fall? Hierzu ist es notwendig, die Kunden und ihre Ausweichmöglichkeiten auf andere Hersteller zu kennen und einzuschätzen. Das macht die Ermittlung des Risikos schon deutlich schwieriger.

Sicher: Erfahrene Unternehmer haben bei bestimmten Risiken ein recht gutes Gefühl dafür, wie groß die Gefahr tatsächlich ist. Dennoch fällt die Einschätzung derselben Situation oft ganz unterschiedlich aus. Der eine Unternehmer nähert sich einem Projekt eher vorsichtig und zurückhaltend, der andere geht forsch an die Sache heran und möchte sein Pläne durchziehen.

Ein Beispiel illustriert das Problem. Wie wahrscheinlich ist es, dass ein Geschäftspartner eine Vereinbarung nicht einhält? Jeder Unternehmer hat hier seine Erfahrungen – die einen Geschäftspartner halten sich an mündliche Vereinbarungen, andere wieder nicht. Dementsprechend neigt der eine Unternehmer dazu, einer mündlichen Zusage zu vertrauen und ist es gewohnt, sich auf das Prinzip der Vertragstreue – pacta sunt servanda – zu verlassen. Der andere hat einschlägige Erfahrungen mit großen Organisationen gemacht, bei denen die Ansprechpartner häufig wechseln und der Nachfolger oft nicht weiß, was der Vorgänger vereinbart hat. Je nach Grundhaltung und Erfahrung wird die Eintrittswahrscheinlichkeit, dass der Geschäftspartner eine Vereinbarung bricht, sehr unterschiedlich ausfallen.

Um die Eintrittswahrscheinlichkeit einigermaßen zuverlässig abzuschätzen, benötigen Sie zwei Dinge: ausreichend Informationen und Sichtweisen aus unterschiedlichen Blickwinkeln. Diskutieren Sie deshalb mit Vertretern aus Einkauf, Vertrieb, Produktion und Controlling die Risiken. Vielleicht ist es sogar sinnvoll, einen Experten von außerhalb des Unternehmens hinzuzuziehen, um eine einseitige Sichtweise zu vermeiden.

Wie groß ist zum Beispiel die Wahrscheinlichkeit, dass ein Hauptkunde innerhalb der nächsten zwölf Monate insolvent wird? Der Vertriebschef kann sich umhören, wie die Branche über den Kunden denkt, der Controller wird sich mit den einschlägigen Finanzkennzahlen wie Eigenkapital und Cashflow auseinandersetzen. Viele Argumente kommen auf den Tisch. So erhalten Sie schließlich ein recht zuverlässiges Gefühl, wie ernst Sie das Risiko nehmen müssen.

3.3.2 Modelle für die Risikoanalyse

Sind Schadensausmaß und Wahrscheinlichkeit der einzelnen Risiken bekannt, lassen sich die einzelnen Risiken aggregieren, um das Gesamtrisiko der Investition abzuschätzen. Hiervon hängt dann die Finanzierungsstruktur ab – das heißt, welchen Bedarf an Eigenkapital das Unternehmen hat und welche liquiden Mittel es vorhalten muss, um das Gesamtrisiko der Investition zu decken.

Zur Risikoanalyse können verschiedene Vorgehensweisen gewählt werden. Eine häufig praktizierte Möglichkeit liegt darin, ein *optimistisches, realistisches* und *pessimistisches* Szenario durchzurechnen. Gängige Planungssoftware bietet diese Rechenverfahren fast automatisch an, so dass die Planung mit jeder beliebigen Abweichung, zum Beispiel mit minus 5 Prozent oder minus 10 Prozent vom Umsatz, durchgerechnet werden kann.

Aufwändiger werden dann andere Verfahren. Häufig eingesetzt wird in der Praxis für die Risikoanalyse die »*Monte-Carlo-Simulation*«. Mathematische Modelle, wie sie von Banken für Finanzprodukte eingesetzt werden, können in bestimmten Fällen sinnvoll sein, werden jedoch für die Risikoanalyse bei mittelständischen Unternehmen kaum genutzt – und sind erfahrungsgemäß auch nicht notwendig.

Die Monte-Carlo-Simulation ist ein Verfahren aus der Stochastik, das auf einer großen Zahl von zufälligen Vorgängen beruht, die entweder durch Würfeln oder durch computergenerierte Zufallsvorgänge erzeugt werden. Das Verfahren basiert somit auf dem »Gesetz der großen Zahlen«, das besagt, dass sich die Häufigkeit der Zufallsergebnisse bei genügend großer Häufigkeit den realen Wahrscheinlichkeiten für ein Szenario annähert.

Ziel dieser Simulation ist es, den Einfluss verschiedener Faktoren auf die Investition zu prüfen. In der Praxis ist es dabei häufig so, dass nicht alle Faktoren gleichzeitig ins Risiko drehen, sondern dass der eine oder andere Faktor sich gegenläufig entwickelt. Dadurch treten auch positive Einflüsse auf, die negative Effekte kompensieren. Konkret heißt das zum Beispiel: Der Absatzpreis verschlechtert sich um einen bestimmten Prozentsatz, gleichzeitig jedoch sinkt der Materialeinstandspreis, was den negativen Effekt im Ergebnis zumindest teilweise kompensiert.

Diese Entwicklungen kann man durch Zufallszahlen nachbilden. Dies sei an folgendem Beispiel gezeigt: Der Absatzpreis wird in der Modellrechnung für ein Teil mit 100 Euro angenommen. Weiter wird angenommen, dass der Absatzpreis sechs Zustände für den Planungszeitraum annehmen kann, nämlich 90 Euro, 93 Euro, 96 Euro, 100 Euro, 103 Euro und 106 Euro. Nimmt man nun einen Würfel, kann man jedem Zustand eine Würfelzahl zuordnen, also der 1 die 90 Euro, der 2 die 93 Euro usw. Ebenso verfährt man mit den Materialpreisen, den Absatzmengen, den variablen Kosten und anderen wichtigen Einflussfaktoren. Jetzt würfelt man den ersten Zustand für alle Variablen aus und berechnet zum Beispiel den Kapitalwert für diese Datenkonstellation. Anschließend berechnet man alle weiteren Zustände – und bekommt so eine Verteilungskurve für die Kapitalwerte. Anhand der Streuung lässt sich ablesen, wie hoch das Risiko der Investition ist. Anstelle eines Würfels lässt sich natürlich ebenso gut ein EDV-gestützter Zufallsgenerator einsetzen.

In die Risikosimulation einer Investition können zum Beispiel folgende Faktoren eingehen (Abb. 3.3):

Absatzmenge	variiert mit 5 Prozent nach oben und nach unten
Neuer Wettbewerber	kann zu einem Umsatzverlust von 100 Prozent führen
Materialpreise	schwanken 10 Prozent nach oben und nach unten
Personalkosten	schwanken um 2 Prozent nach oben und nach unten
Zinsänderung	schwankt um 1 Prozent nach oben und nach unten
Maschinenschaden	kann bis zu 200.000 Euro betragen

Abb. 3.3: Mögliche Einflussfaktoren für die Risikosimulation einer Investition

Die Generierung verschiedener Zufallszahlen und daraus die Erzeugung einer Vielzahl unterschiedlicher Planszenarien werden so lange wiederholt, bis ausreichend viele Werte der Zielgröße zur Aufstellung einer Häufigkeitsverteilung vorliegen. Hieraus lässt sich ablesen, wie breit die Ergebnisse der Investitionen streuen.

3.3.3 Die Risiken auswählen, die Sie managen wollen

Wenden wir uns wieder den einzelnen Risiken zu. Wenn Sie jeweils Schadensausmaß und Wahrscheinlichkeit multiplizieren, erhalten Sie die Höhe des Risikos und können eine »Hitliste« der größten Risiken Ihrer Investition aufstellen. Es läge nun nahe, zum Beispiel einfach die ersten sieben Risiken dieser Liste auszuwählen und dem systematischen Risikomanagement zu unterziehen.

Ein konkretes Praxisbeispiel verdeutlicht das Vorgehen: Nehmen wir die Investition in eine neue Presse für eine Summe von 300.000 Euro. Das Projektteam hat folgende Risiken identifiziert und nach Risikohöhe (Schadensausmaß x Wahrscheinlichkeit) sortiert (Abb. 3.4):

Risiko	Risiko Nr.	Schadensausmaß	Wahrscheinlichkeit	Schadensausmaß x Wahrscheinlichkeit
Die Taktzeiten werden nicht erreicht.	Nr. 6	60.000 €	70,00 %	42.000 €
Die Absatzzahlen des Produktes verringern sich um 15 %.	Nr. 7	55.000 €	55,00 %	30.250 €
Die Matrizen zum Verzahnen verschleißen sehr schnell.	Nr. 5	40.000 €	40,00 %	16.000 €

Risiko	Risiko Nr.	Schadens- ausmaß	Wahrschein- lichkeit	Schadensausmaß x Wahrscheinlichkeit
Die Projektkosten verteuern sich um 50.000 € durch Unvorhergesehenes wie zum Beispiel: Die Medienanschlüsse passen nicht und müssen nachgebesssert werden.	Nr. 3	50.000 €	30,00%	15.000 €
Der Materialeinschub passt nicht und muss korrigiert werden.	Nr. 4	20.000 €	70,00%	14.000 €
Der Einkaufspreis des Materials verteuert sich um 10%.	Nr. 8	25.000 €	40,00%	10.000 €
Die Presse wird nicht rechtzeitig geliefert (bis 4 Wochen nach Bestelltermin).	Nr. 1	10.000 €	60,00%	6.000 €
Der Lieferant wird insolvent.	Nr. 10	100.000 €	5,00%	5.000 €
Der Projektleiter erkrankt oder kündigt und kann das Projekt nicht durchführen.	Nr. 9	50.000 €	10,00%	5.000 €
Die Presse wird beim Aufbau stark beschädigt oder zerstört.	Nr. 2	300.000 €	1,00%	3.000 €
Mitarbeiter der eigenen Werkzeugmacherei und Instandhaltung werden krank	Nr. 11	5.000 €	55,00%	2.750 €

Abb. 3.4: Investition in eine neue Presse: Rangfolge der Risiken nach Risikohöhe (Schadensausmaß x Eintrittswahrscheinlichkeit)

So einleuchtend diese Vorgehensweise klingt – hier soll dennoch ein anderes Verfahren vorgeschlagen werden, das auf einer umfassenden, unternehmerischen Sichtweise basiert. Gehen wir einen Schritt zurück, betrachten wir nicht die Risikohöhe, sondern wieder die beiden Einzelfaktoren Schadensausmaß und Eintrittswahrscheinlichkeit. Die Risiken lassen sich anhand dieser Größen in vier Kategorien einteilen (siehe Abb. 3.5):

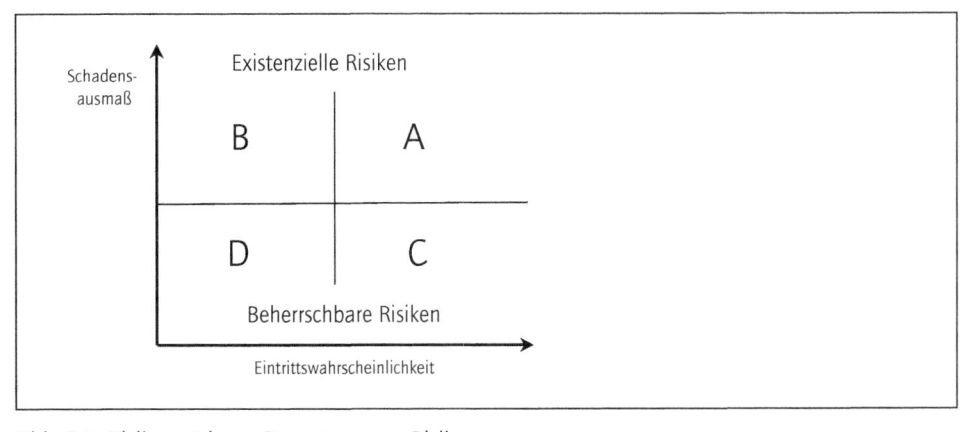

Abb. 3.5: Risikomatrix zur Bewertung von Risiken

1. Risiken mit hohem Schaden und hoher Eintrittswahrscheinlichkeit (Quadrant A)
2. Risiken mit hohem Schaden und geringer Eintrittswahrscheinlichkeit (Quadrant B)
3. Risiken mit geringem Schaden und hoher Eintrittswahrscheinlichkeit (Quadrant C)
4. Risiken mit geringem Schaden und geringer Eintrittswahrscheinlichkeit (Quadrant D)

Mit welchen Risiken sollte sich ein Unternehmer nun näher befassen? Die Antwort liegt im Grunde nahe: Wenn ein Risiko die Existenz seines Unternehmens bedroht, sollte er es in jedem Fall beachten – und das unabhängig von der Eintrittswahrscheinlichkeit. Befassen sollte er sich also vor allem mit den Risiken, die im Falle ihres Eintritts einen sehr hohen, womöglich existenziellen Schaden anrichten (Risiken in den Quadranten A und B).

Kommen wir auf den Beispielfall zurück. Selbstverständlich muss vorher definiert werden, was ein hohes Schadensausmaß ist. Für unser Beispiel, den Kauf einer neuen Presse im Wert von 300.000 Euro, werden Schäden ab 30.000 Euro als hoch eingestuft, für die Eintrittswahrscheinlichkeit ein Wert von über 50 Prozent als hoch erachtet (gängige Definition).

Wie die folgende Tabelle (Abb. 3.6) zeigt, kommt es nun zu einer ganz anderen Sortierung. Ins Blickfeld rücken jetzt auch die Risiken Nr. 10, 9 und 2, die bei der ersten Methode (siehe Abb. 3.4) nicht weiter beachtet werden – obwohl die Schadenshöhe für das Unternehmen existenzbedrohend sein kann.

Risiko	Risiko Nr.	Schadens-ausmaß	Wahr-schein-lichkeit	Schadens-ausmaß x Wahrschein-lichkeit	Scha-dens-ausmaß	Wahr-schein-lichkeit	Art des Risikos
Die Taktzeiten werden nicht erreicht.	Nr. 6	60.000 €	70,00%	42.000 €	hoch	hoch	A
Die Absatzzahlen des Produktes verringert sich um 15%.	Nr. 7	55.000 €	55,00%	30.250 €	hoch	hoch	A
Die Matrizen zum Verzahnen verschleißen sehr schnell.	Nr. 5	40.000 €	40,00%	16.000 €	hoch	niedrig	B
Die Projektkosten verteuern sich um 50.000 € durch Unvorhergesehenes wie z.B.: Die Medienanschlüsse passen nicht und müssen nachgebesssert werden.	Nr. 3	50.000 €	30,00%	15.000 €	hoch	niedrig	B
Der Lieferant wird insolvent.	Nr. 10	100.000 €	5,00%	5.000 €	hoch	niedrig	B
Der Projektleiter erkrankt oder kündigt und kann das Projekt nicht durchführen.	Nr. 9	50.000 €	10,00%	5.000 €	hoch	niedrig	B

Risiko	Risiko Nr.	Schadens-ausmaß	Wahr-schein-lichkeit	Schadens-ausmaß x Wahrschein-lichkeit	Scha-dens-ausmaß	Wahr-schein-lichkeit	Art des Risikos
Die Presse wird beim Aufbau stark beschädigt oder zerstört.	Nr. 2	300.000 €	1,00 %	3.000 €	hoch	niedrig	B
Der Materialeinschub passt nicht und muss korrigiert werden.	Nr. 4	20.000 €	70,00 %	14.000 €	niedrig	hoch	C
Die Presse wird nicht rechtzeitig geliefert (bis 4 Wochen nach Bestelltermin).	Nr. 1	10.000 €	60,00 %	6.000 €	niedrig	hoch	C
Mitarbeiter der eigenen Werkzeugmacherei und Instandhaltung werden krank.	Nr. 11	5.000 €	55,00 %	2.750 €	niedrig	hoch	C
Der Einkaufspreis des Materials verteuert sich um 10 %.	Nr. 8	25.000 €	40,00 %	10.000 €	niedrig	niedrig	D

Abb. 3.6: Investition in eine neue Presse: Rangfolge der Risiken nach Risikoart (Vorrang der existenziellen Risiken)

Die ersten sieben Risiken dieser Tabelle (Risiken Nr. 6, 7, 5, 3, 10, 9 und 2) sind die A- und B-Risiken, also die existenziellen Risiken, die unbedingt in das Risikomanagement aufgenommen gehören.

Dagegen erfordern die Risiken der unteren beiden Quadranten (C und D) – im Beispiel die Risiken Nummer 4, 1, 11 und 8 – weit weniger Aufmerksamkeit. Diese Risiken sind vergleichsweise harmlos. Der Schaden, der eintreten kann, ist zumindest verkraftbar:

- Mit den Risiken in Quadrant C muss ein Unternehmer jederzeit rechnen, doch sollten sich diese Risiken im Rahmen des alltäglichen Managements abfangen lassen. Die Mitarbeiter sollten in der Lage sein, mit den C-Risiken umzugehen. Ein Teammitglied wird krank, die Anlage wird eine Woche zu spät geliefert – das sind Dinge, die im Rahmen des Normalen gemanagt werden müssen. Gegebenenfalls lassen sich im Vorfeld bereits Maßnahmen entwickeln, um diese Risiken klein zu halten.
- Die Risiken in Quadrant D haben nicht nur ein geringes Schadenspotenzial, sondern sind zudem auch noch selten. Auch hier genügt es, sich mit ihnen zu befassen, wenn sie tatsächlich auftreten sollten.

Die große Zahl der C- und D-Risiken sind also unproblematisch und ohne größere Vorkehrungen beherrschbar (untere Hälfte des Schaubilds). Dem stehen die existenziellen Risiken in den Quadranten A und B gegenüber. Dass bei den A-Risiken Handlungsbedarf besteht, versteht sich von selbst: Diese Risiken gefährden nicht nur das wirtschaftliche

Ergebnis des Unternehmens, im Extremfall sogar die Existenz. Zudem müssen Sie damit rechnen, dass der Fall auch tatsächlich eintritt. Im Beispiel der 300.000-Euro-Presse sind dies die Risken Nr. 6 und 7. Was Sie tun können, um diese extremen Risiken zu bewältigen, zeigt die Tabelle auf der folgenden Seite (Abb. 3.7).

Aber auch mit den B-Risiken sollten Sie sich befassen. Deren Eintritt ist zwar unwahrscheinlich, jedoch existenzgefährdend. Also besteht auch hier Handlungsbedarf. Selbst wenn es sehr unwahrscheinlich ist, dass ein Hurrikan das eigene Haus trifft, den Fall in Gedanken durchzuspielen, ist durchaus sinnvoll. Statt sich aufgrund der geringen Wahrscheinlichkeit in Sicherheit zu wiegen, ist es besser, im Falle der Fälle einen Plan aus der Schublade ziehen zu können, mit dem Sie das schlimmste Unheil abwenden können.

Mit Blick auf die B-Risiken zeigt sich der Vorteil der getrennten Betrachtung von Schaden und Eintrittswahrscheinlichkeit: Würden wir die Risikohöhe (Schaden x Eintrittswahrscheinlichkeit) zum Maßstab nehmen, fielen die B-Risiken aufgrund ihrer geringen Wahrscheinlichkeit zum Teil durch das Raster – wie auch das Fallbeispiel gezeigt hat (vgl. Abb. 3.4 und 3.6).

Wie soll ein Unternehmer nun aber mit den existenziellen Risiken umgehen? An dieser Stelle beginnt nun das eigentliche Risikomanagement.

3.4 Risiken einschränken: Zwei zentrale Stellhebel

Wenn wir von der bereits genannten Definition

Risiko = Schadensausmaß x Eintrittswahrscheinlichkeit

ausgehen, ergeben sich grundsätzlich zwei Stellhebel, ein Risiko zu verkleinern: Man kann entweder den Schaden oder die Eintrittswahrscheinlichkeit reduzieren. Wenden wir uns im Folgenden diesen beiden Möglichkeiten zu.

3.4.1 Strategie 1: Den Schaden begrenzen

Hebel eins setzt beim Schadensausmaß an. Die Idee liegt darin, im Eintrittsfall den Schaden so weit zu begrenzen, dass das Unternehmen die Folgen verkraften kann. Mit Blick auf die Risikomatrix in Abbildung 3.5 lässt sich diese Strategie wie folgt beschreiben: Das Unternehmen ergreift Maßnahmen, um die in den Quadranten A und B angesiedelten Risiken nach unten in Richtung Quadrant C zu verschieben. Vor allem für die B-Risiken hat diese Strategie eine große Bedeutung – denn hier dürfte es kaum sinnvoll sein, nach Maßnahmen zu suchen, um die ohnehin geringe Eintrittswahrscheinlichkeit weiter zu reduzieren. Hier bleibt letztlich nur die Strategie, an der Stellschraube »Schadensausmaß« zu drehen.

Für das A-Risiko im Beispielfall der 300.000-Euro-Presse liegt das größte A-Risiko bei Risiko Nr. 6 (»Die Taktzeiten werden nicht erreicht«). Hier könnte das Unternehmen zum Beispiel Maßnahmen wie Vertragstrafen und Rücktrittrechte im Vertrag so formulieren,

Investitionssumme 300000 €								
Risiko	Risiko Nr.	Schadens-ausmaß	Wahr-schein-lichkeit	Schadensausmaß = Schadensaus-maß * Wahrschein-lichkeit	Scha-dens-ausmaß	Wahr-schein-lichkeit	Art des Risikos	Maßnahme
Die Taktzeiten werden nicht erreicht.	Nr. 6	60.000 €	70,00 %	42.000 €	hoch	hoch	A	Vertragsstrafe; Experte aus dem eigenen Unternehmen zur Seite stellen; Materialien testen
Die Absatzzahlen des Produktes verrin-gern sich um 15 %.	Nr. 7	55.000 €	55,00 %	30.250 €	hoch	hoch	A	Erhöhte Vertriebsanstrengungen; Überprüfen der geplanten Verkaufs-zahlen
Die Matrizen zum Verzahnen verschleißen sehr schnell.	Nr. 5	40.000 €	40,00 %	16.000 €	hoch	niedrig	B	Testen beim Lieferaten mit einer Mustermaschine
Die Projektkosten verteuern sich um 50 T€ durch Unvorhergesehenes wie z.B.: Die Medienanschlüsse passen nicht und müssen nachgebesssert werden.	Nr. 3	50.000 €	30,00 %	15.000 €	hoch	niedrig	B	Planung detaillieren und durch einen Experten prüfen lassen
Der Lieferant wird insolvent.	Nr. 10	100.000 €	5,00 %	5.000 €	hoch	niedrig	B	An- und Zwischenzahlungen durch Bankbürgschaften absichern; Entsprechende Vertragsgestaltung
Der Projektleiter erkrankt oder kündigt und kann das Projekt nicht durchführen.	Nr. 9	50.000 €	10,00 %	5.000 €	hoch	niedrig	B	Einen zweiten Mitarbeiter als Stellver-treter einarbeiten
Die Presse wird beim Aufbau stark beschädigt oder zerstört.	Nr. 2	300.000 €	1,00 %	3.000 €	hoch	niedrig	B	Versicherung und entsprechende Sicherheitsvorkehrungen
Der Materialeinschaub passt nicht und muss korrigiert werden.	Nr. 4	20.000 €	70,00 %	14.000 €	niedrig	hoch	C	Planung detaillieren und durch einen Experten prüfen lassen
Die Presse wird nicht rechtzeitig geliefert (bis 4 Wochen nach Bestelltermin).	Nr. 1	10.000 €	60,00 %	6.000 €	niedrig	hoch	C	Vertragsstrafe; Regelmäßige Kontrolle des Fortschritts beim Lieferanten
Mitarbeiter der eigenen Werkzeugmache-rei und Instandhaltung werden krank.	Nr. 11	5.000 €	55,00 %	2.750 €	niedrig	hoch	C	
Der Einkaufspreis des Materials verteuert sich um 10 %.	Nr. 8	25.000 €	40,00 %	10.000 €	niedrig	niedrig	D	Einen zweiten Materiallieferanten aufbauen

Abb. 3.7: Investition in eine neue Presse: Risiken, Bewertung der Risiken und mögliche Maßnahmen

dass der Lieferant ein hohes Interesse daran haben wird, die versprochene Leistung tatsächlich zu erbringen. Auch kann es sinnvoll sein, einen eigenen Experten einzuschalten, um technische Schwierigkeiten frühzeitig zu erkennen. Hinweise, wie sich auch das Schadensmaß bei den anderen relevanten Risiken begrenzen lässt, gibt die letzte Tabellenspalte in Abbildung 3.7.

3.4.1.1 Handlungsoptionen schaffen

Es gibt ein hervorragendes Instrument, um existenzielle Risiken aus den oberen Quadranten nach unten zu verschieben und damit beherrschbar zu machen: Spielen Sie mit Ihrem Team Maßnahmen- und Notfallpläne durch, entwickeln Sie Szenarien. Angenommen das Unternehmen kauft eine neue Maschine und der unwahrscheinliche, aber katastrophale Fall tritt ein, dass Kunde A abspringt – nota bene der Hauptabnehmer für die Produkte der neuen Maschine. Was tun? Eine Möglichkeit könnte sein, die Maschine auf dem Gebrauchtmaschinenmarkt wieder zu verkaufen. Eine andere Möglichkeit könnte darin liegen, durch verstärkte und kostenintensive Vertriebsanstrengungen neue Kunden zu gewinnen. Unterm Strich bliebe dann zwar ein Verlust, doch mit Blick auf die Eigenkapitalquote wäre der Fall dann zumindest verkraftbar. Das ursprünglich weit oben im Quadranten B positionierte Risiko lässt sich auf diese Weise ein gutes Stück nach unten schieben – auf ein tragbares, nicht mehr die Existenz gefährdendes Schadenspotenzial.

Oder nehmen wir den das Risiko Nummer 3 in unserem Beispiel (siehe Abb. 3.4): »Die Projektkosten steigen um 50.000 Euro durch Unvorhergesehenes.« Hier lässt sich das Risiko vom Quadranten B ein gutes Stück nach unten schieben, indem das Unternehmen die Planung detaillierter ausarbeitet und eventuell noch einen externen Experten hinzuzieht. Das verursacht zwar zusätzliche Kosten, vermindert aber das Risiko.

Wie die Beispiele zeigen, sind Nachdenken, Diskutieren und Kreativität gefordert. Was passiert mit der Investition, wenn der Kunde X in Insolvenz geht oder wenn er – schlimm genug – 20 Prozent weniger Teile abnimmt? Stellen Sie diese Fragen, malen Sie sich die Situation aus, spielen Sie mit Ihren Führungskräften das Szenario durch – und suchen Sie dann eine Lösung, mit der das Unternehmen überleben kann. Vielleicht liegt die Lösung darin, mit Zeitpersonal zu arbeiten, anstatt wie geplant eigene Mitarbeiter einzustellen. Oder Sie entscheiden sich anstelle der geplanten Fertigungsstraße, die nur auf ein spezielles Teil ausgelegt ist, für eine flexibler nutzbare Universalmaschine.

Gerade im Hinblick auf B-Risiken (unwahrscheinlich, aber existenziell) lösen solche Gedankenspiele oft Unverständnis aus. Es besteht häufig in Unternehmen sogar die Neigung, unwahrscheinliche Risiken komplett auszublenden. Entsprechende Bedenken zu äußern, gilt mehr oder weniger explizit als unerwünscht. Diese Haltung kann fatale Folgen nach sich ziehen – was umso tragischer ist, weil oft verblüffend einfache Lösungen zur Eindämmung des Risikos entstehen, sobald man über das angeblich Ausgeschlossene ernsthaft nachzudenken und zu diskutieren beginnt., Eines jedoch steht fest: Nur wenn ein Unternehmer diese Szenarien tatsächlich durchspielt, wird er im Ernstfall auch eine taugliche Handlungsoption aus der Schublade ziehen können.

Hier liegt ein Kernpunkt des Risikomanagements: Blenden Sie Risiken nicht aus, auch wenn sie unwahrscheinlich sind. Machen Sie sich gerade diese Risiken bewusst, anstatt sie bequem beiseite zu schieben. Risiko gehört zum Geschäft. Doch es kommt darauf an, die gefährlichen Risiken zu kennen, sich mit ihnen zu befassen, sie so weit wie möglich zu begrenzen – und den unvermeidlichen Rest schließlich bewusst in Kauf zu nehmen.

3.4.1.2 Typische Risiken – und wie sich deren Schaden begrenzen lässt

Betrachten wir beispielhaft einige typische Risiken. Was lässt sich tun, um Absatz- und Auslastungsrisiken, finanzielle Risiken oder Imagerisiken in ihren Auswirkungen im Griff zu behalten? Die folgenden Anregungen stammen aus praktischen Erfahrungen unterschiedlicher Investitionsprojekte.

Was kann ein Unternehmer tun, um *Absatz- und Auslastungsrisiken* zu begrenzen? Das können konjunkturbedingte Risiken sein, aber auch spezielle eigene Risiken, etwa wenn es darum geht, ein neues Produkt auf den Markt zu bringen. In der Praxis läuft es hier am Ende häufig auf eine kleiner dimensionierte Investition hinaus. In einem konkreten Fall lag die Lösung beispielsweise darin, mit einer kleineren Anlage, aber einem gut durchdachten Schichtmodell die Investitionssumme zu verringern und dennoch die ursprünglich geplante Kapazität zu realisieren. So kaufte ein Unternehmen für den Schleifvorgang eines bestimmten Messers zunächst zwei statt der geplanten vier Maschinen. Es nahm damit im ersten Schritt erhöhte Umrüstkosten in Kauf, begrenzte damit aber das Investitionsrisiko. Zudem stand dahinter die Überlegung, dass für ein neues Produkt in der Regel der Markt erst wächst – und sinnvollerweise sollten die Kapazitäten dann mit dem Markt mitwachsen.

Ganz ähnlich stellte sich das Problem bei einem Maschinenbauer, dessen Projektteam zwei Varianten diskutierte: Alternative A lag darin, eine große Transferstraße zu bauen – mit einem entsprechend hohen Risiko einer Unterauslastung. Alternative B sah von der Transferstraße ab und sah lediglich vor, den akuten Engpass durch den Kauf einer zusätzlichen Schleifmaschine zu beseitigen. Der weniger wirtschaftliche Produktionsfluss von Maschine zu Maschine blieb erhalten. Da das Unternehmen eine längere Unterauslastung der Transferstraße nicht verkraftet hätte, entschied man sich für den zweiten Weg. Der damit erzielbare wirtschaftliche Erfolg war zwar deutlich kleiner, aber eben auch das Risiko im Falle einer rückläufigen Nachfrage.

Mit Blick auf die *finanziellen Risiken* geht es um die Kernfrage, wie sicher die Finanzierung der Investition steht. Hält sie unerwarteten Ereignissen, etwa einer plötzlichen Verschlechterung der Wirtschaftslage stand? Oder spielen die Financiers dann nicht mehr mit und drehen den Geldhahn zu?

Um die finanziellen Risiken zu begrenzen, sollte ein Unternehmer durchspielen, wie sich eine zwar unerwartete, aber eben doch mögliche negative Entwicklung auf die Bilanz auswirkt. Bewährt hat es sich, einen »Plan B« zu entwerfen, der den Financiers aufzeigt, welche Maßnahmen er in diesem Fall ergreift und welcher zusätzliche finanzielle Bedarf sich hieraus ableitet (s. Kapitel 4). Auf diese Weise bereitet er die Geldgeber auf denkbare Eventualitäten vor. Wenn diese dann ihre Bereitschaft signalisieren, notfalls auch den Plan B zu finanzieren, ist das finanzielle Risiko deutlich reduziert.

Natürlich kommt es vor, dass die Bank dem Unternehmer von vornherein klar macht, dass sie Plan B nicht mitträgt. Das Risiko bleibt dann im Quadrant B stehen, und wenn der Fall eintrifft, entsteht für das Unternehmen ein ernsthaftes Finanzierungsproblem. Immerhin weiß der Unternehmer dann, woran er ist – und kann entscheiden, ob er das Risiko bewusst eingehen möchte. Hierbei sollte er das Nein der Bank als kritisches

Feedback ernst nehmen. Mag sein, dass der Banker die spezielle Unternehmenssituation nicht so genau beurteilen kann. In der Regel stützt sich seine Einschätzung aber durchaus auf aktuelle Trends und zuverlässige Branchenvergleiche.

Image-Risiken treten vor allem dann auf, wenn die Investition die Umwelt beeinträchtigt oder Arbeitsplätze kostet. Sobald die Öffentlichkeit davon Kenntnis erhält und die Medien das Thema aufgreifen, kann der Kommunikationsprozess entgleiten und das Image des Unternehmens Schaden nehmen. Vorkehrungen kann eine Unternehmensleitung treffen, indem sie proaktiv und offen kommuniziert, auch den Betriebsrat rechtzeitig einbezieht – und vor allem für eine professionelle Öffentlichkeitsarbeit sorgt. Ein krisenerfahrener Kommunikationsberater, den das Unternehmen frühzeitig in das Projekt einbezieht, kann durchaus dazu beitragen, den drohenden Imageschaden zu vermeiden.

3.4.1.3 Risiken durch Versicherungen absichern

Wir drehen weiterhin an der Schraube »Schadensausmaß« – nunmehr mit einem ganz anderen Werkzeug: Natürlich können wir bei einigen Risiken den Schaden für das Unternehmen auch durch den Abschluss von Versicherungen begrenzen. Angenommen das Unternehmen erhält eine Anlage, bei der verschiedene Lieferanten zusammenarbeiten. Bei der Anlieferung eines Aggregats rutscht dieses vom Kran und beschädigt die Maschine eines anderen Lieferanten. Der Schaden ist erheblich – lässt sich aber versichern.

In der Praxis arbeitet ein Unternehmen in der Regel mit einem Industrieversicherer zusammen, der mit diesem Thema vertraut ist und geeignete Versicherungspakete anbietet. Es empfiehlt sich, eine größere Investition rechtzeitig mit einem Versicherungsvertreter zu besprechen. Gegebenenfalls kann auch ein Gespräch beim Hersteller der Anlage klären, welche Risiken versicherungstechnisch abgesichert werden sollten.

3.4.2 Strategie 2: Die Eintrittswahrscheinlichkeit verkleinern

Die zweite Strategie setzt beim Faktor »Eintrittswahrscheinlichkeit« an. Ziel ist es, durch vorbeugende Maßnahmen den Risikofall gar nicht erst eintreten zu lassen.

Erinnern wir uns an den technischen Leiter, der die Maschinen im letzen Augenblick noch anstreichen ließ. Die dadurch verzögerte Inbetriebnahme kostete das Unternehmen seinen Hauptkunden. Damit hatte niemand gerechnet, für zu unwahrscheinlich hielt man diesen Fall. Mit einfachen Maßnahmen hätte man dieses Risiko jedoch praktisch auf null reduzieren können. So hätte der Technikleiter auf den Anstrich verzichten und damit die Produktion pünktlich anlaufen können. Oder das Unternehmen hätte mit den alten Anlagen ausreichend Produkte vorproduzieren können, um so die Versorgungssicherheit des Kunden zu garantieren. Der Fehler lag ganz einfach darin, dass sich das Unternehmen mit diesem Risiko gar nicht befasst hatte.

Dass die Beseitigung eines Risikos an anderer Stelle zu neuen Risiken führen kann, belegt der Fall eines anderen Unternehmens. In einer ähnlichen Situation tat es genau das: Es produzierte auf Vorrat, um während der Installation der neuen Maschinen seine Lieferfähigkeit zu erhalten. Als man dann jedoch die vorproduzierten Teile auslieferte, stellten die Kunden gravierende Qualitätsmängel fest. Das Fatale an der Situation: Die alte Maschine war gerade abgebaut, die neue noch nicht installiert. Das Unternehmen war über mehrere Wochen nicht in der Lage, einwandfreie Teile nachzuliefern. Auch hier hätte man im Vorfeld der Investition an der Schraube »Eintrittswahrscheinlichkeit« drehen können. Ein Blick auf die Ausschussquoten der zurückliegenden Monate hätte gezeigt, dass Fehler durchaus vorkamen und somit ein beträchtliches Risiko bestand. Durch verbesserte Produktionsabläufe und Maßnahmen bei der Qualitätskontrolle hätte man die Eintrittswahrscheinlichkeit einer Fehlproduktion deutlich verringern können.

Ein drittes Beispiel: Ein Hersteller von Spezialklingen schaffte sich eine Maschine an, die ohne Unterbrechung 2000 Stück produzieren sollte. Tatsächlich erbrachte sie dann nur 50 bis 100 Stück, dann musste ein Werkzeug gewechselt werden, was jedes Mal eine halbe Stunde Stillstand bedeutete. Die Folge davon waren explodierende Fertigungskosten; die Amortisationsrechnung war Makulatur. Es dauerte fast neun Monate, bis das Unternehmen das Problem in den Griff bekam. Im Nachhinein war klar: Hätte man die neue Maschine im Vorfeld besser geprüft und beim Lieferanten ein paar Probeläufe gemacht – man wäre auf das Problem aufmerksam geworden.

3.4.2.1 Vorkehrungen gegen das Risiko

Die Beispiele zeigen, dass einfache Maßnahmen ein Risiko weitgehend reduzieren können – seien es Probeläufe beim Lieferanten, eine bessere Qualitätskontrolle oder eine ausreichende Vorproduktion. Wenn es darum geht, die Eintrittswahrscheinlichkeit eines Risikos zu vermindern, spielen vor allem organisatorische Maßnahmen eine wichtige Rolle. Aber auch gute Verträge und eine fachliche Absicherung können wirksame Instrumente sein.

Betrachten wir zunächst mögliche *organisatorische Maßnahmen*. Generell zählen *Managementsysteme*, wie sie etwa aus dem Qualitätsmanagement bekannt sind, zu den grundlegenden Instrumenten, um auch Risiken zu vermeiden. Ein Managementsystem legt die wesentlichen Prozesse und Abläufe eines Unternehmens verbindlich fest und schließt auf diese Weise einen großen Teil möglicher Fehler und Risiken aus. So legt ein solches System zum Beispiel fest, dass in der Produktion halbjährlich Sicherheitseinweisungen stattfinden müssen. Oder es legt fest, wer bei der Lieferung einer Maschine für deren Abnahme verantwortlich ist. Ebenso ist geregelt, dass die Buchhaltung eine Rechnung erst bezahlen darf, wenn die Abnahme erfolgt ist. Selbstverständlich kann – und sollte – ein solches Managementsystem auch den Geschäftsprozess »Investition« beschreiben und die Abläufe, soweit es sinnvoll erscheint, verbindlich festlegen.

Eine zusätzliche Bedeutung erlangen die organisatorischen Vorkehrungen durch das Thema *Managerhaftung*. Ein Geschäftsführer kann, wenn er fahrlässig handelt, auf Schadenersatz verklagt und in persönliche Haftung genommen werden. Im Extremfall haftet er dann mit seinem gesamten Privatvermögen. Eine Investition bedeutet also auch ein persönliches Risiko für den Geschäftsführer, das er durch organisatorische Maßnahmen wie zum Beispiel verbindliche Ablaufbeschreibungen begrenzen kann.

Managerhaftung bedeutet aber auch: Wenn das Unternehmen eine Investition in den Sand setzt, muss der Geschäftsführer nachweisen, dass er seine Sorgfaltspflicht nicht verletzt hat. Gegenüber den Gesellschaftern verpflichtet er sich, dass eine Investition zusätzlichen Ertrag bringt. Bleibt dieser aus, muss er nachweisen, dass er Annahmen und Risiken der Investition sorgfältig geprüft hat.

Viele Risiken lassen sich auch durch *gute Verträge* ausschließen – eine Strategie, die keineswegs immer ausgereizt wird. Bei der vertraglichen Absicherung von Risiken handelt mancher Unternehmer bisweilen recht blauäugig, etwa nach dem Motto: »Da passiert schon nichts, wir verstehen uns schon seit vielen Jahren.« Am Ende kann es sich durchaus bezahlt machen, wenn er einen Juristen einschaltet und Verträge auf Risiken durchleuchten lässt, bevor er unterschreibt. Wer zum Beispiel in einer gemieteten Halle eine neue Anlage installieren möchte, sollte einen wasserdichten, vor allem langfristigen Mietvertrag abschließen.

Auch bei Kreditvereinbarungen mit der Bank sollte ein Unternehmer nicht nur auf das gesprochene Wort vertrauen, sondern auf den schriftlichen Vertrag achten. Das zeigt ein Beispiel, wie es so ähnlich immer wieder vorkommt: Der Unternehmenschef erhielt von seinem Bankberater, mit dem die Verhandlungen geführt hatte, die mündliche Zusage für eine langfristige Finanzierung. Daraufhin leitete der Unternehmer seine Investition ein – voreilig, wie sich herausstellte. Einige Wochen später teilte ihm die örtliche Bankfiliale mit, die Zentralabteilung in Düsseldorf habe den Kredit nicht genehmigt.

Bei der *fachlichen Absicherung* einer Investition drängt sich manchmal der Eindruck auf, dass die Unternehmensleitung die Kompetenz der eigenen Mitarbeiter überschätzt. Nach dem Motto »Bauen können wir auch« wird zum Beispiel auf einen Architekten verzichtet – mit dem Ergebnis, dass Planungsfehler am Ende weit teurer kommen als das eingesparte Architektenhonorar. So geschehen im Falle eines Unternehmens, das bei der Installation einer neuen Anlage von einem falschen Höhenniveau der Halle ausgegangen war. Es handelte sich um eine Signieranlage, die innerhalb eines Produktionssystems an einem Rollgang stehen sollte, um in genau festgelegter Höhe jeweils eine Signiernummer einzuschlagen. Das Problem war nur, dass man das Höhenniveau der Halle aus veralteten Plänen entnommen hatte, so dass die Maschine nun einige Zentimeter zu tief stand. Die recht kostspieligen Nacharbeiten wären vermeidbar gewesen, hätte man die Pläne vorher zusammen mit einem fachkundigen Architekten geprüft.

Zur fachlichen Absicherung zählt auch die Qualifizierung der Mitarbeiter. Wird eine neue Anlage geliefert, sollten die Mitarbeiter sie auch bedienen und warten können. Die Wahrscheinlichkeit, dass es zu teuren Anlaufschwierigkeiten kommt, lässt sich mit einem durchdachten Schulungskonzept deutlich reduzieren.

Ein hohes fachliches Risiko besteht, wenn die Investition auf einige wenige Know-how-Träger angewiesen ist, wie das ja bei vielen mittelständischen Unternehmen unvermeidbar ist. Kritisch sind vor allem Situationen, in denen eine Investition vom Wissen eines Mitarbeiters abhängt, der als einziger die neue Technologie beherrscht, auf die das Unternehmen künftig setzen möchte. Ohne ihn könnte die neue Maschine nicht bedient werden. Würde er kündigen oder aus anderem Grund ausfallen, wäre der Erfolg der Investition gefährdet.

Um dieses Risiko in den Griff zu bekommen, liegt es nahe, an beiden Stellschrauben, also sowohl an der Eintrittswahrscheinlichkeit wie auch beim möglichen Schaden anzusetzen:

- Das Unternehmen sollte alles unternehmen, den Mitarbeiter zu motivieren und im Unternehmen zu halten – eindeutig eine Führungsaufgabe.
- Zugleich sollte das Unternehmen Vorkehrungen treffen, um den Schaden für den Fall zu begrenzen, dass der Mitarbeiter dennoch ausfällt. Die Maßnahmen können darin liegen, einen weiteren Mitarbeiter in das Thema einzuarbeiten und auf einer guten

Dokumentation zu bestehen, so dass ein Nachfolger die Bedienung der neuen Anlage nachvollziehen kann.

3.4.2.2 Vorkehrungen bei gesetzlichen Risiken

Dass gesetzlichen Auflagen wie Bauvorschriften, technischen Vorschriften oder Umweltvorschriften beachtet werden, ist eigentlich selbstverständlich. Der Fall einer Firma, die eine neu gebaute Halle wieder abreißen musste, weil sie die von der Baubehörde geforderten Bescheinigungen nicht ausstellen konnte, ist sicher die Ausnahme. In aller Regel kennen die zuständigen Umwelt- und Sicherheitsbeauftragten die gesetzlichen Bestimmungen und halten sich auch in dieser Hinsicht auf dem Laufenden.

Es hat sich bewährt, die Umwelt- und Sicherheitsbeauftragten frühzeitig in ein Investitionsprojekt einzubeziehen. Dann können sie nicht nur dafür sorgen, dass die erforderlichen Vorschriften beachtet werden und Genehmigungen rechtzeitig eintreffen, sondern sie können auch fehlende Informationen noch einholen.

Weit schwieriger als die Einhaltung der einschlägigen Vorschriften ist ein anderer Aspekt: Wie soll man mit absehbaren Gesetzesänderungen umgehen? Es kann durchaus sein, dass bestimmte Vorschriften etwa im Umweltschutz sich in absehbarer Zeit verschärfen. Soll die Investition diese neue Gesetzeslage vorwegnehmen, also bereits über die aktuellen Mindestanforderungen hinausgehen? Der aufwändigeren Investition steht der Vorteil gegenüber, die Anlage später nicht nachrüsten zu müssen – sofern die schärferen Regelungen tatsächlich kommen. Andererseits besteht ein gesetzlicher Bestandsschutz, der den Weiterbetrieb der alten Anlagen für eine gewisse Anzahl an Jahren ermöglicht.

Deutlich wird hier, dass beide in diesem Kapitel beschriebenen Basisstrategien möglich sind, um dieses Risiko in den Griff zu bekommen:
- Das Unternehmen kann die neuen gesetzlichen Bestimmungen vorwegnehmen und damit die Eintrittswahrscheinlichkeit des Risikos auf null reduzieren.
- Die Alternative liegt darin, eine Anlage nach alter Technik zu errichten – mit dem absehbaren Risiko, dass ein neues Gesetz die vorzeitige Abschaltung erzwingt. Hier gilt es nun, verschiedene Szenarien durchzuspielen, um das Schadensausmaß zu begrenzen.

3.5 Den Risikoprozess steuern

Fassen wir die Schritte noch einmal zusammen: Zunächst haben Sie die Risiken für die Investition aufgelistet, dann bewertet und die wirklich gefährlichen Risiken identifiziert. Im nächsten Schritt haben Sie dann Maßnahmen und Vorkehrungen getroffen, um diese Risiken auf ein tragbares Maß zu reduzieren.

Nun ist damit das Thema Risikomanagement noch nicht abgeschlossen. Es wird Sie weiterhin begleiten, sogar über den Abschluss des Investitionsprojekts hinaus, bis hinein in die Nutzungsphase des Investitionsguts. Vor allem auf drei Aspekte kommt es jetzt an – nämlich
- die bekannten Risiken weiterhin im Augen zu behalten,
- die Projektrisiken (das heißt die Umsetzungsrisiken der Investition) zu managen,
- die tatsächlich eintretenden Vorkommnisse zu dokumentieren.

Zum ersten Aspekt: Die *Risikoanalyse im Vorfeld der Investition* und die daraus abgeleiteten Maßnahmen und Vorkehrungen gründen sich auf Annahmen, die sich mehr oder weniger schnell verändern. So erforderte die Finanzkrise im Herbst 2008 eine schlagartige Neubewertung der Finanzierungsrisiken. Sicher geglaubte Finanzierungen brachen wie ein Kartenhaus zusammen. Wo man bislang von einem langfristigen Kredit mit vier Prozent Zins ausgegangen war, bot die Bank nun plötzlich einen Überziehungskredit mit 17 Prozent an.

Daran wird auch deutlich: Risikomanagement ist ein permanenter Prozess, der es erfordert, ständig auf aktuelle Entwicklungen zu achten und zu überprüfen, ob Risiken neu bewertet werden müssen.

In der Praxis hat es sich bewährt, vier oder fünf *zentrale Kennzahlen* zu verfolgen, an denen sich die Entwicklung der Risiken erkennen lässt. Hierzu zählen zum Beispiel Auslastung, Absatzmenge, Preise oder Deckungsbeiträge. Der Unternehmer sollte sicherstellen, dass es während der gesamten Laufzeit der Investition einen Verantwortlichen gibt, der diese Kennzahlen und Risiken im Auge behält. Sobald die neue Maschine installiert ist, überwacht etwa der Controller deren Performance und Auslastung. Der Vertriebsleiter achtet auf Absatzmengen und Lieferpünktlichkeit, der Einkaufsleiter auf die Einkaufspreise.

Zum zweiten Aspekt, den *Risiken während der Projektphase*: Bislang hatten wir uns mit den Risiken der Investition selbst befasst. Nun ist die Entscheidung gefallen; die Maschine ist bestellt, wird geliefert, installiert und in Betrieb genommen. Auch diese Umsetzungsphase birgt Risiken. Da die Umsetzung einer Investition in Form eines Projektes erfolgt, kommt es hier vor allem auf ein professionelles Projektmanagement an – mit allen notwendigen Zutaten. Diese reichen vom klaren Ziel und Auftrag, über eine kompetente Zusammensetzung der Teammitglieder und eine gute Kommunikation bis hin zum stringenten Zeitplan und effektiven Projektcontrolling. Wie bei jedem Projekt liegen die Hauptrisiken darin, dass die Kosten ausufern, die Qualität der Arbeitsergebnisse unzulänglich ist oder der Terminplan nicht eingehalten wird.

Zum dritten Aspekt, der *Dokumentation*: Wenn trotz aller Vorkehrungen etwas schief läuft, wird häufig vorgebracht, dass man die eingetretene Entwicklung vorher nicht absehen konnte. Hier hat sich folgender Ratschlag bewährt: Notieren Sie alle Fehler und Vorkommnisse, die bei der Umsetzung der Investitionen passieren. Ergänzen Sie auf diese Weise laufend Ihre eingangs aufgestellte Dokumentation der Risiken. Ein Vorfall, der auf einen Fehler zurückzuführen ist, ist kurz nach seinem Eintreten Unternehmensgespräch und allgemein bekannt. Doch zwei Jahre später, wenn wieder eine ähnliche Investition ansteht, ist es alles andere als sicher, ob sich ein Mitarbeiter noch an die Einzelheiten erinnert.

Die auf diese Weise gesammelten praktischen Erfahrungen sind Gold wert. Denn am grünen Schreibtisch kann man lange über Risiken nachdenken, die wirklich relevanten Gefahren lernt man nur aus praktischen Erfahrungen – und die sollte man dokumentieren. Wenn heute bei einer Investition eine Maschine durch die Decke fällt, wird der Unternehmer das nächste Mal die Deckentragfähigkeit prüfen. Oder wenn sich die Inbetriebnahme verzögert, weil der Strom für die Maschine fehlt, wird er das nächste Mal darauf achten, dass die Elektroanschlüsse richtig gelegt sind.

Es geht also um die »Lessons Learned«, um die aus dem Investitionsprojekt gezogenen Lehren: Sorgen Sie dafür, dass Ihr Controller oder technischer Assistent alle Fehler und Risiken, die im Zusammenhang mit der Investition noch auftauchen, systematisch sammelt und kurz bewertet. Damit schließt sich der Kreis: Bei Ihrer nächsten Investition, wenn Sie wieder eine Risikoliste aufstellen, können Sie auf dieses Wissen zurückgreifen.

3.6 Zusammenfassung

Eine Investition steckt voller Risiken – und einige davon können die Existenz des Unternehmens gefährden. Grund genug, das Thema Risikomanagement ernst zu nehmen. Andererseits wäre es unsinnig, sich gegen alle Eventualitäten absichern zu wollen. Eine Investition bedeutet stets auch ein gewisses unternehmerisches Risiko. Entscheidend ist jedoch: Wer als Unternehmer ein Risiko eingeht, sollte dieses Risiko auch kennen. Handelt es sich um ein existenzielles Risiko, sollte er zudem wissen, was er tut, wenn der Fall tatsächlich eintritt. In Gedanken hat er die Situation dann mit seinen engsten Mitarbeitern bereits durchgespielt und kann idealerweise sogar einen Maßnahmenplan aus der Schublade ziehen.

Risikomanagement heißt vor allem auch: Risiken ernst nehmen, sich jedoch nicht in Einzelheiten verlieren. Es genügt, sich auf die existenziellen Risiken zu konzentrieren, diese zu reduzieren oder abzusichern. Auch für die weitere Verfolgung der Hauptrisiken genügt es in der Regel, einige wenige Kennzahlen zu verfolgen – diese dann aber wirklich im Blick zu behalten.

Das Risikomanagement bei Investitionen lässt sich in vier Schritte gliedern, die folgende Tabelle zusammenfasst (Abb. 3.8):

Schritte	Teilziele	Instrumente (beispielhaft)
1. Risiken auflisten und beschreiben	Strukturierte Informationssammlung erstellen	• Erfahrungen und Risikoliste aus früheren Investitionen • Workshop der Bereichsleiter • Balanced Scorecard • Recherchen
2. Risiken bewerten	Existenzielle Risiken identifizieren	• Risiko-Matrix • Abschätzung von Schadensausmaß und Eintrittswahrscheinlichkeit
3. Risiken einschränken	Schadensausmaß begrenzen	• Entwicklung von Szenarien und Handlungsoptionen
	Eintrittswahrscheinlichkeit verringern	• Vertragliche Absicherungen • Organisatorische Maßnahmen • Fachliche Maßnahmen
4. Risikoprozess steuern	Hauptrisiken im Auge behalten	• Kennzahlen für Hauptrisiken • Monitoring
	Umsetzungsrisiken managen	• Professionelles Projektmanagement
	Risiko-Dokumentation für künftige Investitionen erstellen	• Protokoll der Vorkommnisse
Schritt 1 bis 3: Im Vorfeld der Investition Schritt 4: Während und nach der Investitionsphase		

Abb. 3.8: Übersicht: Risikomanagement bei Investitionen

Im ersten Schritt werden die möglichen Risiken ermittelt und zu beschrieben, im zweiten Schritt folgt die Bewertung der Risiken anhand des möglichen Schadensausmaßes und der Eintrittswahrscheinlichkeit. Am Ende dieses Schritts lassen sich die Risiken auf einer Risikomatrix positionieren, die existenzgefährdenden Risiken sind identifiziert.

Nun beginnt das eigentliche Risikomanagement: Der dritte Schritt legt fest, wie das Unternehmen mit den existenziellen Risiken weiter verfährt. Ziel ist es, diese Risiken auf ein beherrschbares Maß zu reduzieren. Im vierten Schritt geht es darum, den Risikoprozess zu steuern und bei Bedarf ein Risiko auch neu zu bewerten.

4 Finanzierung: Investitionen bezahlen

Fall eins, eine Existenzgründerin. Da der Kauf einer Immobilie sie überfordert, mietet sich eine junge Spezialistin für Hörgeräte, die sich gerade selbstständig macht, in einer mittleren bis guten 1b-Lage ein – denn im Einzelhandel kommt es wegen der Laufkundschaft ganz besonders auf eine gute Lage an. Zusätzlich möchte sie ihr Ladenlokal ansprechend gestalten, eine Einführungswerbung starten sowie einige Spezialmaschinen und Geräte kaufen, um ihr Geschäft professionell zu betreiben. Der Investitionsplan sowie ein Plan für das laufende künftige Geschäft zeigen, dass die Eigenmittel für ihr Vorhaben nicht ausreichen. Über das Programm ERP (European Recovery Programme)-Eigenkapitalhilfedarlehen (EKH) und einen KfW-Unternehmerkredit gelingt es ihr, die notwendige Summe zu erhalten. Den Finanzrahmen hat sie großzügig berechnet; die Miete für die Geschäftsräume bezahlt sie aus der laufenden Liquidität.

Fall zwei, ein Hersteller von Messern aus dem Bergischen Land. Der Mittelständler investiert in zwei neue Roboter, die zum Schleifen von Spezialmessern eingesetzt werden. Das Unternehmen investiert traditionell jedes Jahr ca. 10 Prozent seines Umsatzvolumens, ist gut aufgestellt – und finanziert seine Investitionen ausschließlich über erwirtschaftete Gewinne und damit aus Eigenkapital. Das Unternehmen ist liquide.

Ganz anders Fall drei, ein Metall verarbeitendes Unternehmen: Seit Jahren wurde hier nicht mehr investiert. Die erwirtschafteten Gewinne vereinnahmen vollständig die Gesellschafter, in Verlustphasen zehren sie von der Substanz. Nun benötigt das Unternehmen eine neue Graviermaschine. Das Unternehmen arbeitet derzeit mit einem gerade noch ausgeglichenen Ergebnis, das Kontokorrentkonto ist ständig angespannt. Die Bank glaubt nicht so recht an die Zukunftsfähigkeit des Unternehmens und lässt deshalb für die Investition nur eine kurzfristige Finanzierung über das teure Kontokorrentkonto zu. Das ist für das Unternehmen nicht nur ein sehr kostspieliger, sondern auch riskanter Finanzierungsweg – denn aufgrund der Kurzfristigkeit des Kredits besteht die Gefahr, dass die Bank die Zusage über die Kreditlinie bei der nächsten Verhandlung oder beim nächsten Anlass wieder zurückzieht. Doch kann das Unternehmen froh sein, dass es überhaupt die notwendigen Mittel erhält.

Drei ganz unterschiedliche Finanzierungswege, die aber alle ein Ziel verfolgen: die ständige Zahlungsbereitschaft des Unternehmens sicherstellen. Dies ist eine absolute und strenge Nebenbedingung der Finanzierung, denn wer zahlungsunfähig ist, muss Insolvenz anmelden.[43] Deutlich wird damit auch, dass beim Thema Finanzierung viel auf dem Spiel steht – bis hin zur Existenz des Unternehmens.

Die junge Unternehmerin im ersten Fall lässt an ihrer professionellen Leistung keinen Zweifel. Sie finanziert ihr Vorhaben kostengünstig über öffentliche Darlehen. Diese stehen langfristig und die ersten Jahre sogar tilgungsfrei zur Verfügung. Im zweiten Beispiel bezahlt das Unternehmen seine Investitionen aus der laufenden Liquidität; die Mittel sind schon in der Vergangenheit erwirtschaftet worden und stehen nun zur Finanzierung

---

43 *Reichmann* 2006, S. 245.

von Investitionen zur Verfügung. Demgegenüber kann das Unternehmen im dritten Beispiel nur eingeschränkt seine ständige Zahlungsbereitschaft absichern: Die Investition ist nur unter Inkaufnahme hoher Kosten (teuere Kontokorrentzinsen) und eines hohen Risikos (kurzfristige Kreditzusage) möglich.

Wie lässt sich eine solche teure und riskante Finanzierung vermeiden? Zum einen spielt die *unternehmerische Grundhaltung* eine wichtige Rolle, etwa bei der Frage, ob Gewinne ausgeschüttet oder für Investitionen einbehalten werden. Tatsächlich finden sich in vielen Firmenverträgen kleiner und mittlerer Unternehmen Finanzleitlinien. Darin ist dann zum Beispiel festgelegt, dass eine feste Summe oder ein fester Prozentsatz des Gewinns jährlich reinvestiert wird oder dass der Geschäftsführer Kredite nur mit Genehmigung der Gesellschafterversammlung aufnehmen darf.

Zum anderen kommt es auf eine *professionelle Finanzierungsstrategie* an – dem Thema dieses Kapitels. Um Investitionen möglichst kostengünstig und sicher zu finanzieren, ist zunächst eine zuverlässige Bewertung der Finanzierungsrisiken und Kosten notwendig, gerade auch mit Blick auf das Rating (Abschnitt 4.1). Ein weiterer entscheidender Punkt ist die richtige Auswahl der Finanzierungsinstrumente (Abschnitt 4.2). Schließlich gilt es, den Finanzierungsprozess professionell abzuwickeln – von der Festlegung des Investitionsprogramms bis zur Finanzierungszusage und der Kommunikation mit den Geldgebern (Abschnitt 4.3).

4.1 Risiken und Kosten der Finanzierung bewerten

Investitionen erhöhen durch ihren positiven Kapitalwert das Vermögen und damit den Wert des Unternehmens. Auf der anderen Seite kostet die Beschaffung finanzieller Mittel Zinsen oder Gewinnanteile und mindert somit den Wert des Unternehmens. Es gilt deshalb, neben der Liquidität bei der Finanzierung auch die Rentabilität und damit die Kosten im Auge zu behalten. Eine teure Finanzierung kann eine Investition unwirtschaftlich werden lassen.

Ein dritter Aspekt, neben Liquidität und Rentabilität, kommt hinzu: das Risiko. Durch die Art der Finanzierung können zusätzliche Risiken für das Unternehmen entstehen, die in der Kapitalstruktur sowie der Zuverlässigkeit und Treue der Finanzierungspartner liegen. Das Finanzierungsrisiko ist vom allgemeinen Geschäftsrisiko zu unterscheiden, das die Investition oder das Unternehmen an sich betrifft. Mit Finanzierungsrisiko wird speziell das Risiko der Kapitalstruktur[44] bezeichnet.

Die drei Ziele Liquidität, Rentabilität und Risiko werden auch als »magisches Dreieck« bezeichnet.[45] Da sichere Liquidität oft teuer ist, laufen die Ziele häufig gegeneinander. Die Entwicklung der Liquidität eines Unternehmens zeigt der Finanzplan, in den auch die Ein- und Auszahlungen der Investitionen einbezogen sind.

Zur Bewertung von Finanzierungsrisiken hat sich das Rating-Verfahren etabliert. Mit dem Rating wird die Fähigkeit eines Kreditnehmers beschrieben, seinen Zahlungsver-

---
44 *Bleis* 2006, S. 83 f.
45 *Bleis* 2006, S. 77.

pflichtungen, die er eingeht, in der Zukunft nachzukommen.[46] Mit anderen Worten: Das Rating bewertet die Bonität und damit die Kreditwürdigkeit eines Unternehmens. Für einen Unternehmer ist es deshalb entscheidend, seine Finanzstruktur so zu gestalten, dass er durch das Rating eine Bewertung erfährt, die ihm eine ausreichende Aufnahme finanzieller Mittel zu günstigen Konditionen ermöglicht. Im Folgenden werden wir noch etwas näher auf das Bewertungsverfahren und die in diesem Zusammenhang wesentlichen Kennzahlen eingehen.

4.1.1 Vorbereitung auf das Rating

Je größer das Ausfallrisiko erscheint, desto schlechter fällt das Rating aus – und desto höhere Zinsen stellt die Bank in Rechnung, oder aber sie vergibt erst gar keinen Kredit. Es kommt also auf ein möglichst gutes Rating an. Doch wo liegen hier die entscheidenden Stellhebel?

In der Regel setzt sich die Rating-Note aus der Bewertung von drei Teilaspekten zusammen. Erstens bewertet die Bank Bilanz und Jahresabschluss. Zweitens gehen qualitative Eigenschaften des Unternehmens wie gutes Management, zufriedenes Personal oder Innovationskraft in die Bewertung ein. Und drittens zählen Auftritt und Verhalten des Unternehmers gegenüber der Bank. Hier kommt es vor allem auch darauf an, dass der Unternehmer seine Zahlungs- und Berichtspflichten der Bank gegenüber gewissenhaft einhält.

Zur Vorbereitung auf das Rating stehen zahlreiche Hilfestellungen zur Verfügung. Neben verschiedenen Büchern[47] findet man im Internet zum Beispiel bei der KfW-Mittelstandsbank im Internet einen schriftlichen »Rating-Berater«[48]. Die Industrie- und Handelskammern in Nordrhein-Westfalen bieten ebenfalls im Internet einen kostenlosen Selbstcheck an[49], um eine erste Idee der Stärken und Schwächen seines Unternehmens zu bekommen und sich auf Bankgespräche vorzubereiten. In diesem Rating-Check werden 52 Fragen zu den qualitativen Ratingfaktoren gestellt. Auch wenn jede Bank ihr eigenes Bewertungsverfahren einsetzt, bieten solche Pre-Ratings wertvolle Anhaltspunkte, um ein gutes Ratingergebnis zu erzielen.

Als erste Vorbereitung kann auch der folgende Fragenkatalog dienen. Er enthält die wesentlichen Aspekte, die für das Rating eine Rolle spielen:
1. Welche Leistungen bietet das Unternehmen (auch Weiterentwicklungen und F&E)?
2. Was sind die wichtigsten Einzelkunden (Umsatzanteil, Bonität, Geschäftsperspektive) und Kundengruppen?
3. Wird der Markt regelmäßig beobachtet?
4. Welche Zukunftstrends gibt es in der Branche, welche Trends sieht darüber hinaus die Geschäftsleitung?
5. Wie stellt sich die Wettbewerbssituation dar?

---

46 *Gleißner/Füser* 2003, S. 11.
47 *Gleißner/Füser* 2003, S. 194 ff.
48 http://www.kfw-mittelstandsbank.de/DE_Home/Service/Rating-Berater/index.jsp
49 http://www.spannuth-ihk-nrw.de/scripts/winrating.dll/winrating.winrating.process?method = fragebogen ~ start

6. Wie ist es um die Nutzung und Qualität der betriebswirtschaftlichen Steuerungselemente bestellt?
7. Welches Kalkulationssystem wird benutzt?
8. Wie gut ist das Forderungsmanagement organisiert?
9. Findet regelmäßig eine Ertragsplanung mit Soll-Ist-Vergleich (qualifizierte betriebswirtschaftliche Auswertung/BWA) statt?
10. Wie gut funktioniert die Liquiditätssteuerung?
11. Wer sind die wichtigsten Lieferanten? Wie weit sind sie gestreut?
12. Wie sieht die Aufgabenverteilung in der Geschäftsführung auf der zweiten Ebene aus (mit Organigramm)? Wie qualifiziert sind die Führungskräfte?
13. Gibt es einen Notfallplan, wenn der Geschäftsführer ausfällt?
14. Existiert ein Nachfolgeplan für den Geschäftsführer oder Inhaber (ab Alter 50 Jahre erste Überlegungen, ab 55 Jahre Konzept)?
15. Wie hoch ist der technische Stand der Produktionsanlagen?

Entscheidend für die Bewertung sind letztlich die harten Fakten, die sich in der Bilanz widerspiegeln. Zwar sind die aus der Bilanz abgeleiteten Werte vergangenheitsbezogen; sie zeigen jedoch, was der Unternehmer tatsächlich geleistet hat. Nicht zuletzt daran bemisst ein Financier auch die Führungsqualität eines Unternehmens. Als Indiz für eine gute Führung wertet die Bank auch, wenn ein Unternehmen ein geordnetes Rechnungswesen mit einer zeitnahen Aufbereitung der relevanten Kennzahlen vorweisen kann. Auch dieser Aspekt geht positiv ins Rating ein.

Die wesentlichen Kennzahlen, auf deren Performance es dem Kreditgeber erfahrungsgemäß ankommt, wollen wir im Folgenden kurz betrachten.

4.1.2 Basis der Kennzahlen: Bilanz und GuV

Basis für die Ableitung der Kennzahlen sind die Bilanz sowie die Gewinn- und Verlustrechnung (GuV) eines Unternehmens.

Die Bilanz eines Unternehmens beschreibt auf der Aktivseite die Mittelverwendung auf (worin wurde investiert?), während auf der Passivseite die Mittelherkunft dargestellt ist. Abb. 4.1 zeigt eine Bilanz in vereinfachter und verkürzter Form.

Bilanz	
Aktiva (Mittelverwendung)	Passiva (Mittelherkunft)
Anlagevermögen	Eigenkapital
Umlaufvermögen	Rückstellungen
Vorräte	Verbindlichkeiten (Fremdkapital)
Forderungen	Bankverbindlichkeiten
Kasse/Bank	Lieferantenkredite
Summe Aktiva	Summe Passiva

Abb. 4.1: Aufbau einer Bilanz

Die Gewinn- und Verlustrechnung stellt die Erträge und Aufwendungen eines Geschäftsjahres einander gegenüber und gibt Auskunft über die Höhe von Gewinn oder Verlust. Vereinfacht zeigt Abb. 4.2 den Aufbau einer GuV.

GuV nach dem Gesamtkostenverfahren
Umsatz + Aktivierte Eigenleistungen +/– Bestandsveränderung
Gesamtleistung
– Materialaufwendungen
Rohertrag
– Personalaufwendungen – Sonstige betriebliche Ausgaben – Verwaltungskosten – Vertriebskosten
EBITDA
– Abschreibungen
EBIT
+ Zinserträge – Zinsaufwand Zinsergebnis (Zins)
Betriebsergebnis (Ergebnis der gewöhnlichen Geschäftstätigkeit)
+ Erträge aus Beteiligungen – Abschr. auf Finanzanl. und WP des UV
Finanzergebnis
+ Außerordentliche Erträge – Außerordentliche Aufwendungen
Außerordentliches Ergebnis
Jahresergebnis vor Steuern
– Gewerbeertragssteuer – Einkommen- und Ertragssteuer – Ergebnisanteile anderer Gesellschafter
Jahresergebnis nach Steuern

Abb. 4.2: Aufbau einer Gewinn- und Verlustrechnung

Aus diesen beiden Rechnungen lassen sich die relevanten Kennzahlen ableiten. Sie lassen sich einteilen in Erfolgskennzahlen, Finanzierungs- und Liquiditätskennzahlen, Bilanzstrukturkennzahlen und sonstige Kennzahlen, wie die Übersicht in Abb 4.3 zeigt.

Erfolgskennzahlen	Cashflow
	Cashflow-Rate
	Gesamtkapitalverzinsung
	Gesamtkapitalrendite
	Personalkostenquote
Finanzierungs- und Liquiditätskennzahlen	Anlagendeckung
	Dynamischer Verschuldungsgrad
Bilanzstrukturkennzahlen	Eigenkapitalquote
Sonstige Kennzahlen	Investitionsquote
	Sachabschreibungsquote
	Selbsfinanzierungsquote

Abb. 4.3: Maßstab für die Performance: Die wesentlichen Kennzahlen für den Kreditgeber

4.1.3 Erfolgskennzahlen

4.1.3.1 Cashflow und Cashflow-Rate

Der Cashflow ist der Überschuss der regelmäßigen betrieblichen Einnahmen über die laufenden betrieblichen Ausgaben. Die Kennzahl zeigt, in welchem Maß ein Unternehmen Finanzmittel aus eigener Kraft erwirtschaftet, sich also aus sich selbst heraus finanzieren kann. Der Cashflow spiegelt damit die Finanzkraft des Unternehmens wider. Die Aussagekraft des Cashflows lässt sich noch erhöhen, indem man ihn in Bezug zum Umsatz setzt: Hieraus ergibt sich die Cashflow-Rate. Sie gibt an, wie viel Prozent des Umsatzes als finanzwirtschaftlicher Ertrag liquiditätswirksam zurückgeflossen sind. Je höher die Cashflow-Rate ist, umso höher ist auch der finanzielle Überschuss der Periode.

Zur Bestimmung der Zahlungsfähigkeit eines Unternehmens ist der Cashflow die entscheidende Größe. Die Gewinn- und Verlustrechnung basiert auf Ertrags- und Aufwandgrößen und ist daher zur Beurteilung der Zahlungsfähigkeit nicht geeignet. Der Cashflow misst demgegenüber die Eigenfinanzierungskraft des Unternehmens. Er kann im Grunde genommen der Kapitalflussrechnung entnommen werden, in die nur Größen eingehen, die sich als Mittelzu- oder Abfluss niederschlagen.[50] In der Praxis wird der Cashflow wie folgt ermittelt:[51]

| Jahresüberschuss/-fehlbetrag |
| + Abschreibungen für Gegenstände des Anlagevermögens |
| +/− Veränderung der Rückstellung für Pensionen und ähnliche Verpflichtungen |
| = Cashflow |

Abb. 4.4: Ermittlung des Cashflows

---

50 *Michel* 1999, S. 59. Die Kapitalflussrechnung hat das Ziel, den Zahlungsmittelstrom eines Unternehmens transparent zu machen (*Wöhe* 2000, S. 996).
51 *Bieg et al.* 2007, S. 265.

Eine andere stufenweise Einteilung findet sich bei Busse[52]:

Jahresüberschuss
+ Abschreibungen
+ Verluste aus Anlagenabgang
− Veränderung der latenten Steuern
= Erfolgswirksamer Cashflow (I)
− Veränderung im Working Capital
= operativer Cashflow (II)
− Mittelzufluss aus Investitionen
= Cashflow nach Investitionen (III)
+/− Aufnahme abzgl. Tilgung von Krediten
= Cashflow IV
− Ausschüttung (+Kapitalerhöhung) − Einfluss von Währungskursänderungen
= Cashflow V (Veränderung der Liquidität)

Abb. 4.5: Stufenweise Darstellung des Cashflows

Diese Praktikerformel erweist sich in vielen Fällen als ausreichend. Theoretisch ausgefeiltere Berechnungsmethoden existieren zwar, es ist allerdings zu prüfen, ob der zusätzliche Erkenntnisgewinn den Zusatzaufwand rechtfertigt.

Der Cashflow hat gegenüber der Gewinnermittlung den Vorteil, dass er weniger durch bilanzpolitische Maßnahmen beeinflussbar ist und sich deshalb als Maßstab für Investitionen, Schuldentilgung und Gewinnausschüttung eignet.

Werden Steuern und die Ein- und Auszahlungen für die Investitionen mit einbezogen spricht man auch vom Free Cashflow (= Cashflow IV in Abb. 4.5). Dieser Betrag steht den Eigentümern, Gesellschaftern und Fremdkapitalgebern als Ausschüttungsbetrag zur Verfügung.[53]

4.1.3.2 Gesamtkapitalverzinsung und Gesamtkapitalrendite

Die *Gesamtkapitalverzinsung* zeigt, wie gut das gesamte im Unternehmen gebundene Kapital, also eigenes wie geliehenes, angelegt ist; sie gibt also an, welche Verzinsung damit erwirtschaftet wird. Die Gesamtkapitalverzinsung errechnet sich wie folgt:

Gesamtkapitalverzinsung = (Betriebsergebnis + Zinsaufwand) * 100/Summe der Aktiva

---

[52] *Busse* 2003, S. 308 (ohne Zahlenbeispiel). Diese Darstellung ist dort abgeleitet aus einem Beispiel eines Cashflow Statements nach US-GAAP (S. 307). Der Mittelzufluss der Investitionen setzt sich aus folgenden Positionen zusammen:
Investitionen in Sachanlagen (−), Investitionen in immaterielle Vermögensgegenstände und Akquisitionen (−), Erlöse aus Anlagenabgängen (+), Erwerb von Wertpapieren (−), Veräußerung von Wertpapieren (+). In der gewählten Abbildung ist der Saldo negativ.
[53] *Gleißner/Füser* 2003, S. 149.

Die Erwartungen der Banken hinsichtlich dieser Kennzahl sind unterschiedlich. Im Durchschnitt haben die mittelständischen Unternehmen im Jahr 2008 in Deutschland eine Gesamtkapitalverzinsung in Höhe von 11,3 Prozent erwirtschaftet, wobei diese Kennzahl in Abhängigkeit der Größe des Unternehmens zwischen 14,3 Prozent bei kleinen Unternehmen (0 bis 1 Million Euro Umsatz) und 5,6 Prozent bei größeren Unternehmen (über 50 Millionen Euro Umsatz) schwankt.[54]

Die *Gesamtkapitalrendite* zeigt an, welche Rendite das Unternehmen unabhängig von der Finanzierung erwirtschaftet[55]. Sie errechnet sich nach der Formel:

> Gesamtkapitalrendite = (Betriebsergebnis + Fremdkapitalzinsen)/Bilanzsumme

4.1.3.3 Personalkostenquote

Da die Personalkosten in der Regel zu den wesentlichen Kostenblöcken eines Unternehmens zählen und meistens auch schwer abbaubar sind, kann deren Entwicklung und Vergleich mit dem Branchendurchschnitt für die Bank aufschlussreich sein. Als Kennzahl ist die Personalkostenquote gebräuchlich. Sie ergibt sich, indem man die Personalkosten zum Umsatz ins Verhältnis setzt.

4.1.4 Finanzierungs- und Liquiditätskennzahlen

4.1.4.1 Anlagendeckung

Es ist ein altbewährter Grundsatz: Wer die Fristenkongruenz wahrt, ist klar im Vorteil. Unter *Fristenkongruenz* wird verstanden, dass Wirtschaftsgüter entsprechend der Zeit, die sie dem Unternehmen dienen, auch zeitlich kongruent finanziert werden, sprich: Eine Investition, die dem Unternehmen langfristig dient, wird auch langfristig finanziert. Soll eine Anlage über 10 Jahre im Unternehmen verbleiben, sind demnach die Mittel zur Finanzierung auch über 10 Jahre für das Unternehmen vertraglich zu sichern. Diese Fristenkongruenz drückt sich in der Anlagendeckung aus.

Die Anlagendeckung zeigt an, welcher Anteil des Anlagevermögens langfristig finanziert ist. Unterschieden wird zwischen der

> Anlagendeckung I = Eigenkapital/Anlagevermögen

und der

> Anlagendeckung II = (Eigenkapital + langfristiges Fremdkapital)/Anlagevermögen.

---

54 *Deutscher Sparkassen und Giroverband*. Diagnose Mittelstand 2010-11-30 http://www.sparkasse.de/_download_gallery/files/diagnose-mittelstand-statistik.pdf. Abruf am 30.11.2010.
55 *BDU* 2006, S. 206.

Da das Anlagevermögen langfristig gebunden ist, sollte es auch langfristig finanziert werden. Daher gilt die goldene Finanzierungsregel, dass die Anlagendeckung mindestens bei 100 Prozent liegen sollte – das Anlagevermögen also zu 100 Prozent mit Eigenkapital (oder bei Eigenkapital plus langfristigem Fremdkapital zu 150 Prozent) gedeckt ist. Wenn ein Unternehmen zum Beispiel über 50.000 Euro an Eigenkapital verfügt und eine Investition von 100.000 Euro tätigen möchte, würde sich bei der Aufnahme eines entsprechenden Kredits die Anlagendeckung I verschlechtern. In diesem Fall kann es besser sein, das Gut zu leasen anstatt es zu kaufen.

4.1.4.2 Dynamischer Verschuldungsgrad

Eine weitere wichtige Liquiditätskennzahl ist der dynamische Verschuldungsgrad. Die Kennzahl sagt aus, wie viele Jahre ein Unternehmen benötigt, um aus dem eigenen Cashflow seine Schulden wieder zurückzuzahlen. Der dynamische Verschuldungsgrad ist definiert als Fremdkapital eines Unternehmens im Verhältnis zum Cashflow und wird nach der Formel

$$\text{Dynamischer Verschuldungsgrad} = (\text{Fremdkapital} - \text{Liquide Mittel})/\text{Cashflow}$$

berechnet.

Es handelt sich dabei um ein Maß für die Schuldentilgungsfähigkeit: Hat ein Unternehmen zum Beispiel 100.000 Euro Schulden und einen Cashflow von 10.000 Euro, benötigt es für die Rückzahlung 10 Jahre. Dabei wird unterstellt, dass der Cashflow unverändert bleibt; sollte er (etwa infolge einer geringeren Auslastung) sinken, würde der dynamische Verschuldungsgrad steigen. Für die Bank ist diese Zahl dennoch eine wichtige Information. Je kleiner der dynamische Verschuldungsgrad ist, desto solider ist die momentane Ertrags- und Finanzlage. Der dynamische Verschuldungsgrad sollte nicht mehr als sieben Jahre betragen.

4.1.5 Bilanzstrukturkennzahlen und sonstige Kennzahlen

4.1.5.1 Eigenkapitalquote

Die wichtigste Bilanzstrukturkennzahl ist die Eigenkapitalquote. Die Kennzahl dient der Beurteilung der Kapitalkraft eines Unternehmens. Sie wird errechnet, indem man das Eigenkapital durch das Gesamtkapital dividiert und das Ergebnis mit 100 multipliziert. Die Eigenkapitalquote gibt somit den prozentualen Anteil des Eigenkapitals am Gesamtkapital des Unternehmens an.

Die Eigenkapitalquote deutscher Unternehmen stieg von 1998 bis 2007 auf durchschnittlich 25,5 Prozent.[56] Aus dem Blickwinkel der Banken sollte die Eigenkapitalquote nicht unter 30 Prozent sinken und bei Unternehmen mit risikobehafteten Vorhaben deutlich über 50 Prozent liegen. Das Eigenkapital hat ja nicht zuletzt die Funktion, Verluste aufzufangen.

---

56 KfW, Studie Juli 2009 (http://www.kfw.de/DE_Home/Presse/Pressearchiv/2009/20090727.jsp).

4.1.5.2 Sonstige Kennzahlen

Erwähnt werden sollten noch einige weitere Kennzahlen, die im Einzelfall eine Rolle spielen können:[57]

Vermögenskonstitution: Anlagevermögen* 100/Umlaufvermögen
Die Kennzahl drückt die Beziehung von Anlagevermögen zu Umlaufvermögen aus. Die Verwendung über mehrere Perioden zeigt die Entwicklung im Unternehmen. Ein Vergleich zwischen verschiedenen Unternehmen ist wegen der unterschiedlichen Strukturierung oft problematisch.
Anlageintensität: Anlagevermögen*100/Gesamtvermögen
Diese Kennzahl gibt Auskunft über den Grad der Beweglichkeit eines Unternehmens. Ein hohes Anlagevermögen birgt die Gefahr der Starrheit und schwer abbaubarer Fixkosten, kann aber auch branchenbedingt sein.
Investitionsquote: Nettoinvestition bei Sachanlagen*100/Anfangsbestand der Sachanlagen.
Die Investitionsquote sagt etwas über die Investitionsneigung des Unternehmens aus, denn die Nettoinvestitionen sind die Investitionen, die über die Ersatzinvestitionen hinaus getätigt werden und somit ein zusätzliches Potenzial für das Unternehmen darstellen.
Investitionsdeckung: Abschreibungen auf Sachanlagen * 100/Zugänge an Sachanlagen *100
Diese Kennzahl zeigt, inwieweit die Investitionen aus den Abschreibungen finanziert werden und weist damit auf ein mögliches Wachstum hin. Liegt die Quote über 100 Prozent, wurden die Abschreibungen nicht voll reinvestiert. Liegt die Quote unter 100 Prozent, wurde mehr investiert als abgeschrieben.
Abschreibungsquote: Abschreibung auf Sachanlagen*100/Endbestand an Sachanlagen
Diese Quote zeigt im Vergleich mehrerer Perioden, ob das Unternehmen - bei steigender Quote - möglicherweise stille Reserven bildet oder - bei fallender Quote - diese auflöst.
Anlagennutzung: Umsatz*100/Sachanlagen
Steigt die Quote, hat sich die Kapazitätsauslastung verbessert.
Umschlagshäufigkeit des Anlagevermögens = Abschreibung des Anlagevermögens + Abgänge/durchschn. Bestand des Anlagevermögens
Diese Kennzahl zeigt die Bindungsdauer des Vermögens bzw. von Vermögensteilen. Bei einer hohen Quote wird auch das Anlagevermögen schnell umgeschlagen, d. h. rasch erneuert. Deshalb ist eine hohe Quote positiv zu beurteilen.
Eigenkapitalreichweite: Das Verhältnis von Eigenkapital zu den Fixkosten.
Je höher der Wert, desto stabiler ist das Unternehmen gegen Konjunkturschwankungen abgesichert.
Selbstfinanzierungsquote = Cashflow im Verhältnis zu Sachinvestitionen
Je höher die Quote, desto besser, denn umso schneller werden die Sachinvestitionen zurückverdient.

Abb. 4.6: Kennzahlen für das Investitionsmanagement

---

57 *Olfert/Reichel* 2006 S. 351 ff.

4.2 Finanzierungsinstrumente

Einem Investor stehen unterschiedliche Finanzierungsinstrumente zur Verfügung. Welche zum Einsatz kommen, hängt von der Art der Investition – Gründung, Erweiterung, laufende Investitionen – ebenso wie von der gewählten Finanzierung ab. Betrachtet man die Finanzierung kleiner und mittlerer Unternehmen als Ganzes, beziehen sich die in der Praxis mit Abstand am häufigsten eingesetzten Finanzierungsinstrumente auf die Innenfinanzierung – also die Finanzierung, die das Unternehmen aus eigenen Mitteln bestreitet.

Fast 80 Prozent der mittelständischen Unternehmen gehen diesen Weg, indem sie für ihre Investitionen einbehaltene Gewinne oder die aus Abschreibungen und Rückstellungen zur Verfügung stehenden Mittel nutzen. Darüber hinaus greift rund die Hälfte der Unternehmen auf eine Fremdfinanzierung durch Leasing und Bankdarlehen zurück. Eine hohe Bedeutung hat zudem die Finanzierung über das laufende Konto, die rund 45 Prozent der Mittelständler nutzen. Die von mittelständischen Unternehmen eingesetzten Finanzierungsinstrumente zeigt im Einzelnen die folgende Übersicht (Abb. 4.7).

Genutzte Finanzierungsinstrumente im Mittelstand	
Abschreibungen/Rückstellungen	79%
Gewinnthesaurierung	78%
Leasing	54%
Bankdarlehen	50%
Kontokorrentkredit	45%
Gesellschafterdarlehen/-einlagen	38%
Lieferantenkredit	30%
Förderdarlehen	19%
Factoring	6%
Beteiligungskapital	5%
Mezzanine	3%
Schuldscheindarlehen	2%

Abb. 4.7: Genutzte Finanzierungsinstrumente im Mittelstand (Quelle: Markt und Mittelstand 4/2009, S. 74)

Bestätigt wird dieses Bild durch die Marktstudie 2009 Infratest[58] (s. Abb. 4.8). Demnach werden 58 % der Investitionen durch Eigenkapital und 21 % durch Kredite finanziert.

---

58 *TNS Infratest* (2009), Marktstudie 2009 Investitionsfinanzierung Folie Nr. 18; http://de.statista.com/statistik/studie/id/186/dokument/marktstudie-2009---investitionsfinanzierung/Abruf am 30.11.2010.

Eigenkapital	58 %
Kredite	21 %
Leasing	14 %
Miete	7 %

Abb. 4.8: Marktstudie 2009 – Investitionsfinanzierung: Hauptfinanzierungsquellen für Investitionen sind Eigenkapital und Kredite.

Im Folgenden beschäftigen wir uns mit den Instrumenten, die zur Finanzierung von Investitionen häufig verwendet werden oder – wie etwa Mezzanine- und Beteiligungskapital – an Bedeutung gewinnen. Die Finanzierungsinstrumente lassen sich in zwei Kategorien einordnen: in Instrumente zur Finanzierung der Investition aus eigener Kraft (*Innenfinanzierung*) und in Instrumente, die eine Finanzierung mit fremder Hilfe (*Außenfinanzierung* durch Fremd- und Eigenkapitalgeber) ermöglichen.

4.2.1 Innenfinanzierung: Aus eigener Kraft

Bei der Innenfinanzierung bestreitet das Unternehmen seine Investitionen aus eigenen Mitteln, die ihm aufgrund der laufenden Geschäfte zur Verfügung stehen. Die Vorteile liegen auf der Hand: Eigenkapital steht dem Unternehmen langfristig zur Verfügung, verursacht keine laufenden Zinszahlungen – und hält das Unternehmen somit liquide. Fremdkapital löst dagegen feste Zinszahlungen und Tilgungsleistungen aus. Je höher der Verschuldungsgrad, umso höher fallen die Zinszahlungen und Tilgungsleistungen aus.

Die Finanzierung durch Eigenkapital erscheint manchem Praktiker auf den ersten Blick kostengünstig. Er sollte jedoch berücksichtigen, dass Eigenkapital grundsätzlich für alle entstehenden Verluste haftet. Da Eigenkapital somit einem hohen Risiko unterliegt, wird es relativ teuer im Vergleich zum Fremdkapital und ist zudem nicht so einfach zu beschaffen[59].

Der Unternehmer, der aus Eigenmitteln finanziert, hat keine Rückzahlungsverpflichtung und muss auch keine Sicherheiten stellen. Es entwickelt sich auf einer soliden Grundlage und wahrt uneingeschränkt seine unternehmerische Unabhängigkeit. Die große Gefahr liegt jedoch darin, dass notwendige Innovationen unterbleiben oder Marktchancen verpasst werden. Denn die Philosophie, alle Investitionen aus eigener Kraft zu finanzieren, kann zum Verzicht größerer Projekte führen, die für die Zukunft des Unternehmens wichtig wären.

Die Innenfinanzierung erfolgt vor allem über Gewinnthesaurierung, Abschreibungen und Rückstellungen.

---

[59] *Gleißner/Füser* 2003, S. 89.

4.2.1.1 Gewinnthesaurierung

Bei der Gewinnthesaurierung finanziert das Unternehmen eine Investition aus zurückbehaltenen, das heißt »thesaurierten« (nicht ausgeschütteten) Gewinnen. Um seine Investitionen auf diese Weise zu finanzieren, hat es sich bewährt, einen festen Prozentsatz des Gewinns laufend zu reinvestieren. Die steuerliche Gestaltung dieses Finanzierungswegs, kann sich recht komplex gestalten und sollte daher nur unter Hinzuziehung eines Steuerberaters oder Wirtschaftsprüfers erfolgen.

4.2.1.2 Abschreibungen

Abschreibungen wirken als Mittelzufluss. In den gängigen Kalkulationsverfahren werden sie über die Kostenstellen auf die Kostenträger, also auf die Produkte und Dienstleistungen verrechnet. Sofern nicht mit Verlust verkauft wird, sind sie somit in den Verkaufspreisen enthalten und führen zu entsprechenden Einzahlungen. Ein Unternehmen kann die Abschreibungsgegenwerte ansammeln und zur Finanzierung von Investitionen verwenden. Wer in einem Jahr zum Beispiel auf sein Anlagevermögen eine Million Euro abschreibt, dem steht dieser Betrag wieder für Investitionen zur Verfügung. Dahinter steht eine beliebte Praktiker-Regel – nämlich den Betrag zu investieren, der den Abschreibungen und damit der Substanzerhaltung entspricht.

Zu berücksichtigen ist hierbei jedoch folgender Effekt: Die Abschreibungen werden über die Kostenstellen nur dann vollständig verrechnet, wenn die Anlagen auf dem Kapazitätslevel arbeiten, der zur vollständigen Finanzierung der Abschreibungen angenommen wurde. Werden die Abschreibungen bei einer hundertprozentigen Auslastung in zwei Schichten gedeckt und verrechnet, verbleiben im Falle einer halben Auslastung von einer Schicht 50 Prozent als Leerkosten . Die Abschreibungen sind dann möglicherweise nicht mehr durch die Verkaufserlöse gedeckt und stehen deshalb nicht zur Ersatzinvestition zur Verfügung.

Gehen wir dagegen von einer vollen Auslastung der Anlagen aus, so dass auch keine Leerkosten entstehen, ergibt sich ein höchst interessanter *Kapazitätserweiterungseffekt*, der sich anhand des folgenden Rechenbeispiels illustrieren lässt.[60]

Nehmen wir an, ein Unternehmen investiert in eine Drehmaschine. Die Anschaffung kostet 5.000 Euro, der Betrag wird über fünf Jahre linear abgeschrieben (vgl. Abb. 4.9). Das Unternehmen investiert jedes Jahr in eine neue Drehmaschine, so dass in fünf Jahren fünf Drehmaschinen angeschafft werden. Die Berechnung zeigt nun folgendes: Die Investition in die fünf Maschinen erfordert einen Kapitalaufwand von insgesamt 25.000 Euro. Da die Investition aber zeitlich verteilt erfolgt, fließt jedes Jahr aufbauend ein Teil des Investitionsbetrages über die Abschreibungen zurück, so dass insgesamt nur ein Betrag von 10.000 Euro als Anfangsfinanzierung aufgebracht werden muss.

---

60 Vgl. auch *Bieg* et al. 2007, S. 183.

	Jahr 2011	Jahr 2012	Jahr 2013	Jahr 2014	Jahr 2015
Anfangsinvestition					
Maschine A	–5.000 €				
Maschine B		–5.000 €			
Maschine C			–5.000 €		
Maschine D				–5.000 €	
Maschine E					–5.000 €
Summe Investitionen	–5.000 €	–5.000 €	–5.000 €	–5.000 €	–5.000 €
Abschreibungen					
Maschine A	1.000 €	1.000 €	1.000 €	1.000 €	1.000 €
Maschine B		1.000 €	1.000 €	1.000 €	1.000 €
Maschine C			1.000 €	1.000 €	1.000 €
Maschine D				1.000 €	1.000 €
Maschine E					1.000 €
Abschreibung p.a. liquide Gegenwerte	1.000 €	2.000 €	3.000 €	4.000 €	5.000 €
Finanzbedarf jährlich	–4.000 €	–3.000 €	–2.000 €	–1.000 €	0 €
Finanzbedarf kumuliert	–4.000 €	–7.000 €	–9.000 €	–10.000 €	–10.000 €

Abb. 4.9: Finanzierung über Abschreibung: Beispiel für den Kapazitätserweiterungseffekt

In der Praxis sind allerdings meist nicht alle Prämissen für diesen Kapazitätserweiterungseffekt erfüllt: Technischer Fortschritt, veränderte Wiederbeschaffungskosten und eine beschränkte Aufnahmefähigkeit der Produkte für den Markt stehen dem entgegen.[61] Allerdings wird deutlich, dass ein Unternehmer auf diesem Weg nicht nur seine Substanz erhalten, sondern unter bestimmten Vorraussetzungen sogar seine Kapazität erweitern kann.

4.2.1.3 Rückstellungen

Mit der Bildung von Rückstellungen verfügt ein Unternehmen ebenfalls über finanzielle Mittel, die es für Investitionen verwenden kann. Rückstellungen sind Aufwendungen, denen zum Zeitpunkt der Bildung keine Auszahlungen gegenüberstehen. Ein Unternehmen bildet Rückstellungen für Verbindlichkeiten in der Zukunft, deren Höhe ungewiss ist. Darunter fallen zum Beispiel Rückstellungen für drohende Verluste aus schwebenden Geschäften, für Gewährleistung ohne rechtliche Verpflichtung, Aufwandsrückstellungen für die Nachholung von bestimmten Instandhaltungsaufwendungen und für Aufwendungen der Abraumbeseitigung.[62]

---

61 *Bieg* et al. 2007, S. 183.
62 *Baetge* et al. 2009, S. 405.

Wie Rückstellungen zur Finanzierung von Investitionen genutzt werden können, lässt sich am Beispiel der Pensionsrückstellung zeigen. Nehmen wir an, ein Unternehmen hat das Geld für die Pensionen erwirtschaftet. Das so erwirtschaftete Geld liegt bildlich gesprochen auf einem Konto, damit es zum Fälligkeitstag sukzessive aufgebraucht werden kann. Für die Zwischenzeit, bis es tatsächlich benötigt wird, kann das Geld für Investitionen genutzt werden. Der Charme der Rückstellung liegt darin, dass sie zunächst nicht versteuert werden muss. Erst wenn sich ihre Bildung als zu hoch erweist, fallen Steuern für den Differenzbetrag an. Es handelt sich hier im Grunde um eine innerbetriebliche Fremdfinanzierung, bei der es entscheidend auf die Fristen ankommt, das heißt auf den Zeitraum zwischen Bildung und Inanspruchnahme der Rückstellungen.

4.2.2 Außenfinanzierung: Zusätzliche Schubkraft für das Unternehmen

Es gibt die unterschiedlichsten Anlässe, auf eine Außenfinanzierung wie Bankkredit, Leasing oder Beteiligungskapital zurückzugreifen. Zum Beispiel beabsichtigt ein Unternehmen, aus einer soliden Ertrags- und Finanzsituation heraus einen Wettbewerber aufzukaufen. Für diese beträchtliche Erweiterungsinvestition reichen die Eigenmittel jedoch nicht aus. Zwei typische Situationen für eine Außenfinanzierung haben wir auch eingangs dieses Kapitels kennengelernt: die Jungunternehmerin, die für eine Neugründung Kredit benötigte, und der Metall verarbeitende Betrieb, dem aufgrund der angespannten Finanzierungssituation und schlechten Ertragslage die Eigenmittel fehlten.

In all diesen Fällen benötigt die Finanzierung zusätzliche Schubkraft von außen. Doch wie wirken sich die einzelnen Finanzierungsinstrumente in Bezug auf Liquidität und Rentabilität aus?

Die Finanzierung über Eigenmittel wurde bereits bei der Innenfinanzierung angesprochen. Die Finanzierung über Fremdmittel verursacht in jedem Fall Kosten und regelmäßige Auszahlungen. Der Vorteil der Fremdfinanzierung ist, dass die Ausgaben für Zinsen und Kapitalbeschaffung unter bestimmten Voraussetzungen steuerlich geltend gemacht werden können.

4.2.2.1 Leverage-Effekt: Mit Fremdkapital zu höherer Rendite

Wenn ein Unternehmer Fremdmittel aufnimmt, muss er zwei Ziele fest im Auge behalten: die Sicherung der Liquidität und die Rentabilität. Wie er diese beiden Ziele sichert, werden wir bei den einzelnen Finanzierungsinstrumenten behandeln. Zunächst befassen wir uns mit einem Phänomen, das als *Leverage-* oder *Spiral-Effekt*[63] bezeichnet wird. Gemeint ist damit eine Hebelwirkung auf die Eigenkapitalverzinsung: Durch den Einsatz von Fremdkapital ist es möglich, die Eigenkapitalrendite einer Investition zu steigern.

Nehmen wir zum Beispiel an, ein Unternehmen kann bei seinen Investitionen eine Rendite von 15 Prozent erwirtschaften. Werden 100 Euro investiert, erwirtschaftet das Unternehmen somit 15 Euro. Stehen Eigenmittel in dieser Höhe zur Verfügung, kann der Investor diesen Betrag erwirtschaften, das heißt, er erwirtschaftet eine Eigenkapitalren-

---

63 *Michel* 1999, S. 48.

dite in dieser Höhe. Möchte er die Eigenkapitalrendite steigern, kann er das erreichen, indem er zum Beispiel 100 Euro Fremdmittel zu einem Zinssatz von 7 Prozent aufnimmt, um hiermit weitere 15 Euro Cashflow im Jahr zu erwirtschaften. Die Gesamtkapitalrendite bleibt dann bei 15 Prozent, die Eigenkapitalrendite jedoch steigt auf 23 Prozent, da der Unternehmer jetzt mit 100 Euro Eigenkapital 23 Euro (30 Euro abzüglich 7 Euro Zinsen für das Fremdkapital) erwirtschaftet. Es ist sogar denkbar, dass der Investor durch geschickte Kombination seiner Investitionen die Gesamtrendite steigern kann (also statt 15 Prozent zum Beispiel insgesamt 16 Prozent erwirtschaftet) – dann lässt sich eine noch höhere Eigenkapitalrendite erzielen.

Fällt hingegen die Gesamtkapitalrendite unter die Verzinsung des zusätzlich aufgenommenen Fremdkapitals, wirkt der Leverage-Effekt in die umgekehrte Richtung. Nehmen wir an, die Geschäfte laufen schlechter als erwartet und die Gesamtkapitalrendite fällt zum Beispiel auf 5 Prozent: Bei einer Investition von 100 Euro beträgt die Gesamt- und Eigenkapitalrendite somit 5 Euro, bei einer Investition von 200 Euro werden 10 Euro erwirtschaftet, von denen 7 Euro für die Zinsen des Fremdkapitals aufgewendet werden. Für das Eigenkapital bleiben 3 Euro übrig.

Erhöht die Bank jetzt aufgrund des erhöhten Risikos den Zinssatz zum Beispiel auf 8 Prozent, verbleiben dem Unternehmer nur 2 Euro (10 Euro erwirtschafteter Cashflow abzgl. 8 Euro Zinsen). Wird das Ergebnis der Investition sogar negativ mit –5 Prozent wird der Unterschied noch deutlicher. Ohne Fremdkapitaleinsatz werden dann 5 Euro verloren, während es unter Einsatz des Fremdkapitals zu einem Verlust von 17 Euro führt.

Investition bei einer Investitionsrendite von 15%.			
Rendite Investition	15,00%		
Kosten Fremdkapital	7,00%		
Fall 1 Investition ohne Fremdkapital			
Investition	100,00 €	Cashflow Investition	15,00 €
Fremdkapital	0,00 €	Kosten Fremdkapital	0,00 €
Eigenkapital	100,00 €	Cashflow Eigenkapital	15,00 €
Fall 2 Investition mit Fremdkapital			
Investition	200,00 €	Cashflow Investition	30,00 €
Fremdkapital	100,00 €	Kosten Fremdkapital	7,00 €
Eigenkapital	100,00 €	Cashflow Eigenkapital	23,00 €

Investition bei einer Investitionsrendite von 5%.			
Rendite Investition	5,00%		
Kosten Fremdkapital	7,00%		
Fall 1 Investition ohne Fremdkapital			
Investition	100,00 €	Cashflow Investition	5,00 €
Fremdkapital	0,00 €	Kosten Fremdkapital	0,00 €
Eigenkapital	100,00 €	Cashflow Eigenkapital	5,00 €
Fall 2 Investition mit Fremdkapital			
Investition	200,00 €	Cashflow Investition	10,00 €
Fremdkapital	100,00 €	Kosten Fremdkapital	7,00 €
Eigenkapital	100,00 €	Cashflow Eigenkapital	3,00 €

	Investition bei einer Investitionsrendite von −5 %.		
Rendite Investition	−5,00 %		
Kosten Fremdkapital	7,00 %		
	Fall 1 Investition ohne Fremdkapital		
Investition	100,00 €	Cashflow Investition	−5,00 €
Fremdkapital	0,00 €	Kosten Fremdkapital	0,00 €
Eigenkapital	100,00 €	Cashflow Eigenkapital	−5,00 €
	Fall 2 Investition mit Fremdkapital		
Investition	200,00 €	Cashflow Investition	−10,00 €
Fremdkapital	100,00 €	Kosten Fremdkapital	7,00 €
Eigenkapital	100,00 €	Cashflow Eigenkapital	−17,00 €

Abb. 4.10: Beispielrechnung für Leverage-Effekt

Da in der Praxis mit dem Eintritt der Geschäftsrisiken gerechnet werden muss, sind der Verschuldung eines Unternehmens Grenzen gesetzt. Entscheidende Kennzahlen hierfür sind die Eigenkapitalquote und der dynamische Verschuldungsgrad.

Das Eigenkapital stellt für das Unternehmen ein Risikodeckungspotenzial für Verluste des Unternehmens dar: Je höher das Eigenkapital ist, desto höhere Risiken können abgefangen werden, ohne dass das Unternehmen gefährdet wird. Jeder Verlust wird vom Eigenkapital aufgefangen und mindert es.

Dieser Aspekt kann am obigen Beispiel wie folgt gezeigt werden: Führt die Investition zu einem Verlust von 5 Prozent, so verändert sich das Eigenkapital im Fall 1 von anfangs 100 Euro auf 95 Euro.

Im Fall 2 sind die Veränderungen wesentlich größer, und zwar von anfangs 100 Euro auf 83 Euro, d. h. wenn unterstellt wird, dass die Bilanzsumme gleichbleibt und der Verlust durch zusätzliches Fremdkapital aufgefangen wird, verändert sich die Eigenkapitalquote von ursprünglich 50 Prozent auf 41,5 Prozent.

In der Praxis werden von den Kreditinstituten Eigenkapitalquoten von 20 bis 30 Prozent gefordert. Solche Forderungen sind allerdings von vielen Faktoren abhängig, wie z. B. Branche, Geschäftsmodell, Alter des Unternehmens, und können dementsprechend sehr stark schwanken.

Die Auswirkungen auf den dynamischen Verschuldungsgrad entwickeln sich ebenfalls sehr unterschiedlich: Bei einer Investitionsrendite von 15 Prozent kann das Unternehmen im Fall 2 seine Schulden in etwas über 4 Jahren (100 Euro dividiert durch 23 Euro entspricht 4,34 Jahre) zurückzahlen, wenn der Cashflow ausschließlich zur Rückzahlung der Verbindlichkeiten eingesetzt wird. Bei einer Verschlechterung der Investition auf einen Renditewert von 5 Prozent steigt im Fall 2 der dynamische Verschuldungsgrad unter der gleichen Prämisse auf über 33 Jahre an.

Sind die finanziellen Risiken einer Investition bekannt und berechnet, so kann relativ schnell ermittelt werden, welche Auswirkungen der Eintritt dieser Risiken auf das Eigenkapital und den dynamischen Verschuldungsgrad haben.

In der unternehmerischen Praxis kommen beim Leverage-Effekt die steuerlichen Wirkungen hinzu, die es zu berücksichtigen gilt. Da Fremdkapitalzinsen steuerlich abzugsfähig sind, ergibt sich hieraus ein zusätzlicher Effekt auf den Cashflow. Es ist allerdings nicht einfach, die steuerlichen Wirkungen mit ihren Grenzbelastungen genau zu kalkulieren. Die Empfehlung in der Praxis geht deshalb dahin, die steuerlichen Wirkungen mit einem Durchschnittssteuersatz zu berechnen.

4.2.2.2 Der Bankkredit

Entscheidet sich ein Unternehmer zur Aufnahme von Fremdkapital, denkt er vor allem an die Möglichkeit, einen Bankkredit aufzunehmen.

Häufig und gängig ist der *Kontokorrentkredit*. Bei dieser Form räumt die Bank dem Unternehmen für das aktive Geschäftskonto eine Kreditlinie ein, bis zu deren Höhe der Kredit in Anspruch genommen werden darf. Diese Kreditform ist kurzfristiger Natur und wird durch fortlaufende Prolongation häufig langfristig.

Dagegen werden *Investitionsdarlehen* langfristig vereinbart. Hier gibt es folgende Möglichkeiten:

Beim *Annuitätendarlehen* bleiben die zu zahlenden Raten gleich, sodass mit sinkender Restschuld sich der Zinsanteil verringert und der Tilgungsanteil sich steigert.

Anders das *Ratendarlehen*: Hier bleibt die zu zahlende Tilgungsleistung gleich und der Zinsanteil verringert sich. Demnach verringern sich im Zeitablauf auch die zu zahlenden Raten, die zu Beginn höher sind als am Ende.

Bei einer dritten Darlehensform wird das Investitionsdarlehen als *reines Zinsdarlehen* genommen und die Kreditsumme en bloc am Ende der Laufzeit zurückbezahlt.[64]

Für die unternehmerische Entscheidung, welche Darlehensform die richtige ist, gibt es verschiedene Beurteilungskriterien, die hier exemplarisch für den Kontokorrentkredit und das Investitionsdarlehen gezeigt werden:

Beurteilungskriterium	Kontokorrentkredit	Investitionsdarlehen
Kosten	Relativ hohe Zinsen für die aktuell beanspruchte Summe Die Zinshöhe ist variabel Für Überziehungen der Kreditlinie werden Strafzinsen von ca. 4 Prozent zusätzlich fällig	Die Zinshöhe kann fix oder variabel vereinbart werden Die Zinshöhe ist in der Regel niedriger als bei Kontokorrentkrediten
Laufzeit	Kurzfristig, meist bis zum Geschäftsjahresende	Langfristig und fix, meist über die gesamte Laufzeit der Afa
Sicherheitengewährung	Personal- und Realsicherheiten	Personal- und Realsicherheiten
Flexibilität	Hoch; kann kurzfristig zurückgeführt werden	Niedrig; die vereinbarten Ratenzahlungen sind zu leisten

Abb. 4.11: Beurteilung Darlehensformen

Bevor eine Darlehensform gewählt wird, ist es wichtig, den voraussichtlichen Cashflow-Verlauf der Investition über die gesamte Laufzeit zu kennen oder zumindest abzuschätzen. Nur dann weiß der Unternehmer, welche Zins- und Tilgungsleistung er zur Rück-

---

64 *Busse* 2003, S. 469.

zahlung der Darlehen erbringen kann und welchen Zeitraum er für die Rückzahlung benötigt.

Kontokorrentkredite bergen die Gefahr, dass sie aufgrund ihrer kurzfristigen Laufzeit nicht der Laufzeit der Investition angepasst sind und deshalb vom Kreditinstitut vorzeitig gekündigt werden können – und somit eine Finanzierungslücke entstehen kann.

Investitionsdarlehen können in ihrer Laufzeit der Laufzeit der Investition angepasst werden. Die Rückzahlungsverpflichtung lässt sich individuell dem Cashflow-Verlauf der Investition anpassen. Hat die Investition zum Beispiel zu Beginn einen relativ niedrigen Cashflow, der in späteren Jahren ansteigt, so kann in der Finanzierung kongruent zu Beginn auch eine tilgungsfreie Zeit vereinbart werden. Die vereinbarten Rückzahlungsmodalitäten mit dem Kreditinstitut sind unbedingt einzuhalten. Ist jedoch während der Laufzeit absehbar, dass die Raten nicht eingehalten werden können, kann der Unternehmer alternative Möglichkeiten der Fremdfinanzierung nutzen, z. B. den Kontokorrentkredit oder ein Tilgungszuschussdarlehen.

Eine weitere Möglichkeit besteht darin, *Darlehen in Fremdwährungen* aufzunehmen, was allerdings entsprechende Währungsrisiken in sich birgt. So haben zum Beispiel Kreditnehmer zinsgünstig Darlehen in Schweizer Franken aufgenommen und sind vom plötzlichen Anstieg der Währung überrascht worden. Die Folge: Bei der Rückzahlung müssen sie ganz erhebliche Mehrkosten tragen.

Eine längerfristige Investition sollte, sofern fremdfinanziert, über ein entsprechendes Darlehen finanziert werden, nicht jedoch über einen Kontokorrentkredit. Wird nämlich zum Beispiel eine Anlage mit jederzeit kündbaren Kontokorrentkrediten finanziert, kann es passieren, dass die Bank die Linien kündigt und eine Finanzierungslücke entsteht.

Die Finanzierung über Kredite muss der Investor gegenüber der Bank in der Regel absichern. Als Sicherungsinstrumente können genannt werden:
- *Personalsicherheiten*, also schuldrechtliche Ansprüche gegenüber einer Person der Gesellschaft (z. B. Bürgschaften) sowie
- *Realsicherheiten*, also sachrechtliche Ansprüche (z. B. Grundpfandrechte, Globalzessionen und Sicherungsübereignungen z. B. durch einen Raumsicherungsvertrag).[65]

Gibt das Unternehmen Realsicherheiten, entstehen ihm zusätzliche Kosten und eventuell auch Risiken. Für Grundschulden laufen Kosten für Notar und Amtsgericht auf, Globalzessionen und Raumsicherungsverträge erfordern zudem laufenden internen Verwaltungs- und Abstimmungsaufwand mit der Bank.

Wenn der Unternehmer oder eine ihm nahe stehende Person Sicherheiten aus dem Privatvermögen stellt oder privat bürgt, sollte man das eigene Risiko sorgfältig prüfen und möglicherweise eine persönliche Absicherungsstrategie verfolgen. Ausgangspunkt sollte es hier sein, sich über die unbedingten persönlichen Bedürfnisse Klarheit zu verschaffen. Hierzu zählen vor allem auch Fragen der persönlichen Altersvorsorge und des freien Wohnens im Rentenalter. Bürgt ein Unternehmer mit seiner Lebensversicherung und mit seinem Wohnhaus, so sollte er eine Vorstellung davon haben, wie er seinen Lebensabend verbringt, wenn die Bank diese Sicherheiten verwertet. Für diesen Fall sollte er dann Vorkehrungen getroffen haben. Auch sollte der Unternehmer darauf achten, ob

---

65 *Busse* 2003, S. 308 ff.

die gewährten Sicherheiten im Zeitablauf bei Rückzahlung bestimmter Darlehen wieder frei werden.

Entscheidend sind dann natürlich Tilgung und Finanzierungskosten. Auch bei langfristigen Darlehen ist wichtig, zu überlegen, welche Tilgung regelmäßig geleistet wird. Hat der Unternehmer für seine Investitionen zum Beispiel die Annuitäten berechnet, kann er für die langfristige Kreditaufnahme ebenfalls die Annuität als Richtgröße nehmen. Bei den Fremdfinanzierungskosten kommen zu den Zinsen auch die bereits erwähnten Kosten für die Bereitstellung der geforderten Sicherheiten.

Eine Finanzierung über Fremdkapital kann sich aus verschiedenen Teilkrediten, manchmal auch strukturiert aufeinander aufbauenden Elementen zusammensetzen. Bei größeren Kreditvolumina kann es sinnvoll sein, mit mehreren Banken zusammenzuarbeiten. Auf diese Weise lässt sich das Risiko verteilen. Auf jeden Fall sollte der Unternehmer Konditionen und Angebote vergleichen, bevor er sich für eine Bank entscheidet.

4.2.2.3 Öffentliche Förderprogramme

Öffentliche Förderprogramme des Bundes, der Länder oder der Europäischen Union können Investitionen ermöglichen, die sich ohne diese Unterstützung nicht finanzieren ließen. Die Programme sind vielfältig, zum Beispiel gibt es interessante Fördermittel im Energiebereich. Unternehmen können so ihre Investition über einen günstigen Kredit finanzieren.

Man sollte sich vom Verwaltungsaufwand für die Beantragung dieser Mittel nicht abschrecken lassen – das belegen viele positive Beispiele. So errichtete der Pumpenhersteller KSB eine neue Produktions- und Prüffeldhalle in Halle an der Saale. Die Investitionskosten beliefen sich auf rund 18 Millionen Euro, der Zuschuss des Landes Sachsen betrug 5 Millionen Euro – geschaffen wurden 60 feste Arbeitsplätze.[66]

Wie sich öffentliche Förderprogramme auch kombinieren lassen, zeigt das Beispiel eines Mannheimer Polstermaschinen-Herstellers. Das Unternehmen investierte rund 1,5 Millionen Euro für ein modernes Fabrikgebäude und wählte eine Finanzierung, bei der ein Teil der benötigten Fremdmittel die L-Bank Baden-Württemberg mit einer Tilgung innerhalb von zehn Jahren, ein weiterer Teil die KfW-Förderbank mit einer Tilgungszeit von 20 Jahren zur Verfügung stellten. Damit hatte das Unternehmen fest kalkulierbare und sauber planbare Finanzflüsse bis zur vollständigen Abzahlung des Gebäudes. Hinzu kam die »Ziel 2-Förderung«[67], die für bestimmte Stadtgebiete galt und unter anderem auch am Standort des Unternehmens in Anspruch genommen werden konnte. Dieses EU-Förderprogramm senkte den bereits vergünstigten Zinssatz noch einmal um zusätzlich zwei Prozentpunkte.

Dank der Förderung standen dem Unternehmen Mittel zur Verfügung, mit denen das Mannheimer Unternehmen die neue Fabrik großzügiger auslegen konnte als ursprünglich geplant. Hierdurch erzielte es einen zusätzlichen betriebswirtschaftlichen Vorteil: Die Produktionsabläufe ließen sich nun deutlich effizienter organisieren. Zudem war der Raum für weiteres Wachstum vorhanden.

---

66 *Möbius* 2009.
67 Zur »Ziel 2-Förderung« siehe http://www.ziel2-nrw.de/1_Ziel2-Programm/index.php

Viele Programme gelten nur für bestimmte Regionen oder bevorzugen benachteiligte Stadtgebiete durch erhöhte Fördersätze. Meist handelt es sich um langfristige Darlehen zu attraktiven Konditionen, die zum Teil auch längere tilgungsfreie Zeiträume und feste Zinssätze bieten. Der Antrag auf eine Förderung ist vor Beginn des Projekts bei der Hausbank zu stellen – ganz gleich ob es sich um ein Programm von Bund, Land oder EU handelt.

Nicht nur die aktuellen Konditionen und Zinssätze der Darlehensprogramme werden laufend an die Kapitalmarktentwicklung angepasst. Typisch für die öffentliche Förderung ist es auch, dass Programme ständig auslaufen, neue hinzukommen und sich Förderrichtlinien kurzfristig ändern. Für den Investor bedeutet das, sich vor jedem Projekt über die aktuellen Möglichkeiten zu informieren. Eine nützliche Hilfestellung leistet in dieser Hinsicht die Förderdatenbank des Bundesministeriums für Wirtschaft und Technologie (www.foerderdatenbank.de), die einen aktuellen Überblick über die Förderprogramme des Bundes, der Länder und der Europäischen Union gibt.

Wenn ein Kredit bei der Hausbank an fehlenden Sicherheiten zu scheitern droht, kann sich der Weg zu einer Bürgschaftsbank lohnen. Die Bürgschaftsbanken sind nichtgewinnorientierte Förderinstitute, an denen Handwerkskammern, Industrie- und Handelskammern, Kammern der Freien Berufe, Wirtschaftsverbände und Innungen, Banken und Sparkassen sowie Versicherungsunternehmen beteiligt sind. Wenn eine Bürgschaftsbank etwa bei einem Kredit von einer Million Euro zu 80 Prozent verbürgt, trägt die Hausbank nur noch für 200.000 Euro das Risiko – und lässt sich dann auch bei fehlenden Sicherheiten zu einer Kreditvergabe bewegen.

Das erlebte zum Beispiel ein Ingenieurservice-Unternehmen, das einen Kredit von rund 350.000 Euro aufnehmen wollte. Es konnte der Hausbank ein gut gehendes Geschäft und schlüssiges Geschäftsmodell vorweisen – jedoch keine Sicherheiten anbieten. Der zuständige Kreditberater bei der Sparkasse fand die Erfolgsstory des Unternehmens ebenso überzeugend wie den vorgelegten Geschäftsplan, doch ohne Sicherheiten war eine Vergabe des Darlehens nicht möglich.

Vom Kreditberater selbst kam dann der Vorschlag, bei der Bürgschaftsbank des Landes eine Bürgschaft zu beantragen, um so doch noch eine Sicherheit für den Kredit zu erhalten. Die Bürgschaftsbank überprüfte das über die Sparkasse eingereichte Konzept, verschaffte sich in einem persönlichen Gespräch mit dem Geschäftsführer des Ingenieurservice-Unternehmens ein eigenes Bild von dem Unternehmer und seinem Unternehmen, bestand auch auf dessen persönlicher Haftung – und sagte innerhalb weniger Wochen die Bürgschaft zu. Konkret hieß das: Die Bürgschaftsbank haftete nun für 80 Prozent des Darlehens und verhalf damit der Sparkasse zu einer erstklassigen Absicherung. Der Kreditvergabe stand nichts mehr im Wege.

Trotz des nicht unerheblichen Verwaltungsaufwands und zusätzlicher Kosten für die Bürgschaft: Die Möglichkeiten öffentlicher Förderung sollten Sie in Ihre Überlegungen einbeziehen und frühzeitig mit der Hausbank besprechen. Die Recherche nach in Frage kommenden Förderprogrammen, dann noch ein gewisser Druck auf den Kreditsachbearbeiter der Hausbank, damit er bei der Antragstellung hilft: Das kostet zwar einige Mühe, kann sich aber durchaus auszahlen.

4.2.2.4 Leasing

Häufiger noch als auf den klassischen Bankkredit greifen mittelständische Unternehmen auf das Finanzierungsinstrument Leasing zurück. Leasing ist eine spezielle Form der Vermietung und Verpachtung beweglicher oder unbeweglicher Güter durch ein Finanzierungsinstitut (Leasing-Gesellschaft) oder durch die Hersteller der jeweiligen Güter.[68] Das Leasingobjekt verbleibt bei dem jeweiligen Leasinggeber als Eigentümer. Der Leasingnehmer nutzt das Objekt gegen ein laufendes Entgelt, das in der Regel monatlich zu entrichten ist. Leasingverträge sind heute sehr individuell gestaltbar, hier lohnt sich das nähere Nachfragen.

Der Leasinggeber prüft die Finanzierung ähnlich gründlich wie eine Bank. Wie beim Bankkredit kommt es auch beim Leasing auf die Performance der Kennzahlen an. Auch hier zählt die Bonität des Kunden – jedoch mit einem Unterschied: Für den Leasinggeber ist die unmittelbare Verwertbarkeit des Leasingobjektes für den Fall wichtig, dass der Leasingnehmer insolvent werden sollte. Ein Fahrzeug ist zum Beispiel leichter verwertbar als eine Spezialmaschine.

Bei der Entscheidung über das Finanzierungsinstrument Leasing kommt es darauf an, ob sich damit die Bonität des Unternehmens und die Rentabilität der Finanzierung verbessern. Hierzu sind vor allem folgende Aspekte zu berücksichtigen:
- Leasingraten sind in der Regel vorschüssig zu leisten, d. h. sie werden bereits zum Periodenbeginn fällig und nicht zum Ende wie bei den Kreditraten.
- Anzahlungen und Nebenkosten verändern die Finanzierungsrechnung. In vielen Fällen gibt es für Verwaltung, Versicherung und laufenden Betrieb sowie die Rückgabe des Leasingobjektes zusätzliche Vereinbarungen, die mit Kosten und Arbeit verbunden sind.
- Es ist darauf zu achten, wer das *Restwertrisiko* übernimmt. Trägt der Leasinggeber das Restwertrisiko, kann sich für den Leasingnehmer das Risiko erheblich reduzieren – vor allem dann, wenn es sich um ein Leasingobjekt handelt, das sich technisch sehr schnell weiterentwickelt.
- Die Zahlungen für das Leasingobjekt fallen parallel zur Nutzung dessen an. Das Objekt wird also bezahlt, während schon Geld verdient wird (pay as you earn). Man spricht auch von Kostenkongruenz.
- Durch die Leasingraten steigen im Unternehmen die laufenden Fixkosten.
- Die Bindung des Leasingvertrages ist oft langfristig und in manchen Fällen kompliziert.[69]

Im Gegensatz zum Kauf führt Leasing nicht zu einer sofortigen Belastung der Liquidität. Die Zahlungen sind an die Nutzung des Wirtschaftsgutes (zum Beispiel einer Maschine) gebunden, über einen längeren Zeitraum kalkulierbar und zudem in der Regel als Betriebsausgabe steuerlich absetzbar. An die steuerliche Absetzbarkeit als Betriebsausgabe sind bestimmte Voraussetzungen geknüpft, die im Einzelfall mit dem Steuerberater oder Wirtschaftsprüfer zu erörtern sind. Die Grundmietzeit muss zum Beispiel größer als 40 Prozent und kleiner als 90 Prozent der betriebsgewöhnlichen Nutzungsdauer betragen.

---

68 *Bleis* 2006, S. 108.
69 Vgl. *Gleißner/Füser* 2008, S. 358.

Eine eventuelle Anschlussmiete darf höchstens so hoch sein wie der Werteverzehr des letzten Jahres.[70]

Weiterer Vorteil: Leasing ist bilanzneutral, da das Leasingobjekt nicht aktiviert wird. Dadurch bleiben Kreditspielräume bei der Bank in der Regel bestehen. Ist die kreditgebende Bank jedoch zugleich der Leasinggeber, kann es durchaus passieren, dass sich das Leasingverhältnis auf die Kreditlinie auswirkt. Als bilanzschonende Investitionsmöglichkeit wirkt sich Leasing auch im Falle eines Ratings positiv aus.

Nicht zuletzt hat Leasing den Vorzug, eine technische Überalterung der Wirtschaftsgüter zu vermeiden. Gerade dort, wo Märkte und Entwicklungen besonders dynamisch sind, wie zum Beispiel im Bereich der EDV, wird Leasing daher besonders häufig eingesetzt. Selbst ohne Eigenkapital kann ein Unternehmen auf diese Weise am technischen Fortschritt partizipieren.

Leasing kann, muss aber nicht teurer sein als eine herkömmliche Kreditfinanzierung. Häufig werden Leasingangebote auch attraktiv gehalten, um bestimmte Produkte zu verkaufen. In jedem Fall empfiehlt sich vor Vertragsabschluss ein Vergleich, ob nicht die Finanzierung über Eigenkapital oder über Bankkredit günstiger ist. Für diese Beurteilung kann zum Beispiel die Kapitalwertmethode auch unter Berücksichtigung der steuerlichen Aspekte eingesetzt werden. Zu den steuerlichen Aspekten sei angemerkt, dass das Leasing eine geringere Gewerbesteuerbelastung als die Fremdfinanzierung auslösen kann.[71]

Als Fazit lässt sich festhalten, dass Leasing grundsätzlich interessant ist, wenn ein Unternehmen einen hohen Gewinn erwirtschaftet, den Betrieb vergrößern möchte und über geringe Eigenmittel verfügt. Leasing lohnt sich immer dann, wenn das Geld in Geschäfte gesteckt wird, die so rentabel sind, dass die Mehrkosten für das Leasing gegenüber einem Kauf mit Eigenkapital oder einer Bankfinanzierung nicht ins Gewicht fallen.[72]

Eine Sonderform des Leasings ist das *Sale-and-Lease-Back-Verfahren*: Das Unternehmen verkauft ein Wirtschaftsgut (etwa eine Anlage oder eine Immobilie) an eine Leasinggesellschaft und least es zur weiteren Nutzung gleich wieder zurück. Durch den Verkauf setzt das Unternehmen Kapital frei, das es zur Finanzierung einer anderen Investition verwenden kann.

4.2.2.5 Lieferantenkredit

Der Lieferantenkredit ist eine Finanzierungsform, die mehr das Umlaufvermögen betrifft und nicht in erster Linie der Investitionsfinanzierung dient. Sie kann jedoch die Investitionsfinanzierung unterstützen, weil sie Liquidität beschafft und die Gesamtkapitalstruktur verbessert.

Lieferantenkredite gehören zum normalen Geschäft eines Unternehmens und finden sich daher in fast jeder Bilanz. Gängige Zahlungskonditionen der Lieferanten lauten oft 10 Tage 2 Prozent Skonto, 30 Tage netto. Unter Liquiditätsgesichtspunkten kann es für den Unternehmer interessant sein, den Lieferantenkredit voll auszunutzen – näm-

---

70 *Bieg* et al. 2007, S. 77 f.
71 *Busse* 2003, S. 788.
72 *Gleißner/Füser* 2003, S. 358 f.

lich dann, wenn er den Kredit erst begleicht, nachdem seine Ware bereits verkauft und bezahlt ist. Ein Beispiel hierfür ist der Discounter Aldi. Das Unternehmen, bekannt für niedrige Preise und gute Qualität, arbeitet mit einer Lagerreichweite von 3,65 Tagen. Dementsprechend schnell ist die Ware an den Kunden verkauft – und damit im Durchschnitt schneller bezahlt als die Rechnung des Lieferanten, die in der Regel erst nach 30 Tagen fällig wird. Es verbleiben also 26,35 Tage, um mit dem Geld zu arbeiten.[73]

Allerdings sind Lieferantenkredite in der Regel teuer. Das zeigt eine einfache Überlegung: Angenommen die Zahlungskondition lautet 2 Prozent Skonto bei Zahlung innerhalb von 10 Tagen oder 30 Tage netto. Wenn das Unternehmen auf die Ziehung dieses Skontos verzichtet, zahlt es im Endeffekt 36 Prozent Jahreszinsen. Erst wenn der Lieferantenkredit 70 Tage genutzt werden kann, liegt der Zins bei etwa 10 Prozent und damit auf der Höhe der üblichen Kontokorrentzinsen.

Die Inanspruchnahme von Lieferanten als Kreditgeber bringt aber auch gewisse Nachteile mit sich. Werden die Lieferanten dabei zu stark in Anspruch genommen, beansprucht das wiederum deren eigene Kreditlinie, indem sie Leistungen vorfinanzieren müssen; ggf. wird auch die Zahlungsfähigkeit der Lieferanten – und damit deren unternehmerische Stabilität – beeinträchtigt.

Inwieweit ein Unternehmen Lieferantenkredite einsetzen kann, hängt entscheidend von seiner Bonität ab. Denn nur bei guter Bonität sind die Kreditversicherer bereit, Forderungen zu versichern. Übernehmen die Kreditversicherer dieses Risiko nicht, erschwert sich die Aufnahme von Lieferantenkrediten. Deshalb empfiehlt es sich, Kreditversicherer über die Entwicklung im eigenen Unternehmen zu informieren. So hat der Lieferant seine Forderung versichert.

4.2.2.6 Factoring

Durch Factoring kann ein Unternehmen sich unmittelbar Finanzierungsspielräume schaffen – nämlich durch den Verkauf von Forderungen an eine Factoring-Gesellschaft. In der Regel bietet der Factor die sofortige Auszahlung von 80 bis 90 Prozent der abgetretenen Forderungen an. Die hierfür erhobene Gebühr ist abhängig vom jeweiligen Finanzierungsvolumen, liegt jedoch in der Regel zwischen 0,5 und 2,5 Prozent des Rechnungsbetrags. Für den in Anspruch genommenen Betrag sind an die Factoring-Gesellschaft zusätzlich banküblich Kontokorrentzinsen zu bezahlen. Factoring ist also ein ziemlich teures Instrument.

Mit dem Verkauf der Außenstände fließen dem Unternehmen jedoch Mittel zu, die es zum Abbau von Verbindlichkeiten nutzen kann. Dadurch wird die Bilanz verkürzt und die Eigenkapitalquote erhöht. Dies trägt dazu bei, das Rating und damit die Chancen zu verbessern, einen Kredit für eine geplante Investition zu erhalten. Da Kundenforderungen gerade bei mittelständischen Betrieben oft einen relativ hohen Bilanzposten ausmachen, kann es sich durchaus lohnen, das Instrument »Factoring« zu prüfen. Wer auf diese Weise einen Forderungsstand von 30 Prozent auf 5 Prozent der Bilanzsumme drückt, erzielt einen erheblichen Bilanz-Effekt.

---

[73] *Michel* 1999, S. 97f.

Factoring kann demnach ein sinnvolles Instrument sein, um in einer stabilen Unternehmensphase oder einer Wachstumsphase Kundenforderungen zu finanzieren.

Eine besondere Variante des Factoring ist das *Reverse-Factoring*, das letztlich einem Lieferantenkredit gleichkommt: Die Factoring-Gesellschaft bezahlt den Lieferanten – und räumt seinem Kunden ein längeres Zahlungsziel ein. Sie übernimmt somit die Finanzierungsfunktion, die im Falle des Lieferantenkredits dem Lieferanten aufgebürdet wird.

4.2.2.7 Beteiligungskapital

Die Zufuhr von frischem Kapital, das eine *Beteiligungs- oder Private-Equity-Gesellschaft* einbringt, eröffnet einem Unternehmen völlig neue Gestaltungs- und Wachstumsmöglichkeiten. Im Gegenzug verlangt der Investor jedoch strategische Mitsprache. Eine Direktbeteiligung dauert in der Regel vier bis sechs Jahre. Nach Ablauf dieser Zeitspanne möchte der Finanzinvestor üblicherweise seine Anteile gewinnbringend verkaufen. In Einzelfällen gibt es jedoch auch Investoren, die langfristig engagiert bleiben. Der spätere mögliche Ausstieg des Investors, der so genannte Exit, zählt zu den wichtigen Punkten, die bereits vor Vertragsabschluss gemeinsam bedacht und festgelegt werden.

Den großen Vorteil einer Beteiligungsgesellschaft beschrieb ein Unternehmer mit folgenden Worten: »Wenn wir einen neuen Markt erschließen, müssen wir uns nicht wie früher zunächst ein finanzielles Limit setzen – nach dem Motto: »Wir haben 100.000 Euro, was können wir damit erreichen?« Die Herangehensweise sei nun umgekehrt: »Wir legen zuerst die beste Strategie fest, fragen dann, was sie kostet und überzeugen den Investor. Wenn es strategisch und rechnerisch sinnvoll ist, eine Firma zu kaufen, dann ist das letztlich kein Problem mehr. Ich kann mich heute unternehmerisch viel freier bewegen und alle sinnvollen Alternativen in Erwägung ziehen.«

Solche Äußerungen dürfen jedoch nicht darüber hinwegtäuschen, dass sich ein Unternehmer mit dem Private-Equity-Kapital auch eine scharfe Kontrolle mit ins Haus holt. Das kann einerseits sinnvoll sein, weil das Unternehmenskonzept noch einmal kritisch geprüft wird und dann auch auf Kreditgeber umso überzeugender wirkt. Andererseits schränkt es die Handlungsfreiheit ein: Der Unternehmer muss davon ausgehen, dass er künftig gemeinsam mit dem Investor zum Jahresende hin ein Budget für das neue Jahr beschließt. Dieses Budget steckt für Investitionen, Personalkosten und andere notwendige Finanzierungen einen Rahmen. Bleibt das Geschäft innerhalb dieses Rahmens, bedarf es keiner weiteren Abstimmungen – wohl aber einer laufenden Information. Hierzu zählen eine monatliche Gewinn- und Verlustrechnung, eine Liquiditätsplanung, aber auch Daten wie Auftragseingang und Auftragsbestand, woraus sich die Produktionsauslastung für die nächsten Monate abschätzen lässt. Darüber hinaus besteht der Gesellschafter auf speziellen Mitwirkungsrechten in besonderen Situationen. Je schlechter die Zahlen sind, desto höher wird der Einfluss sein, den er auf die Geschäftspolitik nimmt.

Eine Finanzierung über Beteiligungskapital ist ein Vorhaben mit langer Vorlaufzeit. Allein die Ansprache möglicher Beteiligungsgeber ist ein Prozess, der sorgfältig strukturiert und durch Fachleute begleitet werden sollte. Ein bis zwei Jahre für die Vorbereitung, die Suche nach einem passenden Investor, die Durchführung der Due Diligence (Unternehmensanalyse) und den Abschluss der Verträge sind nicht ungewöhnlich. Die wesentlichen Aspekte, auf die bei der Aufnahme von Beteiligungskapital zu achten ist, fasst die folgende Übersicht (Abb. 4.12) zusammen.

Mitspracherechte	Handelt es sich um eine Minderheits- oder um eine Mehrheitsbeteiligung? Bei einer Mehrheitsbeteiligung verliert der Unternehmer seine alleinige Entscheidungskompetenz.
Kosten	Welche Kosten fallen an? • Kosten können versteckt anfallen, z.B. in Form von Ausgabenaufschlägen, Bearbeitungsgebühren, Ratingkosten, Due-Diligence-Kosten. • Welche Kosten fallen laufend an? Welche feste und welche variablen Vergütungsbestandteile gibt es? Fallen zusätzliche Vergütungen an, wenn der Beteiligungsgeber ausscheidet?
Dauer des Engagements	Möchte der Beteiligungsgeber sich langfristig oder kurzfristig engagieren? • Beteiligungsgeber, die sich langfristig engagieren, haben auch an einer langfristigen Ausrichtung des Unternehmens Interesse. • Wenn der Unternehmer später die Anteile zurückkaufen möchte, sollte dies mit der Geschäftspolitik der ausgewählten Beteiligungsgesellschaft übereinstimmen.
Hintergrund des Investors	Bringt der Beteiligungsgeber spezielle Branchenkenntnisse mit ein? Ist der Beteiligungsgeber auf bestimmte Unternehmensphasen (z.B. Turnaround) konzentriert oder agiert er unabhängig davon?

Abb. 4.12: Kriterien für die Aufnahme von Beteiligungkapital

4.2.2.8 Mezzanine

Der Begriff »Mezzanine« stammt aus der Architektur und bezeichnet ein Zwischengeschoss, das zwischen zwei Hauptstockwerken liegt. Genau so verhält es sich auch mit der Mezzanine-Finanzierung: Sie bewegt sich in einem Zwischenbereich zwischen Eigen- und Fremdkapital. Unter Mezzaninen werden verschiedene Finanzinstrumente zusammengefasst, die zwischen dem reinen Eigenkapital und dem reinen Fremdkapital einzuordnen sind. Die Mezzanine-Mittel werden in der Regel über Beteiligungsgesellschaften oder Banken zur Verfügung gestellt. Häufig liegen die Mindestbeträge bei 2,5 bis 5 Millionen Euro; einzelne Gesellschaften oder Banken bieten bereits ab 250.000 bis 500.000 Euro Mezzanine-Produkte an.

Durch Rangrücktritt hinter dritte Gläubiger haben Mezzanine Eigenkapitalcharakter. Sprich: Die Banken definieren diese Mittel als Eigenkapital, sofern sie langfristig sind und eine Rangrücktrittserklärung abgegeben wurde. Mezzanine bieten damit die Möglichkeit, die Eigenkapitalbasis und die Bonität zu verbessern, ohne wie im Falle einer Beteiligung Gesellschaftsanteile abgeben zu müssen.

Den Preis, den man für dieses Quasi-Eigenkapital bezahlen muss, ist eine hohe Verzinsung – Eigenkapital ist teuer. Um eine größere Investition zu finanzieren, läuft es deshalb häufig auf eine Mischfinanzierung hinaus: Mezzanine plus Bankkredit. Wenn die künftige Ertragskraft des Unternehmens ausreicht, um Zinsen und Rückführung problemlos aufzubringen, können Mezzanine ein interessanter Finanzierungsweg sein.

Eines gilt es jedoch zu beachten: Im Vergleich zum echten Eigenkapital erfolgt eine nur zeitlich befristete Kapitalüberlassung. Mezzanine-Finanzierungen laufen in der Regel nach sieben bis zehn Jahren aus. Diese Tatsache sollte ein Unternehmen unbedingt im Blick haben, um sich gegebenenfalls rechtzeitig um eine Prolongation zu kümmern.

4.3 Finanzierungsprozess in sechs Schritten

Betrachten wir nun den Finanzierungsprozess, der sich in sechs Abschnitte gliedern lässt:
1. Prüfung des Investitionsprogramms
2. Entscheidung über die Finanzierungsstruktur
3. Erstellung des Finanzierungskonzepts
4. Verhandlungen mit den Geldgebern
5. Unterzeichnung der Verträge
6. Kommunikation mit den Geldgebern

4.3.1 Schritt 1: Prüfung des Investitionsprogramms

Knüpfen wir an den in Kapitel 2 beschriebenen Prozessschritt »Alternativen bewerten« an. Das Unternehmen hat in groben Zügen ein Investitionsprogramm zusammengestellt. Anhand der strategischen Ziele und des vorhandenen Budgets hat es Prioritäten gesetzt und in etwa abgeschätzt, was machbar ist. Nun geht es um die Finanzierung: Das Investitionsprogramm wird mit den tatsächlichen finanziellen Möglichkeiten konfrontiert. Was lässt sich mit Eigenmitteln stemmen? Welche Art von Außenfinanzierung ist gegebenenfalls notwendig? Können geeignete Geldgeber akquiriert werden und kann sich das Unternehmen diese Finanzierung leisten?

Als weitere Voraussetzung gilt es, die Erkenntnisse des Risikomanagements (siehe Kapitel 3) zu berücksichtigen. Hierzu gehört, unter Risikoaspekten verschiedene Möglichkeiten der Finanzplanung zu erarbeiten. Die Banken erwarten durchaus, dass Unternehmen für bestimmte Risikofälle schlüssige Konzepte und konkrete Handlungspläne vorlegen können.

Finanzierung und die Finanzierungskosten spielen bei der Ausarbeitung des endgültigen Investitionsprogramms eine entscheidende Rolle. Das Investitionsprogramm lässt sich nicht losgelöst von den Finanzierungskosten entwerfen, vielmehr muss der Investor beide Aspekte simultan betrachten. Die Zusammenhänge lassen sich leicht plausibel machen: Je niedriger die Finanzierungskosten sind, desto mehr Investitionen lohnen sich und desto höher kann das Investitionsvolumen in Abhängigkeit der verfügbaren Finanzen sein.

Ein Instrument, um dieses Zusammenspiel zwischen Investition und Finanzierung zu berücksichtigen, ist das von *Joel Dean* entwickelte *Dean-Modell*. Es bestimmt simultan das optimale Investitions- und Finanzierungsvolumen. Die Ermittlung erfolgt in drei Schritten:
1. Die Investitionsprojekte werden nach fallenden internen Zinssätzen in eine Reihenfolge gebracht; am Anfang der Reihe steht also das Projekt mit dem höchsten Zinsertrag. Ordnet man den einzelnen Projekten die dazugehörige Auszahlung zu, ergibt sich eine Kapitalnachfragekurve.
2. Die verfügbaren Finanzierungsangebote werden nach steigenden Zinssätzen in eine Reihenfolge gebracht; am Anfang der Reihe steht also die günstigste Finanzierungsmöglichkeit. Ordnet man den einzelnen Angeboten das jeweilige Kreditvolumen zu, ergibt sich eine Kapitalangebotskurve.

3. Das optimale Investitions- und Finanzierungsvolumen ist durch den Schnittpunkt von Kapitalbedarfs- und Kapitalangebotskurve bestimmt. Das optimale Programm ergibt sich somit aus allen Investitionsprojekten und Finanzierungsangeboten, die links vom Schnittpunkt der beiden Kurven liegen. Die Investitionen rechts des Schnittpunkts lohnen sich dagegen nicht mehr.[74]

Die folgende Grafik (Abb. 4.13) veranschaulicht das Verfahren. In diesem Fall lohnen sich die Investitionen A und B, während Investition C sich nicht mehr rechnet.

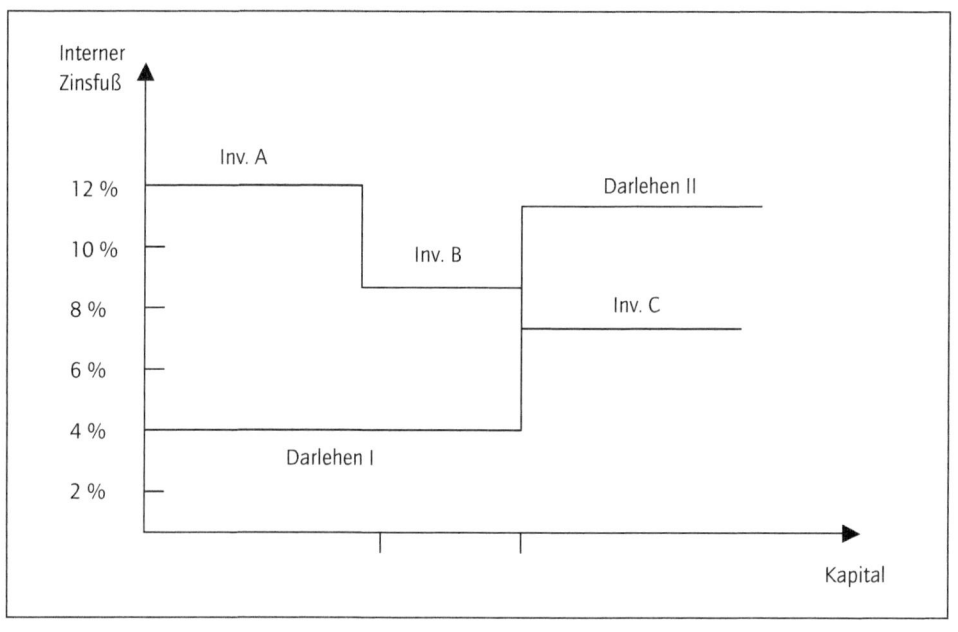

Abb. 4.13: Das Investitionsprogramm überprüfen: Kapitalangebot und Kapitalnachfrage nach dem Dean-Modell[75]

Zu beachten ist, dass das Modell die Laufzeiten der Investitionsobjekte und Finanzierungskosten nicht berücksichtigt. Aus wirtschaftlichen Gründen ist es unter Umständen besser, ein länger laufendes aber niedriger verzinsliches Angebot auszuwählen. Möchte man diese Effekte mit berücksichtigen, ist der vollständige Finanzplan[76] ein geeignetes Analyseinstrument. Es empfiehlt sich, die verschiedenen Finanzierungsinstrumente (Leasing, Bankkredit, Eigenkapital etc.) detailliert durchzuspielen und im vollständigen Finanzplan abzubilden.

Am Ende aller Modellrechnungen empfiehlt es sich, einen großen Schritt zurückzutreten: Betrachten Sie die Ergebnisse noch einmal aus der Distanz. Überprüfen Sie, ob

---

74 *Adam* 1997, S. 234.
75 Vgl. *Adam* 1997, S. 226.
76 Zur Kritik am Dean-Modell vgl. *Adam* 1997, S. 228f.

das errechnete optimale Programm tatsächlich mit den Investitionszielen und den ursprünglich gesetzten Prioritäten im Einklang steht. Fragen Sie vor allem auch: Reichen die Investitionen, wie sie jetzt finanzierbar sind, tatsächlich aus, um das Unternehmen adäquat fortzuentwickeln? Wenn nicht, kann möglicherweise eine Erweiterung der Finanzierung angebracht sein.

Wenn ein Unternehmen sich zum Beispiel in einer starken Expansionsphase befindet, kann es leicht in eine Lage geraten, die nur zwei Möglichkeiten zulässt: Entweder das Unternehmen kürzt das eigentlich erforderliche Investitionsprogramm mit allen damit verbundenen Gefahren – oder es holt zusätzliche Kapitalgeber mit an Bord. Im ersten Fall lautet die Strategie: »Wir wachsen und investieren alleine – auch wenn uns dadurch Geschäftschancen entgehen.« Im zweiten Fall gibt der Unternehmer möglicherweise seine Eigenständigkeit ein Stückweit auf, erhält dafür aber die Mittel für eine erfolgversprechende Wachstumsstrategie.

4.3.2 Schritt 2: Entscheidung über die Finanzierungsstruktur

Wird das Investitionsprogramm wie beschrieben simultan mit der Finanzierung festgelegt, steht damit im Wesentlichen auch schon die Finanzierungsstruktur fest. Insofern sind Schritt 1 und Schritt 2 eng miteinander verbunden und in der Praxis kaum zu trennen.

In der Finanzierungsstruktur spiegelt sich wider, ob das Investitionsprogramm allein aus Eigenmitteln aus dem Unternehmen bestritten wird. Die Finanzierung von außen kann aus Eigen- aus Fremdkapital oder einer Kombination aus beidem bestehen Die grundsätzlichen Möglichkeiten zeigt die folgende Übersicht (Abb. 4.14).

	Eigenfinanzierung	Fremdfinanzierung
Alleine	*Feld 1:* • Gewinnthesaurierung • Abschreibungen (aus dem Cashflow)	*Feld 2:* • Bankkredit • Leasing • Factoring
Mit Anderen	*Feld 3:* • neue Gesellschafter • Mezzanine	*Feld 4:* Erweiterte Finanzierungsmöglichkeiten

Abb. 4.14: Klassifizierungsschema für die Finanzierungsstruktur einer Investition

Zum einen besteht die Möglichkeit, dass der Unternehmer die Investition alleine finanziert. Das kann er entweder ausschließlich aus eigenen Mitteln tun, dann bewegt er sich in Feld 1 – oder er erweitert die Finanzierung um Fremdkapital, etwa durch Leasing oder die Aufnahme eines Bankkredits, und bewegt sich damit auch auf Feld 2. Viele Unternehmen beschränken sich auf das erste Feld: Sie finanzieren ihre Investition mit thesaurierten Gewinnen alleine und ausschließlich aus eigenen Mitteln.

Die zweite grundsätzliche Möglichkeit besteht darin, einen oder mehrere Kapitalgeber hinzuziehen und die Finanzierung auf Feld 3 zu erweitern. Indem der Unternehmer eine

Beteiligungsgesellschaft oder einen stillen Teilhaber ins Unternehmen holt, bekommt er die Chance, die Finanzierung auf eine breitere Basis zu stellen und so in eine neue Größenordnung vorzustoßen. Allerdings ändert sich die Führungsstruktur, auch die Gefahr von Machtkämpfen ist nicht von der Hand zu weisen.

Hat ein Unternehmer zusätzliche Kapitalgeber mit an Bord geholt, ergeben sich erweiterte Finanzierungsmöglichkeiten. Die Finanzierung lässt sich nun auf Feld 4 erweitern: Dank der gestärkten Eigenkapitalbasis verfügt das Unternehmen über zusätzliche Spielräume für eine weitere Kreditaufnahme.

Je nach Größe des Investitionsprogramms entsteht eine mehr oder weniger komplexe Finanzierungsstruktur. Häufig besteht sie aus unterschiedlichen Finanzierungselementen, die sich den verschiedenen Feldern der Entscheidungsmatrix zuordnen lassen (Abb. 4.14). Hieraus kann sich eine »strukturierte Finanzierung« ergeben, unter der man in der Bankpraxis eine Finanzierung versteht, die sich aus mehreren Elementen zusammensetzt. Im Unterschied zum einfachen Bankkredit sind bei strukturierten Finanzierungen oft komplexe wirtschaftliche, rechtliche und steuerrechtliche Vorgaben zu berücksichtigen. Wegen der hohen fachlichen Anforderungen unterhalten die Banken für strukturierte Finanzierungen in der Regel eigene Einheiten, die meist dem Investmentbanking zugeordnet sind.

4.3.3 Schritt 3: Finanzierungskonzept erstellen

Nun geht es darum, aus den vorhandenen Informationen ein Finanzierungskonzept zu erstellen. Es bildet die Grundlage, um die Geldgeber vom Investitionsprogramm zu überzeugen und die Verhandlungen mit ihnen erfolgreich zu führen – letztlich also die Finanzierung unter Dach und Fach zu bekommen. Ziel ist es, für das Investitionsprogramm eine solide und gesicherte Finanzierung zu erreichen.

4.3.3.1 Vorgespräche mit den Financiers

Sofern das Unternehmen die geplanten Investitionen nicht aus eigenen Mitteln alleine bestreiten kann, muss es die erforderlichen Finanzierungspartner gewinnen. Bewegen sich die Investitionsvorhaben im Rahmen des normalen Geschäftsbetriebes, genügt häufig eine Absprache mit der Hausbank, zum Beispiel im Rahmen des jährlich ohnehin stattfindenden Bankgesprächs. Nutzen Sie dieses Gespräch aber auch, um Ihren Kreditsachbearbeiter nach neuen Finanzierungslösungen, zum Beispiel auch nach öffentlichen Förderprogrammen, zu fragen.

Bei größeren Investitionen finden dagegen Vorgespräche mit den voraussichtlichen Finanzpartnern statt. So ist es möglich, bereits im Vorfeld auszuloten, ob und unter welchen Bedingungen die potenziellen Geldgeber das Projekt mittragen. Erst diese Vorgespräche schaffen die notwendige Informationsgrundlage, um das Finanzierungskonzept auf eine realisierbare Basis zu stellen. Möglicherweise führen die Gespräche auch dazu, das Investitionsprogramm noch einmal zu überdenken und die Finanzierungsstruktur zu verändern – etwa dann, wenn ein avisierter Beteiligungspartner bei der Finanzierung nicht mitspielt.

4.3.3.2 Verfassen des Konzepts

Nun trägt der Investor die Ergebnisse der Vorgespräche sowie seiner Analysen und Bewertungen (siehe Kapitel 2 und 3) zusammen und verfasst daraus das Finanzierungskonzept. Er schildert darin seine unternehmerische Strategie, die daraus abgeleiteten Ziele und Investitionsobjekte mit ihren Wirkungen, Risiken, Vor- und Nachteilen – und fügt dieser qualitativen Beschreibung das entsprechende Zahlenwerk bei.

Im Kern besteht das Finanzierungskonzept aus folgenden Bestandteilen:
- *Strategieteil*: Beschreibung des Unternehmens und seiner Ziele. Mit welchen Mitteln und Maßnahmen möchte das Unternehmen seine Strategie realisieren? Stichworte sind hier: Investitionen, Personalmaßnahmen, entstehende Kosten, Standorte, Wettbewerbsanalyse, Stärken und Schwächen.
- *Zahlenteil*: Unterlegung der Strategie mit Zahlen. Hierzu zählen sowohl Nebenrechnungen zu den einzelnen Investitionen, als auch eine gesamte integrierte Unternehmensplanung mit Ergebnis-, Bilanzrechnung, Liquiditätsplanung sowie Kapitalfluss- und Cashflow-Rechnung.
- *Abschätzung der Risiken*: Hinweis auf die wesentlichen Risiken und die damit verbundenen Maßnahmen. Zum Beispiel: »Mit der Maschine Y haben wir noch keine Erfahrungen. Folgende Risiken sehen wir: Verzögerung bei Programmierung und Medienanschlüssen, verspätetes Anlaufen der Maschine. Um hierdurch entstehende Risiken zu berücksichtigen, haben wir im ersten Jahr die Einnahmen durch diese Maschine um 20 Prozent niedriger eingeplant.«
- *Dokumentation*: Beschreibung des geplanten Controllings und Reportings an die Financiers. Eine detaillierte und rollierende Finanzplanung sowie eine zeitnahe Berichterstattung über wichtige Kennzahlen mit Bilanz, Gewinn- und Verlustrechnung, sowie betriebswirtschaftlicher Auswertung sind wichtige Bestandteile der Kommunikation mit der Bank. Die Darstellung, wie dieses Reporting funktionieren soll, ist ein wesentlicher Bestandteil des Konzepts.

Entscheidend ist: Das Finanzierungskonzept muss in jedem Punkt nachvollziehbar und nachprüfbar sein. Und selbstverständlich sollte es den Geldgebern auch klar aufzeigen, dass mit den geplanten Investitionen ein positiver Cashflow und Gewinne erwirtschaftet werden.

4.3.4 Schritt 4: Verhandlungen mit den Geldgebern

Das Finanzierungskonzept bildet die Grundlage, um mit der Bank und anderen Geldgebern die Finanzierung auszuhandeln. In der Regel reicht der Unternehmer das Konzept etwa ein bis zwei Wochen vor dem Gesprächstermin ein. Zum Gespräch selbst begleitet ihn gegebenenfalls der Controller, vielleicht aber auch der Marketing- oder Vertriebsleiter, der die Marktgegebenheiten genau kennt – je nachdem, worauf es bei der Investition ankommt. Viele Unternehmer lassen sich auch von einem externen Berater, etwa ihrem Steuerberater, Wirtschaftsprüfer, Rechtsanwalt oder einem Unternehmensberater, begleiten.

Für die Bank kommt es allerdings darauf an, sich vom Unternehmer selbst ein Bild zu machen. Sie legt Wert darauf, dass er von seinem Konzept überzeugt ist und es versteht, die Investitionsvorhaben nachvollziehbar darzustellen. Der Unternehmer sollte hierbei kein unrealistisches Bild zeichnen, denn auch auf Seiten der Bank sitzen Profis, die über Marktkenntnisse und Vergleichszahlen verfügen.

Das Ergebnis der Verhandlungen ist natürlich offen, die Konditionen können am Ende schlechter als erwartet ausfallen. Manchmal lohnt es sich, mit zwei oder drei Banken zu verhandeln. Ein Fall, wie er so oder ähnlich immer wieder vorkommt: Die Hausbank wollte ein Vorhaben (Laufzeit ca. 1 Monat bei erstklassiger Bonität) zunächst nur über einen Kontokorrentkredit von 11 Prozent finanzieren, eine anderen Bank war dagegen auf Anfrage bereit, einen »Barsonderkredit« mit einem Zinssatz von 3 Prozent zu gewähren. Damit konfrontiert erinnerte sich der Kreditsachbearbeiter der Hausbank plötzlich daran, dass auch sein Haus derartige »Barsonderkredite« anbietet.

Ein wichtiger Aspekt: Sprechen Sie auch die Risiken an. Offenheit bei den Kreditverhandlungen ist hier die bessere Strategie – denn zu groß wäre der Vertrauensverlust, wenn man den Geldgeber später mit einem zusätzlichen Finanzierungsbedarf überraschen müsste. Häufig wird die Bank die Linie erst knapp halten und abwarten wollen, wie sich die tatsächlichen Zahlen entwickeln. Bei bestimmten Vorhaben wie etwa Bauinvestitionen bindet die Bank die Auszahlung auch an bestimmte Meilensteine. In diesen Fällen wird das Geld stufenweise, sehr eng getaktet freigegeben.

Verhandeln Sie hart, wenn es um das Thema Sicherheiten geht. In der Regel sind für eine positive Kreditentscheidung Sicherheiten notwendig, doch sollte deren Wert im angemessenen Verhältnis zum Kredit stehen. Da die Sicherheiten für die Bank im Verwertungsfalle wirklich sicher sein sollen, bewertet die Bank nach anderen Kriterien als der Unternehmer. Ein Beispiel: Der Unternehmer gibt als Sicherheit Forderungen im Nennwert von einer Million Euro. Die Bank macht dann geltend, dass sie im Zweifelsfall nur einen Teil der Forderungen tatsächlich einlösen kann – und bewertet diese gemäß ihren Erfahrungswerten und Richtlinien, in manchen Fällen sogar nur mit 30 Prozent des Nennwertes.

Hinzu kommt, dass es in einigen Fällen der Kredit einen unbesicherten Teil enthält, den die Bank unterschiedlich festsetzt. Je höher das Vertrauen ist, das sie dem Unternehmer entgegenbringt, desto höher belässt sie den unbesicherten Teil. Hier machen sich Verhandlungsgeschick, vor allem aber ein nachvollziehbares Konzept und glaubwürdige Kommunikation bezahlt.

Bei der Gewährung von Sicherheiten lohnt es sich, differenziert und wohl überlegt vorzugehen. Ziel sollte es sein, eine Sicherheit möglichst bald wieder freizubekommen, um sie für neue Engagements verwenden zu können. Das bedeutet vor allem: Strukturieren Sie die Sicherheiten möglichst so, dass jede Sicherheit einem bestimmten Kredit zugeordnet ist – denn dann ist die betreffende Sicherheit nach Rückzahlung des Kredits wieder frei. Häufig forderte die Bank, die vorhandenen Sicherheiten gemeinsam zu bewerten, also quasi einen Pool zu bilden, bei dem die Sicherheiten für alle Kredite gelten. Der Nachteil dieser Vorgehensweise liegt darin, dass die Sicherheiten gebunden bleiben, auch wenn einzelne Kredite zurückgeführt sind.

Und was, wenn der Financier nicht mitspielt? Viele Unternehmer sehen darin zu Recht einen ernst zu nehmenden Hinweis auf eine mangelnde ökonomische Tragfähigkeit des Vorhabens. Wenn Banken oder mögliche Teilhaber eine Finanzierung ablehnen, weil ihnen das Risiko zu groß erscheint, sollte das zur Vorsicht mahnen – verfügen doch auch die Finanziers über einschlägige Erfahrungswerte.

4.3.5 Schritt 5: Verträge rechtswirksam unterzeichnen

Meist ist es nur noch eine Routineangelegenheit: Wenn der Sachbearbeiter der Bank zustimmt, steht die Finanzierung. In den meisten Fällen ist es dann auch vertretbar, mit dem Projekt zu starten. Dennoch sollte der Unternehmer vorsichtig sein und noch keine größeren Aufträge vergeben. Es ist durchaus möglich, dass eine andere Stelle in der Bank den Vorgang noch einmal begutachtet und im letzten Augenblick den Rückzug veranlasst. Vor allem bei neuen Finanzpartnern, bei denen noch keine Erfahrungen vorliegen, sollte man die endgültige Finanzierungszusage abwarten.

So hatte ein Mittelständler für seine Finanzierung erfolgreich eine Landesbürgschaft ausgehandelt. Die gesamte Finanzierung war abgeschlossen, nur die Bürgschaftsurkunde traf nicht ein. Da die Bürgschaft vom öffentlichen Träger fest zugesagt war und die Hausbank im direkten Kontakt zu den Kollegen bei der Bürgschaftsbank stand, konnte das Unternehmen einen Teil der vereinbarten Kredite zwar in Anspruch nehmen. Als die Urkunde jedoch zwei Monate später immer noch auf sich warten ließ, drohte die Bank mit dem Abbruch der Finanzierung. Erst durch erneute Verhandlungen mit der Bürgschaftsbank, die unter hohem Zeitdruck und mit ungewissem Ausgang erfolgten, konnte der Mittelständler seine Finanzierung retten.

Beginnen Sie mit größeren Beauftragungen besser erst dann, wenn die Finanzierung wirklich unter Dach und Fach ist, wenn also alle relevanten Unterlagen vorliegen und die Verträge rechtswirksam unterzeichnet sind. Die damit verbundenen Verzögerungen sollten Sie einkalkulieren und dementsprechend frühzeitig das Finanzierungskonzept erstellen. Bei größeren Investitionen bedeutet das, für den Finanzierungsprozess von der Konzepterstellung bis zur verbindlichen Zusage mehrere Monate einzuplanen.

4.3.6 Schritt 6: Kommunikation mit den Geldgebern

Verständlicherweise legt ein Geldgeber wert darauf, dass man ihn über den Stand einer Investition auf dem Laufenden hält. Für den Unternehmer bedeutet das, der vereinbarten Berichtspflicht sorgfältig nachzukommen – und die entsprechenden betriebswirtschaftlichen Auswertungen, Finanzplanungen und Kennzahlen pünktlich zu liefern. Auch er selbst sollte die aktuellen Zahlen stets griffbereit haben, um auf Nachfragen sofort reagieren zu können. Zur guten Kommunikation mit den Geldgebern zählt manchmal auch ein kurzer Anruf bei der Bank, um den Sachbearbeiter persönlich über eine neue Entwicklung zu informieren.

Kommt es zu Abweichungen von der Planung, erwartet der Geldgeber eine nachvollziehbare Begründung. Stand beispielsweise im Plan, dass im laufenden Jahr in Frankreich mit einem neuen Produkt 100.000 Euro Umsatz erzielt werden und ist absehbar, dass es tatsächlich nur 50.000 Euro sein werden, dann besteht Erklärungsbedarf. Das Reporting an die Financiers sollte diese Abweichung einschließlich der eingeleiteten Maßnahmen erläutern: »Das Produkt konnte nicht wie erwartet abgesetzt werden, weil der französische Hauptabnehmer eine spezielle Variante benötigt, die wir mit unserer neuen Maschine noch nicht erstellen konnten. Die Maschine wurde inzwischen nachgerüstet, so dass seit vier Wochen die kalkulierten Mengen tatsächlich abgesetzt werden und die mit Frankreich geplanten Umsätze jetzt erzielt werden.«

In jedem Fall sollte der Unternehmer wachsam sein und schnell reagieren, wenn es Abweichungen von den Sollzahlen gibt. Er sollte sich nicht davor scheuen, seinen Financiers auch schlechte Nachrichten offen zu kommunizieren. Das ist allemal besser, als eine Fehlentwicklung zu verschweigen, die sich am Ende doch nicht verheimlichen lässt – und so das Vertrauen der Geldgeber zu verspielen.

Die zehn häufigsten Fehler im Umgang mit der Bank

1. Das Bankgespräch ist nicht sorgfältig vorbereitet. Argumentation und Zahlen sind nicht schlüssig, Unterlagen und Dokumentationen werden erst auf Nachfrage erstellt.
2. Der Jahresabschluss wird nicht innerhalb der vereinbarten Frist vorgelegt.
3. Die Entwicklung des Unternehmens wird zu positiv gezeichnet und unrealistisch „in den Himmel gelobt".
4. Die Risiken werden schön geredet. Anstatt Konzepte vorzubereiten, wird der mögliche Eintritt von Risiken ignoriert.
5. Es werden keine eigenen Vorschläge für die Finanzierung entwickelt und vorgelegt.
6. Das Zahlenmaterial im Unternehmen ist nicht aktuell und schlecht aufbereitet.
7. Es fehlen Erfolgskontrollen, die es dem Banker ermöglichen, die tatsächliche Entwicklung nachzuvollziehen und mit der Planung zu vergleichen.
8. Die Bank wird nicht unaufgefordert über gravierende Abweichungen informiert, sondern erfährt eher zufällig davon.
9. Absprachen werden nicht eingehalten, zum Beispiel die Kreditlinien ungefragt überzogen.
10. Es besteht die Erwartungshaltung, dass nur die Bank Kredite gewährt – während die Gesellschafter sich mit Einlagen zurückhalten.

Abb. 4.15: Die zehn häufigsten Fehler im Umgang mit der Bank

Viele Unternehmen unterschätzen die Bedeutung einer professionellen Kommunikation mit den Geldgebern. Für den Aufbau und den Erhalt des Vertrauens ist sie jedoch sehr wichtig – nicht zuletzt auch mit Blick auf die Finanzierung künftiger Investitionen.

4.4 Zusammenfassung

Liquidität, Rentabilität und Risiko – diese auch als magisches Dreieck bezeichneten Ziele sollte ein Unternehmen bei der Investitionsfinanzierung im Blick behalten. Häufig laufen diese Ziele gegeneinander. So kann eine teure Finanzierung eine Investition unrentabel machen, die Absicherung der Liquidität andererseits mit hohen Kosten verbunden sein.

Um Investitionen möglichst kostengünstig und sicher zu finanzieren, ist eine zuverlässige Bewertung der Finanzierungsrisiken und Kosten notwendig. Als gängiges Verfahren hat sich hierfür das Rating etabliert, mit dem die Banken die Bonität und damit die Kreditwürdigkeit eines Unternehmens beurteilen. Für einen Unternehmer ist es deshalb entscheidend, seine Finanzstruktur so zu gestalten, dass ihm das Rating eine ausreichende Aufnahme finanzieller Mittel zu günstigen Konditionen ermöglicht. Entscheidend für die Bewertung sind letztlich die harten Fakten, die sich in der Bilanz widerspiegeln.

Einem Investor stehen unterschiedliche Finanzierungsinstrumente zur Verfügung. Die meisten Investitionen werden bei mittelständischen Unternehmen durch Eigenkapital und Kredite finanziert, während Finanzierungsinstrumente wie Beteiligungs- oder Mezzaninekapital nur selten zum Zuge kommen. Bei der Auswahl der Finanzierungsinstrumente sollte ein Unternehmen auch die Förderprogramme des Bundes, der Länder und der Europäischen Union prüfen. Sie können Investitionen ermöglichen, die sich ohne diese Unterstützung nicht finanzieren ließen.

Der Finanzierungsprozess lässt sich in sechs Abschnitte gliedern: Prüfung des Investitionsprogramms, Entscheidung über die Finanzierungsstruktur, Erstellung des Finanzierungskonzepts, Verhandlungen mit den Geldgebern, Unterzeichnung der Verträge und Kommunikation mit den Geldgebern.

Bei den ersten beiden Prozessschritten liegt die besondere Herausforderung darin, dass Finanzierungskosten und Investitionsvolumen simultan bestimmt werden sollten – denn je niedriger die Finanzierungskosten sind, desto höher kann das Investitionsvolumen sein. Ein Instrument, um das optimale Investitions- und Finanzierungsvolumen festzulegen, ist das Dean-Modell. Es empfiehlt sich jedoch, zudem die einzelnen Finanzierungsinstrumente (Leasing, Bankkredit, Eigenkapital etc.) detailliert durchzuspielen und im vollständigen Finanzplan abzubilden.

Das Finanzierungskonzept bildet die Grundlage, um mit der Bank und anderen Geldgebern die Finanzierung auszuhandeln. Für die Geldgeber kommt es aber auch darauf an, sich vom Unternehmer selbst ein Bild zu machen. Sie legen Wert darauf, dass er von seinem Konzept überzeugt ist und es versteht, die Investitionsvorhaben nachvollziehbar darzustellen.

Ist die Finanzierung des Investitionsprogramms unter Dach und Fach, kann die Umsetzung der Investition beginnen. Nun geht es darum, die Investitionsziele tatsächlich zu erreichen.

5 Umsetzung: Die Investition tätigen

Klare Investitionsziele und eine solide Finanzierungsplanung garantieren noch lange nicht den Erfolg einer Investition. Die eigentliche Nagelprobe kommt häufig erst mit der Umsetzung: Wird es gelingen, den geplanten Zeit- und Kostenrahmen einzuhalten? Zahlreiche Bespiele belegen, dass eine unbedachte Herangehensweise an die Umsetzung schnell die Wirtschaftlichkeit des gesamten Vorhabens in Gefahr bringt.

Der vielleicht typischste Fall: Die Umsetzung läuft nebenher, das Tagesgeschäft hat Priorität, die Projektaufgaben bleiben liegen. So investierte zum Beispiel ein Maschinenbauer in eine neue Kniehebelpresse und installierte dabei ein Verfahren, das bis dahin noch nicht verwendet wurde. Dabei traten technische Probleme auf, um die sich jedoch niemand ernsthaft kümmerte. Drei Monate nach der Installation funktionierte die Anlage noch immer nicht einwandfrei, die Auslastung lag bei nicht einmal zehn Prozent. Die Situation änderte sich erst, als der Geschäftsführung nach einem Vierteljahr die Produktionszahlen vorgelegt wurden und sie feststellen musste, dass Aufträge liegen blieben. Erst zehn Monate später als geplant erreichte die Kniehebelpresse die geplanten Taktzeiten und Produktionsmengen; der Lieferausfall war nicht mehr einholbar, Kundenumsätze waren verloren.

Besonders kritisch erweist sich häufig auch die Umsetzung von IT-Investitionen. Wenn eine neue Software eingeführt wird und die Anwender erstmals damit konfrontiert sind, werden fast immer neue Wünsche und Anforderungen formuliert, die bislang nicht bedacht wurden und von denen noch nie die Rede war. Die IT-Abteilung fängt nun an, die Software anzupassen – der Zeitplan gerät aus den Fugen und die Kosten laufen davon.

Der Tücken in der Umsetzungsphase können auch an ganz anderer Stelle liegen. Ein Beispiel aus dem Einzelhandel: Bei der Einrichtung einer neuen Filiale versuchte ein Lieferant Geld zu sparen, indem er mindere Qualität lieferte. Das Material musste ausgebaut, erneut geliefert und erneut verarbeitet werden. Die Ladeneröffnung verzögerte sich, die begleitende Werbekampagne war jedoch schon angelaufen.

Investitionsprojekte umsetzen, besonders bei großen strategischen Investitionen, gehört bei vielen Unternehmen eben nicht zum Tagesgeschäft. Derartige Projekte sind einmalig oder zumindest selten – und so fehlt die Erfahrung mit diesen Vorhaben, deren Komplexität gerne unterschätzt wird. Bei der Umsetzung von Projekten müssen drei einander widerstrebende Ziele erfüllt werden: die *Projektkosten* und der *Projektendtermin* sind ebenso einzuhalten wie die *Qualität*. Diese Ziele werden auch als das »magische Dreieck des Projektmanagements« bezeichnet[77]. Für die Umsetzung ist zudem entscheidend, dass das Topmanagement das Investitionsprojekt voll und ganz unterstützt. Zahlreiche Untersuchungen bestätigen diesen Effekt[78] – und auch im Beispiel der Kniehebelpresse wurden die technischen Probleme erst gelöst, als sich die Geschäftsführung einschaltete.

---

77 *Schelle* 2004 S. 26.
78 *Lechler*, 1997 S. 278; Weitere Studien erwähnt bei *Schelle* 2004 S. 279.

All das zeigt: Eine Investition kann gut geplant, die Finanzierung solide abgesichert sein – in trockenen Tüchern ist sie damit noch nicht. Mit der Entscheidung zur Investition hat das Unternehmen ja bestimmte Ziele definiert. Werden diese wie im Beispiel der Kniehebelpresse nicht erreicht, verfehlt es auch die wirtschaftlichen Ziele. Der Kapitalwert, die interne Verzinsung und die Amortisationszeiten verschlechtern sich und wirken sich so auf das Gesamtergebnis aus.

Deshalb ist eine professionelle Umsetzung entscheidend – das Thema dieses Kapitels. Es ist in drei Abschnitte gliedert:
- Der Umsetzungsprozess: In welchen Schritten erfolgt die Umsetzung?
- Das Projektcontrolling: Wie gelingt es, Kosten, Termine und Qualität im Griff zu behalten?
- Erfolgsfaktor Führung: Worauf müssen Geschäftsleitung und Projektleiter achten?

5.1 Umsetzungsprozess in sechs Schritten

Die Umsetzungsphase knüpft an die bereits erarbeiteten Grundlagen an: den Investitionsauftrag und das Finanzierungskonzept. Um das Vorhaben wie geplant durchzuführen, bedarf es nun folgender Schritte:

1. *Die Projektorganisation einrichten.* Eine Investition hat klare Ziele und einen definierten Abschluss. Für Investitionsvorhaben bietet sich demnach die Abwicklung als Projekt an. Ein Projekt ist laut DIN 69901 ein »Vorhaben, das im Wesentlichen durch Einmaligkeit der Bedingungen in ihrer Gesamtheit gekennzeichnet ist.«[79]
2. *Feinplanung erstellen.* Auf der Grundlage des Investitionsauftrags und Finanzierungskonzepts erstellt das Projektteam eine Feinplanung. Das Ergebnis ist ein Arbeitsplan, der Arbeitsschritte, Termine und Verantwortlichkeiten enthält.
3. *Die Lieferanten beauftragen.* Auf Grundlage der Feinplanung beauftragt der Projektleiter die Lieferanten.
4. *Das Investitionsprojekt managen.* Anhand des Arbeitsplans und eines stringenten Projektmanagements sorgt der Projektleiter dafür, dass Meilensteine und Projektziel wie geplant erreicht werden.
5. *Abnahmen erteilen.* Haben die Lieferanten vertragsgemäß geliefert, erfolgt die Abnahme – es sei denn, wesentliche Mängel machen Nacharbeiten erforderlich.
6. *Das Projekt abschließen.* Mit Erreichen des Projektziels wird das Projekt von der Unternehmensleitung offiziell abgeschlossen.

In der Praxis lassen sich die sechs Schritte zeitlich und organisatorisch nicht immer klar voneinander trennen. Überschneidungen sind die Regel. Gleichwohl erscheint an dieser Stelle aus methodischen und didaktischen Gründen eine klare Aufteilung der Umsetzungsphase in diese Einzelschritte sinnvoll.

---

[79] *Hobel/Schütte* 2006, S. 1.

5.1.1 Schritt 1: Die Projektorganisation einrichten

Bevor die eigentliche Projektarbeit beginnen kann, bedarf es einer klar definierten Projektorganisation. Hierzu legt das Unternehmen eine Aufbauorganisation für das Projekt fest, bestimmt einen Projektleiter und die Zusammensetzung des Projektteams und stellt die notwendigen Ressourcen bereit. Für den Erfolg eines Investitionsprojektes sind diese vorbereitenden Maßnahmen entscheidend.

5.1.1.1 Festlegung der Aufbauorganisation

Bei der Aufbauorganisation für das Projekt kommen in der Praxis vor allem drei Varianten vor: erstens die reine Projektorganisation mit einem autonom agierenden Projektteam, zweitens die Stab-Projektorganisation, bei der ein Stab mit der Projektdurchführung beauftragt wird, und drittens die Matrix-Projektorganisation.

Die *reine Projektorganisation* empfiehlt sich für große strategische Projekte, die für das Unternehmen eine hohe Wichtigkeit haben. Vorteile dieser Organisationsform sind:
- Klare und eindeutige Regelung der Verantwortung; Entscheidungen können schnell und verantwortlich getroffen werden, eine straffe Koordination ist möglich. [80]
- Der Projektleiter hat Disziplinarrecht, auch für Urlaub, Boni und Ausbildung; deshalb verbessern sich seine Führungsmöglichkeiten.

Weitere Vorteile ergeben sich durch die Identifikation der Mitarbeiter mit dem Projekt und durch die Möglichkeit, die Projektbereiche einem ergebnisbezogenen Controlling zu unterziehen. [81]

Auf der anderen Seite sind reine Projektorganisationen vergleichsweise aufwändig einzurichten und verursachen hohe Umstellungskosten. Die entsandten Mitarbeiter müssen von ihrem Tagesgeschäft zeitweise entbunden werden, der Linienvorgesetzte ist also gezwungen, Ersatz zu beschaffen. Auch die spätere Wiedereingliederung der Projektmitarbeiter in die Linienorganisation muss geregelt werden. Weitere Nachteile liegen darin, dass Ressourcen und Verbundeffekte nicht genutzt werden und dass Funktionen mehrfach besetzt werden. [82]

Im Falle einer *Stab-Projektorganisation* übernimmt ein Stabmitarbeiter die Projektleitung, häufig der Assistent der Geschäftsleitung. Der Stabmitarbeiter hat keine Entscheidungs- und Weisungsbefugnis. Bei ihm laufen die Informationen zusammen, er koordiniert und unterbreitet Vorschläge, kann aber keine Anweisungen geben. Dadurch dass der Projektleiter in dieser Organisationsform der Geschäftsleitung unterstellt ist, wird zum einen seine Unabhängigkeit von den Bereichsleitern deutlich, zum anderen sichert sich die Geschäftsleitung die aktuelle Information über den Projektfortschritt. Eine Stab-Projektorganisation lässt sich mit geringen Umstrukturierungskosten in die Unternehmensabläufe eingliedern. Zielvorgaben können unabhängig erfolgen und Projektschwerpunkte lassen sich ressortunabhängig bestimmen. [83]

---

80 *Bernecker/Eckrich* 2003, 82.
81 *Bernecker/Eckrich* 2003, S. 80.
82 *Hobel/Schütte* 2006, S. 203.
83 *Bernecker/Eckrich* 2003, S. 73.

Der Nachteil einer Stab-Projektorganisation liegt vor allem darin, dass der Projektleiter Aufgaben an Mitarbeiter nur über die jeweilige Linienführungskraft vergeben kann. Disziplinarisch hat er keine Handhabe, um Regeln durchzusetzen oder bei Zeitdruck zusätzliche Leistungen einzufordern. Um sein Team zu führen, ist er deshalb auf eine geschickte Kommunikation angewiesen. Dennoch: Vor allem bei kleineren mittelständischen Unternehmen kommt diese Organisationsform häufig vor und erfüllt – trotz dieser Schwächen – im Allgemeinen auch ihre Funktion. Sie ist geeignet für Projekte, die nur selten durchgeführt werden und sich durch ein geringes Maß an Komplexität, Umfang, Größe, finanziellem Aufwand und Risiko auszeichnen.[84]

Kennzeichen der *Matrix-Projektorganisation* ist die Aufteilung der Verantwortung zwischen dem Linienvorgesetzten und dem Projektleiter. Hierbei erhält der Projektleiter in der Regel das fachliche, der Linienvorgesetzte das disziplinarische Weisungsrecht. Diese Organisationsform verlangt von den Teammitgliedern gute Kommunikationsfähigkeit, die Bereitschaft zur Kooperation und Kompetenz im Konfliktmanagement. Zudem sind die Koordinationskosten hoch und die Entscheidungsbildung ist naturgemäß schleppend.[85] Dafür begegnet die Matrixorganisation der Gefahr, dass der Projektleiter isoliert wird und Ressourcen nicht ausgenutzt werden. Auch hohe Reorganisationskosten werden vermieden.

Checkliste: Kernfragen für die Einrichtung der Projektorganisation
- ☑ Welche Erfahrungswerte liegen im Unternehmen über die Art des Investitionsprojektes vor?
- ☑ Welche Kosten entstehen durch die Einrichtung einer Organisation zur Abwicklung des Projektes?
- ☑ Ist das Projekt einmalig oder gibt es laufend ähnliche Projekte?
- ☑ Wie werden Ergebnisse im Projekt messbar?
- ☑ Wie wird die laufende schnelle Information der Geschäftsleitung gewährleistet?
- ☑ Wie werden eine adäquate Dokumentation und Berichtswesen gewährleistet?
- ☑ Wie werden Aufgaben, Verantwortlichkeiten und Ressourcen festgelegt?

Abb. 5.1 Kernfragen für die Einrichtung der Projektorganisation

5.1.1.2 Bestimmung von Projektleiter, Teammitgliedern und Ressourcen

Generell ist der Aufbau einer Organisation durch Aufgaben, Kompetenzen und Verantwortlichkeiten von bestimmten Personen gekennzeichnet, die in Rollen und Gremien agieren. Folgende Gremien sind in Bezug auf die Projektorganisation von Relevanz:
- *Auftraggeber*. Der Auftraggeber erteilt den Auftrag mit Zielen, Anforderungen und Budget. Er entscheidet über Änderungswünsche, Projekterfolg und -abbruch.
- *Lenkungsausschuss*. Bei sehr großen Projekten delegiert der Auftraggeber einen Teil seiner Aufgaben an den Lenkungsausschuss. Dieser kann sich aus verschiedenen Mit-

---

[84] *Bernecker/Eckrich* 2003, S. 75.
[85] *Bernecker/Eckrich* 2003, S. 77f.

gliedern zusammensetzen, etwa einem Vertreter des Auftraggebers, einem Finanzexperten des Unternehmens und aus Vertretern der durch das Projekt betroffenen Gruppen. Der Lenkungsausschuss ist das oberste Gremium im Projekt mit klar festgelegten Rechten und Pflichten. Er kann Beschlüsse fassen, gibt Meilensteine frei, entscheidet über Abnahmen und Änderungswünsche. Probleme und Risiken werden an ihn eskaliert. Nicht zuletzt steuert der Lenkungsausschuss den Projektleiter.
- *Interner Projektleiter.* Der Projektleiter ist im Projekt dafür verantwortlich, dass die Ziele erreicht werden. Er verfügt über die Ressourcen im Projekt; seine Entscheidungskompetenzen sollten möglichst schriftlich fixiert sein. Der Projektleiter stammt in der Regel aus der eigenen Organisation wird aber in manchen Fällen auch von extern rekrutiert (s.u.). Im Falle einer reinen Projektorganisation wird meist ein Linienvorgesetzter als Projektleiter bestimmt. Häufig handelt es sich um den Produktions- oder Entwicklungsleiter, je nach Art der Investition kann es aber auch der Marketing- oder Einkaufsleiter sein. Die Gefahr dabei ist immer wieder dieselbe: Man überträgt einer vom Tagesgeschäft ohnehin überlasteten Führungskraft diese Zusatzaufgabe, ohne an deren »Heimatfront« für einen adäquaten Ersatz zu sorgen. Im Falle einer Stab-Projektorganisation, wenn der Assistent der Geschäftsleitung oder der Assistent des Produktionsleiters die Projektleitung übernimmt, stellt sich dieses Problem dagegen kaum.
- *Externer Projektleiter.* Gelegentlich engagiert ein Unternehmen auch einen externen Projektleiter. Bei Bauprojekten ist das vertraut und selbstverständlich – hier übernimmt ein Architekt die Projektleitung. Doch auch bei komplexen Investitionen etwa im Anlagenbau oder IT-Bereich kann es sinnvoll sein, einer externen Projektgesellschaft oder einem spezialisierten Ingenieurbüro den Auftrag für die eigenverantwortliche Umsetzung eines Projekts zu erteilen.
- *Projektmitarbeiter.* Bei der Auswahl der Teammitglieder kommt es natürlich in erster Linie auf die Fachkompetenz an, die für das konkrete Projekt benötigt wird. Hinzu kommt die Frage, mit welchen Mitarbeitern sich das Projekt am ehesten wie geplant umsetzen lässt. Gibt es Mitarbeiter, die schon Erfahrung mit projektbezogener Teamarbeit haben? Welche Mitarbeiter können ohne Einarbeitung zügig anfangen? Welche Mitarbeiter können ohne allzu große Probleme von der Tagesarbeit freigestellt werden? Wie lässt sich ein Personalwechsel während der Projektphase möglichst vermeiden?

Weitere Ressourcen sind in Abhängigkeit des Projektes festzulegen. Hierzu zählen zum Beispiel die Nutzung von Räumlichkeiten, die Ausstattung mit Büro- und technischen Hilfsmitteln, die Ablage für die zentrale Dokumentation und die Verwendung einer speziellen Projektmanagementsoftware oder eines Projektmanagementhandbuches.

5.1.1.3   Den Überblick gewinnen: Die AKV-Matrix

Bei großen Investitionen empfiehlt es sich, die Projektorganisation in einer Übersicht zusammenzufassen. Einen Überblick über die Aufbauorganisation kann – neben einem Organigramm – die AKV-Matrix geben. Aufgaben (A), Kompetenzen/Befugnisse (K) und Verantwortung (V) werden den einzelnen Rollen oder Gremien zugeordnet.[86]

---

86   *Hobel/Schütte* 2006, S. 212 f.

Die folgende Abbildung zeigt beispielhaft eine ausgefüllte AKV-Matrix für ein großes strategisches Projekt. Als Blanko-Formular können Sie die Matrix für Ihr eigenes Investitionsprojekt verwenden und dort Ihre spezifischen Vereinbarungen eintragen.

AKV Rollen/Gremien	Aufgaben	Kompetenzen/ Befugnisse	Verantwortung
Auftraggeber	Anweisung der Projektplanung und Durchführung; Vorgabe der Projektziele	Ressourcenkompetenz	Gesamtprojekt
Lenkungsausschuss	Zieldefinition Rahmenbedingungen Ressourcenauswahl Bestellung der Projektorganisation Entscheidung Abnahme des Projektes usw.	vom Auftraggeber legitimiert; Bestimmung der Ziele des Projektes; Freigabe von Ressourcen; Auswahl Projektleiter; Budgetverantwortung usw.	Erreichung der Umsetzung des Nutzens in der Linie; Besetzen von Rollen und Gremien usw.
Projektleiter	Planung Beauftragung	vom Lenkungsausschuss legitimiert; Verfügbarkeit der Ressourcen; Zusammensetzung Projektteam	Erreichen der vereinbarten Projektziele Termin, Qualität, Kosten
Projektteam	Mitwirkung bei der Planung, Risikomanagement; Maßnahmen	vom Projektleiter legitimiert; Verfügung über die Ressourcen und persönliche Zeiteinteilung	Erreichen der vereinbarten Ziele; richtige fachliche Beiträge

Abb. 5.2: Beispiel einer ausgefüllten AKV-Matrix: Aufbauorganisation eines großen strategischen Projekts

Zusammen mit dem designierten Projektleiter legt die Geschäftsleitung/der Auftraggeber vor dem Projektstart wichtige Eckpunkte fest:
- Das Investitions- und damit das Projektziel müssen klar formuliert sein. Hier muss Konsens zwischen Geschäftsleitung und Projektleiter bestehen. Beide sollten zudem besprechen, wie sie das Projektteam über dieses Ziel informieren. Dies kann zum Beispiel anlässlich eines »Kick-off-Meetings« erfolgen, bei dem die Projektgruppe erstmals gemeinsam versammelt wird.
- Geschäftsleitung und Projektleiter bestimmen, welche Mitarbeiter dem Team fest angehören sollen und welche dagegen nur zeitweise hinzugezogen werden. Zudem befinden sie darüber, welche externen Fachleute eingebunden werden müssen, z. B. ein EDV-Spezialist, der notwendige Softwareanpassungen vornimmt, oder ein Berater, der den Projektleiter bei der Steuerung des Projekts unterstützt.
- Aus der Zusammensetzung des Projektteams lassen sich die Personalressourcen abschätzen, die für das Projekt benötigt werden. Ebenso werden die Sachressourcen, etwa für erforderliche Räumlichkeiten oder die notwendige IT-Ausstattung, veranschlagt.

Wie das Team nun tatsächlich zusammenfindet und zum Ziel kommt, welche Konflikte und Machtkämpfe es auf diesem Weg austragen wird und welche Führungsanforderungen auf den Teamleiter zukommen – all das wird sich in den nun folgenden Wochen zeigen. Mehr hierzu im dritten Teil dieses Kapitels (Abschnitt »Führungsaufgaben des Projektleiters«). Inhaltlich befasst sich das Projektteam nun mit der Feinplanung des Projekts – dem zweiten Schritt des Umsetzungsprozesses.

5.1.2 Schritt 2: Feinplanung erstellen

Je nach Projekt kann der Projektleiter auf umfangreiche Vorarbeiten zurückgreifen. Die Investitionsziele und ein Investitionsprogramm sind erarbeitet, für jede geplante Investition liegt ein genehmigter Investitionsantrag (siehe Kapitel 2, S. 57) vor. Damit stehen die Eckdaten fest. Um es an einem Beispiel zu verdeutlichen: Der Projektleiter weiß, dass das Unternehmen eine Maschine anschaffen will, die eine Presskraft von 200 Tonnen, einen Werkzeugtisch in der Größe von 200 mal 100 Millimeter und eine Taktzeit von einer halben Sekunde haben muss. Die Daten entnimmt er bei kleineren Projekten aus dem Projektauftrag und bei größeren aus dem Lastenheft[87], das in der Planungsphase schon erstellt wurde und dem Investitionsantrag beiliegt.

Auf dieser Grundlage kann das Projektteam nun die Feinplanung vornehmen, aus der schließlich der Arbeitsplan und – bei technischen Investitionen – das Pflichtenheft[88] hervorgehen. Letzteres beinhaltet alle Details, die für die Beauftragung der Lieferanten notwendig sind. Während das Lastenheft das Vorhaben und das Ziel, als das »Was und Wofür?« enthält, beschreibt das Pflichtenheft nun im Detail das »Wie und Womit« – sprich: Es enthält die Realisierungsvorgaben, die der Projektleiter mit den Lieferanten vereinbaren muss.

Eine Feinplanung kann bei kleinen Projekten aus sechs bis zehn Arbeitsschritten bestehen, die sich auf wenigen Seiten beschreiben lassen. Hier genügen eine Checkliste und ein *Gantt-Chart*, also ein Balkendiagramm, das Termine und Abfolge der Schritte anzeigt. Bei größeren Projekten sind anspruchsvollerer Werkzeuge wie etwa der Einsatz der *Netzplantechnik* erforderlich – wobei immer auch auf die Angemessenheit des Werkzeugs geachtet werden sollte. Ein überdimensioniertes Projektmanagement-Tool kann selbst zum Komplexitätstreiber werden, wenn es bei einem einfachen Projekt zu einer unnötig starken Detailplanung zwingt. Wie die Erfahrung zeigt, lassen sich viele Investitionen mit Hilfe einfacher Excel-Tabellen steuern, auf denen zum Beispiel die Aufgaben aufgelistet und nachgehalten werden.

In jedem Fall ist eine systematische Vorgehensweise wichtig. Zunächst erstellt das Projektteam einen *Projektstrukturplan*, der die Gesamtaufgabe des Projektes inhaltlich (nicht zeitlich) in einzelne Teilaufgaben und Arbeitspakete zerlegt. Die Detaillierung wird so lange vorangetrieben, bis alle Aufgaben in einzelne, voneinander abgegrenzte Arbeitspakete aufgeteilt sind. Nun folgt die Ablaufplanung: Diese legt fest, in welcher logischen und zeitliche Abfolge die einzelnen Pakete abgearbeitet werden. Hierbei kommt

---

87 Zum Lastenheft vgl. DIN 69905 und Schelle 2004, S. 94.
88 Zum Pflichtenheft vgl. DIN 69905 und Schelle 2004, S. 95.

es darauf an, die Abhängigkeiten der Arbeitspakete untereinander festzustellen und zu berücksichtigen. Meist können die Beteiligten hier auf Erfahrungen aus früheren Investitionen zurückgreifen. Aus der Ablaufplanung geht hervor, welche Pakete hintereinander und welche parallel bearbeitet werden müssen.

Wenn Struktur- und Ablaufplanung erarbeitet sind, lässt sich der *Arbeitsplan* erstellen. Dies geschieht, indem man den einzelnen Arbeitspaketen konkrete Termine und Verantwortlichkeiten zuordnet.

Nun legt das Projektteam auch die *Meilensteine* fest. Sie markieren wichtige Etappen im Projektverlauf. Für jeden Meilenstein gibt es klar definierte Ergebnisse, die das Team erreichen und dem Auftraggeber des Projekts – also in der Regel der Geschäftsleitung – präsentieren muss. Der Auftraggeber kontrolliert diese Zwischenergebnisse und entscheidet über den Fortgang des Projektes.

Aus dem Arbeitsplan ergeben sich wesentliche Anforderungen, die in das *Pflichtenheft* übertragen werden. Neben den technischen Anforderungen sind hier auch die Abfolgen der wesentlichen Arbeitsschritte, Termine und Verantwortlichkeiten festgehalten. Anhand des Pflichtenhefts kann der Projektleiter dann die einzelnen Bestellungen bei den Lieferanten vornehmen.

Bleibt noch ein letzter wichtiger Planungsschritt: die *Integration in die Unternehmensplanung*. Zwar wurden die voraussichtlichen Aus- und Einzahlungen bereits im Zuge der Investitionsrechnung geplant. Doch stehen nun aufgrund des Arbeitsplans wesentlich präzisere Daten zur Verfügung. Es lässt sich recht genau sagen, wann welche Beschaffungen getätigt und bezahlt werden. Soll etwa eine Maschine gekauft werden, sind nun Anzahlung, Zwischenzahlungen und Endzahlung terminiert. Auch lässt sich abschätzen, wann die Rechnungen der externen Dienstleister wie Architekten, Berater oder Ingenieure voraussichtlich fällig sind. Alle diese Zahlungen lassen sich jetzt in die Finanzplanung einbauen. Hieraus ergibt sich eine detaillierte Sollplanung, die dem Projektleiter im Projektverlauf dazu dient, Abweichungen festzustellen, so dass er rechtzeitig gegensteuern kann (s. Abschnitt 5.2).

Die Aufstellung der Sollplanung setzt voraus, dass im Unternehmen auch die buchhalterischen Voraussetzungen hierfür geschaffen werden. Das bedeutet vor allem, dass die Buchhaltung für das Projekt einen eigenen Kostenträger einrichtet. Denn nur so lässt sich vermeiden, dass die Projektkosten später unkontrolliert auf irgendwelchen Kostenstellen »verschwinden«.

5.1.3 Schritt 3: Die Lieferanten beauftragen

Die Verhandlungen mit den Lieferanten laufen teilweise schon parallel zur Planungsphase. Erste Gespräche mit möglichen Lieferanten finden bereits bei der Risikoanalyse und der Erstellung des Projektauftrags statt. Nun gilt es, sich für die endgültigen Lieferanten zu entscheiden und die Verträge abzuschließen. Bei großen Investitionen ist das ein Aspekt, von dem der Erfolg der Umsetzungsphase ganz wesentlich abhängt. Denn wenn ein Lieferant von den Vorgaben abweicht, also zum Beispiel zu spät oder unvollständig liefert, gerät die Projektplanung schnell aus den Fugen.

Da die Lieferungen genau auf den Zeitplan des Projekts abgestimmt sein müssen, können sich die *Verhandlungen* mit den Lieferanten schwierig und langwierig gestalten.

Ein Beispiel: Beim Kauf einer Stranggussanlage (der Wert einer solchen Anlage liegt im sieben- bis achtstelligen Eurobereich) verhandelte das Unternehmen nicht nur mit einer ganzen Reihe großer Maschinenlieferanten, um den günstigsten Preis herauszuholen, sondern musste gleichzeitig mit mehreren Liefergewerken die Termine so abstimmen, dass alle Vorgänge wie geplant ineinandergreifen konnten. Einschließlich der technischen Zeichnungen und Beschreibungen handelte es sich um Verträge, die für jedes Gewerk 80 bis 100 Seiten umfassten.

Sofern das Unternehmen über keine fertigen Musterverträge verfügt, bezieht der Projektleiter in die *Vertragsgestaltung* einen Juristen mit ein. Dabei ist darauf zu achten, dass der Lieferant auch über die Details des Pflichtheftes informiert ist und die Schnittstellen zwischen verschiedenen Lieferanten besprochen sind. Zu den wesentlichen Vertragsdetails zählen auch mögliche *Vertragsstrafen* zur Sicherstellung von Qualität und Terminen. So kann zum Beispiel mit dem Lieferanten einer Sondermaschine bezüglich der Qualität und Produktivität vereinbart werden, dass die Anlage in den ersten zwei Wochen nach Installation 60 Prozent der vereinbarten Leistung erreicht, in den dann folgenden vier Wochen 80 Prozent und weitere acht Wochen später 100 Prozent. Jede dieser Stufen ist mit einer bestimmten Vertragsstrafe gekoppelt, die fällig wird, falls die vereinbarte Leistung nicht erreicht wird.

Ähnliche Regelungen lassen sich auch für die Termine finden. Im Maschinenbau ist es z.B. gebräuchlich, für jede Woche Lieferverzögerung 0,5 Prozent vom Auftragswert zusätzlich zu berechnen, maximal jedoch 10 Prozent. Aus Sicht des Lieferanten ist das Risiko einer solchen Vereinbarung oft beachtlich – denn wer eine Sondermaschine baut, gerät leicht in Lieferverzögerungen.

Bei großen Projekten muss der Investor häufig große *Anzahlungen* leisten. Dabei sollte er sich für die geleisteten Anzahlungen und Zwischenzahlungen *Garantien* geben lassen, da sonst im Insolvenzfall des Lieferanten die Leistungen nicht geschützt sind. Solche Garantien können zum Beispiel eine Anzahlungsbürgschaft, eine Eigentumsumschreibung, eine Gewährleistungsbürgschaft oder eine Garantiebürgschaft sein.

5.1.4 Schritt 4: Das Investitionsprojekt managen

Die zentrale Aufgabe des Projektleiters liegt darin, das Projekt professionell zu managen. Anhand der Vorgaben des Arbeitsplans prüft und steuert er den Projektfortschritt. Dies geschieht insbesondere durch regelmäßige *Projektsitzungen*, in denen das Team den Stand des Projektes und das weitere Vorgehen bespricht: »Liegen wir noch in der Zeit? Halten wir die Kosten ein? Entsprechen die Ergebnisse unseren Vorstellungen? Wie hoch ist Wahrscheinlichkeit, den nächsten Meilenstein und das Projektziel nach Plan zu erreichen?«

Bei großen Investitionsprojekten kann es sinnvoll sein, das Vorhaben durch ein systematisches *Change Management* zu begleiten. Wenn ein Projekt große Veränderungen bewirkt, kommt es darauf an, alte Denk- und Verhaltensmuster aufzubrechen und die Mitarbeiter auf das Neue vorzubereiten. Genau darin liegt das Ziel von Changemanagement: Ängste und damit Blockaden vor einer vermeintlich bedrohlichen Situation abzubauen, um die Betroffenen zu Beteiligten zu machen, die aktiv am Projektgeschehen teilnehmen.[89]

---

89 *Hobel/Schütte* 2006, S. 61 f.

Die wohl größte Herausforderung an den Projektleiter liegt darin, die *Meilensteine* wie geplant zu erreichen. Die Praxis zeigt immer wieder: Am Anfang besteht das Gefühl, noch viel Zeit zu haben, das Projektende liegt in scheinbar ferner Zukunft. So nimmt man die Termine zunächst nicht so genau, mit der Folge, dass ein nicht mehr einholbarer Rückstand entsteht. Die Zeit, sich auf den nächsten Meilenstein vorzubereiten, reicht plötzlich nicht mehr. Das ist menschlich – doch sollte eine gute Projektführung in der Lage sein, diesen Effekt vermeiden.

Wie bereits erwähnt liegt eine große Gefahr darin, dass Aufträge aus dem Projekt in den operativen Abteilungen liegen bleiben, weil dort das Tagesgeschäft vorgeht. Wenn ein Meister bis zum Abend noch einen dringenden Kundenauftrag zu erledigen hat, wird er kaum daran denken, stattdessen eine Maschine zu installieren, die erst in drei oder vier Monaten laufen soll. Um solche Situationen zu vermeiden, kommt es auf die folgenden drei Aspekte an:

- Erstens sollte eine gute Projektorganisation von vornherein die notwenigen Ressourcen für das Projekt einplanen und für Ersatz in den operativen Bereichen sorgen.
- Zweitens zahlt es sich aus, wenn die Unternehmensleitung mit Nachdruck die Bedeutung des Investitionsvorhabens kommuniziert und jedem Mitarbeiter klar ist, dass dieses Projekt bei der Geschäftsleitung hohe Priorität hat.
- Drittens ist das Managementgeschick des Projektleiters gefragt. Ihm muss es gelingen, die Linienmitarbeiter unterschiedlicher Abteilungen zur Mitarbeit im Projekt zu motivieren und, wenn es wegen des Tagesgeschäfts Zeitprobleme gibt, zusammen mit den jeweiligen Vorgesetzten eine Lösung zu finden.

Zu den entscheidenden Managementaufgaben eines Projektleiters zählen eine effektive *Kommunikation* und eine gute *Dokumentation*. Um den Projektablauf nachvollziehbar zu dokumentieren, werden Vereinbarungen, Risikolisten und Planungen ebenso dokumentiert wie die Projektergebnisse (z.B. Konzepte, Beschreibungen etc.). Wesentlich ist dabei eine strukturierte Ablage, die mit Hilfe eines Konfigurations- und Versionsmanagements erfolgt. Diese Dokumentation kann auf Papier oder elektronisch erfolgen.[90]

Für die Dokumentation und Kommunikation hat sich ein so genannter *E-Room* bewährt. Hinter diesem Begriff verbirgt sich ein digitaler Ordner, der auf einem Server liegt und auf den alle Projektmitarbeiter zeit- und ortsunabhängig zugreifen können. Er enthält alle wichtigen Dokumente, die das Projekt betreffen, wie zum Beispiel die Protokolle der Teamsitzungen oder den aktuellen Arbeitsplan. So kann zum Beispiel jedes Teammitglied den Arbeitsplan aufrufen und feststellen, wie der aktuelle Stand ist und bis wann welche Teilaufgaben fertig sein müssen.

Auch nach außen muss der Projektleiter steuern und koordinieren – mit Blick auf die Lieferanten und Dienstleister. Das kann bedeuten, dass er auch einmal zu einem Lieferanten hinfährt, um sich über den Stand des Auftrags zu informieren. Anstatt gutgläubig auf Versprechungen zu vertrauen, lässt er sich vor Ort zeigen, wie weit die Ingenieure tatsächlich sind.

Es klingt banal, doch manchmal können ganz simple Instrumente Wertvolles leisten. Hierzu gehört eine *Offene-Punkte-Liste*, die der Projektleiter führt und konsequent nach-

---

90 *Hobel/Schütte* 2006, S. 94.

verfolgt. Ein Beispiel aus der Praxis: Beim Bau einer neuen Halle wurde vergessen, das Telefonkabel einzuziehen – Boden und Wände mussten deshalb noch einmal aufgebohrt werden. Ein Blick auf die Offene-Punkte-Liste hätte dieses Malheur zuverlässig verhindert.

5.1.5 Schritt 5: Abnahmen erteilen

Eine Abnahme ist die formelle Bestätigung der Richtigkeit der geforderten Eigenschaften eines Projektergebnisses durch den Auftraggeber.[91] Neben der Endabnahme gibt es noch Zwischenabnahmen zum Beispiel für Prototypen, Konzepte oder Pläne der Teilprodukte. Die Abnahme wird in der Regel protokolliert.

Bei der Umsetzung eines Investitionsprojekts sind die Abnahmen somit ein eigener, für den Projekterfolg wesentlicher Prozessschritt. Der Projektleiter oder ein vom ihm beauftragter Abnahmeverantwortlicher – bei großen Investitionen auch ein Abnahmeteam – muss bei jeder Abnahme genau prüfen, ob der jeweilige Lieferant die im Pflichtenheft festgelegten Anforderungen eingehalten hat. Gegebenenfalls ist es sinnvoll, Experten oder Gutachter bei der Definition von Abnahmekriterien hinzuzuziehen.

Konkret geschieht dies bei einem Abnahmetermin, bei dem Kunde und Lieferant anhand des Pflichtenhefts die einzelnen Funktionen des Investitionsobjekts prüfen. Im Falle einer Maschine wird zum Beispiel gemessen, ob die festgelegten Produktionsstückzahlen tatsächlich erreicht werden. Funktioniert die Maschine nicht wie vereinbart, lehnt der Kunde die Abnahme ab und der Lieferant muss nachbessern. Im Falle einer nur geringfügigen Abweichung erfolgt eine Abnahme unter Vorbehalt. Dabei wird üblicherweise vereinbart, welche Punkte der Lieferant nachbessern muss (und welche nicht), während der Kunde vom Rechnungsbetrag eine entsprechende Geldsumme zurückbehält.

Komplizierter war die Situation in einem Fall eines Handwerkers, der ein Flachdach neu eingedeckt hatte und trotzdem nach einem starken Regenguss die Wände und Decken in den Innenräumen feucht waren. Ursache waren eingebaute Dachgullys (ein Dachgully dient auf einem Flachdach dazu, das Regenwasser in ein innen liegendes Abflussrohr zu leiten), die die Feuchtigkeit bei einem Rückstau in den Abflüssen nicht zurückhielten. Der Handwerker verwies darauf, dass diese Leistung ein Zusatzauftrag gewesen wäre, der Auftraggeber pochte auf sein Recht, dass von dem Dach keine Feuchtigkeit ausgeht.

Streit, oder vornehmer formuliert: unterschiedliche Sichtweisen gehören fast schon zur Natur einer Abnahme. Der Techniker auf Seiten des Käufers bemängelt einen überhöhten Verschleiß von Ersatzteilen, der Lieferant sieht diesen dagegen als absolut normal an. Wer hat Recht, wo liegt die Grenze? Nicht alle Details lassen sich im Vorhinein vertraglich festlegen. Es ist wie mit einem Kratzer am Auto: Der eine sieht da überhaupt kein Problem, das lasse sich doch einfach »rauspolieren«. Der andere sagt, die ganze Seite müsse neu lackiert werden.

Abnahmeverhandlungen können auch zu einer nachträglichen Preis- oder Rabattverhandlung entarten. Oft schlägt der Lieferant dem Kunden vor, gegen einen Preisnach-

---

91 *Hobel/Schütte* 2006, S. 8.

lass auf bestimmte Nachforderungen zu verzichten. Ein Unternehmer sollte bei solchen Vorschlägen vorsichtig sein und gut überlegen, ob er dadurch nicht die urspünglichen Investitionsziele gefährdet. Die Abnahme wird selbstverständlich in einem Protokoll festgehalten.

5.1.6 Schritt 6: Das Projekt abschließen

Grundsätzlich endet ein Projekt mit einem offiziellen Projektabschluss. Hierzu gehören Endabnahme, Nachkalkulationen, gegebenenfalls die Auflösung der Infrastruktur, Touch-down, Entlastung und Auflösung der Projektorganisation und die Dokumentation.[92] Mit »*Touch-down*« bezeichnet man die Projektabschlussveranstaltung – das Pendant zum Kick-off.

Bei jedem größeren Investitionsprojekt sollte das Projektteam am Ende gemeinsam mit dem Projektleiter Bilanz ziehen: Ist der Projektauftrag erfüllt? Wurden die darin formulierten Ziele erreicht, der Zeit- und Kostenrahmen eingehalten? Wenn es Abweichungen gab – warum? Was lässt sich hieraus für künftige Projekte lernen?

Sind die Projektziele nicht erreicht worden – ca. 30 Prozent der Projekte erreichen ihre Ziele nicht[93] – wird der Projektabschluss aus Enttäuschung gerne hinausgeschoben. Auch besteht die Gefahr, dass bestimmte Anforderungen dann neu definiert werden. Besser ist es, einen Schlussstrich zu ziehen: Ein Projektabschluss schafft Klarheit über den Projekterfolg und anstehende Restarbeiten. Offiziell abgeschlossen ist ein Projekt, wenn die Geschäftleitung es für beendet erklärt hat, wenn Projektleiter und Projektteam entlastet sind und die Projektorganisation sich aufgelöst hat.

5.2 Den Umsetzungsprozess steuern und kontrollieren

5.2.1 Das magisches Dreieck des Projektmanagements

Ein Projektleiters muss drei Dimensionen gleichzeitig im Auge behalten: Kosten, Termine und Qualität. Weil diese drei Dimensionen in einem Spannungsverhältnis zueinander stehen, spricht man auch vom magischen Dreieck des Projektmanagements. Kosten lassen sich einsparen, wenn man Abstriche bei der Qualität macht (was dann möglicherweise das Investitionsziel gefährdet). Umgekehrt lässt sich eine zusätzliche Qualitätsanforderung nur mit höheren Kosten umsetzen. Ähnlich verhält es sich mit der Zeit: Ein Rückstand lässt sich entweder durch mehr Personal aufholen, was die Kostenziele gefährdet, oder durch einen höheren Arbeitsdruck, was die Qualität beeinträchtigen kann.[94]

---

92 *Hobel/Schütte* 2006, S. 226.
93 *Hobel/Schütte* 2006, S. 225.
94 *Schelle* 2004, S. 27; *Hobel/Schütte* 2006, S. 89 sprechen sogar von einem »magischen Quadrat«, in dem die Autoren Qualität und Leistungsumfang trennen.

Auch ist die Verlockung groß, bestimmte Merkmale oder Funktionen einfach wegzulassen, um einen Termin noch einzuhalten.

Es ist sehr wahrscheinlich, dass der Projektleiter es im Verlauf der Umsetzungsphase mit diesen »magischen Kräften« zu tun bekommt. Denn selbst wenn die Kosten sorgfältig geplant sind, tauchen fast immer zusätzliche Anforderungen auf, die sich auf Kosten, Termine oder Qualität auswirken. Das Unerwartete liegt im Wesen eines Projektes. Für den Projektleiter kommt es deshalb darauf an, parallel alle drei Dimensionen zu managen: Die Kosten steuert er über einen Kostenplan (siehe nächster Anschnitt), die Termine mit Hilfe des Arbeitsplans und die Qualität anhand des Pflichtenhefts.

5.2.2 Kosten planen und verfolgen

Um die Kosten des Projekts erkennen und verfolgen zu können, wird ein Investitionsobjekt üblicherweise als Kostenträger definiert. Ihm werden alle internen und externen Kosten zugeschlagen, die im Zuge des Projekts anfallen. So wird vermieden, dass die an verschiedenen Stellen anfallenden Kosten irgendwo im Unternehmen »untergehen« und eine effektive Kontrolle verunmöglicht wird. Erst die Buchung auf einen bestimmten Kostenträger erlaubt es, diese Kosten dem Investitionsobjekt sauber zuzuordnen, sie dann auch in der Bilanz zu aktivieren und später abzuschreiben.

Basis für die Kostenplanung sind die im Arbeitsplan definierten Maßnahmen. Hieran werden die Sach- und Personalressourcen abgeschätzt und zunächst das Mengengerüst, anschließend das Preisgerüst aufgebaut. Zu diesem Zweck können zwei unterschiedliche Vorgehensweisen gewählt werden: Im einen Fall werden Maßnahmen und Budget von unten nach oben (*bottom-up*) geplant, im anderen Fall wird ein Budget *top-down* vorgegeben. In der Praxis wird häufig auch im Gegenstromverfahren geplant: Die Unternehmensleitung gibt zunächst ein Budget vor. Dann werden Budget und Maßnahmen so oft einander angeglichen, bis beide im Einklang miteinander stehen.

Zu berücksichtigen ist bei der Kostenplanung, dass fixe (beschäftigungsunabhängige) und variable (beschäftigungsabhängige) Kosten entstehen. Desweiteren lassen sich grundsätzlich die beiden großen Blöcke der Personal- und Sachkosten unterscheiden. Zum *Sachmittelaufwand* zählen zum Beispiel Miete für die Räumlichkeiten, Hardware, Dienstleistungskosten, Software, die das Projektmanagement unterstützt oder den E-Room bereitstellt, oder bestimmte Werkzeuge, die zum Beispiel für die Installation einer neu angeschafften Maschine notwendig sind. Wenn eine größere Anlage geliefert wird, benötigt das Unternehmen möglicherweise einen Kran, um die Maschine aufzusetzen. Oder das Dach muss geöffnet werden, um die Maschine in die Halle zu hieven. Bei all dem handelt es sich um Sachkosten, die von der Kostenplanung erfasst werden müssen.

Bei der *Personalkostenplanung* lassen sich externe Mitarbeiter über die entsprechenden Angebote oder Rechnungen in die Kostenvorausschau einplanen. Schwieriger ist es bei den internen Mitarbeitern: Hier kann der Projektleiter anhand des Arbeitsplans die benötigten Ressourcen feststellen, indem er für jede Aktivität abschätzt, welche Mitarbeiter damit wie lange befasst sind. Für jeden Mitarbeiter lässt sich auf diese Weise bestimmen, welchen Anteil seiner Monatsarbeitszeit er für das Projekt aufbringt. Gewichtet mit dem Kostensatz dieses Mitarbeiters ergeben sich die Arbeitskosten, die auf das Projekt entfallen.

Abbildung 5.3 zeigt eine solche Einsatz- und Kostenplanung für interne Mitarbeiter. Hier widmet der Technische Leiter im September 20 Prozent seiner Arbeitszeit dem Projekt (Faktor 0,2). Bei einem Kostensatz von 10.000 Euro entstehen interne Projektkosten von 2000 Euro für diesen Monat. Auf diese Weise lassen sich systematisch die internen Kosten der Projektbeteiligten ermitteln – im Beispiel ergibt sich eine Summe von 53.500 Euro.

Einsatzplanung interne Mitarbeiter

Lfd Nummer	Name des Mitarbeiters	Faktor	Sep 11	Okt 11	Nov 11	Dez 11	Summe
1	Technischer Leiter	10.000,00 €	0,2	0,2	0,5	0,8	1,7
2	Einkaufsleiter	10.000,00 €	0,1	0,1	0,1	0,1	0,4
3	Mitarbeiter 1	4.000,00 €	1	1	1	1	4
4	Mitarbeiter 2	5.000,00 €	0,8	0,5	1	1	3,3
	Summe Mannmonate Intern		2,1	1,8	2,6	2,9	9,4

Kostenplanung

1	Technischer Leiter		2.000,00 €	2.000,00 €	5.000,00 €	8.000,00 €	17.000,00 €
2	Einkaufsleiter		1.000,00 €	1.000,00 €	1.000,00 €	1.000,00 €	4.000,00 €
3	Mitarbeiter 1		4.000,00 €	4.000,00 €	4.000,00 €	4.000,00 €	16.000,00 €
4	Mitarbeiter 2		4.000,00 €	2.500,00 €	5.000,00 €	5.000,00 €	16.500,00 €
	Summe interne Kosten		11.000,00 €	9.500,00 €	15.000,00 €	18.000,00 €	53.500,00 €

Abb. 5.3: Beispiel einer Kostenplanung für interne Mitarbeiter

Eine solche Planung ist in der Theorie leicht nachvollziehbar, die Tücken liegen jedoch – wie so oft – in der Praxis. Ein Beispiel: Bei der Einrichtung einer neuen Maschine stellte sich heraus, dass die Kosten für die Installation der Medienanschlüsse zu niedrig angesetzt wurden. Anstatt nun den externen Dienstleister weiter zu beschäftigen und zusätzliche Kosten zu verursachen, beauftragte der Projektleiter kurzerhand die unternehmenseigene Werkzeugabteilung. Deren Zeitaufwand wurde nirgends notiert, so dass der Kostenrahmen offiziell eingehalten wurde. Tatsächlich wurde jedoch eine Fehleinschätzung intern ausgeglichen, ohne dass diese Kosten an irgendeiner Stelle erfasst, geschweige denn dem Kostenträger »Projekt« zugeordnet wurden. Letztlich hatte das Projektteam versucht, einen Fehler auf Kosten des Gesamtunternehmens zu vertuschen.

Ein weiteres, weit verbreitetes Praxisproblem ist der *Sicherheitspuffer*. Wenn ein Mitarbeiter für eine Aufgabe zu lange benötigt oder zu viele Kosten verursacht, wird er hierfür kritisiert. Also macht er es, wie die meisten anderen auch: Er kalkuliert mit einem Sicherheitspuffer. Da fast alle Mitarbeiter so verfahren, erscheint der Geschäftsleitung die Gesamtkalkulation häufig zu teuer – und sie verlangt, die Kosten um 20 Prozent zu drücken. Da der Puffer in aller Regel tatsächlich existiert, funktioniert das auch. Nur wer ehrlich geplant hat, zieht dabei den Kürzeren – er kommt mit den veranschlagten Ressourcen nicht mehr zurecht.

Man kann letztlich nicht jede Schraube oder jede Stunde kontrollieren, sollte aber bei größeren Verstößen gegen die Spielregeln eingreifen. Wenn es beispielsweise heißt: »Unsere Schlosserei arbeitet jetzt eine Woche lang mit, dann bekommen wir das schon in den Griff« – und wenn diese Kosten später nirgendwo auftauchen, sollte eine Geschäftsleitung das nicht mehr hinnehmen. Die Kosten sind dann in den Gemeinkosten aufgegangen, das Projekt scheinbar sauber gelaufen. Der Projektleiter feiert seinen Erfolg – auf Kosten des Unternehmens.

Gibt es Hinweise, dass Kosten verschleiert werden, empfiehlt sich eine eng getaktete Kontrolle. Auch hierzu ein Beispiel aus der Praxis: Ein mittelständisches Unternehmen stellte nach der Anschaffung neuer Werkzeuge regelmäßig fest, dass sich die tatsächlichen Kosten häufig auf mehr als das Doppelte der geplanten Kosten beliefen. Mit Hilfe eines externen Beraters führte das Unternehmen eine strikte Kostenkontrolle ein. Jede Woche wurde ein Bericht erstellt, der die Soll- mit den Ist-Kosten abglich und gleichzeitig auch einen Forecast für die gesamten Projektkosten beinhaltete. Und siehe da: Die Abweichungen blieben aus, die Kosten waren unter Kontrolle. Dem Unternehmen gelang es, sein Kostenproblem zuverlässig in den Griff zu bekommen. Der Grund dieses Erfolgs liegt einfach darin, dass der Projektleiter jetzt zeitnah nachfragt, wenn Sollwerte nicht eingehalten werden. Die Beteiligten können sich daran erinnern, was in der zurückliegenden Woche passiert ist – und meist lässt sich innerhalb kurzer Zeit klären, wie es zu den Abweichungen gekommen ist.

Kämen die Sache erst Monate später auf den Tisch, würden alle nur noch mutmaßen und philosophieren. Und das Projektteam erläge möglicherweise der Verlockung, bestimmte Vorgänge zu verschleiern – zum Beispiel Kosten von einem Projekt auf ein anderes zu verschieben oder interne Ressourcen ohne Zurechnung auf das Projekt in Anspruch zu nehmen. Die Situation des Projektes würde immer unklarer, ein effektives Projektcontrolling bliebe auf der Strecke. Ein wöchentlicher Soll-Ist-Abgleich und ein darauf ausgerichtetes Reporting ist daher sehr zu empfehlen.

Gemeinsames Ziel aller Beteiligten sollte es sein, mit Kosten und Abweichungen ehrlich umzugehen. Womit wir wieder beim Thema Führung und Kultur ankommen: Denn es ist vor allem eine Frage der Führungskultur, ob man Fehler und Abweichungen dafür nutzt, um für die Zukunft zu lernen – oder um nach Schuldigen zu suchen, mit der Folge, dass die Mitarbeiter sich verteidigen und die Ursachen der Abweichungen mehr oder weniger im Dunkeln bleiben.

5.2.3 Change Request: Änderungswünsche prüfen

Ein besonderes Problem, mit dem sich jeder Projektleiter herumschlagen muss, ist der Change Request, der Wunsch nach Änderungen. Wir kennen das aus dem privaten Bereich: Da renovieren Sie Ihr Haus, die Kosten sind kalkuliert, und nun kommt Ihr Lebenspartner oder Ihre Lebenspartnerin und fände es ganz toll, im Badezimmer noch eine Sauna und einen Whirlpool einzubauen. Hinterher stellt sich dann die Frage, warum das Badezimmer so teuer geworden ist. Genauso ist es auch im Projekt: Es werden zusätzliche Anforderungen angemeldet, die ursprünglich nicht im Plan standen. Und die Kosten laufen unkontrolliert aus dem Ruder.

Verschärfend kommt noch ein Aspekt hinzu. Bei der Ausschreibung haben mehrere Lieferanten um den Auftrag gekämpft. Der Projektleiter oder der Einkauf hat hart verhandelt und war stolz auf seinen Verhandlungserfolg. Werden nun Änderungswünsche beim Lieferanten angemeldet, wird dieser versuchen, seine Zugeständnisse auf dem Weg überhöhter Änderungskosten zurückzuholen. Wer etwa bei einer neuen Software eine zusätzliche Funktion programmieren lässt, kann weder den Lieferanten wechseln noch harte Preisverhandlungen führen. Stattdessen besteht die Gefahr, dass das gesamte Zeit- und Kostengefüge der Projektplanung ins Wanken gerät.

Gerade bei einem Softwareprojekt befassen sich die Anwender in der Regel erst dann ernsthaft mit der Sache, wenn sie das neue Programm erstmals auf ihrem Bildschirm aufrufen. Nun entdecken sie, dass ein bisher unten links stehendes Eingabefeld neuerdings oben rechts platziert ist, was ja ganz und gar unpraktisch sei, oder ein bisher grünes Feld nunmehr gelb erscheint, eine Farbe, an die man sich unmöglich gewöhnen könne. Keine Frage, die meisten derartigen Anliegen sollte der Projektleiter entschieden zurückweisen. Andererseits werden aber immer auch berechtigte Einwände geäußert: So vermisste die Marketingabteilung bei einer neuen Software zur Erfassung der Kundenwünsche ein Freifeld, in dem der Außendienstmitarbeiter in eigenen Worten seine persönlichen Eindrücke vom Kunden schildern konnte. Diese Informationen waren für das Marketing sehr wichtig – und das Anliegen, dieses Feld im Nachhinein noch zu programmieren, absolut gerechtfertigt.

Aufgabe des Projektleiters ist es also, zusätzliche Wünsche systematisch mit einem geeigneten Formular zu erfassen und kritisch hinsichtlich der Kostenauswirkungen, Chancen und Risiken zu prüfen. Ist der Einwand einer Fachabteilung berechtigt, muss er die Änderung akzeptieren und die Planung anpassen. Das Unternehmen sollte dann jedoch daraus lernen und diesen Aspekt beim nächsten Investitionsvorhaben bereits in der Planung berücksichtigen.

Änderungen im Leistungsumfang des Projektes sind durch Nachträge in den Verträgen mit Lieferanten zu verhandeln und im Budget separat zu erfassen. So wird die Ursache für eine spätere Kostenabweichung deutlich. Die Änderungsanträge sind systematisch zu erfassen und in das Kosten- und Zeitbudget miteinzubauen, so dass der Bezug hergestellt wird.

> **Checkliste: So gehen Sie richtig mit Change Requests um**
> - ☑ Erfassen Sie jeden Änderungswunsch einzeln systematisch auf einem Formular und prüfen Sie die Machbarkeit. Bewerten sie ihn nach Kosten, Chancen und Risiken, ggf. ist für das Investitionsobjekt eine neue Wirtschaftlichkeitsrechnung zu erstellen.
> - ☑ Planen Sie bei großen Projekten vor Beginn des Projektes ein Budget für Kostenänderungen mit ein.
> - ☑ Sammeln Sie alle Änderungswünsche zentral und legen Sie eine Liste an, in der alle Änderungen erfasst sind.
> - ☑ Legen Sie vor Beginn des Projektes Regeln fest, wie mit Änderungen umgegangen werden soll.
> - ☑ Legen Sie fest, wer berechtigt ist, Änderungen bis zu welcher Höhe zu genehmigen.
> - ☑ Beauftragen Sie die Änderungen an die Lieferanten, indem Sie Nachträge zu den Verträgen aushandeln.

Abb. 5.4: Change Request: Hinweise für den Umgang mit Leistungsänderungen

5.2.4 Claim Management: Nachforderungen abwehren

Als »Claims« werden notwendige Änderungen in einem Projekt bezeichnet, deren Verantwortung für die Ursache und die daraus resultierenden Konsequenzen strittig sind. Diese strittigen Nachträge werden als Claims bezeichnet.[95]

Ein Claim ist zum Beispiel eine Nachforderung, die ein Lieferant für eine zusätzliche, im ursprünglichen Vertrag nicht vorgesehene Leistung geltend macht, z. B. ein Änderungs- und Ergänzungswunsch, aber auch eine Leistung, die aufgrund unvorhergesehener Ereignisse erforderlich wurde. Ein Beispiel: Ein Einzelhandelsunternehmen plante in Solingen, eine neue Filiale zu eröffnen. Laut Plan sollte der Bodenleger bis zum Freitagabend den Estrich verlegen, der übers Wochenende trocknen sollte, bevor dann am Montag der Teppichleger loslegen würde. Der Bodenleger wurde jedoch nicht fertig, sondern setzte am Montag und Dienstag seine Arbeit fort. Der Teppichleger, von Thüringen nach Solingen angereist, war über die Verzögerung nicht informiert und stand mit seinen Leuten am Montag morgen pünktlich auf der Baustelle. Die beiden verlorenen Tage stellte er daraufhin seinem Auftraggeber in Rechnung. Da dieser Fall im Vertrag nicht geregelt war, entstand ein Claim – ein strittiger Anspruch, den es von Seiten des Einzelhandelsunternehmens abzuwehren galt.

Bei großen Projekten lässt sich eine größere Anzahl an Claims kaum vermeiden, so dass ein systematisches Claim Management notwendig ist, um unberechtigte Nachforderungen effektiv abwehren zu können. Häufig stehen beachtliche Summen auf dem Spiel. Ein gutes Claim Management ist daher ein wesentlicher Aspekt, um die Kosten eines Projekts im Griff zu behalten.

---

95 *Gregorc/Weiner* 2005, S. 15.

Für ein systematisches Claim Management ist es zunächst wichtig, dass das Projektteam die getroffenen Vertragsvereinbarungen gut kennt. Dann kommt es darauf an, die einzelnen Claims nachvollziehbar zu erfassen. Bei großen Projekten sollte dies über Claimanzeigen erfolgen, die mit Hilfe eines Formulars erfasst und zentral gesammelt werden. Im Falle des Teppichlegers aus Thüringen wäre dies zum Beispiel eine Behinderungsanzeige.

Ab einer gewissen Anzahl von Lieferanten empfiehlt es sich, eine Claim-Erfassungsmatrix[96] zu führen (siehe Abb. 5.5), in der die einzelnen Claims mit Wert und Sachstand aufgelistet sind. So ist es möglich, die Vorgänge systematisch zu erfassen und zu steuern. In Großunternehmen existiert häufig eine eigene Stelle für das Claim Management; meist sind die Abläufe dort auch in einem eigenen Handbuch geregelt. Bei kleineren Unternehmen obliegt es dem Projektleiter oder einem von ihm bestimmten Teammitglied, diese Aufgabe zu übernehmen.

Claim-art	Status des Claims	Titel des Claims	Abweichung gemeldet am	Abweichung gemeldet von	Verursacher der Abweichung	Betroffene Abteilung	Geschätzter Wert	Chancen bei Durchsetzung	Claimsumme (bewertet)	Claimsumme (durchgesetzt)	Bemerkung
						Summen					
						Selbst übernommene Kosten					

Abb. 5.5: Beispiel für eine Claim-Erfassungsmatrix[97]

Wesentliche Voraussetzung für ein effektives Claim Management ist ein klar geregelter Prozess zum Ungang mit Änderungswünschen. Darin sollte nicht nur festgelegt sein, dass der Projektleiter jeden Änderungswunsch systematisch überprüft (siehe oben Abschnitt »Change Request«), sondern auch die Auftragsvergabe einer Änderung sollte klar geregelt sein. Viel gewonnen ist bereits, wenn ein Auftrag nicht zwischen Tür und Angel erteilt werden darf, sondern stets vom Projektleiter genehmigt werden muss und dann offiziell durch den Einkauf vergeben wird. Eine Regel könnte auch lauten, dass Änderungen ab einem Wert von x vom Projektleiter genehmigt werden müssen und ab einer Summe y zusätzlich dem Lenkungsausschuss vorzulegen sind. Solche einfache Regeln begegnen bereits wirksam der Gefahr, dass Änderungen unkontrolliert und leichtfertig vergeben werden und zu vertraglich nicht geregelten Nachforderungen führen.

Ein weiterer wichtiger Punkt: die Dokumentation. Der Projektmanager muss beurteilen können, ob eine Nachforderung tatsächlich berechtigt ist. Das kann er nur, wenn zusätzliche Lieferungen oder zusätzlich ausgeführte Arbeiten abgenommen und dokumentiert sind. Dies ist eine lästige Tätigkeit, die gerne vernachlässigt wird. Es lohnt sich deshalb, hierfür explizit einen Claim-Verantwortlichen zu bestimmen.

---

96 *Gregorc/Weiner* 2005, S. 109.
97 *Gregorc/Weiner* 2005, S. 109.

5.2.5 Laufende Projektüberwachung

Für die laufende Projektüberwachung gibt es verschiedene Projektcontrolling-Tools. Drei in der Praxis häufig eingesetzte Überwachungsmethoden werden im Folgenden kurz vorgestellt: die Meilensteintrendanalyse, die Überwachung des Investitionsbudgets anhand einer Tabelle und die Earned-Value-Analyse.

5.2.5.1 Meilensteintrendanalyse

Die Meilensteintrendanalyse eignet sich vor allem für länger laufende Projekte, bei denen das Termin- und Kostenrisiko hoch ist – wie zum Beispiel bei einer Investition im Anlagenbau. Die Methode zeigt, wie sich Verzögerungen auf die Meilensteine auswirken und möglicherweise auch den Endtermin gefährden. Sie ermöglicht Hochrechnungen auf den wahrscheinlichen Endtermin.

Um die Meilensteintrendanalyse einsetzen zu können, muss das Projektteam regelmäßig die Planung der Meilensteine überprüfen. Kommt das Team zu dem Schluss, dass ein Meilenstein nicht mehr gehalten werden kann, legt es einen neuen Termin fest und trägt diesen in die Meilensteintrendanalyse ein. Bei den folgenden Treffen prüft das Team jedes Mal erneut die Meilensteintermine und nimmt eine Aktualisierung vor. Auf diese Weise ergibt sich für jeden Meilenstein ein Trend.

Im folgenden Beispiel (Abb. 5.6) hat sich das Team vier Mal getroffen, um eine Meilensteinüberprüfung vorzunehmen. Bei der ersten Überprüfung (Berichtszeitpunkt 1) stellt das Projektteam fest, dass es Meilenstein 1 (alter Termin: 1. April 2010) nicht einhalten kann; als neuen Termin legt es den 15. April fest, womit sich der Meilenstein um 14 Tage verschiebt. Die übrigen Meilensteine erscheinen alle noch wie geplant erreichbar. Während der weiteren Projektarbeit tauchen jedoch unerwartete Schwierigkeiten auf. So kommt es, dass zum Berichtszeitpunkt 2 der erste Meilenstein um weitere anderthalb Monate auf den 1. Juni 2010 verschoben werden muss; auch der zweite Meilenstein lässt sich nun nicht mehr halten. Wenn dann das Team zum Berichtszeitpunkt 3 erneut zusammenkommt, um über die Meilensteinplanung zu beraten, erscheint auch der Endtermin nicht mehr realisierbar: Er wird auf den 30. November verschoben. Bei der vierten Zusammenkunft des Teams wird der Meilenstein 1 ein weiteres Mal, diesmal auf den 1. August, verschoben.[98]

		Plantermin	Berichts-zeitpunkt 1	Berichts-zeitpunkt 2	Berichts-zeitpunkt 3	Berichts-zeitpunkt 4
Meilenstein 1	Reihe 1	01.04.2011	15.04.2011	01.06.2011	01.07.2011	01.08.2011
Meilenstein 2	Reihe 2	16.06.2011	16.06.2011	15.07.2011	30.08.2011	30.08.2011
Meilenstein 3	Reihe 3	30.07.2011	30.07.2011	30.07.2011	15.10.2011	15.10.2011
Meilenstein 4	Reihe 4	04.09.2011	04.09.2011	04.09.2011	30.11.2011	30.11.2011

Abb. 5.6: Beispiel für eine Meilensteintrendanalyse: Darstellung als Tabelle

---

98 Zum Beispiel vgl. *Hobel/Schütte* 2006, S. 83.

Die Ergebnisse der Meilensteinanalyse lassen sich auch grafisch darstellen (Abb. 5.7). Der ansteigende Verlauf zeigt, dass insbesondere die Planung des ersten Meilensteins (Reihe 1) zu optimistisch war; möglicherweise wurde nicht hart genug an der Zielerreichung gearbeitet. Jedenfalls musste der Termin von Berichtszeitpunkt zu Berichtszeitpunkt immer weiter verschoben werden. Deutlich wird aus der grafischen Darstellung auch, dass die Termine zwischen den Meilensteinen teilweise dicht aneinander gerückt sind. Das gilt besonders zum Berichtszeitpunkt 2, bei dem die Meilensteine 2 und 3 zeitlich fast schon zusammenfallen. Der Projektmanager kann hieraus ablesen, dass der Termin von Meilenstein 3 vermutlich nicht mehr lange zu halten ist, da ja zwischen den Meilensteinen verschiedene Aufgabenpakete ausgeführt werden müssen. Die Planung zum Zeitpunkt 3 bestätigt diese Vermutung – gegenüber der ursprünglichen Planung haben sich alle Meilensteine um rund 2,5 Monate verschoben.

Das Beispiel macht deutlich: Mit etwas Erfahrung lassen sich anhand der Grafik Trends über den Projektfortschritt ablesen und Terminverschiebungen vorhersagen.

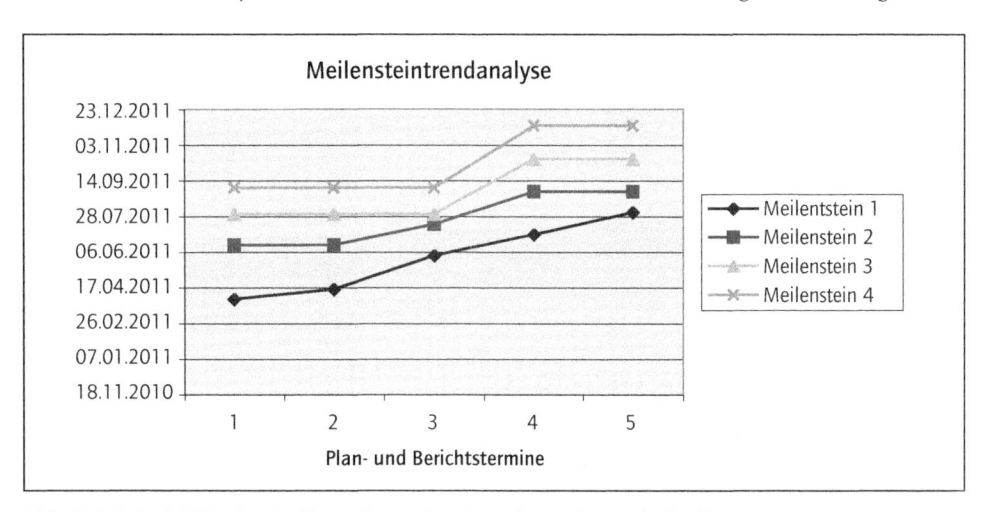

Abb. 5.7: Beispiel für eine Meilensteintrendanalyse: Darstellung als Grafik

5.2.5.2 Überwachung Investitionsbudget

Das folgende Tool ist ein handfestes Praktikerverfahren. Es handelt sich um eine fortlaufend geführte Tabelle, mit der sich auf einfache Weise ein Investitionsbudget überwachen lässt. Ein Beispiel zeigt Abbildung 5.8.

- Der erste Teil der Tabelle enthält, aufgegliedert in acht Arbeitsgänge, das Investitionsbudget; darin eingeplant ist eine Reserve von zehn Prozent.
- In den zweiten Teil der Tabelle trägt der Projektleiter die Ist-Zahlen ein (Angebot, Bestellung, Endabrechnung, Zahlung) und notiert daneben jeweils, wie weit damit das Budget ausgeschöpft ist. Zum Beispiel ist für Arbeitsgang 3 ein Budget von 7.370 Euro eingeplant, die Angebote für den Arbeitsgang belaufen sich auf 7.300 Euro, womit das Budget zu 99 Prozent ausgeschöpft wäre. Bereits bestellt sind für diesen Arbeitsgang Leistungen im Umfang von 6.900 Euro (94 Prozent des Budgets), schon abgerechnet sind 2.300 Euro (31 Prozent des Budgets).

Spaltenbezeichnung	Genehmigte Schätzung	Konzeptänderung	Reserve	Prozent	Investitionsbudget	Angebot	Angebot zu Investitionsbudget	Bestellt	Bestellt zu Investitionsbudget	Endabrechnung	Endabrechnung zu Investitionsbudget	Zahlung	Zahlung zu Investitionsbudget	Hochrechnung	Überschreitung	Unterschreitung
	(1)	(2)	(3)	(4) = (3)/(1)	(5) = (2)+(3)	(6)	(7) = (6)/(5)	(8)	(9) = (8)/(5)	(10)	(11) = (10)/(5)	(12)	(13) = (12)/(5)	(14)	(15) = (14)−(5)	(16) = (14)−(5)
Arbeitsgang 1	520,00	520,00	52,00	10,00%	572,00	498,00	87%	498,00	87%					580,00	8,00	
Arbeitsgang 2	340,00	340,00	34,00	10,00%	374,00	380,00	102%	380,00	102%					370,00		−4,00
Arbeitsgang 3	6.700,00	6.700,00	670,00	10,00%	7.370,00	7.300,00	99%	6.900,00	94%	2.300,00	31%	2.300,00	31%	7.000,00		−370,00
Arbeitsgang 4	1.200,00	1.200,00	120,00	10,00%	1.320,00	120,00	9%	120,00	9%					1.100,00		−220,00
Summe Block 1	8.760,00	8.760,00	876,00	10,00%	9.636,00	8.298,00	86%	7.898,00	82%	2.300,00	24%	2.300,00	24%	9.050,00	8,00	−594,00
Arbeitsgang 5	6.320,00	5.000,00	632,00	10,00%	5.632,00	6.300,00	112%	6.250,00	111%					5.555,00		−77,00
Arbeitsgang 6	11.340,00	11.340,00	1.134,00	10,00%	12.474,00	10.500,00	84%	9.500,00	76%					1.200,00		−11.274,00
Arbeitsgang 7	8.790,00	8.790,00	879,00	10,00%	9.669,00	8.500,00	88%	8.400,00	87%					8.200,00		−1.469,00
Arbeitsgang 8	2.302,00	2.302,00	230,20	10,00%	2.532,20	2.100,00	83%	2.100,00	83%					2.450,00		−82,20
Summe Block 2	28.752,00	27.432,00	2.875,20	10,00%	30.307,20	27.400,00	90%	26.250,00	87%					17.405,00		−12.902,20
Gesamt	37.512,00	36.192,00	3.751,20	10,00%	39.943,20	35.698,00	89%	34.148,00	85%	2.300,00	6%	2.300,00	6%	26.455,00	8,00	−13.496,20
													Abweichung Hochrechnung vom Investitionsbudget	−13.488,20		−33,77%

Abb. 5.8: Beispiel für eine Tabelle zur Überwachung eines Investitionsbudgets

- Der dritte Teil der Tabelle enthält eine aktualisierte Hochrechnung der voraussichtlich tatsächlich anfallenden Ausgaben, woraus sich dann die Über- oder Unterschreitung des Budgets errechnet. Bleiben wir bei Arbeitsgang 3: Der Projektleiter rechnet damit, dass er mit 7.000 Euro auskommt, 370 Euro weniger als im Budget veranschlagt. Bezogen auf diesen Arbeitsschritt ergäbe sich somit eine Budgetunterschreitung von 370 Euro. Wie die Summe der acht Arbeitsgänge zeigt, rechnet er insgesamt damit, das Budget nur zu etwa zwei Drittel auszuschöpfen.

Anhand der Tabelle kann der Projektleiter den Stand der Ausgaben laufend nachverfolgen und auf diese Weise das Investitionsbudget überwachen. Anhand der Bestellungen und Zahlungen kann er zudem hochrechnen, welche Budgets er insgesamt benötigt – je Arbeitsschritt und für das Projekt insgesamt. Je weiter das Projekt fortgeschritten ist, desto präziser kann er die tatsächlichen Kosten und damit die Budgeteinhaltung hochrechnen.

In der Regel verfügt ein Unternehmen heute über eine Kostenträgerrechnung, aus der sich die Ist-Daten generieren lassen. Eines bleibt aber auf jeden Fall Aufgabe des Projektleiters: Er sollte anhand der aktuellen Daten regelmäßig die Hochrechnung aktualisieren, um eine mögliche Budgetüberschreitung frühzeitig zu erkennen. Zudem hat es sich bewährt, zusätzliche Spalten für nachträgliche Budgetänderungen vorzusehen. Unter Umständen werden ja zusätzliche Beträge bewilligt, und das aktuelle Budget weicht vom ursprünglichen deutlich ab. Es ist sinnvoll, diese Änderungen in einer Spalte festzuhalten. Ebenso sollten Änderungsanträge bewertet und in die Übersicht mitaufgenommen werden.

Die Tabelle ist ein Instrument, mit dem sich eine einzelne Investition wie etwa die Anschaffung einer Maschine nachhalten lässt. Die Methode ist besonders bei kleinen Unternehmen beliebt. Es genügt, eine Excel-Tabelle zu führen, dazu noch einen Ordner anzulegen, um dort die Kopien der Rechnungen abzulegen – und man behält jederzeit die Übersicht über Ausgaben und Budget.

5.2.5.3 Earned-Value-Analyse

Während sich ein einzelnes Investitionsprojekt in der beschriebenen Weise mit Hilfe einer einfachen Tabelle kontrollieren lässt, stehen größere Unternehmen oft vor dem Problem, dass sie mehrere Investitionen gleichzeitig überwachen müssen. Hierbei kann die Earned-Value-Analyse helfen. Diese Methode, die in den 1960er-Jahren bei US-amerikanischen Behörden entwickelt wurde, bewertet den Arbeitsfortschritt im Projekt über den jeweiligen Fertigstellungsgrad. Das Verfahren setzt voraus, dass es Projektmeilensteine gibt und für jede Phase die Plankosten ermittelt wurden. Aus der Abweichung der Ist-Kosten von den Planwerten werden dann verschiedene Kennzahlen abgeleitet.

Schritt 1: Strukturierung des Projekts
Ausgangspunkt der Analyse ist eine detaillierte Strukturierung des Projekts, die *Work Breakdown Structure*. Hierzu wird das Projekt in Phasen, Aktivitäten und Arbeitspakete gegliedert, wobei der Detaillierungsgrad vom Projekt abhängt. Es handelt sich hierbei um nichts anderes als den Arbeitsplan, den wir bereits im Abschnitt 4.1 (Abschnitt: »Schritt 2: Feinplanung erstellen«) kennengelernt haben.

Das folgende Beispiel (Abb. 5.9) zeigt eine vierstufige Work Breakdown Structure für ein Projekt, in das die Bereiche Verkauf, Produktion und Qualitätssicherung involviert sind (Stufe 1). Im Verkauf liegt das Ziel in der Neukundengewinnung (Stufe 2), die durch Ausstellungen (Stufe 3) und Kundenbesuche (Stufe 4) realisiert werden soll. Das Controlling setzt dann auf den untersten Stufen (hier die Stufen 3 und 4) an, das heißt auf der Ebene der einzelnen Arbeitspakete.

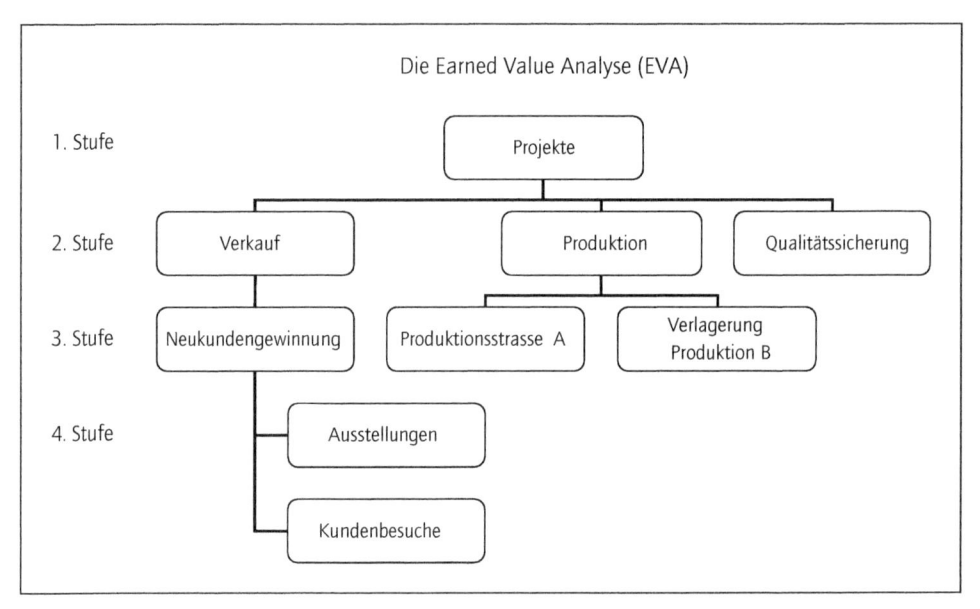

Abb. 5.9: Beispiel für eine vierstufige Work Breakdown Structure

Schritt 2: Kalkulation der Plankosten
Zu Beginn des Projektes legt das Projektteam für die einzelnen Arbeitspakete die Plankosten (= Sollkosten) fest. Auf diese Weise entsteht ein Kostenplan, der das gesamte Budget des Projektes auf die einzelnen Arbeitsschritte verteilt.

Schritt 3: Vergleich der Plankosten mit dem tatsächlichen Projektstand
Der Projektleiter kann nun während der Umsetzung des Projekts jederzeit den Earned Value (EV) feststellen, eine Kennzahl, die den Wert der bisher geleisteten Arbeit widerspiegelt. Es handelt sich hierbei ganz einfach um die Plankosten, die für die bisher erbrachte Arbeit veranschlagt waren. Wenn zum Beispiel das Gesamtbudget 900.000 Euro beträgt und die Leistung zu zwei Dritteln erbracht ist (= Fertigstellungsgrad 2/3), ergibt sich ein Earned Value von 600.000 Euro. Es gilt also:

$$EV = Fertigstellungsgrad * Gesamtbudget$$

Der Earned Value lässt sich nun als Referenzwert nutzen, um den tatsächlichen Projektfortschritt zu messen. In der Praxis erfolgt die Messung mit Bezug auf die vordefinierten Meilensteine: Man stellt fest, welche Wegstrecke bis zum nächsten Meilenstein zurückgelegt wurde. (Vorsicht vor dem »90-Prozent-Syndrom«: Manches Team hat den

Eindruck, die Aufgaben zu 90 Prozent erledigt zu haben, liegt aber tatsächlich noch weit darunter! Der Projektleiter sollte deshalb anhand der Fortschrittsrückmeldungen eine sorgfältige Abschätzung vornehmen.) Das Ergebnis kann dann zum Beispiel sein, dass in Bezug auf den nächsten Meilenstein 50 Prozent der Aktivitäten erledigt sind.

Die Earned-Value-Methode ermöglicht, verschiedene Indikatoren zu berechnen, mit denen der Projektleiter die aktuelle Performance eines Projektes beurteilen kann. Das folgende Beispiel (Abb. 5.10) zeigt ein Projekt zum Zeitpunkt 30. April 2011. Es besteht aus vier Arbeitspaketen (A, B, C und D), hat am 1. Januar begonnen und soll am 31. Juli enden.

Berechnung der Performance Indices

Aktivität	Start	Ende	Gesamtbudget	Fertigstellungsgrad (FSG)	Plankosten	Istkosten	EV (Earned Value)	CPI (EV/Istkosten)
A	01.01.2011	31.03.2011	100.000	75 %	100.000 €	80.000 €	75.000	94 %
B	01.01.2011	28.02.2011	20.000	100 %	20.000 €	25.000 €	20.000	80 %
C	01.03.2011	31.05.2011	50.000	50 %	33.333 €	25.000 €	25.000	100 %
D	01.04.2011	31.07.2011	60.000	60 %	15.000 €	25.000 €	36.000	144 %

Abb. 5.10: Berechnung der Performance eines Projekts zum Zeitpunkt 30.04.2011

Mit Blick etwa auf Aktivität A kann der Projektleiter zum Zeitpunkt 30. April die Situation wie folgt beurteilen:
- Bei einem Gesamtbudget von 100.000 Euro und einem Fertigstellungsgrad von 75 Prozent ergibt sich ein Earned Value (EV) von 75.000 Euro. Bis zum jetzigen Zeitpunkt sind somit für Aktivität A Leistungen im Wert von 75.000 Euro erbracht worden.
- Ein EV von 75.000 Euro besagt zwar, dass Leistungen in diesem Wert geschaffen wurden. Doch stellt sich hier natürlich die Frage, wie hoch der Aufwand hierfür tatsächlich war. Hat das Team sein Budget hierfür überzogen? Oder konnte es die Leistung mit weniger Kosten als geplant erbringen? Antwort hierauf gibt der *Cost-Performance-Index (CPI)*, der den EV zu den Ist-Kosten in Bezug setzt (CPI = EV/Ist-Kosten). Ein CPI-Wert unter 100 Prozent zeigt an, dass die Ist-Kosten über den Plankosten liegen. Im Beispielfall (Aktivität A) sind Ist-Kosten in Höhe von 80.000 Euro angefallen, woraus sich ein CPI von 94 Prozent errechnet. Der Projektleiter stellt also fest, dass sein Team zwar 75 Prozent des Arbeitspakets erledigt, hierfür aber schon 80 Prozent des veranschlagten Budgets aufgebraucht hat. Das heißt für jeden Euro, den er als Kosten einsetzt, hat er nur 94 Cent Leistung, also Earned-Value erhalten, d. h. es wird wahrscheinlich eine Kostenüberschreitung um diesen Betrag geben.
- Nicht zuletzt möchte der Projektleiter wissen, ob das Projekt zeitlich aus dem Ruder läuft. Einen guten Anhaltspunkt gibt ihm der *Schedule-Performance-Index (SPI)*, der auch als Termintreue-Index bezeichnet wird. Der EV wird zu den Plankosten in Bezug gesetzt (SPI = EV/Plankosten). Ein Wert von kleiner eins signalisiert einen Terminverzug, ein Wert größer eins deutet darauf hin, dass die Aktivität schneller vonstatten

geht als ursprünglich geplant. Im Beispiel waren bis zum Beobachtungszeitpunkt (30. April) 100.000 Euro als Plankosten veranschlagt, erarbeitet hat das Team jedoch nur einen Leistungswert (Earned Value) von 75.000 Euro. Hieraus kann der Projektleiter schließen, dass das Team deutlich im Rückstand ist: Es ergibt sich ein SPI von 75.000 Euro/100.000 Euro = 75 Prozent. Bezogen auf Tätigkeit A liegt die Termintreue somit nur bei 75 Prozent. Der Projektleiter muss also befürchten, dass sein Team für die Tätigkeit A mehr Zeit benötigt als im Plan vorgesehen.

Wenn ein Unternehmen mehrere Projekte parallel managt, kann es sich über den Stand der Projekte einen Überblick verschaffen, indem es die Ergebnisse der Earned-Value-Analyse in einem Portfolio darstellt (Abb. 5.11). Dies geschieht anhand der Dimensionen Zeit und Kosten. Ist das Projekt in der Nähe des Schnittpunkts positioniert, verläuft es weitgehend nach Plan. Kritisch sind dagegen vor allem die Projekte im oberen linken Quadranten: Hier sind sowohl die Kosten- als auch die zeitlichen Ziele gefährdet.[99]

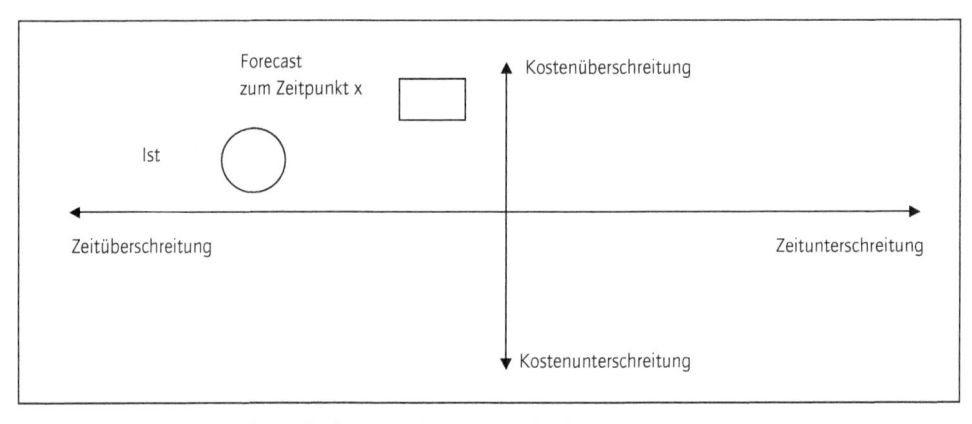

Abb. 5.11: Projektcontrolling mit der Earned-Value-Methode

Durch weitere Rechenschritte ist es mit der Earned-Value-Methode auch möglich, voraussichtliche Kosten- und Terminüberschreitungen abzuschätzen. In unserem Beispiel kann die Kostenüberschreitung wie folgt ermittelt werden: Das Gesamtbudget wird durch den Cost-Performance-Faktor dividiert, woraus sich die revidierten Gesamtkosten ergeben. Für Aktivität A werden also 100.000 Euro durch 94 Prozent dividiert; hieraus ergibt sich als neue Kostenschätzung der Wert von 106.383 Euro.

Ein neuer Termin und damit die voraussichtliche Terminüberschreitung ergibt sich für Aktivität A nach folgender Berechnung: Zum 30. April 2011 sind seit dem Start der Aktivität 4 Monate als Ist-Zeit vergangen. Die Ist-Zeit wird mit dem Schedule-Performance-Index (SPI) multipliziert, und man erhält die Zahl 3 Monate. Die Ist-Zeit (4 Monate) wird dann durch den SPI (0,75) dividiert, woraus sich die neue Gesamtdauer der Aktivität mit 5,3 Monaten errechnet. Somit ergibt sich also neuer geschätzter Endtermin der 10. Juni 2011.

---

99 *Hoffmann/Renner* 2008, S. 48 ff.

5.2.6 Information über den Projektstatus

Für eine übersichtliche Berichterstattung empfiehlt es sich, in regelmäßigen Abständen einen zusammenfassenden Projektstatusbericht zu verfassen. Wesentlicher Bestandteil des Berichtes ist der laufende Soll-Ist-Vergleich. Zusätzlich zu den Kosten- und Terminangaben sollten noch ergänzende Anagaben über wichtige Ereignisse im Projekt, anstehende Änderungsanträge sowie erforderliche Entscheidungen und Empfehlungen der Projektleitung aufgeführt werden.[100]

Weit verbreitet ist die Situationsbeschreibung mit Hilfe von Ampelfarben, die für jeden sichtbar signalisieren, ob ein Projekt im »grünen Bereich« liegt oder Handlungsbedarf besteht:

- Rot: Das voraussichtliche Ergebnis liegt außerhalb der Toleranz im Hinblick auf Zeit, Kosten oder Qualität.
- Gelb: Es gibt neue Erkenntnisse, dass das Projekt nicht innerhalb der vereinbarten Ziele läuft, aber innerhalb eines tolerablen Bereiches.
- Grün: Das Projekt läuft wie geplant.

Das Prinzip lässt sich auf alle Teilziele oder Indikatoren anwenden. Es ist in vielen Controlling-Tools bereits enthalten oder lässt sich auf einfache Weise programmieren, indem bei Überschreiten bestimmter Grenzwerte sich die Farbe ändert. Wichtig ist es, diese Schwellen vorher sorgfältig zu definieren.

Projektstatusbericht			
An:			
Kopie an:			
Projekt:	Projekt- Nummer:		
zu Investitionsantrag Nr.			
Projektleiter:	Verfasser:		
Aktuelle Projektphase:			
Statusfarbe Gesamtprojekt:	grün	gelb	rot
Projektkosten			
Genehmigtes Gesamtbudget:			
Genehmigtes Budget bis (aktueller Monat):	Ist-Kosten zeitanteilig:		
	Abweichung:		
Genehmigte Änderungsanträge (Summe):			
Zu erwartende Projektgesamtkosten:			
Statusfarbe Kosten:	grün	gelb	rot

---

100 Vgl. auch *Hobel/Schütte* 2006, S. 79.

Projekttermine			
Übersicht Meilensteine	Soll Termin	Ist-Termin	Zu erwartender Ist-Termin
Meilenstein 1:			
Meilenstein 2:			
Meilenstein 3:			
Projektendtermin:			
Statusfarbe Termin:	grün	gelb	rot
Qualität			
Bemerkungen zu veränderten Zielvereinbarungen:			
Statusfarbe Qualität:	grün	gelb	rot
Risiko			
Bemerkungen zu aufgetretenen und neuen Risiken im Projekt:			
Statusfarbe Risiko:	grün	gelb	rot
Aktivitäten			
Durchgeführte Aktivitäten:			
Offene Punkte:			
Entscheidungsbedarf (z. B. Änderungsanträge):			

Abb. 5.12: Muster eines Projektstatusberichtes

5.2.7 Umgang mit kritischen Situationen

Die beste Projektüberwachung nützt wenig, wenn notwendige Konsequenzen ausbleiben. Sicher: Kleinere Abweichungen kann der Projektleiter im Zuge des normalen Projektmanagements handhaben, etwa indem er bei den wöchentlichen Teambesprechungen darauf hinweist. Manches egalisiert sich auch von selbst – da kostet der eine Auftrag etwas mehr, der andere etwas weniger als geplant, da geht der eine Arbeitsgang etwas schneller, der andere braucht etwas mehr Zeit. All das ist Projektalltag.

Für größere Abweichungen sind jedoch feste Regeln erforderlich. Im Einzelnen variieren diese Regeln von Unternehmen zu Unternehmen; entscheidend ist jedoch, *dass* es eine klare Regelung gibt. Hierzu gehört, bereits vor Projektstart die so genannten *Eskalationspfade* festzulegen: Wer muss wann informiert werden? Ab welcher Abweichung muss ein Mitarbeiter den Projektleiter informieren? Wann muss die Geschäftsleitung eingeschaltet werden?

Meist gilt der Grundsatz: Wenn Kosten oder Termine um mehr als zehn Prozent vom Plan abweichen, muss der Auftraggeber des Projekts (bei größeren Investitionen in der Regel die Geschäftsleitung) informiert werden. Dem Projektleiter obliegt es dann, die Abweichung zu begründen und möglicherweise einen »Nachschlag« zu fordern. Hierzu muss er nachvollziehbar darlegen, wie es zu dieser Situation gekommen ist. Was wurde vergessen, was übersehen? Sind neue Anforderungen aufgetaucht? Gab es Änderungen in der Planung? An dieser Stelle zahlt es sich für den Projektleiter aus, wenn er den oben beschriebenen Change Request gewissenhaft nachgehalten hat.

Im Falle einer größeren Abweichung muss die Geschäftsleitung entscheiden, ob und wie es mit dem Projekt weitergeht. Wenn zum Beispiel ein wichtiger Kunde abspringt und dadurch eine geplante Kapazitätserweiterung nicht mehr ausreichend ausgelastet wäre, kann die gesamte Investition obsolet sein. Oder ein Vorhaben rechnet sich plötzlich nicht mehr, weil der Gesetzgeber eine fest eingeplante Fördermöglichkeit streicht. Oder die Entwicklungsabteilung hat sich vergaloppiert. So geschehen im Falle eines Familienbetriebs, bei dem ein Techniker auf die glorreiche Idee kam, eine Federzinkenwickelmaschine zu entwickeln, die alles können sollte – kleine Zinken, große Zinken, gebogene Zinken. Leider war nach Monaten noch nicht absehbar, ob dieses Wunderwerk je funktionieren würde. In solchen Fällen bleibt, so bitter es fällt, nur eine Konsequenz: Das Projekt abbrechen und die Kosten ausbuchen. Das fällt allerdings oft schwer, wird doch oft versucht, die Kosten durch Weiterführung des Projektes zu retten. Dieser Effekt wird als *Sunk-Cost-Effekt* bezeichnet.[101]

5.3 Kritischer Erfolgsfaktor: Führung und Kommunikation

Wie im Verlaufe des Investitionsprozesses schon einige Male deutlich wurde, stützen drei Säulen den Erfolg einer Investition: die Strategie des Unternehmens, die betriebswirtschaftliche Absicherung sowie eine klare Führung und Kommunikation. Bei der Prozessphase »Umsetzung« spielt die dritte Säule, Führung und Kommunikation, eine besonders wichtige Rolle. Entscheidend sind vor allem zwei Aspekte:
- Nur wenn die Beteiligten das Investitionsvorhaben verstanden haben und hinter ihm stehen, werden sie es ernst nehmen und unterstützen. Erst dann werden sie bereit

---

101 *Mahlendorf* 2010, S. 39.

sein, neben ihrem Alltagsgeschäft ausreichend Zeit und Energie auf die Projektaufgaben zu verwenden.
- Es hängt entscheidend vom Führungsgeschick des Projektleiters ab, ob die Umsetzung gelingt. Seine Aufgabe ist es, ein schlagkräftiges Team aufzubauen und so zu führen, dass die Teammitglieder ihre Stärken einbringen und sich gemeinsam für die Projektziele einsetzen. Nur so besteht die Chance, den Kosten- und Zeitplan tatsächlich einzuhalten.

Die Führungsanforderungen liegen somit vor allem bei der Geschäftsleitung und beim Projektleiter. Die folgende Übersicht (Abb. 5.13) listet die wichtigsten Führungsaufgaben auf – und vermittelt einen Eindruck von der Bedeutung des Themas »Führung« bei der Umsetzung eines Investitionsprojekts.

Führungsaufgaben bei der Projektumsetzung	
Aufgaben der Geschäftsleitung	Bedeutung des Projekts im Unternehmen kommunizieren
	Dem Projektleiter volle Rückendeckung geben
	Mitarbeiter für die Projektarbeit freistellen
	Notwendige Entscheidungen treffen (z.B. Freigabe der Meilensteine)
Aufgaben des Projektleiters	Projektstruktur schaffen und Team zusammenstellen
	Schlagkräftiges Team aufbauen und führen
	Konflikte erkennen und managen
	Mit der Geschäftsleitung regelmäßig kommunizieren
	Schnittstellen zu anderen Abteilungen managen
	Abweichungen ehrlich kommunizieren („aus Fehlern lernen")

Abb. 5.13: Führungsaufgaben von Geschäftsleitung und Projektleiter

5.3.1 Führungsaufgaben der Geschäftsleitung

Aufgabe der Geschäftsleitung ist es, die Bedeutung des Projekts im Unternehmen zu kommunizieren. Nicht nur die Teammitglieder müssen das Vorhaben verstanden haben. Auch alle anderen Mitarbeiter im Unternehmen, die später aus dem Projekt heraus Aufträge erhalten, müssen informiert sein. Allen sollte klar sein, dass die Investition für die Zukunft des Unternehmens wichtig ist – und die Geschäftsleitung daher großen Wert auf den Erfolg des Projekts legt.

Speziell den Mitgliedern des Projektteams sollte die Geschäftsleitung signalisieren, dass sie hinter dem Projektleiter steht – und dies auch während der Umsetzungsphase immer wieder bekräftigen. Das geschieht durch Worte, vor allem aber durch Taten. Dazu gehört, dass die Geschäftsleitung anstehende Entscheidungen zügig trifft, wenn das Team einen Meilenstein erreicht hat oder bei einer unerwarteten Schwierigkeit alleine nicht weiterkommt. Dazu gehört aber auch, dass die Geschäftsleitung nicht am Projektleiter vorbei sich in die Projektarbeit einmischt. Dies würde zum einen die Teammitglieder irritieren: Warum, so würde man sich fragen, schaltet sich nun der Unternehmenschef persönlich sich ins Tagesgeschäft ein? Vor allem aber würde es die Autorität des Projektleiters untergraben – entstünde doch unweigerlich der Eindruck, dass dieser es alleine nicht schafft und der Chef eingreifen muss.

5.3.2 Führungsaufgaben des Projektleiters

Den Projektleiter erwartet eine anspruchsvolle Führungsaufgabe, die in der Praxis häufig unterschätzt wird. Ihm obliegt es, eine effektive Projektstruktur zu schaffen und ein kompetentes und schlagkräftiges Team aufzubauen. Auch wenn es ihm gelingt, die fachlich besten Leute zusammenzuholen, ist damit der Erfolg des Projekts noch längst nicht sichergestellt. Spätestens wenn die Mitarbeiter unvorbereitet in die Teamsitzung kommen, Termine verschleppen und die notwendige Kreativität vermissen lassen, sind die Führungsfähigkeiten des Projektleiters gefordert.

Um zu verstehen, womit beim Aufbau des Teams zu rechnen ist, lohnt sich ein Blick auf die typischen Phasen einer Teamentwicklung: Startphase, Konfliktphase, Organisationsphase und Synergiephase[102].

- In der *Startphase* orientieren sich die Teammitglieder. Sie wollen mehr übereinander erfahren und testen verschiedene Verhaltensweisen, um festzustellen, welche in der Gruppe akzeptiert werden und welche auf Widerstand stoßen; eine klare Aufgabenverteilung und Rangordnung sind noch nicht vorhanden. Insgesamt dominiert eine freundliche Kollegialität.
- In der zweiten Phase der Teamentwicklung, der *Konfliktphase*, streben die Mitglieder danach, Beziehungen zueinander aufzubauen. Dahinter steht die tiefere Absicht, sich selbst möglichst viel Macht und Einfluss zu verschaffen. Die freundliche Kollegialität aus der Startphase tritt zurück: Einzelne Gruppenmitglieder stellen sich gegen andere oder widersetzen sich gegen Normen, die sich allmählich entwickeln. Krisen und Konflikte sind zu erwarten. Der Projektleiter muss jetzt nicht nur die Konflikte entschärfen, sondern auch festlegen, wie die Zusammenarbeit konkret aussehen soll. In dieser Phase entscheidet sich auch, ob die Teammitglieder den Projektleiter als ihren »Chef« anerkennen.
- Hat die Gruppe aus der Konfliktphase herausgefunden, kehrt wieder Ruhe ein. Die nun folgende *Organisationsphase* ist vom Wunsch nach guter Zusammenarbeit geprägt. Die Teammitglieder fangen an, sich ernsthaft um die Projektziele und ihre Arbeitspakete zu kümmern. Die Gruppe findet ihre Organisation und akzeptiert klare Spielregeln; das Verständnis untereinander wächst.
- Wirklich produktiv wird das Team in der letzen Phase, der *Synergiephase*. Die Rollen sind klar verteilt, jeder leistet seinen eigenen Beitrag zum Ganzen. Zugleich pflegen die Teammitglieder engen Kontakt untereinander. Der Umgang ist zwanglos, beruht auf gegenseitiger Wertschätzung. Die Mitglieder wissen, dass sie sich aufeinander verlassen können. Die Führungsaufgabe des Projektleiters liegt nun darin, auch in kritischen Projektphasen dafür zu sorgen, dass dieses produktive Zusammenspiel erhalten bleibt.

---

[102] *Hinz* 2009, S. 127 ff.

Ein erfahrener Projektleiter weiß also, dass Machtkämpfe am Anfang des Teambildungsprozesses normal sind. Er rechnet mit Konflikten und ist in der Lage, diese frühzeitig zu erkennen und zu entschärfen, bevor sie eskalieren und den Zusammenhalt der Gruppe gefährden. Dem Projektleiter ist klar, dass er dem Team eine gewisse Zeit lassen muss, damit die Mitglieder zueinander finden können.

Vor allem aber setzt der erfahrene Projektleiter auf eine offene und ehrliche Kommunikation. Dazu gehört, die Ziele des Projekts und die daraus resultierenden Erwartungen an die einzelnen Teammitglieder klar zu formulieren. Ebenso ist es seine Aufgabe, laufend über den Stand des Projekts zu informieren und Abweichungen vom Plan anzusprechen – nicht um einen Schuldigen bloßzustellen, sondern um zu korrigieren und aus Fehlern zu lernen. Das entscheidende Führungsinstrument sind hier regelmäßige, gut vorbereitete Teambesprechungen, die nicht nur dem Projektcontrolling dienen, sondern auch dem Austausch der Teammitglieder untereinander. In der Regel finden diese Besprechungen wöchentlich statt, je nach Bedarf auch häufiger. Bei Großbaustellen zum Beispiel sind tägliche Projektbesprechungen üblich, zu der alle Mitarbeiter frühmorgens um sechs Uhr zusammenkommen.

5.4 Zusammenfassung

Der Investitionsauftrag und das Finanzierungskonzept sind erarbeitet. Damit steht auch der grobe Fahrplan für die Umsetzung der Investition fest. Es gibt ein klares Investitionsziel und einen Endtermin, bis zu dem die Investition umgesetzt sein muss, will man die mühsam erarbeitete Finanzierung nicht wieder aufs Spiel setzen. Es liegt deshalb nahe, die Umsetzung in Form eines Projektes abzuwickeln: mit einem klaren Projektauftrag, definierten Meilensteinen und festgelegtem Endtermin. Der Erfolg der Umsetzungsphase hängt deshalb in erster Linie von einem professionellen Projektmanagement ab.

Entscheidend ist dabei die Frage: Wie gelingt es, Kosten, Termine und Qualität im Griff zu behalten? Die drei Dimensionen stehen in einem Spannungsverhältnis zueinander und werden deshalb auch als magisches Dreieck des Projektmanagements bezeichnet. Kosten lassen sich einsparen, indem man auf Qualität verzichtet, ein zeitlicher Rückstand lässt sich entweder durch mehr Personal aufholen, was die Kostenziele gefährdet, oder durch einen höheren Arbeitsdruck, was die Qualität beeinträchtigen kann.

Für die laufende Projektüberwachung stehen dem Projektleiter verschiedene Werkzeuge zur Verfügung wie Meilensteintrendanalyse, Überwachung des Investitionsbudgets anhand einer Tabelle und Earned-Value-Analyse:
- Die Meilensteintrendanalyse eignet sich vor allem für länger laufende Projekte, bei denen das Termin- und Kostenrisiko hoch ist – wie zum Beispiel bei einer Investition im Anlagenbau. Die Methode zeigt, wie sich Verzögerungen auf die Meilensteine auswirken und möglicherweise auch den Endtermin gefährden. Das Verfahren ermöglicht Hochrechnungen auf den wahrscheinlichen Endtermin. Mit etwas Erfahrung kann der Projektleiter anhand einer Grafik Trends über den Projektfortschritt ablesen und Terminverschiebungen vorhersagen.
- Die Überwachung des Investitionsbudgets anhand einer Tabelle ist ein handfestes Praktikerverfahren. Es handelt sich um eine fortlaufend geführte Tabelle, mit der sich auf einfache Weise ein Investitionsbudget überwachen lässt.

- Die Earned-Value-Analyse erlaubt es, verschiedene Indikatoren zu berechnen, mit denen der Projektleiter die aktuelle Performance eines Projektes beurteilen kann. Wenn ein Unternehmen mehrere Projekte parallel managt, kann es sich über den Stand der Projekte einen Überblick verschaffen, indem es die Ergebnisse der Earned-Value-Analyse in einem Portfolio darstellt.

Die beste Projektüberwachung nützt wenig, wenn notwendige Konsequenzen ausbleiben. Für größere Abweichungen sind deshalb feste Regeln und Eskalationspfade festzulegen: Wer muss wann informiert werden? Wann muss die Geschäftsleitung eingeschaltet werden? Wenn Kosten oder Termine um mehr als zehn Prozent vom Plan abweichen, so lautet eine übliche Regelung, muss die Geschäftsleitung informiert werden. Diese muss dann entscheiden, ob und wie es mit dem Projekt weitergeht.

Vor allem drei Faktoren entscheiden über den Erfolg einer Investition: die Strategie des Unternehmens, die betriebswirtschaftliche Absicherung sowie eine klare Führung und Kommunikation. In der Prozessphase »Umsetzung« kommt es in besonderem Maße auf den dritten Faktor an: Führung und Kommunikation. Es hängt entscheidend vom Führungsgeschick des Projektleiters ab, ob die Umsetzung gelingt. Seine Aufgabe ist es, ein schlagkräftiges Team aufzubauen und so zu führen, dass die Mitglieder ihre Stärken einbringen und sich gemeinsam für die Projektziele einsetzen. Nur dann besteht die Chance, den Kosten- und Zeitplan tatsächlich einzuhalten.

6 Nutzungsphase: Das Investitionsziel erreichen

Die Umsetzung ist erfolgt, das Projekt abgeschlossen. Wie die Erfahrung zeigt, ist die Investition damit jedoch noch längst nicht in trockenen Tüchern. Auch die jetzt folgende Nutzungsphase erfordert vom Investor Aufmerksamkeit – und möglicherweise entschlossenes Handeln.

Ein Fall aus der Metallverarbeitung: Eine installierte Wickelmaschine für Federzinken erfüllte ihre Aufgabe zunächst bestens – bis eines Tages neue, härtere Materialien aufkamen, die dem Kunden klare Vorteile boten. Um das härtere Material zu verarbeiten, benötigte die Maschine jedoch ein stärkeres Getriebe. Da die bisherige Produktionsweise die Kundenanforderungen nicht mehr erfüllte, musste das Unternehmen die Maschine von Grund auf technisch überholen. Ähnlich erging es einem Handelsunternehmen, das einen Onlineshop eingerichtet hatte: Auch hier änderten sich die Standards. Die Kunden erwarteten eine deutlich nutzerfreundlichere Menüführung, um mit wenigen Klicks innerhalb weniger Augenblicke ein Produkt kaufen zu können. Schneller als erwartet erwies sich das Shopsystem als nicht mehr zeitgemäß, das Ziel »40 Prozent Online-Umsatz« konnte damit nicht erreicht werden. Auch hier musste das Unternehmen nachbessern.

Nicht nur *unerwartete Marktentwicklungen* können die ursprüngliche Kalkulation einer Investition gefährden. Als besonders tückisch erweisen sich auch *schleichende unternehmensinterne Prozesse*, die lange Zeit unbemerkt bleiben und die Wirtschaftlichkeit der Investition aushöhlen. Ein klassisches Beispiel sind hier Investitionen in den Markenaufbau, die durch das schleichende Aufweichen der CI-Richtlinien[103] gefährdet werden. Das Gestaltungshandbuch schreibt für alle Publikationen des Unternehmens schwarzweiße Fotos und weinrote Überschriften vor, der Internetauftritt einer Tochtergesellschaft präsentiert sich dann jedoch mit farbigen Bildern und schwarzen Überschriften. Das einheitliche Erscheinungsbild beginnt sich aufzulösen, was am Ende den ganzen Markenbildungsprozess beeinträchtigt.

Aber auch für Investitionen in der Produktion können solche schleichenden Prozesse gefährlich sein. Steigt etwa der Ausschuss in der Produktion in einem Jahr von 0,5 auf 0,7 Prozent, wird leicht darüber hinweggesehen. Auf längere Sicht summieren sich jedoch diese scheinbar geringfügigen Veränderungen und können erhebliche Folgen haben. Ein effektives Controlling ermöglicht es, solche Entwicklungen aufzuspüren und rechtzeitig gegenzusteuern. So könnte das Controlling zum Beispiel festlegen: Wenn drei Mal hintereinander 0,7 Prozent oder mehr Ausschuss anfallen, muss nach der Ursache geforscht und müssen die Fehler behoben werden, um die ursprüngliche Zielmarke wieder zu erreichen.

Doch eben dieses Controlling fehlt häufig. Mit Abschluss der Projektphase endet das Projektcontrolling – und es ist keineswegs selbstverständlich, dass die Investition auch

---

103 *CI* steht für Corporate Identity, womit die »Unternehmenspersönlichkeit« bezeichnet wird, die durch den abgestimmten Einsatz von Verhalten, Erscheinungsbild und Kommunikation entsteht.

weiterhin im erforderlichen Detaillierungsgrad nachverfolgt wird. Erst wenn die Kosten offensichtlich aus dem Ruder laufen, widmet man dem Thema größere Aufmerksamkeit. Dann besteht jedoch die Gefahr, dass Fakten durch Mutmaßungen, Nichtwissen durch Phantasie ersetzt werden. Die Beteiligten argumentieren unter dem Eindruck des Tagesgeschäfts, was dann oft durchaus plausibel klingen und teilweise auch zutreffen mag. Dennoch ergibt sich meist ein falsches Bild, das den eigentlichen Ursachen nicht gerecht wird. Was fehlt, sind solide Daten und Fakten, die nur ein gutes Controlling liefern kann.

Nach Abschluss des Investitionsprojektes muss der Unternehmer also weiterhin wachsam sein und bei Bedarf konsequent intervenieren, um die Investitionsziele zu erreichen. Während der Nutzungsphase hat er drei wesentliche Aufgaben wahrzunehmen:

- *Die Investition auf Kurs halten.* Hier ist der Investor wieder als Unternehmer gefordert, indem er Innovationen und Marktänderungen erkennt, die Folgen für die Investitionsziele abschätzt und gegebenenfalls über Maßnahmen entscheidet, um ein gefährdetes Ziel doch noch zu erreichen.
- *Effektives Controlling sicherstellen.* Um die Investition auch während der Nutzungsphase kontrollieren und steuern zu können, bedarf es eines effektiven Controllings. Stichworte sind hier: Einrichtung einer separaten Kostenstelle, Kennzahlencockpit und Zielkontrolle nach zwei Jahren.
- *Die Investition erneuern oder beenden.* Es gilt, den richtigen Zeitpunkt für eine Ersatzinvestition zu finden. Soll das Produkt nicht mehr weitergeführt werden, ist eine Desinvestition einzuleiten; dies kann dann auch mit der Schließung einer ganzen Abteilung verbunden sein.

6.1 Die Investition auf Kurs halten

6.1.1 Strategische Steuerung: Marktsignale wahrnehmen – und handeln

Die strategische Steuerung der Investition ist und bleibt eine Kernaufgabe des Unternehmers – auch während der Nutzungsphase. Nach wie vor ist es seine Aufgabe, marktrelevante Veränderungen wahrzunehmen, in seine Strategie einzuordnen und gegebenenfalls Konsequenzen zu ziehen. Folgende Maßnahmen können notwendig werden:
- *Nachrüstung.* Hierfür steht das Eingangsbeispiel: Die Anlage wird mit einem stärkeren Getriebe ausgestattet, um das neue Markterfordernis nach härteren Materialien erfüllen zu können.
- *Flankierende Maßnahmen.* Ein Händler startet für einen neuen Standort eine zusätzliche Werbekampagne, weil er erfährt, dass ein Konkurrent im gleichen Stadtviertel ebenfalls eine Filiale eröffnen möchte.
- *Ersatz.* Eine Anlage wird schneller als geplant durch eine modernere ersetzt, weil am Markt eine technische Innovation aufgetaucht ist, die einen erheblichen Wettbewerbsvorteil erwarten lässt.

In allen Fällen tätigt das Unternehmen formal eine neue Investition, welche die bestehende Investition ergänzt, flankiert oder ersetzt. Es handelt sich also jeweils um ein

Vorhaben, das losgelöst von der Ursprungsinvestition über den beschriebenen Weg – Investitionsauftrag, Investitionsrechnung, Investitionsprojekt – realisiert wird.

6.1.2 Kontinuierliche Verbesserung: Korrigieren und optimieren

Nicht nur nach außen, mit Blick auf das Marktumfeld, verlangt die Investition weiter Aufmerksamkeit. Auch nach innen gilt es, den Nutzungsprozess der Investition zu überwachen, zu steuern und gegebenenfalls zu korrigieren, aber auch Möglichkeiten einer Optimierung zu nutzen. Was damit gemeint ist, illustrieren die folgenden Beispiele.

Fall eins, eine *Investition in neue Software*. Im Zuge der Einrichtung eines neuen IT-Systems hat das Unternehmen eine bestimmte Anzahl an Lizenzen erworben. Während der Nutzungsphase der Investition kann es sich lohnen, immer wieder zu überprüfen, ob die Lizenzen noch in der ursprünglichen Anzahl benötigt werden. Immer wieder ergeben sich hier erhebliche Einsparmöglichkeiten.

Fall zwei, eine *unterausgelastete Maschine*. Die Anlage wird in Betrieb genommen, bleibt jedoch unterausgelastet. Ursache sind nicht fehlende Aufträge, sondern interne Probleme. Wie sich herausstellt, ist an anderer Stelle der Produktionskette ein Engpass entstanden, der die Durchlaufgeschwindigkeit begrenzt. Oft stellt sich dann im Nachhinein eine gegenseitige Abhängigkeit von Investitionen heraus: Wird die Kapazität im Produktionsschritt »Härten« erweitert, kann im darauffolgenden »Schleifen« ein Engpass entstehen. Ihn zu beseitigen, erfordert eine weitere Investition.

Fall drei, zu *lange Reparaturzeiten*. Die neue Anlage funktioniert zwar erwartungsgemäß, doch dauern die Reparaturen überdurchschnittlich lange. Wie sich herausstellt, müssen die Werkzeuge für die Reparatur häufig nachgeschliffen werden. Eine einfache Maßnahme kann den Prozess erheblich beschleunigen: Man installiert neben der neuen Anlage eine Schleifmaschine.

Fall vier, ein *Roboter als Helfer*. Eine neue Presse tut ihren Dienst, doch sind die Mitarbeiter an der neuen Maschine überfordert. Anstatt Mittel für zusätzliches Personal aufzuwenden, entscheidet sich das Unternehmen für einen Roboter, der die Maschine automatisch be- und entlädt.

Es kommt also darauf an, einen kontinuierlichen Verbesserungsprozess einzuleiten. Damit verbunden können flankierende oder ergänzende Investitionen sein, wie etwa der Kauf eines Roboters, einer Schleifmaschine oder eines passenden Werkzeugs. Diese Anschaffungen dienen zwar dazu, das Ziel der ursprünglichen Investition zu erreichen, sind jedoch als neue, separate Investitionen zu behandeln. Es gilt hier das *Prinzip der entscheidungsrelevanten Kosten*: Die Zahlen verändern sich aufgrund der Entscheidung, diese zusätzliche Investition zu tätigen.

Das ständige Bemühen, Kosten zu senken und Fehler zu beseitigen, vor allem auch die damit verbundene Wachsamkeit, halten die Investition auf Kurs. Der kontinuierliche Verbesserungsprozess wirkt nicht zuletzt auch den beschriebenen schleichenden Verschlechterungen entgegen, die durch Nachlässigkeit entstehen und oft über lange Zeit übersehen oder hingenommen werden – und am Ende die Investitionsziele gefährden können.

6.2 Effektives Controlling sicherstellen

Mit einer erfolgreich getätigten Investition ist es wie nach dem Einzug in eine frisch renovierte Wohnung: Man merkt nicht, wann die Tapete grau wird. Die Verschlechterung liegt unterhalb der Wahrnehmungsschwelle[104]. Es empfiehlt sich deshalb, im Falle einer Investition die unmerklichen Veränderungen sichtbar zu machen – eine Aufgabe des Controllings. Dies ist umso wichtiger, als viele Menschen dazu neigen, einen Sachverhalt selektiv, manchmal auch tendenziös wahrzunehmen. Jeder Mensch entwickelt seine subjektive Wahrnehmung indem er Reize selektiert, teilweise ausschaltet oder abwehrt.[105] Das zeigte sehr schön ein Experiment, bei dem die Teilnehmer Literatur über die Todesstrafe erhielten. Wie sich herausstellte, nahmen die Befürworter der Todesstrafe, die bereits vor Lesen des Artikels diese Haltung vertraten, gezielt die Pro-Informationen auf, während sie die Contra-Argumente weitgehend ignorierten.[106]

Um eine Investition tatsächlich auf Kurs zu halten, benötigt der Unternehmer somit aussagekräftige Daten, die in der Lage sind, schleichende Änderungen transparent zu machen und tendenziöse Wahrnehmungen zu widerlegen. Hierfür benötigt er ein ausreichend detailliertes Controlling. Das klingt selbstverständlich, ist in der Praxis jedoch keineswegs immer gegeben. Der Grund: Sobald die Abnahme erfolgt und das Investitionsprojekt abgeschlossen ist, endet auch das Projektcontrolling, über das die Investition bislang gesteuert wurde. Das Controlling der Investition wird jetzt ins bestehende Unternehmenscontrolling überführt.

Genau hierin liegt oft das Problem. Nur wenn das Kostenrechnungssystem auf die Übernahme der Investition ausgelegt ist, funktioniert anschließend auch das Controlling. Stattdessen kommt es häufig vor, dass das Investitionsgut in einer Kostenstelle »untergeht« und differenzierte Daten nicht mehr erhältlich sind. Zumindest für eine größere Investition sollte daher eine eigene Kostenstelle eingerichtet werden.

6.2.1 Die Investition ins Unternehmenscontrolling überführen

Wie erfolgt die Überführung vom Projekt- ins Unternehmenscontrolling? Während der Projektphase wurde die Investition als Kostenträger geführt, dem alle Kosten zugeordnet wurden, die im Zusammenhang mit dem Projekt angefallen sind. Nach Abschluss des Projekts dient das Investitionsgut der Leistungserstellung – und wird damit vom Kostenträger zur Kostenstelle, auf die nun alle während der Nutzungsphase anfallenden laufenden Kosten gebucht werden. Die Investition wird also in die Kostenrechnung des Unternehmens integriert.

Hierbei gilt es, eine wichtige Entscheidung zu treffen: Genügt es, das Investitionsobjekt in eine bestehende Kostenstelle mit aufzunehmen oder sollte es besser als separate Kostenstelle ausgewiesen werden? Eine sehr differenzierte Kostenrechnung kann schnell aufwändig und unübersichtlich werden. Dennoch empfiehlt sich eine eigene

---
104 Die *Wahrnehmungsschwelle* ist laut einer bei *Mahlendorf* 2010, S. 38 zitierten Befragung unter Controllern einer der Eskalationsfaktoren in scheiternden Projekten.
105 *Pola Andriessens* 1995, S. 549.
106 *Beck* 2008, S. 23.

Kostenstelle, wenn es sich um ein teures Anlagegut handelt, dessen Kostenentwicklung man separat betrachten möchte. Betreibt zum Beispiel ein Unternehmen zehn gleiche Maschinen, dürfte eine gemeinsame Kostenstelle ausreichen. Gibt es dagegen zwischen den Maschinen qualitative Unterschiede, ist es sicherlich sinnvoll, jede Maschine separat zu führen. Mit Hilfe einer detaillierten Deckungsbeitragsrechnung lässt sich dann die Wirtschaftlichkeit der einzelnen Maschine recht zuverlässig verfolgen.

6.2.2 Die richtigen Kennzahlen definieren

Um eine Investition nachverfolgen zu können, genügt meist eine überschaubare Anzahl an Kennzahlen – sofern es die richtigen sind. Entscheidend ist es, diese Kennzahlen aus den Investitionszielen abzuleiten. Als ein Instrument hierfür hat sich die *Balanced Scorecard* bewährt (siehe Kapitel 1, S. 17). Sie erlaubt es, für strategische Ziele die relevanten Kennzahlen in verschiedenen Dimensionen zu bestimmen – also nicht nur für den Bereich Finanzen, sondern auch für die Bereiche Kunden, Prozesse und Mitarbeiter. Damit wird sichergestellt, dass sich das Controlling nicht nur auf Finanzkennzahlen wie Preise, Umsätze und Kosten beschränkt, sondern auch qualitative Investitionsziele berücksichtigt.

Nehmen wir ein Beispiel aus dem Zielfeld »Prozesse«. Wie lässt sich der Einsatz einer neuen Maschine so kontrollieren und steuern, dass sie die im Investitionsplan vorgesehene Leistung tatsächlich erbringt? Um die Effektivität einer Maschine zu messen, wird in der Praxis gerne die Gesamtanlageneffektivität verwendet, die so genannte *Overall Equipment Effectiveness (OEE)* [107]. Wenn zum Beispiel ein Formautomat bei Vollauslastung 1600 Stunden einschichtig im Jahr laufen könnte, tatsächlich aber nur 800 Stunden in Betrieb ist, ergibt sich eine Verfügbarkeit von 50 Prozent. Geht die Investitionsrechnung nun von 85 Prozent Auslastung aus, so besteht Handlungsbedarf. Das Unternehmen muss Maßnahmen ergreifen, um von 50 Prozent Verfügbarkeit auf die geplanten 85 Prozent zu kommen, denn ansonsten fallen für die nicht genutzte Kapazität hohe Leerkosten[108] an.

Nun gilt es, den Ursachen der geringen Verfügbarkeit auf die Spur zu kommen. Hierzu ist der Einstieg in die Details erforderlich. Gab es zu oft Ausfälle? Dauerten die Wartungs- und Reparaturarbeiten zu lange? Wenn sich herausstellt, dass die Ausfallzeiten zu hoch sind, geht man an dieser Stelle weiter ins Detail: Warum ist die Maschine ausgefallen? Warum hat die Wiederinbetriebnahme so lange gedauert? Waren es mechanische Defekte oder elektrische Störungen? Lag es daran, dass die Ersatzteile zu lange auf sich warten ließen? Oder ging die Zeit mit Warten auf den Monteur verloren? Indem man für die typischen Störursachen Kennzahlen vergibt, die der kostenmäßigen Erfassung dienen, lassen sich oft innerhalb kurzer Zeit die wesentlichen Kostentreiber identifizieren und unterbinden.

Es hat sich bewährt, bereits bei der Investitionsplanung die möglichen Störursachen zu definieren und in Form einer Checkliste festzuhalten; meist lässt sich dann später die

---

107 *May/Koch* 2008, S. 245 ff.
108 Die *Leerkosten* ist der Teil der fixen Kosten der der nicht genutzten Kapazität zugerechnet werden. Im Gegensatz zu den Nutzkosten, die die Anteil der fixen Kosten für den genutzten Kapazitätsanteil darstellen. *Nutz- und Leerkosten* addieren sich zu 100 Prozent. (*Olfert* 2008, S. 54 f.)

Hauptursache schnell identifizieren. Wichtig ist es auch, die spezifischen technischen Messgrößen bereits am Anfang der Investition festzulegen und sie dann nicht mehr zu ändern. Nur so erhält man vergleichbare Zahlen. Möglicherweise ist auch eine systematische Betriebsdatenerfassung notwendig.

Das beschriebene Beispiel aus dem Zielfeld »Prozesse« macht einen Grundgedanken des Controllings deutlich: Auf der obersten Ebene genügen einige wenige Kennzahlen, um selbst eine komplexe Situation überwachen zu können. Für die Unternehmensleitung reicht es aus, diese Größen übersichtlich in einem Kennzahlencockpit zusammenzustellen und im Auge zu behalten. Handlungsbedarf besteht erst dann, wenn eine dieser Hauptkennzahlen vom Sollkorridor abweicht. Dann allerdings ist es notwendig, in die Details einzusteigen.

Es gibt Unternehmen, die sich in der Produktion im Wesentlichen auf zwei Kennzahlen verlassen[109]: den bereits erwähnten OEE-Wert und die Durchlaufzeit. Der *OEE-Wert* berechnet sich nach folgender Formel:

$$\text{OEE} = \text{Verfügbarkeit} * \text{Leistung} * \text{Qualität}^{107}$$

Die *Verfügbarkeit* wird dabei definiert als Verhältnis der tatsächlichen Produktionszeit zur Nettoproduktionszeit (Bruttoproduktionszeit).

Die *Leistung* wird definiert als Verhältnis der tatsächlich produzierten Leistung zur in der tatsächlichen Produktionszeit möglichen Leistung.

Die *Qualität* wird definiert als das Verhältnis der einwandfreien Produkte zu den gesamthaft produzierten Produkten in der Zeit.

Die *Durchlaufzeit* bezeichnet die Zeitspanne, die von Beginn der Bearbeitung bis zur Fertigstellung eines Erzeugnisses benötigt wird. Werden bei der Durchlaufzeit die Sollzeiten eingehalten, kann die Unternehmens- oder Produktionsleitung daraus schließen, dass auch andere Parameter wie Rüstzeiten, Bearbeitungszeiten, Liegezeiten oder die Materialversorgung in Ordnung sind. Weicht die Durchlaufzeit dagegen vom Sollwert ab, ist dies ein Warnzeichen. Nun gilt es, die dahinter liegenden Fehlermöglichkeiten zu prüfen: Liegt es am fehlenden Material? Dem Ausfall einer Maschine? Gibt es in der Produktionskette einen Engpass? Ist eine Anlage nicht verfügbar?

6.2.3 Zielkontrolle nach zwei Jahren

Die Grundfunktion des Controllings ist bekannt – Ziele nachverfolgen, Abweichungen feststellen, den Ursachen auf den Grund gehen, geeignete Maßnahmen und Methoden vorschlagen. Bei größeren Investitionen hat sich ein zusätzlicher Controlling-Baustein bewährt: eine strategische Bestandsaufnahme nach zwei bis drei Jahren. Dies wird als *Post Completion Audit* bezeichnet. Es wird dabei der Zielerreichungsgrad der Investition in einem standardisierten Verfahren überprüft.[111] Unternehmensleitung und Führungs-

---

109 *Faulhaber/Grabow* 2009, S. 221 ff.
110 *May/Koch* 2008, S. 245 ff.
111 *Warkotsch* 2010, S. 71.

kräfte nehmen sich für ein solches Post Completion Audit einen halben Tag Zeit, um in einer Art Strategieworkshop Bilanz zu ziehen: Wo steht die Investition? Bewegt sie sich auf dem vorausberechneten Pfad? Wenn nein, was kann das Unternehmen daraus lernen?

Ausgangspunkt sind die im Investitionsauftrag formulierten Ziele. Anhand der aktuellen Controllingzahlen lassen sich Ist-Situation und Plandaten gegenüberstellen. Die Gruppe diskutiert kritische Entwicklungen, führt die unterschiedlichen Einschätzungen aus Marketing, Produktion und Entwicklung zusammen und macht sich ein präzises Bild vom Stand der Investition. Dabei geht es auch um die qualitativen Investitionsziele. Hat die Werbekampagne den Bekanntheitsgrad tatsächlich um zehn Prozent erhöht? Hat das Unternehmen die geplante Anzahl an neuen Anfragen, Interessenten oder Kunden gewonnen?

Der Workshop verfolgt vor allem zwei Ziele. Erstens nehmen die Beteiligten eine Bestandsaufnahme vor und beschließen Korrekturmaßnahmen, wenn ein Investitionsziel gefährdet erscheint. Oft entdeckt die Gruppe auch Verbesserungsmöglichkeiten, die bei künftigen Investitionen zu beachten sind.

Für die Unternehmensleitung hat das Treffen, zweitens, noch einen weiteren positiven Effekt: Sie bekräftigt gegenüber den Führungskräften die Bedeutung, die sie der Investition zumisst. Die Unternehmensleitung signalisiert, dass sie auf eine sorgfältige Investitionsplanung Wert legt und auf deren Einhaltung achtet. Dies kommt nicht zuletzt der Planungsqualität künftiger Investitionen zugute. Es erschwert allen »Schönrechnern« das Handwerk, die gerne nach dem Motto verfahren: »Wir wollen die Maschine haben, also sorgen wir auch dafür, dass sich die Investition rechnet.«

6.3 Die Investition erneuern oder beenden

6.3.1 Ersatzinvestition: Den richtigen Zeitpunkt finden

Mit der Nutzungszeit endet in der Regel nicht die Investition, sondern lediglich die Nutzung des bisherigen Investitionsguts: Es wird durch ein neues ersetzt. Wenn etwa ein Taxiunternehmen ein altes Taxi durch ein neues ersetzt, geht die Investition »Taxi« weiter. Was endet, ist die Nutzung des bisherigen Fahrzeugs. Für den Taxiunternehmer stellt sich in diesem Zusammenhang die Frage, wann genau er das alte Auto durch das neue ersetzen soll. Sein Ziel ist es, die Leistungsfähigkeit des Betriebes zu erhalten. Irgendwann erkennt er, dass das bisherige Fahrzeug hierfür nicht mehr geeignet ist, weil es verschlissen ist und die Reparaturen überhand nehmen. Doch wann genau ist der optimale Ersatzzeitpunkt erreicht? Eine knifflige Frage.

Viele Unternehmer lassen sich dazu verleiten, mit Blick auf die Kosten das alte Investitionsgut einfach weiter zu nutzen: Ist es erst einmal abgeschrieben, fallen hierauf keine Abschreibungen mehr an – und es erscheint kostenrechnerisch enorm günstig, dieses Investitionsgut weiter zu nutzen. Die Frage nach dem richtigen Zeitpunkt ist jedoch auch eine strategische Aufgabe, die sich nicht allein unter dem Blickwinkel der Kosten beurteilen lässt.

Nehmen wir an, die ursprüngliche Investitionsrechnung hat für eine Maschine eine Laufzeit von zehn Jahren zugrunde gelegt. Wenn der Unternehmer nach fünf Jahren bei einem Messebesuch eine Innovation entdeckt, die seine bisherige Produktionsweise unwirtschaftlich erscheinen lässt, kann ein schneller Ersatz strategisch geboten sein. Technisch lässt sich die Maschine zwar noch nutzen, wirtschaftlich ist sie jedoch aufgrund neuer Entwicklungen schon überholt. Umgekehrt wird er eine Maschine natürlich nicht nach zehn Jahren abschalten, nur weil die Investitionsrechnung auf diesen Zeitraum ausgelegt ist. Es gibt viele Beispiele dafür, dass eine Anlage über die ursprünglich geplante Einsatzdauer hinaus weiterhin profitabel ist und noch viele Jahre in Betrieb bleibt. Zu unterscheiden ist somit zwischen der *technischen* Nutzungsdauer und der *wirtschaftlichen* Nutzungsdauer.

Unter betriebswirtschaftlichem Blickwinkel sollte ein Investitionsobjekt ersetzt werden, wenn die laufenden Kosten zu hoch werden. Mit zunehmendem Verschleiß einer Maschine werden die Rüstzeiten länger, ebenso die Instandhaltungs- und Wartungszeiten. In der Regel gibt es klare Anzeichen, die darauf hindeuten, dass der Ersatzzeitpunkt näher rückt[112]:
- Qualitätsverschlechterung
- Kapazitätsabnahme
- Kostensteigerung
- Reparaturanfälligkeit
- Ersatzteilbedarf
- Wiederholte Terminüberschreitungen
- Wiederholte Engpasssituationen
- Wiederholt erforderliche Überstunden

Im Maschinenbau richten sich viele Unternehmer nach einer einfachen Praktikerregel: Die Instandsetzung eines Investitionsobjektes ist dann unwirtschaftlich, wenn die Kosten der Reparatur 50 Prozent oder mehr der Kosten einer Neuanschaffung betragen.

Ein Unternehmer braucht sich jedoch nicht mit Warnzeichen und Praktikerregeln zu begnügen. Um den optimalen Ersatzzeitpunkt zu ermitteln, stellt die Betriebswirtschaft verschiedene Berechnungsmethoden zur Verfügung. So lässt sich mit Hilfe der *Grenzwertmethode* der Ersatzzeitpunkt berechnen, bei dem der Investor seinen maximalen Kapitalwert erzielt. Grundlage sind die verschiedenen statischen und dynamischen Investitionsrechenverfahren, die wir in Kapitel 2 kennengelernt haben. Jedes dieser Verfahren lässt sich für die Berechnung des optimalen Ersatzzeitpunkts heranziehen, in der Praxis haben sich jedoch vor allem die Kapitalwertmethode oder der vollständige Finanzplan bewährt.[113]

Betrachten wir die Vorgehensweise mit Hilfe der Kapitalwertmethode anhand eines Beispiels. Der Unternehmer möchte seine bisherige Maschine durch eine neue, modernere ersetzen. Für das Beispiel sei angenommen, dass eine »Maschine alt« zum Entscheidungszeitpunkt in Betrieb ist; es besteht die Alternative, diese Maschine durch eine »Maschine neu« zu ersetzen. Beide Maschinen erzielen unterschiedliche Zahlungsüberschüsse. Für »Maschine alt« ergeben sich unterschiedliche Liquidationserlöse in Abhängigkeit vom Ersatzzeitpunkt, für »Maschine neu« ebenso unterschiedliche An-

---
112 *Olfert/Reichel* 2006 S. 66.
113 Zur Berechnung des optimalen Ersatzzeitpunktes vergleiche auch *Adam* 1997, S. 185 ff; *Olfert/Reichel* 2006, S. 215 ff; *Kruschwitz* 2007, S. 231 ff.

schaffungskosten und Liquidationserlöse, je nachdem wann sie angeschafft wird. Zur Veranschaulichung werden nur zwei alternative Ersatzzeitpunkte (in Periode 0 oder Periode 1 angenommen. Der Planungshorizont beträgt vier Perioden. Die Entscheidungssituation wird in der folgenden Tabelle zusammengefasst (Abb. 6.1):

Berechnung der Kapitalwerte bei Ersatz der alten Anlage zu zwei alternativen Zeitpunkten				
Kalkulationszinsfuß	10,00 %			
	Maschine alt		Maschine neu	
Ersatz der alten Anlage in Periode	Zahlungsreihe	Liquidationserlös	Zahlungsreihe	Anfangsauszahlung/Liquidationserlös am Ende der Nutzung
0	0	1.000		
			20.000	−40.000
				10.000
1	10.000	500		
			20.000	−41.000
				20.000

Abb. 6.1: Beispiel zur Berechnung des optimalen Ersatzzeitpunktes mit Hilfe der Kapitalwertmethode (Entscheidungssituation)

Ersetzt der Unternehmer die Maschine zum Zeitpunkt 0, erzielt er den Liquidationserlös der »Maschine alt« sowie die Einzahlungsüberschüsse der »Maschine neu« abzüglich Anschaffungsauszahlung und zuzüglich Liquidationserlös zum Ende der Nutzungszeit. Werden diese Werte abgezinst, ergibt sich ein Gesamtkapitalwert in Höhe von 31.227 Euro (s. Abb. 6.2).

Kalkulationszinsfuß	10,00 %						
Periode	0	1	2	3	4		
Barwertfaktoren	1,00	1,10	1,21	1,33	1,46		
Ersatz der Maschine alt in Periode 0						Kapitalwert zum Zeitpunkt 0	Summe der Kapitalwerte
Liquidationserlös Maschine alt	1.000					1.000	
Abgezinste Zahlungsüberschüsse Maschine neu		18.182	16.529	15.026	13.660	63.397	
Anfangsauszahlung/ Liquidationserlös Maschine neu	−40.000				6.830	−33.170	31.227

Abb. 6.2: Beispiel zur Berechnung des optimalen Ersatzzeitpunktes mit Hilfe der Kapitalwertmethode (Ersatz der alten Maschine in Periode 0)

Die gleiche Berechnung führt der Unternehmer nun für den Ersatzzeitpunkt in der ersten Periode durch. Nun ergibt sich ein Kapitalwert von 31.070 Euro (s. Abb. 6.3). Wie sich zeigt, sollte er die alte Maschine bereits in Periode 0 ersetzen, da er dann einen höheren Kapitalwert erzielt.

Ersatz der Maschine alt in Periode 1						Kapitalwert zum Zeitpunkt 0	Summe der Kapitalwerte
Periode	0	1	2	3	4		
Barwertfaktor	1,00	1,10	1,21	1,33	1,46		
Abgezinste Zahlungsüberschüsse Maschine alt		9.091					
Liquidationserlös Maschine alt		376				9.467	
Abgezinste Zahlungsüberschüsse Maschine neu			16.529	15.026	13.660	45.215	
Abgezinste Anfangsauszahlung/ Liquidationserlös Maschine neu	-37.273				13.660	-23.612	31.070

Abb. 6.3: Beispiel zur Berechnung des optimalen Ersatzzeitpunktes mit Hilfe der Kapitalwertmethode (Ersatz der alten Maschine in Periode 1)

Wie bei jedem Investitionsrechenverfahren gilt es auch hier zu beachten, dass ein Investor meistens auch qualitative Investitionsziele verfolgt, die ihn zu einer anderen Entscheidung veranlassen können. Dennoch ist es – wie im zweiten Kapitel ausgeführt – in jedem Fall sinnvoll, eine Investitionsentscheidung auch betriebswirtschaftlich durchzurechnen. Selbst wenn die Situation offensichtlich ist, die Nachfrage stark anzieht und der sofortige Kauf einer neuen Maschine angebracht erscheint, sollte es selbstverständlich sein, diese Entscheidung mit Hilfe eines betriebswirtschaftlichen Rechenverfahrens abzusichern.

6.3.2 Desinvestition: Die Aktivität aufgeben

Manchmal endet nicht die Nutzungsdauer eines Investitionsgutes, sondern die Investition selbst. Das ist zum Beispiel der Fall, wenn ein Produkt komplett aus dem Programm genommen wird. Das Unternehmen gibt die Aktivität auf – es kommt zur Desinvestition. Auch der Rückbau eines Kraftwerks oder der Verkauf eines Unternehmensteils ist eine Desinvestition. Dem Unternehmen fließt mit der Desinvestition in der Regel Kapital durch den Verkauf der Anlagen oder Ähnlichem zu, gleichzeitig können aber auch hohe Kosten entstehen – etwa dann, wenn ein Braunkohlekraftwerk das aufgegebene Abbaugebiet renaturieren oder ein Industrieunternehmen nach einer Fabrikschließung Altlasten sanieren muss.

Mit dem Thema Desinvestition befasst sich eine Unternehmensleitung häufig dann, wenn sie die Produktlebenszyklen ihrer Produkte diskutiert. Neigt sich ein Zyklus dem Ende zu, sinken die Absätze und das betreffende Produkt wird zunehmend unattraktiv; der Unternehmer muss entscheiden, ob er das Segment aufgibt. Doch auch im Falle eines stark wachsenden Marktes kann eine Desinvestition sinnvoll sein: Um mithalten zu können, müsste der Unternehmer viel Geld in die Hand nehmen. Er müsste die Kapazitäten ausweiten, den Vertrieb ausbauen und ein wachsendes Umlaufvermögen finanzieren. Vor diesem Hintergrund kann es die bessere Alternative sein, den Bereich stattdessen zu verkaufen.

Sehen wir uns eine Desinvestition am Beispiel der Schließung einer Gießerei etwas näher an.

6.3.2.1 Ausgangslage

Ein Automobilzulieferer betreibt seit vielen Jahren eine Gießerei, die zum großen Teil für das eigene Unternehmen produziert, einen Teil aber auch an andere Unternehmen verkauft. Die Gießerei, einer von zwei Unternehmensbereichen, erwirtschaftet ein klar negatives Betriebsergebnis.

6.3.2.2 Analyse der Situation

Das Unternehmen analysiert die Situation der Gießerei – sowohl mit Blick auf die aktuelle und künftige Marktlage, als auch im Hinblick auf den technischen Zustand der Anlage. Die Bestandsaufnahme ergibt eindeutige Ergebnisse:
- Die aktuellen Erlöse sind zwar noch zufriedenstellend, doch deutet die Marktentwicklung auf künftig rückläufige Umsätze hin.
- Die Maschinen sind überaltert, der Investitionsbedarf beläuft sich auf rund 4,7 Millionen Euro.

Somit zeichnet sich ein ernsthaftes Problem ab: Einem enormen Investitionsbedarf stehen zurückgehende Absätze in der Zukunft gegenüber. Anhand einer Investitionsrechnung lässt sich zeigen, dass unter den absehbaren Bedingungen die Gewinnschwelle bei weitem nicht erreicht würde.

6.3.2.3 Prüfung der Desinvestition

Angesichts dieser Lage befasst sich das Unternehmen mit der Möglichkeit einer Desinvestition. Vor allem drei Gesichtspunkte spielen hierbei eine Rolle:
- *Remanente Kosten.* Kostenremanenzen treten dann auf, wenn bei Beschäftigungsrückgängen die Fixkosten nicht in gleichem Maße, eventuell nur zeitverzögert abgebaut werden können.[114] Würde man die Gießerei schließen, entstünden solche nicht abbaubare Fixkosten, die so genannten remanenten Kosten. Zum Beispiel ist das Grundstück mit dem Gießereigebäude unverkäuflich und nicht anderweitig nutzbar,

---

114 Witt 2002, S. 690.

weil es mitten im Betriebsgelände liegt; die Grundsteuer würde daher weiterhin anfallen. Auch Kosten der zentralen Verwaltung oder der EDV-Abteilung bleiben nach der Schließung bestehen. So ist der EDV-Leiter im ganzen Betrieb für die Informationstechnik verantwortlich; das Unternehmen muss sein Gehalt bezahlen, ganz unabhängig davon, ob er die Gießerei mitbetreut oder nicht.
- *Einkaufskonditionen.* Wenn mit der Schließung der Gießerei der Eigenguss, also die Teile, die in dem Unternehmen als Halbfertigfabrikate weiterverarbeitet werden, für die Produktion wegfällt, ist das Unternehmen auf Zukauf angewiesen. Zu welchen Kosten?
- *Personalabbau.* In der Gießerei sind 40 Mitarbeiter beschäftigt. Wie teuer würde der Personalabbau? Auf welche Höhe beliefen sich die Abfindungen?

Einnahmen sind aus der Schließung nicht zu erwarten, hierzu ist die Gießerei technologisch bereits zu veraltet. Die Maschinen stehen jedoch noch mit einem Restwert in der Buchhaltung, der bei Schließung der Gießerei außerordentlich abgeschrieben werden muss. Hieraus ergibt sich dann zwar keine Auszahlung, aber immerhin ein außerordentlicher Verlust.

6.3.2.4 Vergleich der Alternativen

Was ist im Augenblick wirtschaftlicher, Schließung oder Weiterbetrieb? Wie sich beim Vergleich der beiden Alternativen herausstellt, lohnt sich im Moment noch der Weiterbetrieb der Gießerei. Der Zukauf des für die Produktion notwendigen Gusseisens wäre so teuer, dass das Unternehmen mit der eigenen Gießerei unter den aktuellen Bedingungen deutlich besser fährt. Es besteht also noch kein akuter Handlungsbedarf. Klar ist aber auch: Sobald sich die Erlöse verschlechtern oder die Kosten der veralteten Gießerei sich durch Ausfälle und Reparaturen erhöhen, wird sich die Rechnung schnell ändern. Die Schließung muss also vorbereitet, die Desinvestition geplant werden.

Außerdem erspart sich das Unternehmen durch diese Desinvestition die Investition, um die Gießerei wieder wettbewerbsfähig zu machen. Diese Mittel können in andere wichtige Bereiche umgeschichtet werden.

6.3.2.5 Vorbereitung der Desinvestition

Der Eigenguss hat für das Unternehmen strategische Bedeutung, weil er in ein wichtiges und ertragreiches Produkt des Unternehmens eingeht. Um die Gießerei schließen zu können, ist es deshalb notwendig, einen nicht nur kostengünstigen, sondern auch absolut zuverlässigen Fremdbezug sicherzustellen. Die erste Maßnahme liegt deshalb darin, den Einkauf neu zu strukturieren und einen neuen Einkaufsleiter einzustellen. Dieser sucht systematisch nach einem Anbieter – und findet dann tatsächlich eine geeignete Gießerei, die den Guss 30 Prozent unter den im eigenen Betrieb angefallenen Grenzkosten liefern kann.[115] Damit ändert sich die Situation schlagartig: Nun ist nicht mehr der

---

115 Unter *Grenzkosten* wird die Veränderung der Gesamtkosten bei Änderung der Beschäftigung um eine Bezugsgrößeneinheit verstanden(*Freidank* 2008, S. 56).

Weiterbetrieb unter Inkaufnahme des Verlustes günstiger, sondern die Schließung unter Inkaufnahme der remanenten Kosten.

6.3.2.6 Umsetzung der Desinvestition

Es folgt eine turbulente Zeit. Die Belegschaft kämpft um »ihre« Gießerei. Sie präsentiert ein eigenes Konzept, mit dem sie nachweisen möchte, dass man die Gießerei auch mit der Hälfte der Mannschaft – und damit wirtschaftlich – betreiben kann. Für die Unternehmensleitung zahlt sich aus, dass sie die Schließung gut vorbereitet hat und anhand solider Daten argumentieren kann.

6.4 Zusammenfassung

Auch die Nutzungsphase einer Investition erfordert Aufmerksamkeit. Nicht nur unerwartete Marktentwicklungen können die ursprüngliche Kalkulation einer Investition gefährden. Als besonders tückisch erweisen sich auch schleichende unternehmensinterne Prozesse, die lange Zeit unbemerkt bleiben und die Wirtschaftlichkeit der Investition gefährden.

Während der Nutzungsphase hat der Investor drei wesentliche Aufgaben wahrzunehmen: Er muss die Investition auf Kurs halten, ein effektives Controlling sicherstellen und die Investition erneuern oder beenden.

Um die *Investition auf Kurs zu halten*, können ergänzende Investitionen erforderlich sein wie zum Beispiel eine zusätzliche Marketingkampagne, der Kauf eines Roboters oder eine ergänzende Software. Auch wenn solche Maßnahmen dazu dienen, das Ziel der ursprünglichen Investition zu erreichen, sind sie dennoch als neue, separate Investitionen zu behandeln.

Ein *effektives Controlling* scheitert gerne daran, dass die Überführung vom Projektcontrolling ins bestehende Unternehmenscontrolling nicht sorgfältig genug bedacht wird. Zumindest bei einer größeren Investition sollte eine eigene Kostenstelle eingerichtet werden, um auch weiterhin differenzierte Daten über die Kostenentwicklung des Investitionsguts zu erhalten. Die Kennzahlen für das Controlling sind aus den Investitionszielen abzuleiten. Für die Unternehmensleitung reicht es aus, einige wenige Hauptkennzahlen in einem Kennzahlencockpit zusammenzustellen und im Auge zu behalten. Handlungsbedarf besteht erst dann, wenn einer dieser Indikatoren vom Sollkorridor abweicht. Dann allerdings ist es notwendig, in die Details einzusteigen.

Um die *Investition zu erneuern*, kommt es vor allem darauf an, den richtigen Zeitpunkt für eine Ersatzinvestition zu bestimmen – was sowohl eine strategische als auch eine betriebswirtschaftliche Frage ist. Mit Hilfe der Kapitalwertmethode kann der Investor den Ersatzzeitpunkt bestimmen, bei dem der maximale Kapitalwert erzielt wird. Anstatt eine Ersatzinvestition zu tätigen, kann der Unternehmer auch die *Investition beenden*. In diesem Fall gibt das Unternehmen die betreffende Aktivität auf, es kommt zur Desinvestition.

7 Investitionscontrolling: Damit die Rechnung aufgeht

Das Thema Controlling ist uns in den vergangenen Kapiteln immer wieder begegnet. Wir haben zum Beispiel verschiedene Tools für das Projektcontrolling kennengelernt, uns mit der Ableitung von Kennzahlen beschäftigt oder danach gefragt, wie das Investitionscontrolling nach der Projektphase in die Kostenstellenrechnung überführt werden kann. Da wir das Thema bislang jedoch jeweils bezogen auf die einzelnen Prozessabschnitte behandelt haben, ist ein wesentlicher Aspekt zu kurz gekommen: Das Investitionscontrolling bildet die zentrale Klammer, die den Investitionsprozess von Anfang bis Ende zusammenhält.

Investitionscontrolling als zentrale Klammer – das bedeutet zum einen: Informations- und Kommunikationswege sind transparent, alle Beteiligten können auf eine einheitliche Informationsbasis zurückgreifen. Zum anderen verknüpft das Investitionscontrolling die strategische Ebene – also Leitbild, Unternehmens- und Investitionsziele – mit den operativen Maßnahmen bei der Umsetzung der Investition.

Das Investitionscontrolling schafft eine gemeinsame Informationsbasis und gemeinsame Sichtweise auf die Investition, indem es das strategische Wissen der Unternehmensleitung und das operative Know-how der Basis zusammenführt. In der Planungsphase sorgen die nüchternen Daten und Fakten aus dem Controlling häufig für eine Versachlichung der Diskussion; Bauchentscheidungen werden durch Fakten untermauert, überzogene Euphorie auf den Boden der Realität zurückgeholt. Während der Umsetzungsphase ermöglicht ein laufender Soll-Ist-Vergleich eine zuverlässige Projektsteuerung. Und auch während der Nutzungsphase trägt das Controlling dazu bei, dass die Investition strategisch und operativ auf Kurs bleibt – und die Investitionsziele am Ende tatsächlich erreicht werden.

Drei Aspekte sind hier wesentlich und werden in diesem Kapitel näher beleuchtet:
- *Organisation des Controllings*. Das Investitionscontrolling benötigt eine klare Struktur und festgelegte Verantwortlichkeiten. Hierzu zählen zum Beispiel ein strukturiertes Berichts- und Besprechungswesen, die Festlegung von Eskalationswegen, aber auch technische Voraussetzungen wie eine geeignete EDV-Lösung oder der jederzeitige Zugriff auf die Projektunterlagen etwa über das Intranet.
- *Rolle des Controllers*. Dem Controller kommt eine Brückenfunktion zwischen den strategischen Erwartungen und den operativen Möglichkeiten zu. Für die Beteiligten ist er ein wichtiger Ansprechpartner, der sowohl die strategischen Überlegungen der Geschäftsleitung kennt, als auch weiß, was in den operativen Bereichen geschieht.
- *Festlegung von Standards*. Es hat sich bewährt, für das Investitionscontrolling Standards einzuführen. Künftige Investitionen lassen sich dann auf die gleiche Weise managen, was nicht nur die Abläufe vereinfacht, sondern auch Vergleiche mit zurückliegenden Investitionen zulässt.

Betrachten wir im Folgenden die drei Aspekte noch etwas näher.

7.1 Organisation des Controllings

Mit welchen Maßnahmen und Werkzeugen ein Unternehmen das Investitionscontrolling organisieren kann, zeigt die folgende Übersicht (Abb. 7.1).

Organisation des Investitionscontrollings		
Phase	Aufgaben	Maßnahmen
Planung der Investition	strategische Absicherung	Investitionsantrag erstellen (s. Kapitel 2) Richtlinien zur Genehmigung formulieren
	Risikomanagement	Risiken identifizieren, bewerten und managen (s. Kapitel 3)
	Festlegung der Controlling-Verantwortung	Schnittstelle Controller / Projektleiter definieren, Aufgabenteilung festlegen
	Planung des operativen Controllings	Eskalationspfade definieren (s. Kap. 5)
		Strukturen für transparente Information schaffen (Berichts- und Besprechungswesen definieren, ggf. EDV anpassen, zentralen Datenraum einrichten)
Umsetzung der Investition	effektives Projektcontrolling	Kosten laufend verfolgen (s. Kap. 5)
		Soll-Ist-Vergleich
		Einsatz von Projektcontrolling-Tools wie z.B. Ampelsteuerung, Meilensteintrendanalyse etc. (s. Kap. 5)
	transparente Information	standardisierte Statusberichte
		regelmäßige Teambesprechungen
		Zugriff auf zentralen Datenraum
	Change Request	Prozess für nachträgliche Änderungen einrichten (s. Kapitel 5)
	Claim Management	Nachforderungen systematisch prüfen und ggf. abwehren (s. Kapitel 5)
Nutzung der Investition	weitere Überwachung der Investition	Investition in die Kostenstellenrechnung integrieren (s. Kapitel 6)
		Zielkontrolle nach zwei Jahren (s. Kapitel 6)
	Überwachung Garantie- und Gewährleistungsfristen	Verantwortung festlegen, Fristen beachten, Möglichkeiten ausnutzen

Abb. 7.1: Organisation des Investitionscontrollings: Aufgaben und Maßnahmen während der verschiedenen Phasen einer Investition

7.1.1 Planungsphase: Die Controlling-Strukturen festlegen

Während der Planungsphase kommt dem Investitionscontrolling vor allem die Aufgabe zu, eine Investition strategisch abzusichern. Dies geschieht mit Hilfe des Investitionsantrags, der nach festgelegten Vorgaben ausgefüllt werden sollte (mehr hierzu in Kapitel 2). In großen Unternehmen erfolgt der Planungsprozess meist in einer strategischen Geschäftseinheit, in der die erforderlichen Informationen zusammenlaufen. Der Antrag und mit ihm das Investitionsprogramm entstehen dann üblicherweise im so genannten *Gegenstromverfahren*: Aufgrund der strategischen Vorgaben formuliert die von der Investition betroffene Fachabteilung einen Vorschlag, der dann von der Unternehmensleitung geprüft und mit Änderungswünschen wieder zurückgeleitet wird. Zum Beispiel schlägt die Fachabteilung eine Investition im Volumen von 15 Millionen Euro vor, die sie bottom-up aus möglicherweise vielen möglichen Investitionen ermittelt hat. Da die Unternehmensleitung das Budget auf zehn Millionen Euro begrenzen möchte – ein Wert, der sich top-down aus der Unternehmensplanung ergibt – geht die Planung zurück an den Bereich mit der Bitte, Abstriche zu machen. Die Angelegenheit geht auf diese Weise einige Male hin und her, bis schließlich ein Einvernehmen bei 12 Millionen Euro gefunden wird – und damit das Volumen für das Investitionsprogramm bestimmt ist.

In die Planungsphase fällt auch der Aufbau eines Risikomanagements für die bevorstehenden Investitionen (s. Kapitel 3). Aufgabe ist es hier, die Risiken zu identifizieren, zu bewerten – und die relevanten Risiken in das Controlling einzubeziehen. Aufgabe des Controllings ist es also, diese Risiken systematisch im Auge zu behalten und rechtzeitig zu warnen, sollte ein Risikofall eintreten.

7.1.2 Umsetzungsphase: Effektives Projektcontrolling sicherstellen

In der Umsetzungsphase hat das Controlling vor allem für ein effektives Projektcontrolling zu sorgen. Hauptaufgabe ist es deshalb, die Kosten laufend zu verfolgen, einen regelmäßigen Soll-Ist-Vergleich vorzunehmen und bei Abweichungen rechtzeitig gegenzusteuern. Wie in Kapitel 5 ausgeführt, gibt es hierfür verschiedene Projektcontrolling-Tools wie z. B. Ampelsteuerung oder Meilensteintrendanalyse.

Neben dem Projektcontrolling gibt es – wie ebenfalls in Kapitel 5 ausgeführt – zwei weitere wichtige Controllingaufgaben, die während der Umsetzungsphase geregelt sein müssen: die Überwachung der Änderungswünsche (Change Request) und die Abwehr unberechtigter Nachforderungen (Claim Management).

7.1.3 Nutzungsphase: Überleitung in die Kostenrechnung

Auch während der Nutzungsphase steht das Controlling in der Pflicht – sowohl strategisch wie auch operativ:
- Strategisch ist ein Abgleich mit den Investitionszielen erforderlich, der auch qualitative Aspekte wie Marktänderungen oder technologische Entwicklungen einbezieht.
- Operativ gilt es weiterhin zu kontrollieren, ob die Investition nach Plan verläuft. Erfolgen die monatlichen Ein- und Auszahlungen wie geplant? Oder gibt es Abweichungen im Vergleich zu den Sollwerten der Investitionsrechnung?

Als Instrument für das strategische Controlling hat sich eine Zielkontrolle im Zuge eines Workshops mit der Geschäftsleitung bewährt, der zwei bis drei Jahre nach Beginn der Nutzungsphase stattfinden sollte (s. Kapitel 6).

7.2 Die Rolle des Controllers

Der Controller hat üblicherweise eine Stabsfunktion inne, ist damit an die Geschäftsleitung angebunden – und bewegt sich in der täglichen Arbeit zwischen Finanzbuchhaltung und den operativen Einheiten hin und her. Wird er im Falle einer Investition hinzugezogen, ist er den Beteiligten daher meist schon vertraut. Dennoch kann für ihn eine Investition mit neuen Herausforderungen verbunden sein – zumindest dann, wenn er bislang überwiegend mit den Informations- und Dienstleistungsaufgaben des operativen Controllings befasst war.

Hinzu kommen im Falle einer größeren Investition vor allem zwei Aspekte. Zum einen wird vom Controller erwartet, dass er die strategische Ziele der Investition im Blick behält. Diese Ziele sind häufig qualitativer Natur, lassen sich also nicht in Euro und Cent messen. Der Controller muss daher in der Lage sein, auch für diese *qualitativen* Ziele geeignete Kennzahlen zu entwickeln und diese mit in das Controllingsystem zu integrieren. Dies gilt umso mehr, als bei der operativen Umsetzung des Investitionsprojekts die kurzfristigen Teilziele im Vordergrund stehen, die Projektmitglieder sich also von den täglichen Dringlichkeiten leiten lassen und daher eher kurzfristig denken.

Zum anderen wird von ihm erwartet, dass er die mit einer Investition verbundenen *Schnittstellenkonflikte* managen kann. Bei der Planung und Umsetzung einer Investition treffen unterschiedliche Sichtweisen zusammen. In der Produktion wird auf Effizienz und Qualität geachtet, im Marketing steht der Kunde mit seinen Bedürfnissen im Mittelpunkt, das Rechnungswesen denkt in monetären Größen und ist es gewohnt, sich an Vorgaben zu orientieren – und die Geschäftsleitung fokussiert auf die Unternehmensziele. Der Controller steht dazwischen. Um seine Aufgabe zu erfüllen, muss er die unterschiedlichen Perspektiven nicht nur verstehen, sondern auch Verständnis für sie haben. Das eigentliche Schnittstellenmanagement obliegt zwar dem Projektleiter, doch kommt auch dem Controller eine wichtige Rolle zu: Die Zahlen, Daten und Fakten, die er den Beteiligten liefert, können Zusammenhänge verdeutlichen und Konflikte versachlichen – sofern es ihm gelingt, sie verständlich aufzubereiten.

Controller sollten ihre Arbeit nicht nur im fachlichen Sinne beherrschen, sondern auch in der Lage sein, »über unterschiedliche Unternehmensbereiche hinweg zu kooperieren, mit den jeweiligen Aufgabenträgern zu kommunizieren, sie für neue Ideen zu gewinnen, aber vor allem auch zur Rolle gehörende Aufgaben, die im Unternehmen auf Widerstand stoßen können, durchzusetzen«[116] – so lässt sich das moderne Rollenverständnis eines Controllers formulieren. Im Falle einer Investition, bei der gegensätzliche Interessen der Funktionsbereiche aufeinanderprallen, sind diese Eigenschaften in besonderem Maße gefragt.

Wie sich in der Praxis zeigt, ist das Controlling auf diese Anforderungen nicht immer vorbereitet. Ein Controller, der es gewohnt ist, Kosten zu rechnen und Zahlenwerke zur Verfügung zu stellen, gerät leicht in die Rolle des Bremsers. Im besten Fall ist er dem Projektteam lästig, weil die Beteiligten ihm ständig Daten liefern und sich mit scheinbar irrelevanten Bedenken auseinandersetzen müssen. Im schlimmsten Fall rechnet der

---

116 *Goretzki* et al. 2010, S. 59 f.

Controller eine gute Investition kaputt, indem er zum Beispiel seinen Annahmen ein zu hohes Sicherheitsbedürfnis zugrunde legt.

Angenommen ein Unternehmen will in eine neue Schleifmaschine investieren. Der Controller möchte die Kosten für die spätere Wartung wissen und fragt nach, wie oft bei dieser Maschine der Schleifstein ausgebaut werden muss und wie teuer das sein wird. Die Produktion lässt daraufhin mitteilen, das könne man bestenfalls grob abschätzen, da es sich um eine Sondermaschine handle, mit der man noch keine Erfahrungen habe. Wie soll der Controller nun reagieren? Wahrscheinlich sollte er nun über seinen Schatten springen und auf der Basis von realistischen Schätzungen weiterrechnen, anstatt weiterhin auf einer exakten Auskunft zu bestehen. Denn sonst bliebe der Investitionsantrag erst einmal liegen – was am Ende für die Investition und das Unternehmen insgesamt kontraproduktiv sein kann.

Wie das Beispiel zeigt, verlangt das Investitionscontrolling vom Controller perspektivisches Denken. Neben den Kosten sollte er auch die Chancen sehen, die mit dem Investitionsprojekt verbunden sind. Selbstverständlich heißt das nicht, die klassische Rolle des Mahners und Kontrolleurs ad acta zu legen. Doch sollte er die Sichtweisen der anderen Beteiligten verstehen und in der Lage sein, seine Funktion als Controller und seine damit verbundenen Anliegen verständlich zu machen. In der Praxis sind den Beteiligten immer wieder einfache Zusammenhänge unklar, weil sie vorausgesetzt und deshalb nie kommuniziert wurden. So banal das klingt, liegt darin doch immer wieder der Hauptgrund für Missverständnisse und daraus folgende Fehler.

Eine wesentliche Aufgabe des Controllers sollte es daher sein, mit den Projektbeteiligten zu kommunizieren und ihnen die Zusammenhänge nachvollziehbar darzulegen. Manchmal wirkt auch schon der einfache Austausch der gegenseitigen Erwartungen Wunder.

Mit anderen Worten: Das Investitionscontrolling braucht einen Businesspartner als Controller, keinen Erbsenzähler.

7.3 Standards für Investitionen setzen

Über Jahre hinweg begleitete Chaos die Investitionsabläufe eines mittelständischen Maschinenbauers. Das Unternehmen investierte laufend in seine Produktion, um durch neue Werkzeuge und Vorrichtungen die wechselnden Anforderungen seiner Kunden bedienen zu können. Fast jede Investition löste jedoch Streit und Ärger aus – und fast immer blieb im Nachhinein die Erkenntnis, dass man es hätte besser machen können. Einmal kam der Ärger von Seiten des Vertriebs: Wäre er gefragt worden, so klagte dann ein Verkäufer, hätte man die Kapazität doppelt so hoch auslegen können, denn sein Hauptkunde hätte das Produkt ebenfalls gerne gekauft. Ein anderes Mal kam der Ärger aus der Produktion: Es sei noch eine Schleifvorrichtung erforderlich, hieß es von dort, erst dann könne die neue Produktion anlaufen. Nicht nur die veranschlagten Kosten wurden dadurch überschritten, auch die Liefertermine ließen sich nicht mehr einhalten. Gelegentlich kam es auch vor, dass eine Investition unterblieb, weil die erwarteten Absatzmengen zu niedrig waren. Einige Monate später stellte sich heraus, dass die Daten sich nur auf drei der fünf Verkaufsgebiete gestützt hatten – und durchaus ein ausreichend großes Absatzvolumen erreichbar gewesen wäre.

Wie konnten diese Zustände entstehen? Ganz einfach: Es fehlten verbindliche Standards für die Planung und Steuerung der Investitionen.

Der Mittelständler beendete das Chaos inzwischen mit einer ebenso handfesten wie effektiven Lösung. Vor jeder Investition trägt der Controller auf einem einzigen Blatt die Ist-Daten zusammen. Alle Verkäufer müssen hierzu eine Schätzung ihrer Absatzmengen abgeben, und auch die Produktion muss ihren Bedarf gewissenhaft durchdenken und mitteilen. Angesichts der relativ hohen Zahl kleiner Investitionen – die meisten Investitionen des Unternehmens bewegen sich zwischen 10.000 und 20.000 Euro – hat die Geschäftsleitung die Entscheidung an eine einfache, für alle Beteiligten nachvollziehbare Vorgabe geknüpft: Eine Investition wird getätigt, wenn sie sich unter Vollkostengesichtspunkten innerhalb von 1,3 Jahren und mit Blick auf den Deckungsbeitrag in 0,8 Jahren amortisiert.

7.3.1 Transparenz und Vergleichbarkeit

Es lohnt sich also, wie das Beispiel des Maschinenbauers zeigt, über Standards nachzudenken – und zum Beispiel für Investitionen generell festzulegen, welche Daten erhoben und welche Rechenverfahren eingesetzt werden. Dabei liegt es nahe, je nach Investitionstyp unterschiedliche Standards zu definieren. Im Falle einer strategischen Investition sind Datenerhebung und Risikobetrachtung sicherlich wesentlich umfangreicher zu gestalten als bei einer einfachen Ersatzinvestition. Ziel solcher Standards ist es, die Abläufe von Investitionen zum großen Teil zu vereinheitlichen. Der Prozess gewinnt dadurch an Transparenz und Effizienz; viele Diskussionen und Doppelarbeiten werden vermieden.

Als besonders nützlich erweisen sich Vorgaben für die Rechenverfahren. Wenn die Wirtschaftlichkeit vergleichbarer Investitionen nach einer einheitlichen Methode kalkuliert wird, lassen sich nicht nur die Investitionen untereinander vergleichen, wenn am Ende das Investitionsprogramm zusammengestellt wird. Das Unternehmen erhält auch vergleichbare Daten über den Zeitablauf: Wenn eine ähnliche Investition erneut getätigt werden soll, kann es auf zuverlässige Erfahrungswerte zurückgreifen. Dieser Vergleich mit früheren Investitionen ermöglicht es auch, den Investitionsprozess kontinuierlich zu verbessern.

In vielen Unternehmen fehlen solche Standards noch. Gar nicht so selten kommt es deshalb vor, dass mehrere Mitarbeiter gleichzeitig – ohne voneinander zu wissen – für eine Investition Daten erfassen, Auswertungen machen und Wirtschaftlichkeiten berechnen. Vor allem aber fehlt die Vergleichbarkeit der Projekte. Es ist kaum möglich, auf die Erfahrungen zurückliegender Investitionen zurückzugreifen, weil jede Investition anders gerechnet wird: Der eine Projektleiter hat in einem Seminar die Anwendung der Kostenvergleichsrechnung gelernt, der andere ist Anhänger der Kapitalwertmethode und der dritte kapriziert sich auf die Amortisationsrechnung. Aufgabe des Controllings wäre es, stattdessen ein für allemal eine Methodik vorzugeben.

7.3.2 Vorgaben für den Investitionsantrag

Auf welche Weise kann ein Unternehmen Standards für Investitionen festlegen und für alle Mitarbeiter verbindlich vorgeben? Gut geeignet ist hierfür der Investitionsantrag. Wie in Kapitel 2 ausgeführt, ist der Investitionsantrag ein standardisiertes Formular, das feste Vorgaben macht, an die sich die jeweiligen Fachabteilungen halten müssen. Es liegt nahe, hierin die relevanten Standards festzulegen und auf diese Weise für alle Mitarbeiter verbindlich vorzugeben.

Grundsätzlich sollte ein Investitionsantrag so aufgebaut sein, dass er zum Zeitpunkt der Nachkalkulation nachvollziehbar ist. Das bedeutet vor allem auch, dass die Entscheidungsprämissen deutlich formuliert werden. Dir folgende Übersicht fasst die wesentlichen Standards zusammen, die ein Investitionsantrag enthalten sollte.

Checkliste: Standards für Investitionsanträge
- ☑ Angaben zum Bereich und zur Kostenstelle, für die das Investitionsgut verwendet wird.
- ☑ Bezeichnung und Beschreibung des Projektes
- ☑ Begründung für den Investitionsantrag
- ☑ detaillierte Angebote und Kalkulationsunterlagen
- ☑ wirtschaftliche Vorteile der Maßnahme, gemäß Berechnung nach einem vorgegebenen Verfahren
- ☑ Beitrag zu den Unternehmenszielen
- ☑ Antragsteller mit Namen
- ☑ evtl. Name eines Mitarbeiters, der den Antrag geprüft hat
- ☑ Unterschriften der Budgetverantwortlichen
- ☑ Angaben zur zeitlichen Durchführung
- ☑ Genehmigungsvermerke
- ☑ weitergehende Maßnahmen wie z.B. Beschaffung bestimmter Materialien, Schulungsmaßnahmen, Personaleinstellung
- ☑ Information über den Verteiler
- ☑ unternehmensspezifische Daten

Abb. 7.2: Standards für den Investitionsantrag

Die Entwicklung der Standards sollte im Dialog erfolgen und auch die Fachabteilungen einbeziehen. Das gilt insbesondere, wenn es darum geht, Standards für die Datenerhebung festzulegen. Nur eine standardisierte Datenerhebung stellt die Vergleichbarkeit von Investitionen sicher – und nur so wissen die Fachabteilungen von vornherein und damit frühzeitig, welche Daten sie für einen Informationsantrag zusammenstellen müssen. Andererseits sollten die Vorgaben nicht zu einem unverhältnismäßig großen Erhebungsaufwand führen. Dieser muss im Verhältnis zur Höhe und zum Risiko der Investitionsmaßnahme stehen. Bei sehr großen und risikoreichen Investitionsmaßnahmen lohnen sich sogar Vorprojekte – wobei auch dies als Standard definiert werden kann.

Ergänzend zu den Vorgaben im Investitionsantrag haben sich einige weitere Regeln bewährt, um den Investitionsprozess zu standardisieren. So kann es sinnvoll sein, für Investitionsanträge eine Untergrenze zu definieren, also zum Beispiel festzulegen, dass erst für Investitionen ab 2.000 Euro ein Antrag gestellt werden muss.

Ein weiterer wichtiger Punkt sind die *Entscheidungsbefugnisse*: Wer entscheidet über eine Investition? Ist es immer die Geschäftsleitung? Oder darf auch ein Bereichs- oder Abteilungsleiter entscheiden? Wenn ja, müssen die Entscheidungsbefugnisse geregelt sein. Das Unternehmen kann zum Beispiel festlegen, dass ein Bereichsleiter über ein jährliches Investitionsbudget von 100.000 Euro verfügt und eigenständig über Investitionen bis zu einer Höhe von 15.000 Euro entscheiden kann.

Zumindest größere Unternehmen sollten auch einen standardisierten *Eskalationsweg* festlegen und zum Beispiel die Kriterien definieren, bei denen die Geschäftsleitung informiert werden muss. Keine Frage: In einem mittelständischen Unternehmen dürfte der Chef meistens auch ohne solche formalen Abläufe erfahren, wenn bei einer Investition etwas schiefläuft. Doch auch dort sollte zumindest die Vorgabe existieren, größere Abweichungen zu dokumentieren und in einem Protokoll festzuhalten, wenn bei einem Vorfall der Geschäftsführer involviert war.

7.3.3 Anreizsystem installieren

Zu den Standards im Investitionscontrolling können auch Anreizsysteme zählen. Ein transparentes, einmal festgelegtes System hat den Vorteil, dass es nicht mit jeder Investition wechselt, sondern allen Projektleitern und Teams im Unternehmen einen einheitlichen und verlässlichen Rahmen bietet. Neben intrinsischen Anreizen – zum Beispiel Prestige, Erfüllung selbstgesteckter Ziele – spielen extrinsische Anreize »eine besondere Rolle im Controlling«, konstatiert Nicolaus Warkotsch, Leiter Investitionscontrolling bei der E.ON Ruhrgas AG in Essen[117]. Hierzu zählen etwa monetäre Anreize, die sich in Form von variablen Vergütungsbestandteilen an den Projekterfolg oder ein gutes Investitionsprojektmanagement knüpfen lassen.

Zwar besteht die Gefahr, dass ein Anreizsystem auch kontraproduktiv wirkt. Wie schon erwähnt, kann eine Prämie den Projektleiter zu großzügigen Plansätzen verführen, um so die Wahrscheinlichkeit einer späteren Planunterschreitung zu erhöhen. Richtig gesetzt wirken monetäre Anreize jedoch durchaus motivierend und können zum Erfolg von Investitionen beitragen. Eine Möglichkeit besteht zum Beispiel darin, eine Prämie mit dem Erreichen der Investitionsziele zu verbinden. Der Bonus wird also nicht nach erfolgreichem Projektabschluss fällig, sondern erst im Verlauf der Nutzungsphase. Ein guter Zeitpunkt könnte zum Beispiel nach zwei bis drei Jahren sein, wenn das Unternehmen den Workshop zur Zielkontrolle (siehe Kapitel 6) durchführt.

Bei größeren Investitionen, bei denen Meilensteine wesentliche Etappen darstellen, kann eine Prämie das rechtzeitige Erreichen eines Meilensteins belohnen. Hier ist auch eine abgestufte Variante denkbar: Wird der Meilenstein pünktlich erreicht, wird die ganze Prämie ausbezahlt, ist er um einen Monat überschritten, noch der halbe Betrag und

---

117 *Warkotsch* 2010, S.70 ff.

erst nach zwei Monaten entfällt die Prämie ganz. Wie ein monetärer Anreiz ausgestaltet sein kann, zeigt das folgende Beispiel[118]:

Als Bemessungsgrundlage für die Festlegung variabler Entgeltbestandteile dient die Ausprägung definierter Ziele, in diesem Falle das Erreichen von Meilensteinen. Nehmen wir an, die maximale Prämie, die ein Projektleiter erzielen kann, beträgt 5.000 Euro; gemäß ihrer Bedeutung werden die drei Meilensteine des Projekts mit 50 Prozent, 30 Prozent und 20 Prozent gewichtet. Nach Abschluss des Projekts verständigen sich Projektleiter und Auftraggeber darüber, dass der Projektleiter seine Ziele, bezogen auf die drei Meilensteine, zu 80 Prozent, zu 100 Prozent und zu 75 Prozent erreicht hat. Hieraus errechnet sich nun folgende Vergütung:

$$\text{Prämie} = 5.000 \text{ Euro} * (50\% * 80\% + 30\% * 100\% + 20\% * 75\%) = 4.250 \text{ Euro}$$

Unter Berücksichtigung der Zielgewichtung und Zielerreichung erhält der Projektleiter somit 4.250 Euro der maximal erreichbaren 5.000-Euro-Prämie.

Ein Anreizsystem kann anstelle einer Prämie für den Projektleiter auch eine Teamprämie vorsehen. Letztere hat den Vorteil, dass der dadurch entstehende Gruppendruck die Effizienz der Teamarbeit deutlich verbessern kann: Um die Prämie zu erhalten, sorgen die Projektmitglieder gegenseitig dafür, dass Vorgänge nicht liegenbleiben.

7.4 Zusammenfassung

Das Investitionscontrolling ist die Klammer, die den Investitionsprozess zusammenhält und auf sein Ziel ausrichtet. Ihm kommt die Aufgabe zu, während des gesamten Investitionsprozesses die erforderlichen Informationen zu liefern, um die Investition sowohl strategisch absichern als auch operativ steuern zu können.

Wichtig für die Funktion einer »zentralen Klammer« ist ein Ansprechpartner, der sowohl die strategischen Überlegungen der Geschäftsleitung kennt, als auch weiß, was in den operativen Bereichen geschieht – der also in der Lage ist, eine Brücke zwischen den strategischen Erwartungen und den operativen Möglichkeiten zu schlagen. Dem Controller kommt daher neben dem Projektleiter eine hohe Bedeutung zu. Das Investitionscontrolling braucht einen Businesspartner als Controller, keinen Erbsenzähler. Ein Controller, der es gewohnt ist, Kosten zu rechnen und Zahlenwerke zur Verfügung zu stellen, gerät leicht in die Rolle des Bremsers. Neben den Kosten sollte er deshalb auch die Chancen sehen, die mit dem Investitionsprojekt verbunden sind.

Es hat sich bewährt, für das Investitionscontrolling Standards festzulegen. Künftige Investitionen lassen sich dann auf die gleiche Weise steuern, was nicht nur die Abläufe vereinfacht, sondern auch Vergleiche mit zurückliegenden Investitionen zulässt. Der Vergleich mit früheren Investitionen ermöglicht es auch, den Investitionsprozess kontinuierlich zu verbessern.

---

118 *Warkotsch* 2010, S.75.

Teil 2 – Spezialbereiche des Investitionsmanagements

Im Zusammenhang mit Investitionen tauchen immer wieder Fragen auf, die durch eine grundlegende Beschreibung des Investitionsprozesses noch nicht beantwortet sind: Bringt Outsourcing von Investitionen Vorteile? Welche Erfolgsmuster lassen sich aus den Investitionsstrategien von Marktführern ableiten? Worin unterscheiden sich F&E-Investitionen vom klassischen Investitionsprozess? Wie sollte ein Unternehmen in Krisenzeiten das Investitionsprogramm gestalten? Welche Folgen hat eine nachhaltige Unternehmensstrategie auf das Investitionsverhalten? Gibt es eine Methode, um Investitionen in immaterielle Werte – wie zum Beispiel den Wissensschatz der Mitarbeiter oder gute Kundenbeziehungen – zu bewerten und zu steuern?

Die sechs Kapitel des zweiten Teils greifen diese Fragen auf, wobei die vorgestellten Lösungen und Strategien auf dem in Teil 1 beschriebenen Investitionsprozess aufsetzen. Die folgenden Kapitel ergänzen damit die Grundlagen des ersten Teils um wesentliche Aspekte.

8 Investitionen auslagern

Nicht immer reichen die vorhandenen Mittel aus, um alle anstehenden Investitionsaufgaben zu realisieren. Soll ein Unternehmer in solchen Fällen auf sinnvolle oder gar notwendige Investitionen verzichten? Oder soll er versuchen, einen Gesellschafter zu gewinnen, um die Investitionen doch noch umsetzen zu können, dafür aber ein Stück Eigenständigkeit aufgeben? Es gibt noch eine dritte Möglichkeit, von der in diesem Kapitel die Rede sein soll: die Nutzung externer Ressourcen durch Kooperationen, Outsourcing oder Betreibermodelle. Der Grundgedanke: Ein Unternehmen muss eine Investition nicht unbedingt selbst tätigen, sondern kann sie auch ganz oder teilweise einem externen Partner überlassen oder auf Leistungen dieser Partner zurückgreifen.

Diese »Make-or-buy-Entscheidung« ist eine betriebswirtschaftliche Grundentscheidung, die zeitlich der eigentlichen Investitionsentscheidung voranzustellen ist.[119] Vor einer Investition sollte der Unternehmer entscheiden, ob er die damit bezweckte Leistung selbst erstellt oder fremd vergibt. Das setzt jedoch voraus, dass er bereits seinen Investitionsbedarf ermittelt hat: Er verfügt über eine Liste der notwendigen oder gewünschten Investitionen und kennt deren Beitrag zu den strategischen Zielen des Unternehmens sowie deren betriebswirtschaftliche Bewertung und Risikoeinschätzung. Wie wir in diesem Kapitel sehen werden (Abschnitt 8.2), kann er auf diese Informationen zurückgreifen, um die Make-or-buy-Entscheidung zu treffen. Die Instrumente, die wir in den Kapiteln 1 und 2 zur Beurteilung der Investitionen herangezogen haben, lassen sich auch hier anwenden.

Make-or-buy-Entscheidungen können ganz unterschiedlich ausfallen. Während etwa ein Hersteller wie das Unternehmen Phoenix Contact, ein Spezialist für Verbindungstechnik, erfolgreich und konsequent »insourct«[120], steigern andere Unternehmen ihre Wirtschaftlichkeit, indem sie Investitionen auslagern. Das kann zum Beispiel geschehen, indem ein Unternehmen ganze Produktionen ins Ausland verlagert (wie etwa bei der Textilindustrie), die EDV im Overhead-Bereich outsourct oder Nebenprozesse in externe Hände legt (z. B. Lohn- und Gehaltsabrechnung, Hausmeisterdienste o.Ä.). Es gibt drei Aspekte, die das Thema »Auslagern« aus strategischem Blickwinkel so interessant machen:

- Durch Einbeziehen eines Kooperationspartners kann ein Unternehmen *strategische Ziele erreichen*, die es aus eigener Kraft – sei es aus Know-how- oder Finanzierungsgründen – nicht realisieren könnte. Wie eine Erhebung unter 1.400 Unternehmen der deutschen Investitionsgüterindustrie zeigt, erwirtschaften Betriebe, die gezielt Vertriebskooperationen mit Partnern aus ihrem regionalen Umfeld eingehen, mit durchschnittlich 35 Prozent das höchste jährliche Umsatzwachstum.[121] Offensicht-

---

119 *Schweitzer/Küpper* 2008, S. 218.
120 *Litz* 2009, S. 57.
121 *Samulat* 2001.

lich gelingt es diesen Unternehmen, die Synergiepotenziale einer Zusammenarbeit im Vertrieb auszuschöpfen.
- Indem ein Unternehmen Leistungen zukauft oder mit einem Partner kooperiert, kann es *Zusatzleistungen anbieten*, für die sich eine eigene Investition nicht rechnen würde. Die genannte Studie belegt, dass sich der Dienstleistungsanteil am Umsatz auf diese Weise signifikant erhöhen lässt: Betriebe ohne Kooperationen im Service erwirtschaften einen Anteil von 7,5 Prozent ihres Umsatzes mit produktbegleitenden Dienstleistungen. Betriebe, die Servicepartnerschaften eingehen, erzielen mit produktbegleitenden Dienstleistungen dagegen im Mittel einen Anteil von 10,4 Prozent am Gesamtumsatz ihres Unternehmens.
- Anstatt Ressourcen auf Nebenschauplätzen zu binden, kann ein Unternehmen die vorhandenen Mittel auf seinen *Kernbereich konzentrieren*. Mit Hilfe von Outsourcing- oder Kooperationsstrategien ist es möglich, Investitionen, die nicht in den Bereich der eigenen Kernkompetenz fallen, auszulagern. Ist es zum Beispiel aufgrund neuer gesetzlicher Bestimmungen erforderlich, in eine neue Personalabrechungssoftware zu investieren, kann ein Maschinenbauer, Automobilzulieferer oder Händler diese Dienstleistungen auch extern einkaufen. So gewinnt er Spielräume, um die begrenzten Investitionsmittel im eigentlichen Geschäft einzusetzen und seinen Wettbewerbsvorsprung im Kerngeschäft zu erhalten oder weiter auszubauen.

In diesem Kapitel wollen wir zunächst (Abschnitt 8.1) anhand einiger Beispiele verschiedene Möglichkeiten einer Auslagerung – Kooperationen, Outsourcing und Betreibermodelle – beschreiben. Der zweite Teil (Abschnitt 8.2) befasst sich dann näher mit der Entscheidungssituation: Nach welche Kriterien kann ein Unternehmer beurteilen, ob er eine Investition nach außen verlagert oder nicht?

8.1 Varianten einer Auslagerung

8.1.1 Kooperationen

Auf den ersten Blick mag es etwas ungewohnt erscheinen, eine Investition »über eine Kooperation auszulagern«. Der Grundgedanke ist jedoch ganz einfach: Um ein Investitionsziel zu erreichen, sucht der Unternehmer einen oder mehrere Partner. Durch das Einbringen einander ergänzender Stärken können Investitionen getätigt und Kundenanforderungen erfüllt werden, für die ein Partner alleine weder die Ressourcen noch die Kompetenzen gehabt hätte.

In vielen Fällen lassen sich damit erhebliche wirtschaftliche Vorteile für alle Beteiligten erzielen, wie etwa eine Erhebung des Fraunhofer-Instituts für Systemtechnik und Innovationsforschung (ISI) unter 1.630 Firmen des verarbeitenden Gewerbes zeigt. Demnach erzielen Betriebe, die mit anderen zusammen in flexiblen Netzwerken ganze Systeme anbieten, eine durchschnittliche Wertschöpfung von 87.000 Euro je Mitarbeiter. Bei Betrieben, die nicht auf diese Weise mit anderen kooperieren, liegt der Vergleichswert bei 76.000 Euro. Unternehmen, die in Netzwerken ein Systemangebot herstellen, weisen zugleich ein durchschnittliches Umsatzwachstum von 15 Prozent pro Jahr aus; Betriebe ohne vergleichbare Produktionskooperationen kommen dagegen im Schnitt nur auf 12 Prozent.[122]

Wie solche Kooperationen konkret aussehen können, illustrieren im Folgenden einige Beispiele.

8.1.1.1 Gemeinsame Investition in eine Vertriebsplattform

Die Beschaffung von C-Teilen verursacht in vielen Unternehmen einen administrativen Aufwand, der in Relation zum Einkaufspreis unverhältnismäßig hoch ist. Es handelt sich um geringwertige Güter wie beispielsweise Werkzeuge, Arbeitsschutzartikel, Elektromaterial, Büroartikel und andere »Gemeinkosten-Artikel«, ohne die jedoch ein Betrieb nicht auskommt. So gering das Einkaufsvolumen dieser Kleinteile ist: Wenn eines von ihnen fehlt, kann im Extremfall die Produktion stillstehen.

Immer mehr Unternehmen versuchen, durch ein effektives C-Teile-Management den Beschaffungsprozess für diese Artikel zu optimieren. Hierauf müssen sich die Lieferanten der C-Teile einstellen, wollen sie weiter im Geschäft bleiben. Für sie entsteht ein erheblicher Investitionsbedarf. Sie benötigen zum Beispiel eine professionelle Softwarelösung, die es den Kunden ermöglicht, über eine elektronische Plattform einzukaufen und dabei ihren Bestellprozess und die damit verbundenen Geschäftsabläufe vollständig auf elektronischem Weg abzuwickeln.

Mit dieser Situation sah sich vor einigen Jahren die Brangs + Heinrich GmbH in Solingen konfrontiert, die neben einer breiten Palette an Bürobedarfsmaterialien auch über 3.500 Verpackungsartikel ab Lager bereithält. Ähnlich erging es drei anderen C-Teile-Anbietern der Region. Nun gab es zwei Möglichkeiten: Jedes der Unternehmen baut eine eigene Plattform auf, um den Kunden C-Teile anzubieten – oder die vier Unternehmen tun sich zusammen und tätigen die Investition gemeinsam. Im ersten Fall hätte jeder Anbieter alle mit der Investition verbundenen Kosten und Risiken für sich alleine getragen. Die vier regionalen Großhändler entschieden sich für den zweiten Weg. Unter dem Namen »Conclusio« schlossen sie sich zu einer Allianz zusammen und bieten seitdem gemeinsam ein C-Teile-Management an. Für die Kunden besteht dadurch die Möglichkeit, über eine einzige Plattform auf mehr als eine Millionen Artikel zuzugreifen.[123]

8.1.1.2 Kooperieren statt alleine investieren

Gemeinsam ein Komplettangebot auf die Beine stellen – von diesem Motiv lassen sich mittelständische Unternehmen immer wieder leiten, wenn sie miteinander kooperieren. Ein typisches Beispiel: Ein Konstruktionsbüro, zwei Sondermaschinenbauer, ein Steuerungs- und Anlagentechniker sowie eine IT-Service-Firma finden sich zusammen, um jeweils ihre Stärken einzubringen. So gelingt es dann, eine Leistungspalette von der Produktentwicklung über den Prototypenbau und die Herstellung von Sondermaschinen bis hin zur Programmierung und Fertigung von Pilot- und Kleinserien anzubieten. Ein Partner allein könnte dieses Angebot unmöglich ausführen.

---

122 *Samulat* 2002.
123 *Conclusio*, Lieferantennetzwerk, http://www.conclusio.net/ Abruf am 02.12.2010.

Strategisch hat eine solche Kooperation für das einzelne Unternehmen vor allem den Vorteil, dass es ein Gesamtprodukt anbieten kann, ohne die dafür erforderlichen Investitionen alleine tätigen zu müssen. Es konzentriert sich auf seinen Kernbereich, alle anderen Leistungen bringen die Partner ein. Auf der Kostenseite muss es zwar den Gewinnaufschlag der Partner kalkulieren, kann andererseits aber auch davon ausgehen, dass die Kooperationspartner in ihren jeweiligen Bereichen über viel Erfahrung und eine effiziente Kostenstruktur verfügen – mithin ihren Part zuverlässig, professionell und effektiv leisten.

Das Motto »kooperieren statt alleine investieren« muss sich keineswegs nur auf Produktion und Marketing beziehen. So versteht es Bernd Münstermann, Inhaber der Bernd Münstermann GmbH & Co. KG im norddeutschen Telgte-Westbevern, durch pfiffige Partnerschaftsideen die notwendige Qualifikation der Mitarbeiter sicherzustellen.[124] Das im Spezialmaschinenbau tätige Unternehmen entsendet zum Beispiel alle Auszubildenden – die Quote liegt bei fast zehn Prozent – für zwei bis vier Monate in ein Partnerunternehmen nach Norwegen, Großbritannien oder Frankreich. Im Gegenzug nimmt Münstermann dann Lehrlinge dieser Firmen bei sich auf. Nach den Erfahrungen in einem fremden Land kehren die Nachwuchskräfte wie verwandelt zurück: »Sie bekommen Selbstbewusstsein und verlieren die Angst vor der Arbeit im Ausland«, berichtet der Unternehmenschef.

8.1.2 Outsourcing

Outsourcing ist die Verlagerung von aktuell noch selbst erbrachten Leistungen »nach außen«, um zum Beispiel Fixkosten zu variabilisieren[125]. Bezogen auf unser Thema Investition bedeutet das, einen bestimmten Leistungsprozess nicht durch Investitionen im eigenen Unternehmen aufzubauen oder zu unterhalten, sondern die Leistungen bei einem Fremdunternehmen einzukaufen. Solche Leistungsprozesse können Nebenprozesse wie die Personalabrechnung oder das Facility Management sein, aber auch Kernprozesse wie zum Beispiel ganze Produktionen, etwa mit dem Ziel, ein günstigeres Lohnniveau in einem anderen Land zu nutzen. Die notwendigen Investitionen zur Durchführung dieser Leistungsprozesse liegen dann beim Fremdunternehmen; das eigene Unternehmen bezahlt stattdessen einen fest vereinbarten Preis für die bezogene Leistung.

Neben möglichen Kosteneinsparungen liegt der unmittelbare Vorteil des Outsourcings auf der Hand: Wenn das Unternehmen auf eine aktuell erforderliche Investition – zum Beispiel in ein modernes Personalabrechnungssystem – verzichtet, bewahrt es sich einen finanziellen Spielraum, den es anderweitig nutzen kann. Zudem ist Outsourcing eine Möglichkeit, unterausgelastete Kapazitäten zu vermeiden. Wenn etwa absehbar ist, dass eine Investition nicht voll ausgelastet sein wird und sich deshalb aufgrund hoher Fixkosten nicht lohnt, kann die Vergabe an einen Dienstleister eine betriebswirtschaftlich sinnvolle Alternative sein. Dadurch ist es zum Beispiel möglich, einen Zusatzservice anzubieten, ohne hierfür eigene, zeitweise unausgelastete Kapazitäten vorhalten zu müssen.

---

124 *Paul* 2009.
125 *Witt* 2002, S. 598.

Den Vorteilen stehen jedoch auch Risiken gegenüber, die sich – verstärkt durch die weltweite Wirtschaftskrise im Jahr 2009 – in einem Gegentrend zum Insourcing bemerkbar machen.[126] So ist nach einer Studie des Fraunhofer-Instituts[127] bei den produzierenden Unternehmen die Quote der Produktionsverlagerer sehr deutlich von 15 Prozent (Mitte 2004 bis Mitte 2006) auf 9 Prozent (2007 bis Mitte 2009) zurückgegangen und hat damit den tiefsten Stand seit Mitte der 1990er-Jahre erreicht. Hauptmotive für die sinkende Anzahl von Verlagerungen sind Qualitätsprobleme und steigende Personalkosten im Ausland.

Neben Qualität und Kosten spielt auch die Liefersicherheit eine wesentliche Rolle: Während der Rezession 2009 sahen rund ein Viertel der mittelständischen Unternehmen ihre Versorgungslage durch Pleiten wichtiger Zulieferer akut bedroht[128]. Manche von ihnen zogen daraus die Lehre, zumindest bei kritischen Komponenten ihre Abhängigkeit von Lieferanten zu reduzieren, entweder durch Erweiterung ihrer Lieferantenbasis oder durch eine Rückkehr zur Eigenproduktion.

Die folgende Übersicht (Abb. 8.1) stellt verschiedene Argumente zusammen, die Anlass für eine Outsourcing- bzw. Insourcing-Entscheidung sein können.

Buy zu make: Häufige Insourcing-Kriterien	Make zu buy: Häufige Outsourcing-Kriterien
• Preisanstieg bei Fremdbezug	• geplante Ersatz- oder Erweiterungsinvestition
• Ablauf von Verträgen über Fremdbeschaffung	• volle Kapazitätsauslastung
• Investitionsabsichten mit Finanzmitteln	• Liquiditätsengpässe
• Unzuverlässigkeit von Lieferanten	• günstigere Lieferanten
• Bedarfsanstieg	• sinkende Fremdbeschaffungspreise
• Unterbeschäftigung	• Bedarfsrückgänge
• Höhere Flexibilität	• interner Kostenanstieg
• Qualitätskriterien	

Abb. 8.1: Make or Buy: Kriterien für Insourcing- oder Outsourcing-Entscheidungen[129]

Bereits diese Hinweise zeigen, dass bei einer Make-or-Buy-Entscheidung die unterschiedlichsten Aspekte eine Rolle spielen. Die Entscheidung, Prozesse oder Investitionen auszulagern, hängt nicht nur von knappen finanziellen Mitteln, Qualitätskriterien und Liefersicherheit ab, sondern zum Beispiel auch vom Know-how, der Komplexität des Prozesses, Geheimhaltungsgründen für betriebliche Spezialitäten oder den Fachkenntnissen beim Personal. Auf die Entscheidungskriterien werden wir im Abschnitt 8.2 noch näher eingehen.

---

126 *Wittrock* 2009, S. 54 ff.
127 *Kinkel* 2009, S. 9.
128 *Wittrock* 2009, S. 55.
129 Vgl. *Horváth* et al. 2001, S. 223.

8.1.3 Betreibermodelle

Eine weitere Variante für das Auslagern einer Investition sind Betreibermodelle. Das Grundprinzip: Anstatt die Investition selbst zu tätigen, greift das Unternehmen auf einen Betreiber zurück. Dieser tätigt die Investition (z. B. den Bau einer Anlage), übernimmt Finanzierung und Instandhaltung, trägt damit auch Verantwortung für die Funktionsfähigkeit – und stellt seinem Kunden die Nutzung in Rechnung.

Angenommen ein Bleistifthersteller möchte eine anstehende Investition, zum Beispiel den Kauf einer neuen Produktionsanlage, nicht selbst tätigen: Er kann die Investition nun auch dem Anlagenbauer überlassen, der hierfür eine Betreibergesellschaft gründet, die nicht nur die Anlage errichtet und finanziert, sondern auch betreibt und instandhält. Der Bleistifthersteller vergütet die mit der Anlage gefertigten Bleistifte pro Stück und zahlt auf diese Weise dem Anlagenbauer die Investition zurück. Der Vorteil für den Hersteller liegt auch hier auf der Hand: Er musste die Mittel für die Investition nicht aufbringen; seine Liquidität wird geschont und das Anlagegut muss nicht in der Bilanz ausgewiesen werden.

Die Leistungsvergütung erfolgt auf Basis eines Abnahmevertrags, der einen festen Abrechnungsmodus über den Betriebszeitraum der Anlage festlegt. Je nach Vertragsausgestaltung geht der Betreiber unterschiedlich stark ins Risiko. In der Regel übernimmt er Produktgarantien und Terminrisiken, kann aber auch am Absatzrisiko beteiligt werden. In diesem Fall gibt der Hersteller das Konjunkturrisiko zumindest teilweise an den Betreiber weiter: Geht die abgesetzte Menge zurück, sinken für ihn die gezahlten Nutzungsentgelte, während für den Betreiber die Fixkosten unverändert bleiben.

8.1.3.1 Der Zulieferer übernimmt die Investition

Im Maschinen- und Anlagenbau gewinnen Betreibermodelle seit einigen Jahren an Gewicht. »Kunden der Investitionsgüterindustrie überlegen in zunehmendem Maße, ob sie weiterhin Maschinen und Anlagen kaufen und damit produzieren sollen oder ob es nicht vorteilhafter sein könnte, sich auf die Produktentwicklung und Vermarktung zu konzentrieren und die Produktion fremd zu vergeben«, stellte Dr. Gunter Lay, Leiter des Geschäftsfelds Industrielle Dienstleistungen beim Fraunhofer-Institut für Systemtechnik und Innovationsforschung ISI in Karlsruhe fest.[130] »Im Zuge dieser Überlegungen wird an Investitionsgüterhersteller der Wunsch herangetragen, die hergestellten Investitionsgüter für die Kunden zu betreiben. An die Stelle der Investition tritt die Entrichtung einer nutzungsabhängigen Gebühr.« Bereits 2001 erbrachte eine Erhebung des Instituts, dass rund ein Fünftel der Investitionsgüterproduzenten, die komplexe Maschinen und Anlagen herstellen, derartige Betreibermodelle anbieten.

»Betreiben statt Verkaufen«, auf dieses Modell besann sich zum Beispiel ein mittelständischer Zulieferer für die Stahlindustrie. Das Unternehmen installierte im Werk des Kunden auf eigene Kosten eine Schleifmaschine – und erhält nun für jede geschliffene Bramme[131] einen Betrag. Für die Abwicklung des Geschäfts hat der Mittelständler eigens

---

130 *Lay* 2003, S. 1,
131 Eine *Bramme* ist ein gegossener Block aus Stahl, Aluminium oder Kupfer, dessen Länge und Breite ein Mehrfaches seiner Dicke überschreitet.

eine Betreibergesellschaft gegründet. Die Schleifmaschine ist jetzt zwar Bestandteil des Produktionsprozesses des Stahlwerkes, wird jedoch von dem Mittelständler betrieben, der vor Ort auch für ihre Unterhaltung und Wartung zuständig ist und zum Beispiel die Schleifsteine rechtzeitig wechseln muss. Vorteil für das Stahlwerk: Es musste keine Investition in einem Sonderbereich tätigen.

Ein anderes Beispiel: Bereits 1994 entwickelte der Böblinger Anlagenbauer Eisenmann das – nach eigenen Angaben – erste Betreibermodell für die Automobil-Lackierung.[132] Das Unternehmen übernimmt hierbei als Generalunternehmer nicht nur Planung, Bau und Installation der Anlagen, sondern ist auch nach dem Produktionsstart voll für den laufenden Betrieb verantwortlich. Zahlreiche Produzenten nutzen weltweit dieses Angebot – und lagern damit diese spezielle Investition an den Zulieferer aus.

8.1.3.2 PPP-Projekte und Contracting

In die Kategorie der Betreibermodelle fallen auch viele Public-Private-Partnership-Projekte (PPP-Projekte), bei denen öffentliche Auftraggeber und Privatunternehmen gemeinsam öffentliche Investitionen wie Kraftwerke, Autobahnen, Flughäfen oder Kultureinrichtungen realisieren. Kennzeichnend für ein solches PPP-Projekt ist es, dass der private Partner sich in Form einer Betreibergesellschaft organisiert, die Anlage oder Einrichtung errichtet, finanziert und anschließend betreibt. Hierfür erhält er vom öffentlichen Auftraggeber eine Vergütung.

Eine spezielle Betreibermodell-Variante ist das Contracting, das vor allem von Energieversorgungsunternehmen angeboten wird. Es bietet die Möglichkeit, Energieeinsparungen zu erzielen, ohne selbst die Investition in eine moderne Heizungsanlage tätigen zu müssen. Das Prinzip lässt sich am einfachsten anhand eines Beispiels erläutern:[133]

Die Urbana Agimus Contracting GmbH übernahm beim Landmaschinenhersteller Welger in Wolfenbüttel die Investition in eine neue Heizanlage. Eine veraltete Dampfkesselanlage mit 14 Megawatt Feuerungswärmeleistung wurde durch ein modernes Konzept effizienter Technologien ersetzt: 174 zweistufige Infrarot-Dunkelstrahler treten an die Stelle der bisherigen Hallenheizung. Wo die Strahler aus technischen oder räumlichen Gründen nicht eingesetzt werden konnten, erfolgt die Beheizung durch dezentrale Gaskessel; ein Schnelldampferzeuger stellt den Dampf genau in der nötigen Menge bereit.

Ergebnis: Urbana investierte 908.000 Euro und erzielte damit Einsparungen in Höhe von zirka 40 Prozent des jährlichen Gasverbrauchs. Welger konnte nicht nur selbst auf die Investition verzichten, sondern sparte bei diesem Modell für seine Energieversorgung sofort Geld, da die Contracting-Rate deutlich niedriger ausfällt als die bisherigen Heizkosten.

Der Nachteil des Contracting ist allerdings, dass sich das Unternehmen langfristig an einen Energielieferanten bindet und deshalb in der Betriebsphase den Energielieferanten nicht wechseln kann. Der Unternehmer verliert so ein Stück Unabhängigkeit.

---

132 *Eisenmann* Journal, S. 50.
133 *Kalo-Gruppe*, Pressemitteilung vom 6.3.2009.

8.2 Entscheidungskriterien

Eigenfertigung oder Fremdbezug? Bei der Analyse der Wertschöpfungskette identifizierte ein Maschinenbauer einen Bereich für die Auslagerung: Die aus Holz gezimmerte Verpackung seiner Maschinen hatte das Unternehmen viele Jahre lang in einer eigenen Schreinerei gefertigt. Hier erwies sich die Vergabe an eine externe Firma als eine Möglichkeit, anstehende Investitionen in die Schreinerei zu vermeiden und die Mittel stattdessen im Kernbereich des Unternehmens einzusetzen. Folgende Überlegungen spielten bei der Entscheidung zur Auslagerung des Verpackungsprozesses eine Rolle:

- Der Prozess war nicht unternehmensspezifisch und erforderte kein großes Know-how.
- Es gab am Markt viele Anbieter; der Prozess war weit verbreitet und allgemein bekannt.
- Die externe Schreinerei befand sich auf dem gleichen Werksgelände. Die Wege waren kurz, auch die Transaktionskosten waren relativ gering. Ein funktionierendes Beschaffungswesen war vorhanden und konnte den Prozess mühelos integrieren.
- Qualität und Kosten blieben gleich. Aufgrund der früheren Eigenfertigung gab es Erfahrungswerte in der Kalkulation, so dass eine marktgerechte Preisfindung möglich war.

Aus den genannten Aspekten lassen sich vier allgemeine Kernfragen ableiten, mit denen sich ein Unternehmer befassen sollte, wenn er einen Prozess nach außen verlagern möchte (s. Abb. 8.2):

Checkliste: 4 Kernfragen zur Outsourcing-Entscheidung
- ☑ Welche Prozesse in Ihrem Unternehmen sind unternehmensspezifisch und einzigartig?
- ☑ Welche Prozesse aus Ihrem Unternehmen sind weit verbreitet und allgemein bekannt?
- ☑ Wie hoch sind die Transaktionskosten (Koordination, Einkauf und Logistik), um einen Prozess outzusourcen?
- ☑ Kann der Prozess von einem anderen Unternehmen in besserer Qualität oder kostengünstiger angeboten werden?

Abb. 8.2: Fragen zur Outsourcing-Entscheidung

Generell gilt die Empfehlung, eher Nebenprozesse auszulagern und Kernprozesse im eigenen Unternehmen zu belassen. *Péter Horváth*[134] unterteilt die Unternehmensleistungen in drei Kategorien:
1. *Primärleistungen* dienen der Erfüllung des eigentlichen Unternehmensziels und werden vom Kunden langfristig honoriert.
2. Bei den *Sekundärleistungen* handelt es sich um Dienstleistungen, die zur Erfüllung der Primärleistungen notwendig sind.
3. Die *Tertiärleistungen* sind in der Regel historisch gewachsen und stehen in keinem Verhältnis zur Primärleistung.

---

134 *Horváth* u. a. 2001, S. 224.

Zur Identifikation von Outsourcing-Potenzialen schlägt *Horváth* vor, in umgekehrter Reihenfolge vorzugehen, also bei den Tertiärleistungen zu beginnen. Bezogen auf unser Thema bedeutet das, die Investitionen auf die Primärleistungen zu konzentrieren und die Outsourcingpotenziale eher im Sekundär- und Tertiärbereich zu suchen.

Im Falle des Maschinenbauers, der seinen Verpackungsprozess an eine externe Schreinerei vergab, handelte es sich um eine Sekundärleistung. Beschäftigt ein Unternehmen für die Grünanlagen seines Werksgeländes einen eigenen Gärtner, fällt dies unter die Tertiärleistungen. Wenn ein Unternehmen dagegen ganze Produktionsprozesse ins Ausland verlagert, bewegt sich das Outsoucing im Primärbereich. Mögliche Kostenvorteile etwa durch niedrigere Löhne werden dann durch das Risiko erkauft, ausgerechnet im Bereich der eigenen Kernkompetenzen an Know-how zu verlieren.

8.2.1 Bewertung der Alternativen »Make« und »Buy«

Bei der Entscheidung, ob eine Investition selbst getätigt oder ausgelagert werden soll, können wir auf die bereits vertrauten Instrumente der qualitativen und quantitativen Bewertungsverfahren zurückgreifen (s. Kapitel 2). Mit Hilfe von Scoring-Modellen wie der Nutzwertanalyse lassen sich zunächst die qualitativen Zielbeiträge ermitteln. Geht es zum Beispiel darum, dass ein neues Produkt innerhalb einer bestimmten Frist auf den Markt kommt, ist dieser Aspekt in die Bewertung beim Outsourcen von Entwicklungsaktivitäten einzubeziehen.

Zur betriebswirtschaftlichen Bewertung können wir die Investitionsrechenverfahren heranziehen. Entscheidend ist hierbei der Unterschied, dass im Falle der Eigenfertigung Fixkosten aufgebaut werden, während beim Fremdbezug die Kosten variabel sind, das heißt in der Regel auf Stückzahlen oder eine bestimmte Leistungsmenge bezogen werden. Für kleinere Investitionsvorhaben kann dann z. B. eine Break-even-Analyse durchgeführt werden. In die Bewertung sollte auch eingehen, inwieweit vorhandene Fixkosten langfristig abbaubar sind.

Hinzu kommt ein weiterer Aspekt: Durch Verlagerung von Investitionen können auch gezielt Risiken nach außen verlagert werden. Hier hilft uns die Risikoliste, die wir im Zuge der Risikobewertung erstellt haben und die alle relevanten Risiken der geplanten Investition enthält (s. Kapitel 3). Anhand der Liste lässt sich systematisch abschätzen, welche Risiken sich im Falle des Outsourcings an einen externen Leistungsersteller übertragen lassen. Wichtig ist es zudem, klare Qualitätsstandards zu definieren und sowohl kosten- als auch zeitmäßig zu berücksichtigen.

Die Kosten der Outsourcing-Alternative hängen keineswegs nur vom vereinbarten Preis mit dem Dienstleister ab. Vernachlässigt werden häufig die Koordinationskosten, die unbedingt in die Rechnung eingehen müssen. Koordinationskosten werden auch als Prozesskosten bezeichnet, die anfallen, um unternehmensinterne Abläufe oder Abteilungen aufeinander abzustimmen. Sie manifestieren sich z. B. in Kommunikationskosten[135] oder in den Transaktionskosten. Im Einzelnen entstehen folgende Kostenbereiche: Kon-

---

135 *Witt* 2002, S. 463.

troll-, Anpassungs-, Beendigungs-, Anbahnungs-, Verhandlungs- und Vereinbarungs-, Abwicklungs- und Durchführungskosten.[136]

Je weniger Absprachen erforderlich sind, je besser es also gelingt, Standards zu definieren und die Schnittstellen zwischen Dienstleister und Unternehmen eindeutig zu regeln, desto niedriger sind die Koordinationskosten – und desto eher lohnt sich das Outsourcing. In Frage kommen für eine Auslagerung deshalb vor allem Prozesse, die sich klar abgrenzen und beschreiben lassen.

8.2.2 Beispielrechnung: Investieren oder Einkaufen

Kommen wir noch einmal zurück auf die in Kapitel 6 geschilderte Schließung einer Gießerei. Wir hatten das Beispiel unter dem Blickwinkel einer Desinvestition betrachtet, doch lässt sich hieran auch die Entscheidungssituation einer Make-or-Buy-Situation veranschaulichen. Das Unternehmen stand vor der Frage, die Gießerei weiter zu betreiben und die hierfür anstehenden Investitionen zu tätigen oder den Guss bei einer Fremdfirma zu beziehen. Ein Outsoucing erwies sich als die bessere Alternative – allerdings erst, nachdem der Einkäufer einen deutlich günstigeren Lieferanten gefunden hatte.

Die Entscheidungssituation stellte sich wie folgt dar (vgl. Abb 8.2):

1. Die selbst produzierten Rohteile aus Guss gingen als Vorprodukt in ein Produkt ein, das für das Unternehmen strategisch wichtig und ertragsstark war. Die Teile waren damit unternehmensspezifisch, d. h. es handelte sich um Primärleistungen des Unternehmens. Ein eventueller Fremdbezug musste deshalb absolut zuverlässig sein.
2. Gussteile zu kaufen war an sich kein Problem, der Prozess war allgemein bekannt, jedoch erforderte die Fertigung dieser Teile spezielles Know-how.
3. Die Transaktions- und Koordinationskosten lagen hauptsächlich darin, einen geeigneten Lieferanten zu finden. Für den laufenden Betrieb waren die Transportkosten und die Kosten der Wareneingangskontrolle entscheidend. Eine erhöhte Lagerhaltung fiel nicht ins Gewicht, da auch während der bisherigen Eigenproduktion immer eine verhältnismäßig sichere Lagerhaltung betrieben wurde. Im Einkauf und der Beschaffung verfügte das Unternehmen bereits über entsprechende Kapazitäten, die auch im Falle des Fremdzukaufes nicht aufgestockt sondern nur neu strukturiert werden mussten.
4a. Mit Blick auf die Qualität gab es im Unternehmen im Vorfeld heftige und kontroverse Diskussionen. Fehler konnten im eigenen Betrieb relativ einfach und »ohne großes Aufsehen« besprochen und korrigiert werden, was sich mit einem externen Lieferanten nicht mehr so einfach gestaltete. Die Qualität wurde mit Hilfe klarer Definitionen, unterstützt durch technische Zeichnungen, mit dem künftigen Lieferanten abgesprochen und über Mustersendungen getestet.
4b. Blieb noch der Preis für den Fremdbezug. Er war dann letztendlich die entscheidende Größe. Dieser Preis wurde mit den nachkalkulierten Werten der Eigenproduktion für Referenzprodukte verglichen und auf das gesamte zukünftige Einkaufsvolumen hochgerechnet. Unter Einbezug des (stark negativen) Ergebnisses, und der verblei-

---

136 *Witt* 2002 S. 773 f.

benden Remanenzkosten[137] bei Schließung der Abteilung ergab sich zunächst das in der folgenden Tabelle wiedergegebene Bild (Abb. 8.3. verkürzte Darstellung).

Outsourcing Gießerei			
	Eigenfertigung	Fremdbezug	Differenz
Produkte für die Eigenproduktion	1.000 T€	1.300 T€	300 T€
Aktuelles Betriebsergebnis der Abteilung Gießerei (Verlust)	1.000 T€		-1.000 T€
Verbleibende Remanenzkosten bei Schließung		1.000 T€	1.000 T€
Summe	2.000 T€	2.300 T€	300 T€

Abb. 8.3: Vergleich Eigenfertigung und Fremdbezug zum Zeitpunkt 1

Da die Summe der Kosten aus alternativem Fremdbezug und verbleibenden Remanenzkosten bei Schließung höher waren als die Summe aus den nachkalkulierten Herstellkosten und dem aktuellen Ergebnis der Abteilung, lohnte sich ein Outsourcing zu diesem Zeitpunkt nicht.

Das Bild änderte sich, als der Einkauf eine neue Bezugsquelle fand. Die Kosten für den Fremdbezug lagen nun deutlich unter denen der Eigenfertigung. Wie Abb. 8.4 zeigt, war ein Fremdbezug der Teile nun wirtschaftlich.

Outsourcing Gießerei			
	Eigenfertigung	Fremdbezug	Differenz
Produkte für die Eigenproduktion	1.000 T€	700 T€	-300 T€
Aktuelles Betriebsergebnis der Abteilung Gießerei (Verlust)	1.000 T€		-1.000 T€
Verbleibende Remanenzkosten bei Schließung		1.000 T€	1.000 T€
Summe	2.000 T€	1.700 T€	-300 T€

Abb. 8.4: Vergleich Eigenfertigung und Fremdbezug zum Zeitpunkt 2 (günstigerer Lieferant)

Im Falle der Gießerei schloss das Unternehmen mit dem Lieferanten der Gussteile auf der Basis dieser Kalkulation einen bilateralen Liefervertrag ab. Sind für ein Unternehmen Volumen und Komplexität einer Leistung jedoch größer als in diesem Fall, reicht es in der Regel nicht mehr aus, nur einen gut verhandelten Liefervertrag abzuschließen. Es kann dann sinnvoll sein, die Zusammenarbeit durch eine echte Partnerschaft abzusichern. Wesentlich für die Entwicklung einer solchen Partnerschaft ist es, dass beide Seiten ihre Erwartungen genau miteinander abgleichen. Partnerschaften sind aus diesem

---

137 Zu den Remanenzkosten vergleiche Kapitel 6.

Grund aufwändig, d. h. mit einem hohen Koordinations- und Kommunikationsaufwand verbunden; sie sollten daher nur bei besonders wichtigen Vorhaben eingegangen werden. Kriterien hierfür sind Komplexität und Einkaufsvolumen, aber auch Kostensenkungs- und Innovationspotenzial. Gute Partnerschaften, die systematisch geplant und umgesetzt werden, haben den Vorzug, dass beide Partner langfristig bessere Ergebnisse erzielen.[138]

8.3 Zusammenfassung

Ein Unternehmen braucht eine Investition nicht unbedingt selbst zu tätigen, es kann sie auch ganz oder teilweise einem externen Partner überlassen oder auf Leistungen eines Partners zurückgreifen. Das schafft finanzielle Spielräume, die es erlauben, strategische Ziele erreichen, die aus eigener Kraft nicht realisierbar wären.

Vor jeder Investition sollte der Unternehmer deshalb prüfen, ob er die damit bezweckte Leistung besser selbst erstellt oder fremd vergibt. Konkret kann das Auslagern einer Investition durch Kooperationen, Outsourcing oder über ein Betreibermodell geschehen.

Für die Entscheidung, ob eine Investition ausgelagert werden soll, lassen sich die bereits vertrauten Instrumente der qualitativen und quantitativen Bewertungsverfahren (s. Kapitel 2) nutzen. Generell gilt die Empfehlung, eher Nebenprozesse auszulagern und Investitionen in Kernbereichen des Unternehmens selbst zu tätigen.

Die Kosten der Outsourcing-Alternative hängen nicht nur vom vereinbarten Preis mit dem Dienstleister ab. Vernachlässigt werden häufig die Koordinationskosten, die ebenfalls in die Rechnung eingehen müssen. Je besser es gelingt, Standards zu definieren und die Schnittstellen zwischen Dienstleister und Unternehmen eindeutig zu regeln, desto niedriger sind die Koordinationskosten – und desto eher lohnt sich das Outsourcing. In Frage kommen für eine Auslagerung deshalb vor allem Prozesse, die sich klar abgrenzen und beschreiben lassen.

---

[138] *Lambert/Knemeyer* 2005, S. 26.

9 Lernen von den Besten: Investitionsstrategien der Marktführer

Weitaus die meisten kleineren und mittleren Unternehmen sind Nischenspieler. Sie weichen der Härte des Konkurrenzkampfes bis zu einem gewissen Grad aus, indem sie einen kleinen Teilmarkt aufspüren, der ihnen im Windschatten der großen Anbieter mehr oder weniger komfortable Gewinne ermöglicht. Nischen bieten jedoch oft nur eine trügerische Sicherheit. »Die Verheißungen des geschützten Überlebens und Gedeihens in Nischenmärkten haben sich nur für eine verschwindend kleine Auswahl von Unternehmen bewahrheitet«, so das Fazit aus einer Untersuchung über Nischenstrategien von A.T. Kearney[139]. »Die weitaus überwiegende Anzahl hat nicht überlebt.« Den wesentlichen Grund sehen die Autoren der Studie darin, dass die Nischenanbieter auf die Dauer Skalennachteile über alle Stufen der Wertschöpfung haben. Das heißt, sie konnten sich nicht ausreichende Kostenvorteile verschaffen. Ohne diese economies of scale erwiesen sich selbst spektakuläre Nischenpositionen als nicht überlebensfähig.[140]

Es kommt also auf eine gute Strategie und die daran ausgerichteten Investitionen an, um die Nische erfolgreich zu verteidigen oder aus der Nische heraus den Weg zum Marktführer zu finden. Das zeigt sehr schön die folgende Geschichte aus der Landmaschinenindustrie. Da die großen Endhersteller das für sie wenig lohnende Ersatzteilgeschäft vernachlässigten, erkannte ein Mittelständler seine Chance: Er baute Ersatzteile für Landmaschinen nach. Das Geschäft lief hervorragend, bis es nach einigen Jahren gleich aus mehreren Richtungen unter Druck geriet:

- Erstens blieb die Nische nicht unentdeckt. Mehrere *Wettbewerber* drängten in das offensichtlich lukrative Ersatzteilgeschäft und gewannen zunehmend auch Marktanteile.
- Zweitens wurden auch die Originalhersteller auf das Thema »Ersatzteile« aufmerksam. Durch verbesserte IT-Programme gelang es ihnen, ihre Vertragshändler besser zu kontrollieren. Diese hatten die Ersatzteile bislang gerne zu wesentlich günstigeren Preisen bei den Drittanbietern bezogen, um sie dann unter dem Schirm des Markenhändlers weiterzuverkaufen.
- Drittens ermöglichte eine verbesserte *Automatisierungstechnik* den Endherstellern eine flexiblere Produktion. Damit konnten differenzierte Kundenbedürfnisse kostengünstiger als bisher bedient werden. Diese neuen Voraussetzungen ermöglichten schließlich eine wirtschaftliche Organisation des Ersatzteilgeschäfts.
- Viertens schließlich wurde das *Marktvolumen* insgesamt kleiner, weil die Zahl der Bauernhöfe schrumpfte.

Der Mittelständler nahm diese Entwicklungen nicht wirklich ernst, allzu sicher wähnte er sich in seiner Nische. Er reagierte zu langsam auf die Veränderungen, verlor sukzessiv Marktanteile – was nach einigen Jahren schließlich zur Insolvenz des Unternehmens

---

[139] *Kröger* et al. 2006, S. 24.
[140] *Kröger* et al. 2006, S. 25f.

führte. Einige seiner Wettbewerber schafften es dagegen, trotz der schwierigen Marktverhältnisse ihre Position auszubauen und wirtschaften bis heute erfolgreich. Was haben sie anders gemacht? Was hätte der einstige Pionier von ihnen lernen können?

Werfen wir einen Blick auf einen dieser Wettbewerber: die Firma Kramp mit Hauptsitz im niederländischen Varsseveld. Das Unternehmen stieg als Händler in das Marktsegment ein, produzierte also nicht selbst, sondern beschränkte sich allein auf den Handel mit den Ersatzteilen. Dort setzte das Unternehmen neue Maßstäbe. Gezielt baute es einen europaweiten Vertrieb auf, indem es mehrere Händler und Importeure ganz oder teilweise übernahm. Die größeren Volumina erlaubten Investitionen in die Logistik. Das Unternehmen senkte durch den Bau von Zentrallagern und modernen Hochregallagern die Logistikkosten und sah sich zudem in der Lage, einen hervorragenden Service zu bieten. »Die Teile die Sie morgen brauchen, werden heute Nacht geliefert«, verspricht Kramp[141] seinen Kunden.

Der entscheidende Vorteil für den Kunden liegt in der Kombination aus komplettem Programm, Verfügbarkeit, lokalem Service und schneller Lieferung. Fällt etwa während der Ernte ein Mähdrescher aus, bedeutet das für den Bauern eine Notlage. Ein schneller Service ist ihm dann wichtiger, als bei einem Ersatzteil einige Euro einzusparen. Somit profitiert Kramp nicht nur von günstigen Logistikkosten, sondern konnte zudem durch erstklassigen Service dem reinen Preiswettkampf ausweichen und höhere Preise als die Konkurrenz durchsetzen.

So lässt sich verstehen, warum jener Mittelständler, der einstige Pionier des Ersatzteilgeschäfts, immer mehr ins Hintertreffen geriet. Das Thema Lieferzeiten hatte er in der Vergangenheit wenig beachtet. Als er dann seine prekäre Lage erkannte, war es zu spät: Eine vergleichbare Logistik und ein vergleichbares Programm ließen sich zu vertretbaren Kosten kurzfristig nicht aufbauen.

Das Beispiel zeigt, wie sich die Erfolgsfaktoren in einer sicher geglaubten Nische verändern können. Am Anfang genügte es, die Kunden mit Ersatzteilen einfach nur zu »versorgen«. Das änderte sich, als ein neuer Wettbewerber auftauchte, der auf Expansion, moderne Logistik und Kundennähe setzte und auf dem Landmaschinen-Ersatzteilmarkt neue Verhältnisse schaffte. Hätte der einstige Pionier den Newcomer ernst genommen und aus dessen Investitionsstrategie die richtigen Schlussfolgerungen gezogen – er hätte durchaus Chancen gehabt, weiterhin ein erfolgreicher Spieler zu bleiben.

Es kann sich also lohnen, die Investitionsstrategien anderer Unternehmen zu beobachten und gegebenenfalls auch Schlussfolgerungen für die eigene Strategie zu ziehen. Genau das ist das Thema dieses Kapitels: Wie können wir von den erfolgreichen Unternehmen für die eigene Investitionsstrategie lernen? Und was können wir von ihnen lernen?

---

141 *Internetseite des Unternehmens* www.kramp.com vom 23.09.2010.

9.1 Benchmarking: Wie man von anderen lernen kann

9.1.1 Möglichkeiten und Grenzen des Benchmarkings

Von anderen Unternehmen kann man lernen, doch soll man sie nicht kopieren. Dieser Grundsatz ist in der Strategielehre ebenso wie bei Praktikern weitgehend unbestritten. Dies bedeutet, dass ein Unternehmer erst eine eigene Strategie entwickelt haben sollte, bevor er die Konzepte der Marktführer studiert. »Grundgedanke ist, strategische Vorgehensmodelle (›Muster‹) anderer Unternehmen auf die Anwendbarkeit im eigenen Unternehmen hin zu prüfen. (…) Im Kern handelt es sich dabei um ein konzeptionelles Benchmarking welches die eigene Strategie mit alternativen Konzepten kontrastiert und auf diese Weise weiterentwickelt.«.[142]

Die grundsätzliche Strategie steht also fest. Der Unternehmer weiß zum Beispiel, ob er auf Kostenführerschaft setzt oder seine Strategie auf eine Differenzierung ausrichten möchte. Wer *Kostenführer* ist, muss vor allem in die Effizienz seiner Prozesse investieren. Seine Produkte unterscheiden sich kaum von denen der Konkurrenz, einziges Unterscheidungsmerkmal für den Kunden ist der Preis. Deshalb vergleicht der Kostenführer seine Kosten laufend mit denen des Wettbewerbs. Das Benchmarking zielt darauf ab, Prozesse und Strukturen der Wettbewerber kennenzulernen, um hieraus Anregungen für weitere Kostensenkungen zu erhalten. Einfaches Kopieren der Strukturen des Wettbewerbs greift dabei zu kurz, gilt es doch, nicht nur, mit der Kostenstruktur der Konkurrenten gleichzuziehen, sondern zu den konkurrenzlos niedrigsten Kosten im gesamten Markt produzieren zu können.

Ganz anders der *Differenzierer*. Seine Strategie liegt darin, ein Produkt oder eine Dienstleistung anzubieten, die es so noch nicht gibt – er differenziert sich gegenüber seinen Wettbewerbern. Dies geschieht zum Beispiel dadurch, dass er sein Produkt mit zusätzlichen Eigenschaften ausstattet oder mit einer Dienstleistung kombiniert. Auf diese Weise kann er einen eigenen kleinen Markt schaffen oder zumindest in einer Nische tätig werden, die ihn für eine bestimmte Zeit und bis zu einem gewissen Grad vor der Konkurrenz schützt.

Der Vorteil einer Differenzierungsstrategie liegt vor allem in der Möglichkeit, sich Preisspielräume zu verschaffen. Wenn der Kunde einen Zusatznutzen erhält und dem Produkt deshalb einen höheren Wert beimisst, ist er auch bereit, mehr dafür zu bezahlen. Es leuchtet unmittelbar ein, dass einfaches Kopieren einer im Markt bereits vorhandenen Erfolgsstrategie sich im Falle einer Differenzierungsstrategie per se verbietet – entscheidend ist ja der Unterschied. Vielmehr kommt es darauf an, auf Grundlage der eigenen Kernkompetenz ein besonderes Angebot zu entwickeln (s. Kapitel 1). Dennoch kann ein Vergleich mit anderen Unternehmen wertvolle Hinweise für die eigene Strategie bringen.

---

[142] *Greiner* 2006, S. 611 ff.

9.1.2 Von der eigenen Branche lernen

Benchmarking lenkt den Blick nach außen – und relativiert damit die eigene »Nabelschau« und die manchmal felsenfeste Überzeugung, der Beste zu sein (Betriebsblindheit). Schon deshalb ist der Vergleich mit anderen Unternehmen nützlich. Dabei sollte das Benchmarking über die monatlichen Auswertungen hinausgehen, die ein Unternehmer typischerweise von seinem Fachverband erhält. Diese Zahlen erlauben meist nur einen Kostenvergleich zum Branchendurchschnitt. Das ist sicher hilfreich, blendet jedoch einen mindestens ebenso wichtigen Aspekt aus: Wie steht das eigene Unternehmen im Bezug auf den Kundennutzen da? Welche Investitionen tätigt der Wettbewerb, um den Kundennutzen zu verbessern?

Hier beginnt die eigentliche Kunst des Benchmarkings, die weit über den Vergleich mit Branchenzahlen hinausgeht. Es kommt darauf an, eigene Informationsquellen zu erschließen oder systematisch zu nutzen – denn nur wenige Unternehmer berichten über ihre strategischen Vorhaben in der Zeitung. Die meisten Firmen tätigen ihre Investitionen stillschweigend und überraschen dann mit niedrigeren Preisen oder einer technologisch verbesserten Produktvariante. Mit dem Ohr an der Branche gelingt es jedoch meistens trotzdem, sich über das Investitionsverhalten des Wettbewerbs auf dem Laufenden zu halten – etwa dann, wenn der Außendienst aufmerksam zuhört.

Eine wichtige Informationsquelle sind zum Beispiel die Kundenverhandlungen: Wenn ein Kunde etwa verlangt, die Ware künftig frachtfrei zu liefern, eine EDV-Schnittstelle anzupassen oder die Verpackung neu zu gestalten, weil das »die Anderen doch auch machen« – dann sollte man aufmerken: Steht dahinter möglicherweise eine neue Strategie des Wettbewerbs, die Kundenbedürfnisse besser zu erfüllen? Was kann man dem entgegensetzen? Welche Investitionen sind hiefür erforderlich? Aber auch ein Lieferant kann ein Informationsgeber sein – zum Beispiel dann, wenn er eine neue, moderne Lösung verkaufen möchte, die er – wie er durchblicken lässt – zusammen mit einem anderen Kunden entwickelt hat. Schon manche strategische Investition ist auf diesem Weg frühzeitig bekannt geworden.

Gelegentlich kann ein Blick in die Bilanz aufschlussreich sein. (Die Bilanzen von Kapitalgesellschaften sind zwar in vielen Fällen öffentlich einsehbar, aber häufig nur mit einem Zeitverzug von circa zwei Jahren.) Solange sich die Investitionssumme in der Bilanz eines Wettbewerbers im üblichen Rahmen bewegt, dürfte es sich nur um Ersatzinvestitionen handeln. Aufmerksam sollte man werden, wenn die Summe aus dem Rahmen fällt, denn dann tätigt der Wettbewerber offensichtlich eine größere Investition.

Wer von der Investition eines Konkurrenten erfährt, sollte diese Information ernst nehmen und sich fragen: Was kann der Wettbewerber damit tun? Welche Vorteile gewinnt er dadurch? Was will er vermutlich damit erreichen? Senkt er damit seine Kosten? Erlangt er einen Qualitätsvorteil? Baut er mit der Investition ein Differenzierungsmerkmal auf? Prüfen Sie, ob die Investition für Ihr Unternehmen bedrohlich sein kann – und antworten Sie gegebenenfalls mit einer eigenen Investitionsstrategie.

Diese Strategie sollte nun nicht darin liegen, möglichst schnell nachzuziehen und die Investition des Wettbewerbers zu wiederholen. Viele Unternehmen sind nur gute Nachahmer – und hangeln sich dann von einer Krise zur nächsten. Denn wer nur gleichzieht, kann den Wettbewerber nie überholen. Stattdessen gibt es zwei bessere Möglichkeiten:

- *Überholen statt nachahmen.* Die Investitionsstrategie hat das Ziel, noch ein Stück besser oder noch ein Stück kostengünstiger zu werden als der Wettbewerb.
- *Ausweichen statt nachahmen.* Anstatt unmittelbar zu konkurrieren, kann es der einfachere Weg sein, dem direkten Wettbewerb durch eine Differenzierungsstrategie zu entgehen.

Es geht darum, im Rahmen der eigenen Grundstrategie eine adäquate Antwort auf die Investitionen des Wettbewerbs zu geben.

9.1.3 Von anderen Branchen lernen

Ein Unternehmer beobachtet in der Regel hauptsächlich seine eigene Branche – etwa indem er Messen besucht, Zeitschriften liest oder Kontakte zu Lieferanten und Kunden nutzt. Es kann sich jedoch auch lohnen, Strategien und Investitionsverhalten von Marktführern anderer Branchen näher zu betrachten. Das gilt vor allem für zwei Situationen:

Fall 1: Abprüfen der eigenen Idee. Ein Unternehmer hat eine neue Idee, die in der eigenen Branche noch unbekannt ist. Wenn diese Idee an anderer Stelle schon einmal funktioniert hat, erhält er immerhin die Gewissheit, dass sie Erfolg haben kann. Das schafft Bestätigung und ein Stückweit Sicherheit. Meist lassen sich zudem Anregungen für die eigene Strategie finden und Fehler vermeiden.

Nehmen wir zum Beispiel die Investition in ein Forschungs- und Entwicklungszentrum. Wenn der Unternehmer in seinem Markt der Erste ist, der ein solches Vorhaben realisieren möchte, kann er von den Erfahrungen ähnlicher Investitionen in anderen Branchen profitieren. Oder ein Werkzeughersteller plant den Kauf eines Handelsunternehmens, um mehr Kundennähe zu erreichen. Wenn er in seiner Branche der Erste mit dieser Idee ist, kann er ähnliche Fälle in anderen Branchen analysieren und so die Erfolgsfaktoren dieses Modells herausarbeiten.

Fall 2: Aufspüren einer innovativen Idee. Bekanntlich macht es keinen Sinn, das Rad noch einmal neu zu erfinden. Besser ist es, eine gute Idee zu übernehmen und für die eigene Strategie zu nutzen. Stammt eine solche Idee aus einer anderen Branche, hat das seinen besonderen Charme: Während sie sich dort vielleicht längst bewährt hat und einen allgemeinen Standard darstellt, kann sie für den eigenen Markt etwas Neues sein. Es gilt dann, sorgfältig abzuprüfen, ob das übernommene Verfahren im eigenen Markt und vor dem Hintergrund der eigenen Strategie funktionieren kann. Gelten die Faktoren, die in der anderen Branche zum Erfolg geführt haben, auch für das eigene Geschäft? Wenn ja, hat sich der Ausflug in die fremde Branche gelohnt.

Zugegeben: Nur wenige Unternehmer befassen sich mit anderen Branchen, schließlich haben sie mit der Beobachtung der Konkurrenz genug zu tun. Doch gerade dieser Blick über die eigenen Branchengrenzen kann sehr lohnend sein. Meist sind andere Wirtschaftszweige auf bestimmten Feldern schon weiter entwickelt und lassen auf künftige Entwicklungen in der eigenen Branche schließen.

Vor allem aber können erfolgreiche strategische Vorgehensmodelle durchaus auf die eigene Branche übertragbar sein. Wäre dies nicht der Fall, wären also Grundprinzipen und Erfolgskriterien nicht übertragbar, gäbe es letztlich auch keine betriebswirtschaftliche Strategielehre. Somit lässt sich festhalten: Gerade auch von den Marktführern anderer Branchen kann ein Unternehmer lernen. Im folgenden Abschnitt möchte ich deshalb aus den Strategien erfolgreicher Unternehmen einige wesentliche Prinzipien ableiten, die branchenunabhängig gültig sind.

9.2 Erkenntnisse: Was man von anderen lernen kann

In Kapitel 1 war von ihnen schon die Rede – den »Hidden Champions«, jenen Erfolgsunternehmen, die in ihrem Markt eine Spitzenposition erobert haben. Betrachten wir im Folgenden einige dieser überdurchschnittlich erfolgreichen Unternehmen etwas genauer: Worauf gründet ihr Erfolg? Welche Investitionen haben sie getätigt? Welche übertragbaren Strategiemuster sind erkennbar?[143]

9.2.1 Beispiele: Marktführer und ihre Strategiemuster

9.2.1.1 In Synergien investieren: Maschinenfabrik Berger

Schleifen und Polieren ist das Thema der Heinz Berger Maschinenfabrik GmbH & Co. KG in Wuppertal – seit mehr als 75 Jahren. In den ersten Jahren stellte das Unternehmen Gartenschneidwerkzeuge her und musste dabei feststellen, wie anspruchsvoll und aufwändig der hierfür notwendige Schleifvorgang war. Die damalige manuelle Bearbeitung erforderte viel Geschick und war körperlich sehr anstrengend. So entstand die Idee, den Schleifprozess durch den Einsatz von Maschinen zu vereinfachen und zu verbessern. Damit begann die Karriere des Wuppertaler Schleif- und Polierspezialisten. Heute fertigt das Unternehmen CNC-gesteuerte Schleif- und Poliermaschinen, die für Schneidwaren, Handwerkzeuge, chirurgische Instrumente, Maschinenmesser, Rasiermesser und Bestecke eingesetzt werden. Die Firma verkauft Maschinen in mehr als 70 Länder, der Exportanteil liegt bei rund 70 Prozent. In den letzten anderthalb Jahren wurden 2,4 Mio. € investiert.[144]

Weltweit wachsen als Problemlöser für Schleifen und Polieren – so könnte sich das Investitionsziel beschreiben lassen. Die Investitionsstrategie lässt zwei Hauptbausteine erkennen. Zum einen kaufte Berger gezielt Firmen hinzu, die sich mit Schleifen und Polieren beschäftigen: Hauschild aus Neuwied (Maschinen für mechanische Oberflächenveredlung, Schleifen von Bandkanten an Werkzeugen und Schneidwaren), August Nell jr. (Präzisionsmaschinen zur Bearbeitung von Feinschliffen an Klingen und Bandstahlmessern), als Partnerunternehmen wurde zudem die Julius Maschinenbau GmbH in Wülfrath (Spanabhebende Bandkanten und Oberflächenbearbeitung) gewonnen. Auf diese Weise stärkte und ergänzte das Unternehmen konsequent seine Kernkompetenz

---

143 Inwieweit die folgenden Beispiele tatsächlich zu den absoluten Marktführern zählen, kann und soll im Rahmen dieses Werks nicht endgültig beurteilt werden. Für unsere Zwecke ist die tatsächliche Marktführerschaft jedoch zweitrangig, geht es doch darum, aus den Strategien führender Unternehmen zu lernen.
144 *Solinger Tageblatt* vom 09.02.2010 und Internet-Seite des Unternehmens www.berger-grinder.de vom 23.09.2010.

und konzentrierte das auf diesem Gebiet vorhandene Know-how im eigenen Unternehmen.

Baustein zwei der Investitionsstrategie: Berger betreibt ein eigenes Entwicklungs- und Technologiezentrum. So kann Berger seinen technologischen Vorsprung dauerhaft sichern und sein Angebot an Schleif- und Poliermaschinen kontinuierlich weiterentwickeln. Die vorausgegangenen Akquisitionen und Partnerschaften unterstützen diesen Schritt, denn dadurch kann das Entwicklungszentrum besser ausgelastet werden.

Aus dem Beispiel lassen sich drei Strategiemuster ableiten, die auch für andere Unternehmen eine Option sein könnten:

- *Aus der eigenen Kernkompetenz heraus expandieren.* Durch Investitionen im Kernbereich »Schleifen und Polieren« erschloss sich Berger sukzessive neue Marktsegmente – von Maschinen zur Bearbeitung von Handwerkzeugen über Anlagen für Bestecke und Rasiermesser bis hin zu robotergestützten Schleif- und Poliersystemen mit modernster Messtechnik zum Beispiel für chirurgische Instrumente.
- *In Synergien investieren.* Die Investitionen schaffen Synergieeffekte. Indem in einer Akquisitionsstrategie benachbartes und sich ergänzendes Wissen zusammengeführt wird, können sich die Mitarbeiter schnell in die Inhalte hineindenken, gleichzeitig aber auch neue Aspekte entdecken. Auf diese Weise entstehen neue Ideen und Mehrwert. Verstärkt werden diese Synergieeffekte durch das neue Entwicklungszentrum, das die Entwicklungsaktivitäten an einem Ort bündelt.
- *Durch Akquisitionen die Marktzutrittsschwelle erhöhen.* Der gezielte Kauf von Unternehmen aus dem eigenen Marktsegment und direkt angrenzenden Gebieten erschwert möglichen Wettbewerbern den Marktzugang. Ihnen wird die Möglichkeit genommen, sich selbst durch Akquisition einen Marktzutritt zu verschaffen. Je mehr sich das Spezialwissen eines Marktes in einem Unternehmen bündelt, desto höher ist die Marktzutrittsschwelle für mögliche Wettbewerber.

9.2.1.2 Investieren in der Produktnische: Klingenhersteller Frielinghaus

Die Frielinghaus GmbH in Ennepetal hat sich auf die Herstellung von Messer und Klingen spezialisiert. Im Jahre 1867 begann der Schafscherenschmied Carl Theodor Frielinghaus in den Kellerräumen des heutigen Wohn- und Geschäftshauses mit der Herstellung von Schafscheren. Aus dem kleinen Betrieb ist ein weltweit exportierendes mittelständisches Unternehmen geworden.

Mit einer konsequenten Investitionsstrategie ist es dem Unternehmen gelungen, die Produktnische »Messer und Klingen« zu erhalten und auszubauen. Als 1991 ein Wettbewerber in Remscheid aufgeben musste, kaufte Frielinghaus weite Teile der Klingenfertigung auf. Ganz ähnlich zwei Jahre später, als der zweitgrößte Wettbewerber, die Firma Busatis in Hückeswagen, Konkurs anmeldete: Die Akquisition erfolgte gemeinsam mit der ESM Ennepetaler Schneid- und Mähtechnik, wobei ESM die Bereiche Mähwerks- und Komponentenfertigung übernahm und Frielinghaus den gesamten Bereich Klingenfertigung.

Die Leitlinie, an der Frielinghaus seine Investitionsstrategie ausrichtet, fasst das Unternehmen mit den drei Maximen *höchste Qualität, maximale Lieferbereitschaft* und *rationellste Fertigungsmethoden* zusammen. Hieraus resultierten unter anderem Investitionen in die Qualitätssicherung und in einen eigenen Werkzeugbau, aber auch in die

Absicherung der Zulieferung. So stellte zum Jahresende 2002 einer der Hauptlieferanten für Stahl seine Schmalbandfertigung ein. Da in den vergangenen Jahren schon zweimal Ähnliches geschah, erwarb Frielinghaus nun die modernste der vorhandenen Walzstraßen und baute sie im eigenen Werk in Ennepetal auf.[145]

Aus dem Beispiel lässt sich ein bemerkenswertes Strategiemuster ableiten: Konzentration auf eine Produktnische – flankiert durch ein konsequentes Investitionsprogramm, das auf Expansion, Qualität und Service setzt. Bemerkenswert ist dieses Strategiemuster, weil es deutlich macht, dass eine Produktnische für sich genommen keineswegs ein Erfolgsgarant ist. Auch die insolventen Konkurrenten, die Frielinghaus aufgekauft hat, waren in dieser Nische tätig. Ihnen jedoch ist es nicht gelungen, in diesem Markt zu überleben.

9.2.1.3 Erfolg durch innovative Konzepte: Anlagenbauer Egon Evertz

Die Evertz KG (GmbH & Co.) in Solingen, ein mittelständischer Zulieferer für die Stahlindustrie: Das Unternehmen bietet neben einem Maschinenprogramm auch verschiedene Dienstleistungen für die Stahlindustrie, unter anderen Lohnschleifen, an. Die Übernahme dieser Dienstleistung für ein Stahlwerk ist für Evertz mit der Investition in eine eigens zu diesem Zweck entwickelte Spezialschleifmaschine verbunden. Somit wird der Kunde von der Investition in diese Maschine entlastet und Evertz entwickelt gezielt diesen Prozess weiter, damit der Kunde seine Kosten weiter senken und die Qualität seiner Produkte erhöhen kann. Anstatt den gesamten Betrag für den Kauf einer Anlage aufbringen zu müssen, kann der Kunde die Leistung von Evertz nutzen und nach Inanspruchnahme abrechnen (siehe Kapitel 8). Ein weiterer Vorteil besteht für den Kunden darin, dass er keine Kapazitäten für die Weiterentwicklung dieses Arbeitsganges vorhalten muss. Das Finanzierungsmodell steht für kundennahe Dienstleistungen, die nicht nur Produktverbesserungen im Blick haben. Neben innovativen Produkten liegt die Stärke des Unternehmens, wie es in seinem Leitbild heißt, in »Ideen für kostensparende Dienstleistungen«.

Diese Stärke bewies bereits 1956 der 19-jährige Egon Evertz, als er sein Unternehmen mit Reparaturschweißungen in den Hüttenwerken zwischen Dortmund und Rheinhausen startete. Hieraus entstand ein Dienstleister für die Stahlindustrie, der sein Angebot um immer neue Bereiche und Technologiefelder erweiterte. Heute hält die Evertz-Gruppe weit über 100 Patente und Schutzrechte und ist an vielen Stellen der Stahlproduktionskette mit Produkten und Dienstleistungen vertreten – in eigenen Werkstätten, aber auch in den Stahlwerken selbst.[146]

Hinter dem Erfolg steht das Strategiemuster eines Unternehmens, das in einer Innovationsnische tätig ist. Das bedeutet zum einen, dass Evertz in seinem Bereich technisch führend ist und es auch versteht, seine Innovationen konsequent über Patente zu verteidigen. Zum anderen sind die Innovationen jedoch nicht nur technisch getrieben, sondern haben immer auch den Kundennutzen im Blick. Sie schließen deshalb vielfältige Dienstleistungen mit ein.

---

145 Interseite des Unternehmens www.frielinghaus.de am 23.09.2010.
146 Internet Seite des Unternehmens www.evertz-group.com vom 23.09.2010.

Man könnte das Strategiemuster auch so zusammenfassen: Anstelle bloßer Produkte verkauft Evertz innovative Konzepte. Das ist möglich, weil sich das Unternehmen als Spezialist für die Stahlindustrie positioniert hat. Laufend spürt es Probleme dieser Branche auf und bietet hierfür wirtschaftlich attraktive Lösungen an.

9.2.1.4   Mit schwäbischer Solidität: Fertighaus Weiss GmbH

Kontinuierlich aus eigener Kraft wachsen: Ein Beispiel für dieses Erfolgsmuster ist der Fertighaus-Hersteller Weiss in Oberrot bei Schwäbisch Hall. Das Familienunternehmen, das aus einem 1881 gegründeten Zimmereibetrieb hervorging, beschäftigt heute über 300 Mitarbeiter und erzielt einen Jahresumsatz von rund 6,5 Millionen Euro.[147]

Auf seiner Internetseite wirbt der Betrieb mit seiner »soliden, handwerklich perfekten Arbeit«. Ebenso solide vollzog sich auch die unternehmerische Entwicklung. »Ganz behutsam« gehe man vor, beschreibt Hans Volker Noller, Geschäftsführer der Fertighaus Weiss GmbH, seine Investitionspolitik. Riskante Experimente und unternehmerische Schnellschüsse kämen nicht in Frage, schließlich müsse man »wissen, wie man unterm Strich abschneidet«.

Ein Unternehmen, davon ist der Geschäftsführer überzeugt, darf sich nicht von Fremdkapital abhängig machen. Unter dieser Prämisse investiert der Fertighaus-Hersteller seit Jahrzehnten kontinuierlich in neue Fertigungsanlagen und Hallen. Entstanden ist ein stolzes mittelständisches Unternehmen, das auch während der Konjunkturkrise 2009 eine weitere Halle errichtete und 45 neue Mitarbeiter einstellte.

9.2.1.5   Den Markenaufbau im Blick: Faber-Castell AG

Eine wirkungsvolle Strategie, um ein eigenes Marktsegment abzugrenzen, ist das Branding der eigenen Produkte: Die Differenzierung gegenüber dem Konkurrenten erfolgt durch eine überzeugende, gut geführte Marke.[148] Je emotionaler der Markenname im Bewusstsein der Konsumenten etabliert werden kann, desto stärker ist deren Loyalität und desto stabiler die Differenzierung. Entscheidend kommt es darauf an, das Markenversprechen gegenüber dem Kunden auch tatsächlich einzulösen. Vor allem daran muss sich das Investitionsprogramm ausrichten.

Ein sehr schönes Beispiel für dieses Strategiemuster einer Brandingnische ist die Faber-Castell AG in Stein bei Nürnberg. Um den Vorteil der Marke auszuspielen, kommt es für das Unternehmen darauf an, das Image als Schatz des Hauses zu wahren. Die Konsequenz: »Wir müssen stärker in den Vertrieb investieren als in neue Entwicklungen«, erklärte Vorstandsvorsitzender Anton Wolfgang Graf Faber-Castell.[149] »Wir wollen Bühnen für unsere Produktkonzepte schaffen und damit die Distribution verstärkt in die eigene Hand nehmen.« Schon heute kommuniziert das Unternehmen seine Marke durch eigenen Geschäfte und rund 70 Shop-in-Shop-Systeme.

Besonderes Augenmerk richtet Faber-Castell auf die frühe Markenbildung und Markenbindung bei Kindern, was sich auch im Investitionsprogramm für das Geschäftsjahr

---

147 *Ochs* 7.12.2009.
148 *Kröger et. al.* 2006, S. 74 ff.
149 *Köhn* 2010.

2009/10 widerspiegelt:[150] Zur Unterstützung des Schulgeschäftes produzierte das Unternehmen einen TV-Werbespot für das Kompetenzfeld »Spielen & Lernen«, der von Juni bis September 2009 mit über 100 Millionen Kontakten die Zielgruppe erreichte. Besonderes Aufsehen erregte die Reise eines 12,5 Meter langen und eine Tonne schweren Stifts, des »größten Dreikant-Bleistifts der Welt«. Ebenso dienten Shop-in-Shop-Präsentationen in London bei Harrods und Selfridges, in Kuala Lumpur sowie eine neue Boutique in Singapur dazu, das Markenprofil zu stärken.

9.3 Die fünf häufigsten Erfolgsmuster

Wenn man die Investitionsstrategien der genannten und vieler weiterer erfolgreicher Unternehmen ananalysiert, kristallisieren sich fünf wesentliche Erfolgsmuster heraus:

1. *Investitionen am Kundennutzen orientieren.* Erfolgreiche Unternehmen wie zum Beispiel die Firma Evertz richten ihre Investitionen konsequent am Kundennutzen aus.
2. *Auf die eigenen Stärken setzen.* Marktführer entwickeln ihre Ideen und Produkte aus der eigenen Kernkompetenz heraus.
3. *Ausweichen statt nachahmen.* Viele Unternehmen meiden die direkte Konkurrenz und weichen stattdessen in eine Nische aus, die sie durch Investitionen erfolgreich verteidigen und ausbauen.
4. *Investieren in Synergieeffekte.* Erfolgreiche Unternehmen achten darauf, dass sie mit ihren Investitionen einen Mehrwert durch Synergieeffekte erzielen. Ein Beispiel sind die Akquisitionen und das Entwicklungszentrum der Firma Berger, mit denen das Ziel verfolgt wurde, die Aktivitäten des Polierens und Schleifens zu bündeln.
5. *Kontinuierlich weiterentwickeln.* Erfolgreiche Unternehmen entwickeln ihr Know-how kontinuierlich weiter, indem sie die erwirtschafteten Gewinne reinvestieren. Sie gehen Schritt für Schritt, immer professionell und systematisch vor.

9.4 Zusammenfassung

Es wäre falsch, die Investitionsstrategien von Marktführern einfach zu kopieren. Durchaus sinnvoll ist es jedoch, die Strategiemuster erfolgreicher Unternehmen zu identifizieren und auf die Anwendbarkeit im eigenen Unternehmen hin zu prüfen. Ziel eines solchen »konzeptionellen Benchmarking« ist es, Anregungen und Lösungsideen zu finden, um die eigene Strategie weiterzuentwickeln, aber auch um Sicherheit für die eigene Strategie zu gewinnen.

Ein Unternehmer beobachtet in der Regel nur die eigene Branche, doch auch der Blick über die Branchengrenzen erweist sich oft als nützlich. Oft sind andere Wirtschaftszweige auf bestimmten Feldern einen Schritt voraus und lassen auf künftige Entwicklungen

---

[150] Internetseite des Unternehmens: http://www.faber-castell.de/30517/Presse/Unternehmensinfos/index.aspx (Juli 2009) am 28.10.2010.

in der eigenen Branche schließen. Vor allem aber lassen sich erfolgreiche strategische Vorgehensmodelle mit Bedacht verallgemeinern und auf die eigene Branche übertragen.

Die Analyse erfolgreicher Unternehmen hat fünf häufig wiederkehrende Erfolgsmuster ergeben, die für das eigenen Investitionsverhalten wertvolle Anregungen bieten können. Hinzu kommt, dass der Vergleich mit erfolgreichen Unternehmen den Blick nach außen lenkt. Konzeptionelles Benchmarking animiert dazu, nicht nur die notwendigen Ersatzinvestitionen zu tätigen, sondern neue Trends aufzuspüren und stärker auf den Kundennutzen achten. Die Botschaft dieses Kapitels lässt sich in einem Satz zusammenfassen: Es lohnt sich, über den Tellerrand des eigenen Unternehmens hinauszublicken.

10 Investitionen in Forschung und Entwicklung

Investitionen in Forschung und Entwicklung gelten als entscheidender Faktor für Wachstum und Zukunftsfähigkeit eines Unternehmens. Die Fähigkeit, Innovationen zu entwickeln, beeinflusst wesentlich den Erfolg eines Unternehmens, so das Fazit von Prof. Dr. *Ronald Gleich*, Inhaber des Lehrstuhls für Industrielles Management an der EBS European Business School in Oestrich-Winkel.[151] *Gleich* bezieht sich auf eine Stichprobe bei 600 amerikanischen Unternehmen, die einen klaren Zusammenhang zwischen der Höhe der Investitionen in Forschung und Entwicklung (F&E) und der Höhe der durchschnittlichen jährlichen Rendite belegt.

Auch andere empirische Untersuchungen belegen, dass sich mit echten Innovationen eine wesentlich höhere Rendite (19,1 %) erzielen lässt als über Altprodukte (5,4 %) oder durch Anpassungen (3,9 %).[152]

Es lohnt sich also, den Blick auf diesen Aspekt des Investitionsmanagements zu richten. Wie kann ein Unternehmen vorgehen, um Innovationen zu erzeugen? Welche Investitionen muss es hierfür tätigen? Es leuchtet unmittelbar ein, dass sich F&E-Investitionen von einer klassischen Investition, wie wir sie in den Kapiteln 1 bis 7 kennengelernt haben, unterscheiden: Gegenstand einer F&E-Investition sind neue Produkte oder neue Verfahren, von denen zunächst noch völlig unklar ist, ob sie wie geplant funktionieren und ob sie marktfähig sind. Eine Investitionsrechnung mit der Ermittlung von Kapitalwert oder Amortisationszeiten kann bei diesen extrem unsicheren Erfolgsaussichten bestenfalls nur eine von mehreren Entscheidungsgrundlagen sein.

Möchte ein Unternehmen systematisch Forschung und Entwicklung betreiben, muss es hierfür dauerhaft ein bestimmtes Budget vorhalten. Wenn es zum Beispiel pro Jahr 200.000 Euro für Forschung und Entwicklung ausgibt und hieraus jedes Jahr drei marktfähige Produkte hervorgehen, lassen sich Gewinn und Ertrag dieser Produkte als Return of Investment des Innovationsprozesses ansehen. Damit es soweit kommt, muss jedoch der Innovationsprozess erst einmal eingerichtet werden. Dies stellt wiederum selbst eine Investition dar, weil dieser Prozess zum Beispiel neben dem Personal eine eigene IT-Infrastruktur oder ein Labor zum Testen der Ideen erfordert.

Betrachten wir also die Kosten zum Betreiben des Innovationsprozesses als Investition. Welche Entscheidungskriterien sollte der Unternehmer anlegen, um diesen Prozess so zu steuern, dass die Unternehmensziele und die erwartete Rendite tatsächlich erzielt werden? Wie wir in diesem Kapitel sehen werden, lassen sich hier die bereits diskutierten Instrumente zur Entscheidungsfindung anwenden. Zunächst befassen wir uns mit der Einrichtung (Abschnitt 10.1), dann mit dem Betreiben dieses Prozesses (Abschnitt 10.2). In der Praxis lassen sich die beiden Phasen nicht so klar trennen. Wer einen Innovationsprozess entwirft und im Unternehmen verankert, wird ihn gleichzeitig auch zum

---

151 *Gleich* 2009, S. 9 (Er bezieht sich auf eine Studie von Arthur D. Little (2006), veröffentlicht bei Frauenhofer IPA).
152 *Stern/Jaberg* 2007, S. 5.

Laufen bringen – also zum Beispiel mit der Generierung der Ideen beginnen. Methodisch ist es trotzdem sinnvoll, zwischen beiden Aspekten klar zu unterscheiden. Schließlich geht das Kapitel auf einen weiteren, häufig leider vernachlässigten Aspekt ein: die Absicherung der Innovationen gegen Plagiate (Abschnitt 10.3).

10.1 Der Schritt zum innovativen Unternehmen

Befassen wir uns zunächst mit dem Fall, dass ein Unternehmen noch keinen systematischen Innovationsprozess hat, künftig jedoch regelmäßig Forschung und Entwicklung betreiben möchte – also den Schritt zum innovativen Unternehmen plant. Es geht also darum, einen Innovationsprozess zu entwerfen und zu installieren.

10.1.1 Prozessziel festlegen

Wer einen Prozess einrichtet, benötigt ein klares Prozessziel. Das gilt natürlich auch für den Innovationsprozess. Der Unternehmer muss eine klare Vorstellung davon haben, was er damit erreichen möchte. Was bedeutet es in seinem Fall, ein »innovatives Unternehmen« zu sein? Woran lässt sich das festmachen? Ausgangspunkt hierfür kann das Leitbild sein. Ist darin Innovation als ein Kerngedanke formuliert, liegt es nahe, diesen Anspruch durch die Einrichtung eines Innovationsprozesses einzulösen. Versteht sich ein Unternehmen zum Beispiel als »führender Hersteller für die Landtechnik bei Ackerböden«, ist damit auch schon die Richtung für Forschung und Entwicklung vorgegeben.

Dieses qualitative Ziel des Innovationsprozesses gilt es nun, in ein quantitatives Ziel zu übertragen – etwa in der Art: »Wir kommen alle zwei Jahre mit einem neuen Produkt auf den Markt.« Oder: »30 Prozent unseres Umsatzes erzielen wir mit Produkten, die nicht älter als fünf Jahre sind.« Wie die folgende Übersicht zeigt, lassen sich für die Quantifizierung des Prozessziels unterschiedliche Kennzahlen heranziehen (siehe Abb. 10.1).

1. Anteil des Umsatzes aus neuen Produkten am Gesamtumsatz
2. Anteil des Umsatzes mit geschützten Produkten am Gesamtumsatz
3. Anzahl eingeführter neuer Produkte im Vergleich zur Konkurrenz; auch Einführung neuer Produkte im Vergleich zum Plan
4. Potenziale im Fertigungsprozess
5. Zeitspanne bis zur Entwicklung der nächsten Produktgeneration
6. Time to market (Entwicklungsdauer)
7. Time to break even (Dauer bis zur Amortisation)
8. Durchschnittsalter der Produkte
9. Hit Rate (Anteil der erfolgreichen Entwicklungen)
10. Anzahl Patentanmeldungen
11. Anzahl an viel versprechenden Produkten als Renditeträger von morgen
12. Anzahl an viel versprechenden Technologien
13. Anzahl von Pionieren und Value Innovationen im Produktportfolio
14. Verhältnis von Kundennutzen zu Preis
15. Erreichen bzw. Häufigkeit von Durchbruchsinnovationen

Abb. 10.1: Kennzahlen für die Quantifizierung des Innovationsprozesses[153]

Der Innovationsprozess muss zum Leitbild des Unternehmens, seiner Vision, seiner Strategie und den Unternehmenszielen passen. Davon ausgehend gilt es zu entscheiden, wie intensiv und auf welchem Feld das Unternehmen innovativ sein möchte – das heißt dem Unternehmer sollte klar sein, welchen Betrag er in Forschung und Entwicklung investieren möchte und kann. Eine sinnvolle und bekannte Strategie liegt darin, die Entwicklung zukünftiger Produkte aus Gewinnen der aktuell ertragsstärksten Produkte, den Cashcows zu finanzieren. Für F&E-Investitionen werden zudem Fördermittel bereit gestellt, z. B. über das Innovationsprogramm Mittelstand ZIM des Bundeswirtschaftsministeriums. So hat z. B. der Software Entwickler PCS AG die Entwicklung von zwei Softwareprogrammen über dieses Programm finanziert.[154] Das Unternehmen kommt so in den Genuss einer Finanzierung in Höhe von 40 Prozent der eigenen Kosten – und zwar als nicht rückzahlbare Zuwendung.

Eine hohe Bedeutung kommt dem Risikomanagement von F&E-Investitionen zu (vgl. Kapitel 3). Das gilt vor allem dann, wenn das Unternehmen durch echte Value-Innovationen etwas ganz Neues schaffen möchte, sei es für die bestehenden Kunden, sei es für einen neuen Markt. Die Floprate und damit das Risiko sind bei dieser Art von Innovation meistens hoch.[155] Viele Unternehmen ziehen es daher vor, bekannte Produkte weiterzuentwickeln, indem sie diese den Kundenbedürfnissen stetig anpassen. Dies ist eine

---
153 *Kaplan/Norton* 1997, S. 97 (Kennzahlen 1 bis 5); *Stern/Jaberg* 2007, S. 292 (Kennzahlen 6 bis 15).
154 *Solinger Tageblatt* vom 25.08.2010: »Zwei Geldbriefe aus Bonn«.
155 *Stern/Jaberg* 2007, S. 161.

relativ sichere Strategie – eine wirkliche Marktrevolution lässt sich damit jedoch nicht erreichen.

10.1.2 Den Innovationsprozess installieren

Der Innovationsprozess bindet dauerhaft Kapazitäten. Konkret bedeutet das zum Beispiel, dass ein Teil der Mitarbeiter seine Arbeitszeit künftig nicht mehr nur im Produktionsprozess verbringen wird, sondern z. B. ein oder mehrere Male in der Woche an einem Kreativitätsworkshop teilnimmt und dabei über neue Produkte oder Verfahren nachdenkt. Der Unternehmer muss entscheiden, ob er diese Ressourcen tatsächlich zur Verfügung stellen möchte – oder womöglich doch lieber auf einen Innovationsprozess verzichtet.

Wenn das Ziel klar definiert ist, lässt sich nun hieran ausgerichtet der Innovationsprozess planen und gestalten. Wie muss dieser Prozess aussehen, damit tatsächlich alle zwei Jahre ein neues Produkt auf den Markt kommt? Welche Voraussetzungen müssen erfüllt sein? Neben der systematischen Selektion der Ideen spielt vor allem die Geschwindigkeit eine Rolle – denn je schneller ein Produkt auf dem Markt ist, desto früher erzielt es auch Einnahmen. Zudem können kürzere Entwicklungszeiten als der Wettbewerb einen wesentlichen Wettbewerbsvorteil bedeuten.

Ein wesentlicher Erfolgsfaktor liegt darin, den Innovationsprozess fest in der Organisation zu verankern. Schnittstellen zu anderen Abteilungen sollten klar geregelt sein. Nur so lässt sich die notwendige Kommunikation der Entwickler mit der Produktion, dem Marketing oder dem Controlling sicherstellen. Das Zusammenspiel von Forschung und Entwicklung mit anderen Abteilungen ist deshalb so wichtig, weil der Entwicklungsprozess ein mehrdimensionales Denken erfordert. Es kommt eben nicht nur auf die Funktion, sondern auch auf die Marktfähigkeit und das Design für ein Produkt an.

10.1.3 Investitionsbedarf

Einen Innovationsprozess einzurichten, kann beträchtliche Mittel erfordern. Das Unternehmen muss neben den Mitarbeiterkapazitäten auch die erforderliche Infrastruktur wie EDV, Räume und Testeinrichtungen bereitstellen. Hinzu kommen Schulungen, um die Mitarbeiter auf ihre Tätigkeiten im F&E-Prozess vorzubereiten.

Bei vielen Industrieunternehmen fallen besonders hohe Investitionen für die Testphase an. In der Automobilindustrie wird der Einsatz neuer Komponenten zum Beispiel zunächst am Computer simuliert. Anschließend wird die Sicherheit der Neufahrzeuge zudem in aufwändigen Crashtests geprüft.

Um es an einem Beispiel zu verdeutlichen: Der Zulieferer CRH Hammerstein, Hersteller von Autositzen, stellt seine Ideen durch Simulationen und umfangreiche physikalischen Tests auf den Prüfstand. »Ein ständiges Wechselspiel zwischen Simulation und Versuch klopft unsere Ideen auf Schwachpunkte ab«, berichtet das Unternehmen.[156]

---

[156] Internetseite des Unternehmens www.crh-group.com (23.09.2010).

Bereits in einer frühen Phase fangen die Entwickler an, neue Produktideen auf Sicherheit zu testen. Hierzu dienen verschiedene Verfahren wie Fehlermöglichkeits- und Einflussanalysen, Modellversuche und Simulationen, statische und dynamische Versuchsreihen, Dauerlauftests sowie Maschinen- und Prozessfähigkeitsuntersuchungen.

Hinzu kommt, dass der Zulieferer seine Entwicklungen auf die Komponenten anderer Zulieferer abzustimmen muss. Der Autohersteller erwartet, dass die Einzelteile der verschiedenen Lieferanten sich reibungslos zu einem funktionierenden Ganzen zusammenfügen. Eine neue Autositzkomponente muss daher nicht nur allen erforderlichen Qualitätsansprüchen standhalten. Vielmehr müssen auch die Schnittstellen, an denen die Produkte der verschiedenen Hersteller aufeinandertreffen, reibungslos funktionieren. Simulationssysteme, Crashanlage, Fallturm, Prüfstände, ein Akustiklabor – all das ist hierfür notwendig und illustriert den Investitionsaufwand, der für die Einrichtung des Prüfprozesses erforderlich ist.

Die folgende Checkliste gibt einen Überblick über die Investitionen, die für die Funktionsfähigkeit des Innovationsprozesses wichtig sein können.

Checkliste: Den Innovationsprozess einrichten
- ☑ Den Kreativitätsprozesses zur Ideenfindung in der gesamten Organisation verankern
- ☑ Know-how der Mitarbeiter entwickeln
- ☑ Ressourcen freistellen für den Kreativitätsprozess
- ☑ Kontakte aufbauen zu Hochschulen und wissenschaftlichen Einrichtungen
- ☑ Freiräume schaffen für den Kreativitätsprozess
- ☑ Geeignete Datenverarbeitungssysteme einrichten
- ☑ Prüfeinrichtungen und Labore bereitstellen
- ☑ Daten und gewonnene Erkenntnisse absichern (Patente und Gebrauchsmusterschutz, Beobachtung und Verfolgung von Produktpiraterie)

Abb. 10.2: Investitionen für die Einrichtung eines Innovationsprozesses

Um die notwendigen Ausgaben für die Einrichtung des Innovationsprozesses steuern und nachvollziehen zu können, sollten die Kosten ausreichend detailliert erfasst werden. Es liegt nahe, die Installation des Innovationsprozesses als Projekt zu organisieren und für die Erfassung der Kosten dann einen eigenen Kostenträger einzurichten. Parallel sollten zudem die Kosten über Kostenstellen erfasst werden.

Zu beachten ist, dass der Innovationsprozess in Zukunft weitere Investitionen erfordert. Wie bei anderen Kernprozessen des Unternehmens geht es auch hier darum, die Abläufe kontinuierlich zu verbessern. Die Prozessbeteiligten sollten laufend feststellen, wo Engpässe liegen und welche Veränderungen sinnvoll sind. Wie lässt sich zum Beispiel die Dokumentation verbessern? Lohnt sich die Anschaffung eines speziellen Analysegeräts, um Produktideen schneller und zuverlässiger testen zu können? Sollte man ein Programm einrichten, mit dem sich Simulationen präziser durchführen lassen? All diese Fragen weisen bereits auf künftige Investitionsentscheidungen hin.

Gerade aus dieser kontinuierlichen Weiterentwicklung des F&E-Prozesses resultiert am Ende ein dauerhafter Wettbewerbsvorteil, der nur schwierig nachzuahmen ist.

Durch ständiges Nachdenken und Verbessern wird das Unternehmen schließlich die Fähigkeit aufbauen, Produkte schneller und besser zu entwickeln als die Konkurrenz. Dieser Vorsprung entsteht nicht von selbst, sondern ist in aller Regel das Ergebnis eines beharrlichen Verbesserungsprozesses.

10.2 Von der Idee zum Prototyp: Den Innovationsprozess betreiben

Der Innovationsprozess ist eingerichtet. Nun geht es darum, ihn so zu betreiben, dass er effizient und sicher läuft. Erinnern wir uns an das festgelegte Prozessziel, das zum Beispiel lautet: »Wir möchten 30 Prozent unseres Umsatzes mit neuen Produkten erzielen, die in den letzten drei Jahren auf den Markt gekommen sind.« Um dieses Ziel zu erreichen, muss das Unternehmen zunächst möglichst viele Ideen generieren, die es dann selektiert und testet.

10.2.1 Systematisch Ideen generieren

Um Ideen aufzuspüren, werden in der Praxis zahlreiche Methoden eingesetzt. Es ist hier nicht die Stelle, unterschiedliche Kreativitätstechniken vorzustellen und zu diskutieren. Als Denkanstoß mögen hier die Arbeitsmethoden des Erfinders Thomas Edison genügen. Sie lassen sich in sechs Schritte gliedern, nach denen Edison seine Ideen systematisch entwickelte[157].

1. *Sehen, was andere übersehen.* Der erste Schritt hat das Ziel, den Blick für Chancen zu schärfen, die andere nicht sehen. Alltägliche Beobachtungen werden zum Ausgangspunkt der Kreativität. Dabei macht es wenig Sinn, unspezifisch nach Ideen Ausschau zu halten. Notwendig ist ein konkreter Ansatzpunkt, zum Beispiel ein Problem, mit dem sich viele Kunden herumschlagen.
2. *Denkautobahn verlassen.* Für das Aufspüren neuer Ideen hat es sich bewährt, gewohnte Denkweisen in Frage zu stellen und ein Problem aus verschiedenen Perspektiven zu betrachten – sprich: die Autobahn zu verlassen und sich dem Problem über Nebenstraßen zu nähern. Um es mit den Worten von Albert Einstein auszudrücken: »Es ist verrückt, die Dinge immer gleich zu machen und dabei auf andere Ergebnisse zu hoffen.«
3. *Inspiration suchen, kreatives Neuland betreten.* Um sich für seine Ideen die richtigen Inspirationen zu holen, sollte man gezielt über den Tellerrand blicken und bereits Bekanntes neu verknüpfen. Auf diese Weise kann man zum Beispiel auf die Idee kommen, den Aboverkauf von Zeitungen auf Socken zu übertragen – wie es die Firma Blacksocks in Zürich gemacht hat (www.blacksocks.com). Entscheidend ist das zielgerichtete Suchen. Wenn das Ausgangsproblem etwa lautet, mehrere Farbeimer gleichzeitig tragen zu müssen, lässt sich hieraus eine allgemeine Frage ableiten: Wie kann man schwere und sperrige Güter so verpacken, dass sie leicht transportierbar

---

157 *Meyer* 2009, S. 223 ff.

sind? Nun ist es möglich, gezielt nach Antworten zu suchen, indem man Lösungen anderer Branchen recherchiert: Wie werden dort Güter verpackt, so dass sie leicht tragbar sind?
4. *Spannung erzeugen.* Nun kommt es darauf an, das Material zu verdichten und »Ideenfunken« oder »Geistesblitze« zu erzeugen. Hierbei helfen Denktechniken oder Instrumente wie zum Beispiel die morphologische Matrix. Mit ihrer Hilfe wird das Problem in kleinere Einheiten zerlegt und analysiert; für jedes Teilproblem wird eine Teillösung entwickelt, alle Teillösungen werden schließlich zu einer Gesamtlösung kombiniert. Bleiben wir beim Beispiel Farbeimer: Als Lösung für das Trageproblem erwägt das Entwicklerteam ein Zwei-Quadratmeter-Set. Nun erfasst es in einer zweispaltigen Tabelle links die Eigenschaften (Material, Griff, Transporthilfen etc.) und trägt auf der rechten Spalte die entsprechenden Lösungen (Kunststoff, Aluminium, Henkel, Laschen, Rollen etc.) ein.
5. *Ordnen und Optimieren.* Aus den Ideen entsteht nun das Konzept. Konkret bedeutet das, eine ganze Reihe an Konzeptskizzen zu entwerfen, die vor Augen führen, wie das Ergebnis aussehen könnte. Erst wenn verschiedenen Möglichkeiten auf dem Tisch liegen und geprüft sind, sollte sich das Entwicklerteam für eine Variante entscheiden.
6. *Nutzen maximieren.* Die beste Lösung bleibt erfolglos, wenn der Nutzen nicht erkennbar ist. Eine Idee muss verkauft werden, für sich alleine ist sie nutzlos. Schon manch gute Idee ist gescheitert, weil sie schlecht präsentiert oder verkauft wurde. Thomas Edison war nicht nur Erfinder, sondern auch Meister im Vermarkten der Ideen: Was ist notwendig, damit die Glühbirne auch wirtschaftlich ein Erfolg wird? Welche Persönlichkeiten und Organisationen müssen als Unterstützer gewonnen werden? Mit welchen Argumenten kann man sie für die Sache begeistern?

10.2.2 Ideenfindung breit anlegen – und erst dann filtern

Um möglichst viele Produkt- und Entwicklungsideen zu sammeln, sollte die Ideenfindung breit angelegt sein und alle Funktionen des Unternehmens einbeziehen. So ist es Aufgabe von Marketing und Vertrieb, die Bedürfnisse des Marktes zu verfolgen, während die Technik die ungenutzten technologischen Potenziale aufspürt. Die Unternehmensleitung sollte eine offene Atmosphäre sicherstellen, in der die Mitarbeiter ihre Gedanken gerne einbringen und sich zur Entwicklung eigener Ideen ermutigt fühlen.

Die Methoden, neue Ideen zu generieren, reichen vom einfachen Mitarbeitervorschlag über gezielte Kundengespräche bis zu einem aufwändigen Data-Mining-System[158], mit dessen Hilfe sich große Datenbestände auf neue Ideen durchforsten lassen. Um die Kreativitätsprozesse in Gang zu bekommen, kann es auch erforderlich sein, Schulungen durchzuführen oder entsprechende Trainer zu engagieren. Eine wesentliche Grundlage ist in jedem Fall ein Informationssystem, das den Austausch unter den Mitarbeitern ermöglicht, aber auch kontinuierliches Verbessern und Lernen fördert.[159]

---

158 »Data Mining« wird dabei als Prozess des Entdeckens bedeutsamer neuer Zusammenhänge, Muster und Trends durch die Analyse großer Datensätze mittels Mustererkennung sowie statischer und mathematischer Verfahren verstanden.
159 *Stern/Jaberg* 2007, S. 67 ff.

Der Innovationsprozess kann auch Hochschulen und Forschungseinrichtungen miteinbeziehen. Möchte sich ein Unternehmen zum Beispiel in seinem Kompetenzbereich auf aktuellem Wissensstand halten, bietet sich möglicherweise die Zusammenarbeit mit einer Hochschule an. Um die eigenen Forschungskapazitäten zu entlasten, kann es sinnvoll sein, bei manchen Fragestellungen Forschungsgemeinschaften zu bilden. Aus den so gewonnenen grundlegenden Erkenntnissen kann das Unternehmen dann seine spezifischen Produkt- oder Verfahrensideen ableiten.

Entscheidend ist es, zunächst alle erreichbaren Ideen zu sammeln; Bedenken oder gezielte Gegenargumente sind zu diesem Zeitpunkt tabu. In der Anfangsphase gilt es, jede Idee ernst nehmen und nicht gleich wieder zu verwerfen. Dass das keineswegs selbstverständlich ist, illustriert das folgende Beispiel.

Ein Hersteller von Mähmesserklingen wurde von einem Kunden gefragt, ob er eine neuartige, deutlich längere Klinge produzieren könne. Die herkömmlichen Balkenmäher würden beim Einsatz immer wieder durch gemähtes Gras verstopfen, was sich mit der veränderten Klinge vermeiden ließe, argumentierte er. Der Hersteller reagierte skeptisch. Lange Klingen widersprachen seiner Erfahrung. Vor allem aber widersprachen sie den Produktionseinrichtungen, die auf kurze Klingen ausgerichtet waren. Also versuchte man, dem Kunden sein Ansinnen auszureden – kurze Klingen seien viel besser, schließlich sei man ja Experte für Mähmesserklingen. Der Kunde ließ sich nicht beirren und wandte sich an den direkten Wettbewerber. Dieser griff die Idee auf, patentierte die neue Klinge – und produzierte sie wenige Monate später in hohen und Jahre später in Millionenstückzahlen. Das Nachsehen hatte der erste Hersteller, der auf seinem angestammten Markt ins Hintertreffen geriet.

Das Beispiel zeigt, wie sehr es darauf ankommt, jede Innovationsidee ernst zu nehmen. Tatsächlich neigen manche Unternehmen dazu, Vorschläge vorschnell abzuwürgen, die jenseits eingefahrener Denkbahnen liegen – selbst wenn sie von den eigenen Kunden vorgebracht werden. Das ist umso erstaunlicher, als gerade die Ideen der Kunden oft eine sehr effektive Innovationsquelle sind. Im Falle eines Kundenwunschs ist die Frage nach dem Bedarf bereits weitgehend beantwortet. Oft hat der Kunde seine Idee auch schon auf Tauglichkeit getestet, bevor er sich an einen Hersteller wendet. Kundenwünsche sind daher eine probate Methode, Produkte relativ risikolos weiterzuentwickeln.

Wenn es um echte Innovationen geht, stößt diese Methode jedoch an ihre Grenzen. »Hören Sie besser nicht auf die Kunden«, rät deshalb *Holger Ernst*, Professor für Technologie- und Innovationsmanagement der Wissenschaftlichen Hochschule für Unternehmensführung (WHU) in Vallendar bei Koblenz.[160] Nach seiner Feststellung lehnen Kunden wirkliche Produktneuheiten häufig ab, weil sie den Nutzen nicht unmittelbar erkennen können. Käufer tendieren dazu, das Gleiche zu wollen, nur besser und billiger als bisher. Neue Produkte erfordern jedoch häufig eine Verhaltensänderung, die zunächst auf Ablehnung stößt. Als Beispiele nennt der Wissenschaftler Sonys Walkman oder Toyotas Hybridmodell Prius: Beide spätere Bestseller wurden trotz negativer Marktforschungsergebnisse weiterentwickelt und gegen den Willen der Marketingabteilungen auf den Markt gebracht.

---

160 *Ernst* 2009, S. 108.

Es greift daher zu kurz, bei der Ideengenerierung allein auf Kundenwünsche zu hören. Erfolgversprechender ist es, die Bedürfnisse der Kunden zu analysieren, anstatt sie selbst zu fragen. So hat zum Beispiel Nokia Mitarbeiter durch indische Dörfer geschickt, um Informationen über die Anforderungen der Menschen an das Mobiltelefon zu gewinnen. Das Ergebnis: Mobiltelefone sollten vor allem günstig und unempfindlich gegen Staub sein sowie eine lange Akkulaufzeit aufweisen. Tatsächlich wurde die auf Basis dieser Analyse entwickelte 1100er-Serie ein Riesenerfolg.

10.2.3 Ideen selektieren und testen

In der nun folgenden Prüfphase geht es darum, die gesammelten Ideen auf ihre Tauglichkeit zu prüfen und das Gros der unbrauchbaren Vorschläge möglichst schnell herauszufiltern. Dies geschieht anhand einheitlicher Bewertungsverfahren mit klar definierten Kriterien. Hier wird in der Praxis wie folgt vorgegangen:[161]

Im ersten Schritt wird eine *Grobselektion* durchgeführt, bei der die Ideen nach Ähnlichkeiten zunächst in Clustern zusammengefasst und anschließend anhand definierter K.o.-Kriterien aussortiert werden. Es findet eine also eine Negativauswahl statt. Die Zusammenfassung in Clustern bietet zudem den Vorteil, dass ähnliche Ideen im direkten Vergleich bewertet werden können.

Wenn ein Unternehmen die Selektionskriterien sorgfältig erarbeitet, kann es die Performance im Innovationsmanagement systematisch zu steigern. Im Zuge der Grobselektion sollten alle Ideen, die wenig Erfolg versprechen, möglichst frühzeitig aussortiert werden, damit sie keinen weiteren Aufwand verursachen. Wichtiges Kriterium ist dabei die Unternehmensstrategie: Trägt die Idee zu den Unternehmenszielen bei? Ideen, die nicht zur strategischen Grundrichtung passen, also zum Beispiel außerhalb der Kernkompetenz des Unternehmens liegen oder dem Markenbild widersprechen, lassen sich schnell aussortieren. Für größere Unternehmen empfiehlt die Unternehmensberatung Arthur D. Little[162] dezentrale Prüfinstanzen: Wenn eine Idee abgelehnt wird, sollte der Ideengeber die Möglichkeit haben, andere Sponsoren im Unternehmen zu suchen. Eine Vielfalt von parallelen Kanälen verhindert die Betriebsblindheit – und erhöht damit die Anpassungsfähigkeit der Organisation an neue Trends.

Im nächsten Schritt findet eine *Feinselektion* statt. Hierbei handelt es sich um eine Positivauswahl, bei der die Ideen anhand eines Punktbewertungssystems (ca. 5 Kriterien mit ca, 5 Ausprägungen reichen völlig aus) in eine Rangfolge, also eine Hitliste gebracht werden.

Die Feinselektion wird in der Regel von einem Innovationsteam vorgenommen, das sich aus Vertreter der Verkaufs-, Marketing-, Entwicklungs- und Konstruktionsabteilung zusammensetzt: Welche der verbliebenen Ideen erscheinen am attraktivsten, welche versprechen die höchsten Margen? Für die Selektion kann eine Matrix helfen, in der sich die Produktideen einordnen lassen (s. Abb. 10.1). Wenn die Attraktivität hoch und das

---

161 *Stern/Jaberg* 2007 S.188.
162 *Little, Arthur D.* 1997 S. 200 f.

Risiko niedrig sind, sollte man allerdings auch damit rechnen, dass sich viele Wettbewerber auf diese Innovation stürzen – sofern sie nicht durch ein Patent abgesichert ist.

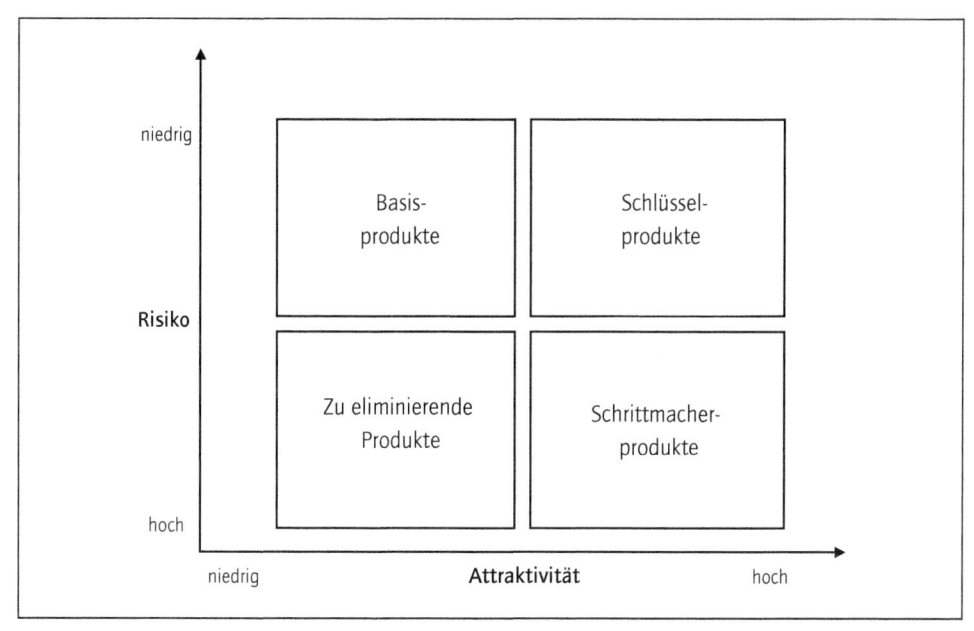

```
                    niedrig
                    ┌──────────────┐  ┌──────────────┐
                    │              │  │              │
                    │   Basis-     │  │  Schlüssel-  │
                    │   produkte   │  │  produkte    │
                    │              │  │              │
     Risiko         └──────────────┘  └──────────────┘
                    ┌──────────────┐  ┌──────────────┐
                    │              │  │              │
                    │ Zu eliminie- │  │ Schrittmacher-│
                    │ rende        │  │ produkte     │
                    │ Produkte     │  │              │
                    └──────────────┘  └──────────────┘
                    hoch
                    niedrig        Attraktivität      hoch
```

Abb. 10.3: Matrix zur Selektion der Produktideen[163]

In der *Endauswahl* werden schließlich die vielversprechendsten Ideen schließlich in einer Machbarkeitsstudie auf finanzielle Kennzahlen hin untersucht und konkrete Handlungsanweisungen zur Umsetzung erarbeitet.

Im Verlauf dieses Prüfprozesses werden die ausgewählten Produktideen immer weiter präzisiert, aus einer vagen Vorstellung entsteht am Ende ein *Prototyp*. Das Innovationsteam verwendet immer mehr Zeit auf die einzelne Idee, das heißt je weiter die Prüfung der Idee voranschreitet, desto aufwändiger wird der Prozess. Um nicht unnötig viele Ideen mit hohem Aufwand voranzutreiben, sind deshalb klare Abbruchkriterien erforderlich. Wenn deutlich wird, dass eine Produkt- oder Verfahrensidee die zuvor definierten Ziele (zum Beispiel ausreichender Deckungsbeitrag, Ausbau der Alleinstellung, Effizienzeffekt) nicht erfüllt, ist sie zu verwerfen.

Im Falle eines Abbruchs sollte das F&E-Team das erworbene Wissen dokumentieren und archivieren. Die Erfahrung zeigt, dass schon manche Idee ihrer Zeit voraus war und später dann wieder aktuell wurde. Wenn das Unternehmen dann bereits auf vorhandene Prüfunterlagen zurückgreifen kann, verfügt es über einen Zeit- und damit möglicherweise auch über einen Wettbewerbsvorteil.

---

163 *Little* 1997, S. 207.

10.2.4 Den Innovationsprozess steuern

Um den Innovationsprozess zu steuern, benötigt der Unternehmer oder F&E-Leiter Kennzahlen, die sich teilweise erst durch Erfahrung gewinnen lassen. Hierzu gehört vor allem die Zahl der Ideen, die erforderlich ist, um das Ziel des Innovationsprozesses zu erreichen. Gleichzeitig gilt es, Zeit und Kosten im Blick zu behalten.

10.2.4.1 Ideennachschub sicherstellen

Meist lässt sich erst nach einigen Jahren Erfahrung zuverlässig abschätzen, wie groß der laufende Ideennachschub sein muss. Ein Unternehmen weiß dann zum Beispiel, dass immer 500 Ideen vorhanden sein müssen, damit wie gewünscht jährlich fünf neue Produkte entstehen. Fällt die Zahl der Ideen unter 500, ist das für den F&E-Leiter ein Hinweis, dass er den Kreativitätsprozess forcieren muss. Eine solche systematische Steuerung der Ideenfindung wird gerade bei kleinen Unternehmen häufig vernachlässigt. Neue Ideen entstehen oft eher zufallsbedingt – und die Gefahr ist groß, dass der Innovationsprozess abbricht, wenn der Ideen-Input einmal nachlässt.

Ein gutes Beispiel für die systematische Steuerung des Ideenfindungsprozesses ist die Firma Whirlpool:[164] Aus 7.000 Ideen entstanden drei neue Schlüsselprodukte. Das Unternehmen operierte auf einem reifen Markt, die Preise standen unter Druck und die Konsumenten zeigten nur eine geringe Markentreue. In dieser Situation rief Chairman Dave Whitwam eine Innovationsoffensive aus. Er bezog 10.000 der 65.000 Angestellten auf der Suche nach erfolgversprechenden Produkten mit ein. Bei Schulungen und Workshops sammelte das Unternehmen 7.000 Ideen, aus denen 300 Experimente entstanden sind. Daraus gingen schließlich drei Key-Produkte hervor: Gladiator Garage, ein Aufbewahrungssystem für Garagen und Keller, Briva, eine Küchenspüle mit integrierter Spülmaschine, und Gator Pak eine Konstruktion zum Picknicken auf dem Truck.

Der Innovationsprozess bei Whirlpool ist heute institutionalisiert. Das Unternehmen kann auf einen soliden Vorrat an Ideen bauen. Manager haben immer ein Board mit den wichtigen Kennzahlen vor Augen: Wieviele Ideen sind wirklich neu? Welche finanziellen Auswirkungen sind zu erwarten? Durch diese Form des Controllings weiß das Führungsteam, wie viele Ideen erforderlich sind, um den geplanten Gewinn erreichen zu können.

10.2.4.2 Prozesscontrolling: Zeit und Kosten im Blick

Wer lange forscht und testet, gibt hierfür entsprechend viel Geld aus. Zudem kommt die Innovation später auf den Markt, die Konkurrenz war womöglich schneller – die »First-Mover-Erträge« sind verloren. Der F&E-Leiter muss daher Zeit und Kosten gleichzeitig im Blick behalten. Jede Idee verursacht Kosten, die wie schon erwähnt am Anfang noch sehr niedrig sind, mit jeder Prüfstufe jedoch steigen. Es kommt deshalb darauf an, untaugliche Ideen schnell auszusortieren. Dadurch ist es möglich, die vorhandenen Ressourcen auf die Überprüfung der chancenreichen Ideen zu konzentrieren.

---

164 *Hamel/Välikangas* 2003, S. 36f.

Um den Innovationsprozess effizient steuern zu können, sind daher für jede Prüfstufe klare Kriterien erforderlich, ob eine Idee verworfen oder weiterverfolgt wird. Zudem sollte bekannt sein, welche Prüfkosten auf den einzelnen Stufen entstehen. Das Grundprinzip einer Investitionsrechnung könnte dann wie folgt aussehen:

In jeder Phase des Innovationsprozesses muss das Unternehmen damit rechnen, dass eine Anzahl an Ideen und Projekten ausscheidet. Werden die Kosten analysiert, so kann man von der Zahl der Ideen ausgehen, die das Unternehmen pro Jahr generieren muss, damit das Innovationsziel erreicht wird. Sind zum Beispiel für drei Neuentwicklungen pro Jahr 100 Ideen erforderlich und kostet das Generieren einer Idee 1.000 Euro, muss das Unternehmen für diesen Prozessabschnitt 100.000 Euro bereitstellen. Auf gleiche Art und Weise lassen sich die Kosten für die weiteren Phasen des Innovationsprozesses ermitteln. Der Gesamtbetrag, den das Unternehmen für den F&E-Prozess zur Verfügung stellen muss, ergibt sich dann aus der Addition der Kosten in den einzelnen Phasen.

Dieser Betrag lässt sich nicht einzelnen Produkten zuordnen. Vielmehr handelt es sich um die FuE-Aufwendungen, die notwendig sind, um den Innovationsprozesses in Gang zu halten und dessen Ziel – im Beispielfall drei neue Produkte pro Jahr – zu erreichen. Diese Kosten sollten separat erfasst werden, damit das Unternehmen seine F&E-Aufwendungen nachvollziehen kann. Nur dann weiß es zum Beispiel, welcher Aufwand dem Umsatz durch neue Produkte gegenübersteht.

Für die genaue Erfassung der Entwicklungskosten spricht jedoch noch ein weiteres Argument: Mit dem Bilanzmodernisierungsgesetz, das zum 1. Januar 2010 in Kraft getreten ist, kann ein Unternehmer selbst geschaffene immaterielle Wirtschaftsgüter – zu denen auch Entwicklungsaufwendungen zählen – in der Bilanz aktivieren[165] und damit das Eigenkapital erhöhen. Da F&E-Kosten beträchtlich sein können und es für Mittelständler nicht immer einfach ist, ein Innovationsprojekt zu finanzieren, kann die neue Regelung durchaus einen Finanzierungsvorteil bieten.

10.3 Innovationen absichern

Wer große Summen in den Entwicklungsprozess steckt, sollte die wenigen Produkte, die er am Ende auf den Markt bringt, wirksam gegen Nachahmer schützen – auch wenn damit oft ein erheblicher Aufwand verbunden ist. Diese hierbei anfallenden Kosten, zum Beispiel für Patentschutz oder Anwälte, sollten in der Investitionsrechnung berücksichtigt werden.

Nach Feststellung des Verbands Deutscher Maschinen- und Anlagenbau (VDMA)[166] leiden viele deutsche Unternehmen unter dem Umsatzverlust, der durch Fälschungen in China und auf den globalen Exportmärkten entsteht. Für den Maschinenbau schätzt der Verband den jährlichen Schaden auf drei bis fünf Prozent des Umsatzes. Hinzu komme ein weiteres, noch gravierenderes Problem: Durch die Plagiate entstehen schnell wach-

---

165 *Pollanz* 2009, S. 17.
166 *Fuchs* 2010, S. 22.

sende globale Zweitmärkte mit Billigprodukten, die zu einem permanenten Verlust von Marktanteilen und damit von Umsatz und Gewinn führen.

Häufig genügt es nicht, sich allein durch Patente und Gebrauchsmusterschutz abzusichern. Notwendig ist manchmal ein entschiedenes Vorgehen gegen Produktpiraten, um eine abschreckende Wirkung zu erzielen. Unterstützung bieten hier Verbände wie VDMA (Verband der Deutscher Maschinen- und Anlagenbau e. V.) oder ZVEI (Zentralverband Elektrotechnik- und Elektroindustrie e. V.) zahlreiche Informationen finden sich auf der Internetseite der weltweiten Initiative gegen Piraterie »Business Action to Stop Counterfeiting and Piracy« (BASCAP), aufrufbar unter www.original-ist-genial.de.

Einige Mittelständler gehen inzwischen sehr entschieden und erfolgreich gegen Produktpiraten vor. Ein Beispiel ist die Aloys F. Dornbracht GmbH & Co. KG in Iserlohn.[167] Der Hersteller hochwertiger Design-Armaturen sah sich erstmals 2001 auf der Fachmesse ISH mit Plagiaten konfrontiert, 2005 waren es dann bereits 15 Fälle, davon elf aus Europa und vier aus Asien. Auf der ISH 2007 entdeckte das Unternehmen 24 Plagiate, die im Zuge eines vom VDMA initiierten »Zollrundgangs« noch auf der Messe von Zollbeamten sichergestellt wurden. Von den Fälschungen kamen vier aus Europa und 20 aus Asien. Den Schaden schätzte Dornbracht auf jährlich rund fünf Millionen Euro Umsatzverlust – bei einem Jahresumsatz von rund 170 Millionen Euro.

Der Mittelständler bekämpft jeden Plagiator mit aller Härte. Pro Jahr sind es 30 bis 40 Fälle, bei denen das Unternehmen zumindest mit einem Verfahren droht. Um das Design zu schützen, lässt Dornbracht die Geschmacksmuster seiner Produkte in der EU und in wichtigen Märkten wie USA, Indien und China schützen. Allein für die Anmeldung dieser Schutzrechte bezahlt der Mittelständler jedes Jahr einen Betrag, der »im erheblichen sechsstelligen Bereich« liegt. Hinzu kommt eine weitere sechsstellige Summe für Anwalts- und Gerichtskosten, die bei der Verfolgung der Schutzrechteverletzer anfallen. Immerhin gelingt es in vielen Fällen, diese Kosten auf den Plagiator abzuwälzen. Wer eine eindeutige Schutzrechtsverletzung bis zum Ende auskämpft, hat gute Chancen, kostenneutral aus der Sache herauskommen – so die Erfahrung des Unternehmens.

Wie Dornbracht hat auch die Wilo SE in Dortmund, einer der weltweit führenden Hersteller von Pumpen und Pumpensystemen, festgestellt, dass es sich lohnt, Marken- und Produktpiraten systematisch zu verfolgen[168]. Der Ansatz liegt darin, sich vom Ende der Lieferketten zu den Herstellern der Fälschungen vorzuarbeiten und deren Aktivitäten auf Dauer zu unterbinden. Folge dieser Strategie ist es, dass sich der Schauplatz vor allem nach China verlagert: Mit Unterstützung chinesischer Anwälte hat Wilo dort mehrere Zivilprozesse geführt und alle gewonnen. Basis der Verfahren ist eine breit angelegte Recherche, die gerichtsfeste Beweise liefert. Sie wird von Experten durchgeführt, die vor Ort ermitteln.

Der Aufwand ist beträchtlich, lohnt sich aber. Firmen wie Dornbracht und Wilo[169] erreichen durch ihr konsequentes Vorgehen nicht nur, dass die Plagiate wieder vom Markt kommen, sondern erzielen auch eine abschreckende Wirkung. Denn auch ein Produktpirat kalkuliert sein Risiko – und sieht seine größten Gewinnchancen dort, wo er das geringste Risiko erwartet.

---

167 *Deutsch* 2008, S. 32–35.
168 *Fuchs* 2010, S. 21 ff.
169 *Fuchs* 2010, S. 21 ff.

10.4 Zusammenfassung

Eine Investition in Forschung und Entwicklung unterscheidet sich in einem wesentlichen Punkt von den Investition, wie wir sie in den Kapiteln 1 bis 7 kennengelernt haben: Gegenstand der Investition ist ein neues Produkt oder neues Verfahren, von dem zunächst noch völlig unklar ist, ob es wie gedacht funktioniert und marktfähig ist.

Bei der Betrachtung der F&E-Investitionen lässt sich zwischen der Einrichtung eines Innovationsprozesses und dem Betreiben dieses Prozesses unterscheiden. Einen Innovationsprozess einzurichten, kann beträchtliche Mittel erfordern. Das Unternehmen muss neben den Mitarbeiterkapazitäten auch die erforderliche Infrastruktur wie EDV, Räume und Testeinrichtungen bereitstellen. Hinzu kommen Schulungen, um die Mitarbeiter auf ihre Tätigkeiten im FuE-Prozess vorzubereiten.

Ist der Innovationsprozess eingerichtet, sollte er effizient und sicher laufen. Hierfür ist ein klares Ziel erforderlich, das zum Beispiel lautet: »30 Prozent unseres Umsatzes erzielen wir mit Produkten, die nicht älter als fünf Jahre sind.« Um dieses Ziel zu erreichen, muss das Unternehmen zunächst eine ausreichende Anzahl an Ideen generieren. Diese werden dann selektiert und getestet. Dabei kommt es darauf an, untaugliche Vorschläge möglichst schnell auszusortieren, um die vorhandenen Ressourcen auf die Überprüfung der chancenreichen Ideen konzentrieren zu können.

Um den Innovationsprozess effizient steuern zu können, sind für jede Prüfstufe klare Kriterien erforderlich, ob eine Idee verworfen oder weiterverfolgt wird. Zudem sind die Kosten zu erfassen, die in den einzelnen Prozessphasen entstehen. Die genaue Erfassung der Kosten ermöglicht es auch, die Entwicklungsaufwendungen gemäß dem Bilanzmodernisierungsgesetz in der Bilanz zu aktivieren und damit das Eigenkapital zu erhöhen.

11   Investieren in Krisenzeiten

Eigentlich liegt es nahe, in Krisenzeiten das Investitionsprogramm auszusetzen. Wenn Umsatz, Ertrag, Deckungsbeitrag und Liquidität sinken, erschweren sich die Finanzierungsbedingungen für Investitionen. Was sich gestern noch rechnete, erscheint heute nicht mehr wirtschaftlich. Zudem lässt sich in der Krise kaum absehen, wie sich die Lage weiterentwickelt.

Dennoch waren im Rezessionsjahr 2009 Schlagzeilen wie »In der Krise Millionen investiert« oder »Investieren statt Entlassen« keineswegs die Ausnahme. »Wir haben trotz der Krise unsere technischen Veränderungen und Produktionserweiterungen fortgeführt, sonst würden wir ins Hintertreffen geraten«, erklärte etwa Toni Weiss, Leiter Bereich Industriegetriebe der Renk AG in Augsburg. »Wir müssen schließlich auch in Zukunft effizient und kostengünstig produzieren.« Ganz ähnlich argumentiert Manfred Jurkewitz, Leiter Forschung und Entwicklung bei der Heidelberger Druckmaschinen AG: »Eine wesentliche Herausforderung in der Krise ist es, weiterhin Innovationen voranzutreiben und dafür die richtigen Köpfe im Unternehmen zu haben – trotz Personalabbaus.«[170]

Es geht also darum, einen Spagat zwischen Kostensenkungen und dem Erhalt der Innovationskraft zu meistern. Unbeirrt weiterinvestieren kann in der Krise fatal sein – die Investitionen weitgehend zu streichen aber auch. »Unsere Forschungs- und Entwicklungsausgaben wurden in der Wirtschaftskrise dem Umsatz entsprechend, vielleicht sogar unterproportional angepasst«, berichtete im Krisenjahr 2009 Klaus-Günther Strack, Leiter Unternehmensentwicklung der Voith AG in Heidenheim. »Allerdings nutzen wir die Krise, um uns bewusst zu fokussieren. Durch Fokussierung kann man in der jetzigen Phase bestimmt 25 Prozent an Forschungs- und Entwicklungsausgaben einsparen und so erfolgskritische Projekte sogar noch stärken.«

Die besondere Herausforderung für das Investitionsmanagement in Krisenzeiten liegt also darin, weniger wichtige Investitionen zu streichen oder zu verschieben, andere aber jetzt erst recht zu realisieren. Die meisten Unternehmen haben das erkannt. Wie eine Befragung des Verbands des deutschen Maschinen- und Anlagenbaus (VDMA) ergab, investierten im Krisenjahr 2009 zwei von drei Unternehmen – mit der klaren Absicht, gestärkt aus der Krise vorzugehen.[171] 50 Prozent der mittelständischen Unternehmen reagierten mit mehr Innovationen auf die Krise, nur 10 Prozent reduzierten ihr Innovationsengagement, so das Ergebnis einer anderen Studie.[172]

Investieren in Krisenzeiten: Für den Unternehmer ist das eine nicht ungefährliche Gratwanderung zwischen Investitionsausgaben auf der einen Seite und dem Halten der Liquidität auf der anderen Seite. Wieder zeigt sich, dass Investitionsmanagement nicht nur eine betriebswirtschaftliche Aufgabe ist, sondern auch unternehmerischen Mut und Führungsgeschick verlangt.

---

170 *Gleich/Sauter* 2009, S. 28.
171 *Gleich/Sauter* 2009, S. 28.
172 *Deutscher Industrie und Handelskammertag* 2009, S. 3.

Wie kann ein Unternehmen unter den Bedingungen einer Krise den Innovationsprozess fortführen und die notwendigen Investitionen trotzdem tätigen? Das ist die Leitfrage dieses Kapitels. Um sie zu beantworten, gehen wir zunächst kurz generell auf die Unternehmensstrategie in einer Krise ein (Abschnitt 11.1). Davon ausgehend betrachten wir die Auswirkungen speziell auf die Investitionsziele (Abschnitt 11.2): Eine Investitionsstrategie in der Krise sollte zum einen die Kostenstrukturen schnell und nachhaltig verbessern, zum anderen aber auch darauf ausgerichtet sein, die Erlöse zu stabilisieren und langfristig zu sichern. In Abschnitt 11.3 geht es schließlich um die Umsetzung: Wie gelingt es, das Investitionsprogramm zu realisieren und gleichzeitig die Liquidität zu halten?

11.1 Unternehmensstrategie: Die Substanz bewahren

Im Turnaround-Management werden typischerweise drei Krisenphasen unterschieden, in denen sich die Performance des betroffenen Unternehmens sukzessiv verschlechtert (Abb. 11.1).

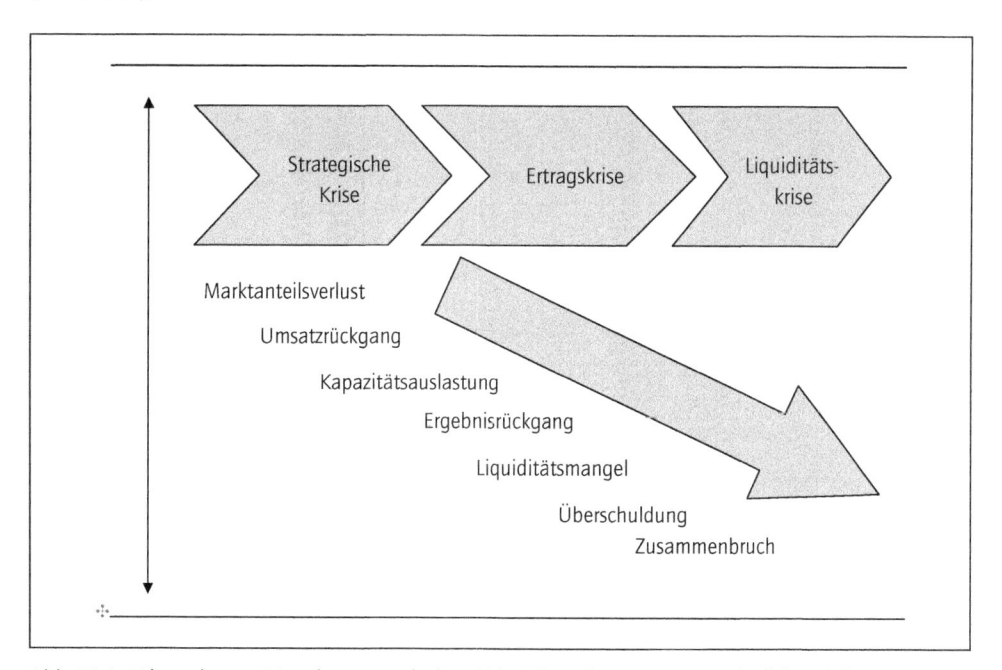

Abb. 11.1: Krisenphasen: Von der strategischen Krise über die Ertrags- zur Liquiditätskrise

Die strategische Krise beginnt häufig unbemerkt. Das Unternehmen erzielt nach wie vor gute Ergebnisse. Es werden jedoch keine nachhaltig wirksamen Erfolgspotenziale mehr aufgebaut, letztlich lebt das Unternehmen von den Ergebnissen der Vergangenheit, während sich das Management nur unzureichend mit den Möglichkeiten zukünftiger

Erfolge auseinandersetzt. Erst in der Ertragskrise wird die sinkende Performance des Unternehmens offensichtlich: Der Umsatz stagniert oder beginnt zu fallen, der Druck auf die Margen nimmt zu, das Ergebnis verschlechtert sich. Ohne entschlossene Gegenmaßnahmen besteht die Gefahr, dass der Cashflow negativ wird und das Unternehmen in die Liquiditätskrise abrutscht. Nun drohen Zahlungsunfähigkeit und Zusammenbruch.

Nach Erfahrungen aus dem Turnaround-Management erstreckt sich eine solche Krisenentwicklung üblicherweise über zwei bis drei Jahre, im Falle einer allgemeinen Konjunkturkrise kann sie sich jedoch auch deutlich schneller vollziehen. Im Rezessionsjahr 2009 vollzog sich das Abgleiten von einer strategischen in eine Ergebnis- und Liquiditätskrise bei vielen Unternehmen innerhalb weniger Monate.[173] Generell gilt: Je früher das Management gegensteuert, desto eher lässt sich das Abgleiten in eine akute Krise verneiden. Um den Spielraum für notwendige Investitionen zu wahren, sollte sich ein Unternehmer nicht erst durch die Ertrags- und Liquiditätskrise wachrütteln lassen. Wenn erst die Bank die »rote Karte zückt«, sind die Handlungsmöglichkeiten in der Regel schon sehr begrenzt. Wer hingegen noch über genügend Substanz verfügt, kann sein Kerngeschäft stärken oder zum Beispiel durch Investitionen in Marketing- und Vertrieb gerade in Zeiten der Krise Flagge zeigen und sich so von seinen Wettbewerbern abheben.

Wenn eine Krise harte Einschnitte erzwingt, ist für die Zukunft eines Unternehmens vor allem eines entscheidend: den gesunden Kern zu erhalten, aus dem heraus künftiges Wachstum entstehen kann. Eine nachhaltige Entwicklung erfordert es, »die Weichen bereits während der Konsolidierungsphase auf Wachstum zu stellen«, lautet eine Grundregel im Turnaround[174].

Eine Unternehmensstrategie in der Krise darf also nicht allein die Kostenseite im Blick haben, sondern muss zugleich die Wachstumspotenziale identifizieren und stärken. Unter dem Zeitdruck der Krise, wenn Absätze wegbrechen und Erträge sinken, ist die Gefahr groß, bei den Kostenschnitten über das Ziel hinauszuschießen und unbedacht auch zukunftsfähige Produkte zu eliminieren oder Fachkräfte zu entlassen, die dann bei anziehender Konjunktur fehlen. Hart und schnell die Kostenstrukturen anpassen, gleichzeitig aber auch die Zukunftsfähigkeit wahren: Darin liegt der Kern einer Unternehmensstrategie in der Krise, die ein ebenso konsequentes wie besonnenes Handeln erfordert. Orientiert an dieser Unternehmensstrategie muss der Unternehmer nun seine Investitionsstrategie aufstellen.

11.2   Investitionsstrategie in der Krise

Abgeleitet aus der allgemeinen Krisenstrategie verfolgt die Investitionsstrategie zwei Hauptziele: Zum einen geht es darum, durch Investitionen die Kostenstrukturen zu verbessern; dies kann zum Beispiel durch einen Abbau von Kapazitäten, etwa durch Desinvestitionen, geschehen, aber auch durch Maßnahmen zur Optimierung von Prozessen und Abläufen. Zum anderen liegt das Ziel darin, die Erlöse zu stabilisieren und

---

173 *Faulhaber/Grabow* 2009, S. 320.
174 *Faulhaber/Grabow* 2009, S. 299.

langfristig zu sichern. Die geschieht nicht nur durch Investitionen, die kurzfristig zusätzliche Erlöse versprechen. Mit Blick auf die langfristige Absicherung geht es auch darum, strategisch wichtige Investitionen zu tätigen, die zum Beispiel dazu dienen, eine Alleinstellung zu sichern, eine Nische zu verteidigen oder zukunftsträchtige Geschäftsfelder auszubauen.

Anhand der Investitionsziele gilt es, die laufenden und geplanten Investitionsprojekte kritisch zu prüfen und dann das Investitionsprogramm festzulegen.

11.2.1 Ziel 1: Kostenstrukturen verbessern

Betrachten wir zunächst das Kostenziel. Eine wichtige Voraussetzung, um die Kostenstrukturen gezielt und wirksam zu verbessern, ist ein gutes Controlling. In einem Produktionsunternehmen ist es zum Beispiel notwendig, die Produktivität der Maschinen und Anlagen verfolgen zu können. In Krisenzeiten werden die Serien kleiner, die Rüstzeiten nehmen zu, so dass sich die Produktivität erheblich verändern kann. Wie viel Zeit steht eine Anlage ohne Störungen und Wartezeiten zur Verfügung? Wie hoch ist die Leistung ohne Kurzzeitstillstände und Wartezeiten? Wie viel Ausschuss und Nacharbeiten fallen an? Verschlechtern sich die Kennzahlen für Anlagenverfügbarkeit, Leistung und Qualität, deutet dies auf einen Investitionsbedarf hin.

Die Unternehmensleitung kann nicht davon ausgehen, dass sie von Seiten der Mitarbeiter über sinkende Produktionszeiten informiert wird. Gehen die Aufträge etwas zurück, lassen sich die Mitarbeiter gerne etwas mehr Zeit fürs Rüsten oder nutzen einen Stillstand, um in Ruhe Reparaturen durchzuführen. Die Aufträge werden erledigt, scheinbar ist alles in Ordnung. Dass die Produktionsanlagen in Wirklichkeit nur mit 60 Prozent ausgelastet sind, kann somit lange unerkannt bleiben – sofern das Controlling keine Daten liefert.

Maßnahmen, um in der Krise die Kostenstrukturen zu verbessern, setzen an zwei Stellen an: Zum einen gilt es, die Kapazitäten an die gesunkene Auftragslage anzupassen, zum anderen bestehen erfahrungsgemäß erhebliche Spielräume, um durch eine Optimierung der Prozesse Kostensenkungen zu erzielen.

11.2.1.1 Kapazitäten anpassen

In der Krise bleiben Aufträge weg, Anlagen stehen still. Die freien Kapazitäten verursachen Leerkosten, also ungenutzte Fixkosten; diese Kosten verbleiben im Unternehmen und vergrößern die Verluste. Wesentliche Instrumente sind in dieser Situation Kurzarbeit, Verzicht auf Leiharbeiter oder Personalabbau. Dabei kommt es darauf an, die künftig benötigten Kapazitäten realistisch einzuschätzen. Wird das Vorkrisenniveau wieder erreicht, oder sollte sich das Unternehmen dauerhaft auf ein niedrigeres Niveau einstellen? Hier liegt eine der schwierigsten unternehmerischen Entscheidungen in der Krise: Soll das Unternehmen relative hohe Kapazitäten vorhalten, in die es im Falle eines schnellen Aufschwungs »hineinwachsen« kann? Oder möchte der Unternehmer lieber sichergehen, dass er die Kapazitäten auch im Falle einer verhaltenen Entwicklung auslasten kann?

Steht ein Kapazitätsabbau an, ist es entscheidend, an den richtigen Stellen anzusetzen. In vielen Fällen verfügt das Management nur über eine unternehmensübergreifende

Gewinn- und Verlustrechung und weiß deshalb nicht, mit welchen Produkten und auf welchen Märkten das Unternehmen Gewinne bzw. Verluste erwirtschaftet. Ein gezielter Abbau der tatsächlichen »Verlustbringer« ist bei einer solchen pauschalen Sichtweise nicht möglich. Im Turnaround-Management sind daher Instrumente gebräuchlich, die eine differenziertere Profitablilitätsbetrachtung ermöglichen.[175] Im Kern besteht die Vorgehensweise darin, das Unternehmen in eigenständige Segmente oder Geschäftsfelder zu gliedern, die jeweils aus bestimmten Produkt-Markt-Kombinationen bestehen. So kann ein Maschinenbauer seine Produkte zum Beispiel in Standardmaschinen, Maschinen mit einer automatischen Steuerung und Sondermaschinen gliedern – und seine Kunden nach Großkunden, die im Direkteinkauf die Maschinen beziehen, und nach Händlern unterteilen.

Um nun die »Werterzeuger« und »Wertvernichter« des Unternehmens zu identifizieren, werden für jedes Produkt-Markt-Segment die operativen Ergebnisse ermittelt. Bevor das Management über die Aufgabe eines Segments entscheidet, folgt jedoch erst noch eine Analyse der Markt- und Wettbewerbschancen. Möglicherweise stellt sich dann heraus, dass ein aktuell unprofitables Geschäftsfeld aufgrund positiver Zukunftschancen trotzdem weitergeführt werden sollte. Auf Grundlage einer solchen differenzierten Profitabilitätsbetrachtung kann das Unternehmen nun an den richtigen Stellen Kapazitäten abbauen. Auf diese Weise lässt sich die Kostensituation verbessern, ohne die Zukunftsfähigkeit des Unternehmens zu gefährden.

Die im Zuge des Kapazitätsabbaus erfolgenden Desinvestitionen können einzelne Produkte betreffen, aber auch ganze Unternehmensteile. Eine »kranke« Sparte weiter mitzuschleppen, dürfte sich in der Krise kaum ein Unternehmen leisten können, selbst wenn deren Verkauf oft nur wenig einbringt. Manchmal lässt sich aber auch in der Krise ein akzeptabler Preis erzielen, wenn etwa ein strategischer Investor dadurch die Chance sieht, sein eigenes Kerngebiet auszubauen oder einen Konkurrenten aus dem Markt zu nehmen.

Anstatt leer stehende Kapazitäten abzubauen, besteht manchmal auch die Möglichkeit, sie durch Insourcing auszulasten. So hat in der jüngsten Konjunkturkrise ein Mittelständler systematisch Tätigkeiten ins Unternehmen geholt, die er bislang von externen Anbietern hatte ausführen lassen. Unter anderem schaffte er sich eine Fräsmaschine an, die es ermöglichte, bestimmte Teile weiterzuverarbeiten. Der zusätzliche Arbeitsgang lastete sowohl die Mitarbeiter wie auch die Werkshalle besser aus. Den Investitionskosten für die Fräsmaschine standen nicht nur verbesserte Kostenstrukturen und damit ein verbessertes Unternehmensergebnis gegenüber. Das Insourcing ermöglichte es auch, während der Krisen Fachkräfte im Unternehmen zu halten und Know-how aufzubauen.

Auch der Zukauf von Kapazitäten kann in Krisenzeiten sinnvoll sein, sofern das Unternehmen über genügend freie Mittel verfügt. Wenn in der Krise Konkurrenten in Schwierigkeiten geraten, steigen die Chancen, andere Unternehmen oder Unternehmensteile zu günstigen Preisen zu übernehmen. So bietet eine allgemeine Wirtschafts- oder Branchenkrise oft gute Gelegenheiten, den eigenen Kernbereich durch Zukäufe zu stärken.

---

175 *Faulhaber/Grabow* 2009, S. 78 ff.

11.2.1.2 Prozesse und Abläufe optimieren

Neben der Kapazitätsanpassung gibt es einen zweiten wesentlichen Hebel, um die Kostenstrukturen zu verbessern: die Organisation der internen Abläufe. Ziel ist es, Kernprozesse und Funktionen so zu organisieren, dass das Unternehmen seine Produkte auch in der Krise rentabel am Markt anbietet.

Der erste Schritt liegt darin, die relevanten Kernprozesse zu identifizieren. Dies kann anhand folgender Fragen geschehen:[176] Welche Prozesse beeinflussen maßgeblich die kurzfristige Ergebnissituation des Unternehmens? Welche Prozesse muss das Unternehmen beherrschen, um zukünftig am Markt konkurrenzfähig operieren zu können? Im zweiten Schritt erfolgt eine Bestandsaufnahme dieser Prozesse, was anhand von Checklisten, Befragungen oder auch in einem Workshop geschehen kann. »Wie können wir diesen Prozess schneller, besser und kostengünstiger gestalten?«, lautet nun die Leitfrage.

11.2.2 Ziel 2: Erlöse stabilisieren und langfristig sichern

Eine Investitionsstrategie in der Krise darf nicht nur die Kostenseite im Blick haben, sondern sollte immer auch die Erlöse ins Visier nehmen. In zweifacher Hinsicht: Zum einen sollte das Unternehmen Projekte vorantreiben, die kurzfristig zusätzlichen Absatz bringen. Das kann zum Beispiel die Eröffnung eines neuen Vertriebswegs für ein gut laufendes Produkt sein, um so ein zusätzliches Kundensegment zu erreichen. Zum anderen sollte das Unternehmen auch strategisch wichtigen Investitionen eine hohe Priorität einräumen, selbst wenn diese weniger dringlich und damit aufschiebbar erscheinen.

Zugegeben: Erlöse in der Krise zu steigern ist ein schwieriges Unterfangen. Das Beispiel eines Unternehmers, der sich auf Kunststofftechnik spezialisiert und mit kleinen Serien erfolgreich eine Nische bedient, soll dies illustrieren. Als die Konjunkturkrise die Nachfrage einbrechen ließ, kamen auch die Branchenführer auf die Idee, kleine Serien zu fertigen, um so ihre Kapazitäten besser auszulasten. Der Mittelständler konnte zwar seine Nische recht erfolgreich verteidigen, jedoch nur auf Kosten niedrigerer Preise und damit sinkender Erlöse. Dass dies kein Einzelfall ist, belegt die bereits erwähnten VDMA-Studie aus dem Krisenjahr 2009: Dort gaben 82 Prozent der befragten Unternehmen an, dass ihre Kunden preiswertere Produkte erwarten – bei mindestens gleicher Leistung.[177] Trotzdem sollte die Investitionspolitik darauf abzielen, die Erlöse kurzfristig zumindest zu stabilisieren, vor allem aber langfristig zu sichern. Konkret bedeutet das, gerade auch in der Krise die eigenen Wettbewerbsvorteile zu verteidigen. Häufig besitzt ein Unternehmen ein Alleinstellungsmerkmal, das sich auf eine bestimmte Technologie stützt. Unabhängig von der konjunkturellen Entwicklung: Das Unternehmen muss mit der Entwicklungsgeschwindigkeit auf seinem Gebiet mithalten, will es nicht von Wettbewerbern überholt werden.

Wer seine Marktnische halten möchte, darf auch Ersatzinvestitionen nicht zu lange aufschieben. Er sollte sie tätigen, bevor die Reparaturkosten überhand nehmen und

---

176 *Faulhaber/Grabow* 2009, S. 96 ff.
177 *Gleich/Sauter* 2009, S. 28.

die Leistungsfähigkeit leidet (siehe Abschnitt 6.3). Wenn etwa bei einem Spediteur ein Fahrzeug ausfällt und deshalb eine Lieferung verspätet eintrifft, tangiert dies unmittelbar die Kernleistung. Für ihn ist es existenziell wichtig, den Prozess »Auslieferung« durch rechtzeitige Ersatzinvestitionen in neue Fahrzeuge abzusichern. Das gilt umso mehr für Krisenzeiten, in denen ein Überangebot besteht und ein unzufriedener Kunde besonders leicht den Anbieter wechseln kann.

11.2.2.1 Das Investitionsprogramm festlegen

Anhand der Investitionsziele wird das Investitionsprogramm – unter Berücksichtigung des verfügbaren Budgets – zusammengestellt (s. Kapitel 2). Konkret bedeutet das, die laufenden und geplanten Investitionen unter dem Blickwinkel der Krisenstrategie zu bewerten und Prioritäten zu setzen. Dabei sollte anhand eines geeigneten Investitionsrechenverfahrens auch die Wirtschaftlichkeit der in Frage kommenden Investitionen ermittelt werden. Bei kleineren Investitionen ist die Amortisationsmethode einfach anzuwenden und deshalb geeignet; bei größeren sichert man die Entscheidung besser mit einem dynamischen Investitionsrechenverfahren und Risikoanalysen ab, zum Beispiel mit der Kapitalwertmethode oder dem vollständigen Finanzplan.

Lässt eine Investition einen schnellen Return on Investment erwarten, erhält sie Vorrang – denn Projekte, die unmittelbar und kurzfristig Kosten sparen oder zusätzliche Erlöse bringen, sind jetzt mit höchster Priorität zu behandeln. Weiterzuführen sind auch die Projekte, die das Unternehmen langfristig stärken, zum Beispiel eine neue Software, mit der Fertigungsaufträge noch flexibler und schneller erledigt werden können.

Vorhaben mit hohen Risiken werden dagegen zurückgestellt, selbst wenn sie im Unternehmen euphorische Anhänger haben. Das »innovative Wunderding«, das ein Unternehmen angeblich auf alle Tage rettet, sollte man sich für bessere Zeiten aufbewahren. Wenn das Unternehmen dann wieder eine Rendite von zehn Prozent verdient, kann es fünf Prozent vom Umsatz aufs Spiel setzen – ein Verlust wäre dann ärgerlich, aber nicht existenzbedrohend. In der Krise sollten jedoch tendenziell sichere Investitionen mit schnellem Rückfluss ihren Platz im Investitionsprogramm finden.

Je nach finanziellem Spielraum wird das Investitionsprogramm selbst bei vergleichbarer Marktlage sehr unterschiedlich ausfallen. Die meisten Unternehmen dürften sich auf das Notwendigste beschränken und ihr Investitionsprogramm deutlich zurückfahren. Einige Unternehmen, die vermehrt über freie Mittel verfügen, nutzen die Gunst der Krise – wie zum Beispiel jener Gerätehersteller, der längere Zeit bestimmte Maschinen im Auge hatte, sie jedoch aus Kostengründen nicht kaufte. Die Krise bot ihm dann die Gelegenheit, sie zur Hälfte des ursprünglichen Preises zu beschaffen.

Das Beispiel zeigt: Während klamme Konkurrenten um ihre Finanzierung bei der Bank kämpfen und ihr Investitionsprogramm auf das Notwendigste reduzieren müssen, kann der finanziell gut ausgestattete Unternehmer günstiger investieren denn je.

11.3 Umsetzung: Investieren – und Liquidität halten

Die Umsetzung eines Krisen-Investitionsprogramms stellt hohe Anforderungen. Selbst wenn das Programm realistisch geplant ist, agiert der Unternehmer unter großer Unsicherheit. Die wirtschaftliche Lage ist unklar, möglicherweise stehen weitere Abatzrückgänge bevor. Wann sich die Lage stabilisiert, ob vielleicht sogar ein kräftiger Aufschwung bevorsteht, lässt sich kaum vorhersagen. Dementsprechend ungewiss sind die künftigen Umsätze, mit denen die Investitionsrechnungen kalkuliert werden – und dementsprechend unsicher sind die errechneten Amortisationszeiten oder Kapitalrückflüsse der geplanten Investitionen. Wie gesagt: Dem Unternehmer steht eine Gratwanderung bevor. Einerseits muss er sein Unternehmen so aufstellen, dass es Wettbewerbsvorteile wahrt und seine Leistungen zuverlässig erbringt, andererseits muss die Liquidität jederzeit sichergestellt sein.

Investieren in Krisenzeiten verlangt daher ein umsichtiges Vorgehen. Es empfiehlt sich, einen finanziellen Sicherheitspuffer einzuplanen, um unvorhergesehene Ereignisse – wie etwa den Konkurs eines wichtigen Kunden – abfangen zu können. Eine gewisse Handlungssicherheit lässt sich mit dem Durchspielen von Szenarien gewinnen. Um das Investitionsprogramm erfolgreich umzusetzen, ist zudem ein detaillierter Unternehmens- und Liquiditätsplan erforderlich – und nicht zuletzt kommt es darauf an, die Finanzierung sicherzustellen.

11.3.1 Szenarien berechnen

Üblicherweise erstellt ein Unternehmen eine Planrechnung. Im Falle einer Krise hat sich bewährt, hierbei mit drei Szenarien zu arbeiten: gleich bleibend/realistisch, optimistisch und pessimistisch. Im ersten Szenario gehen die Zahlen der aktuellen Krisensituation in die Planung ein. Dann werden die beiden Fälle durchgespielt, dass sich die Lage verbessert oder weiter verschlechtert. So lässt sich eine mittelfristige integrierte Unternehmens- und Finanzplanung erstellen, die für alle drei Varianten aufzeigt, wie sich die finanzielle Situation entwickelt.

Für welche Variante sich der Unternehmer dann entscheidet, hängt von seiner Einschätzung der Lage und seiner Risikobereitschaft ab. In jedem Fall gibt das Durchspielen der Szenarien eine gewisse Sicherheit. Der Unternehmer weiß, wie sich die Situation zum Beispiel im Falle eines weiteren Absatzrückgangs verändert – und welche Spielräume ihm dann noch bleiben. Hat er sich für die optimistische Variante entschieden, sollte er genügend Reserven einplanen, um notfalls noch nach einem halben Jahr auf das negative Szenario umschwenken zu können. Für diesen Fall sollte er einen »Plan B« in der Schublade haben und genau wissen, welche Investitionen er dann stoppt oder mit welchen Maßnahmen er dann die Liquidität sichert.

Erfahrungsgemäß neigen die meisten Unternehmer dazu, die Lage zuversichtlich zu beurteilen und davon auszugehen, dass eine Krise in wenigen Monaten überwunden ist. Wer so denkt, sollte sich für das optimistische Szenario entscheiden und auch investieren – schließlich gehört zum erfolgreichen Unternehmertum immer auch eine gewisse Risikobereitschaft. Er sollte dann aber nicht nur wissen, was er im Falle einer Verschlechterung der Lage tut, sondern die Entwicklung auch sehr aufmerksam verfolgen.

Wichtig ist es deshalb, gerade in den unsicheren Zeiten der Krise, ein funktionierendes Früherkennungssystem zu etablieren.[178] Entscheidend dabei ist, dass laufend alle relevanten Teilinformationen zusammenfließen und in strategischen Entscheidungen berücksichtigt werden. Konkret bedeutet das zum Beispiel: Wenn der Vertrieb erfährt, dass ein Auftrag, der schon fest in die Unternehmensrechnung eingeplant war, vom Kunden um drei Monate verschoben wurde, dann darf diese Nachricht nicht verloren gehen. Vielmehr müssen die Abläufe sicherstellen, dass die daraus folgenden Verschiebungen der Zahlungsein- und -ausgänge umgehend in die Liquiditätsplanung eingehen, die Folgen überprüft und mögliche Konsequenzen gezogen werden.

11.3.2 Integrierte Unternehmens- und Liquiditätsplanung

Die Grundlage für die Umsetzung des Investitionsprogramms bildet eine detaillierte Unternehmensplanung, die eine zeitnahe Liquiditätsplanung mit einschließt. Anhand der Unternehmensplanung kann das Management verfolgen, welche Umsätze das Unternehmen erzielt, welche Kosten anfallen – und welches Budget am Ende für Investitionen und als Sicherheitsreserve übrigbleibt. In der Krise ist eine sorgfältige Unternehmens- und Liquiditätsplanung besonders wichtig, um unerwartete Abweichungen in ihren Auswirkungen schnell erkennen und gezielt reagieren zu können. Üblicherweise ist die Unternehmensplanung auf drei Jahre ausgelegt, wobei das erste Jahr detailliert berechnet wird, die folgenden eher grob abgeschätzt werden.

Anhand der integrierten Unternehmensplanung kann der Unternehmer erkennen, wie sich die frei verfügbaren Mittel entwickeln und kann bei Veränderungen das Investitionsprogramm anpassen. Hierzu nimmt er die erwarteten Ausgaben und Einnahmen der Investitionen in den Unternehmensplan auf – und variiert die möglichen Alternativen so lange, bis der Plan wieder stimmig ist und ausreichende finanzielle Reserven gesichert sind. Letztlich hilft hier nur nüchternes Rechnen, um Liquiditätsengpässe zu umgehen und das Unternehmen erfolgreich durch die Krise zu steuern.

Investieren, aber gleichzeitig die Liquidität halten – darin liegt die große Herausforderung in Krisenzeiten. Das entscheidende Instrument, um die Liquidität zu sichern, ist der *Liquiditätsplan*. In ihm werden – in der Regel nach Kalenderwochen – die Zahlungsströme aus Einzahlungen und Auszahlungen gegenübergestellt und mit den verfügbaren freien Linien bei den Banken verrechnet.[179] Der Liquiditätsplan gibt also Auskunft darüber, wieviel Liquidität wann gebraucht wird. Wenn nun der Investitionsplan zu einem bestimmten Zeitpunkt eine hohe Auszahlung vorsieht, lässt sich anhand des Liquiditätsplans erkennen, ob das Unternehmen zu genau diesem Zeitpunkt über ausreichende finanzielle Reserven verfügt. Ist dies nicht der Fall, muss der Unternehmer im Zuge des Liquiditätsmanagements für eine entsprechende Verschiebung geplanter Ein- oder Auszahlungen sorgen.

---

178 *Faulhaber/Grabow* 2009, S. 129 ff.
179 *Faulhaber/Grabow* 2009, S. 41 ff.

Die Aufstellung eines Liquiditätsplans erfordert einigen Aufwand, müssen doch minutiös alle Aus- und Einzahlungen aufgelistet werden. Welche regelmäßigen Auszahlungen wie Lohn- und Raumkosten, Urlaubsgeld, Zinsen, Umsatzsteuer fallen zu welchen Zeitpunkten an? Welches Material muss das Unternehmen bestellen und wann genau sind die Zahlungen fällig? Wann ist mit welchen Einnahmen zu rechnen? Auch wenn es mühsam ist: Es gilt, die Ein- und Auszahlungen sorgfältig zu erfassen und den Liquiditätsplan anschließend laufend zu aktualisieren. Ansonsten kann es leicht passieren, dass eine große Auszahlung mit einem Liquiditätsengpass zusammenfällt. Überzieht das Unternehmen dann unangekündigt seine Kreditlinie, hat das meist fatale Folgen für die Finanzierungsbereitschaft der Bank.

Checkliste: Investieren und gleichzeitig liquide bleiben

1. Kredite langfristig sichern
- ☑ Ist Ihr Risiko auf viele Kunden in mehreren Branchen verteilt?
- ☑ Haben Sie die Bilanz und wichtige Kennzahlen (Eigenkapitalquote, Cashflow-Rate, dynamischen Verschuldungsgrad, Personalkostenquote, Gesamtkapitalverzinsung, Anlagendeckungsgrad) aktuell und griffbereit für die Bank dokumentiert?
- ☑ Lässt das Verhältnis von Eigen- zu Fremdkapital die Aufnahme zusätzlicher Mittel zu?
- ☑ Steht das Kapital dem Unternehmen auch langfristig zur Verfügung?
- ☑ Ist das Risiko der Fremdkapitalgeber auf mehrere Schultern verteilt?
- ☑ Sind die Investitionen ins Anlagevermögen durch Eigenkapital oder durch Eigenkapital und langfristiges Fremdkapital gedeckt?
- ☑ Ist der Cashflow im Unternehmen ausreichend groß und positiv, um den Kapitaldienst zu gewährleisten?

2. Investitionen managen
- ☑ Gibt es für die Beurteilung Ihrer Investitionen klare Zielvorgaben?
- ☑ Haben Sie Ihre Investitionsprojekte entsprechend dieser Zielbeiträge in einer Rangfolge geordnet?
- ☑ Stehen Investitionen, die Sie im Wettbewerb stärken, weit oben auf dieser Liste?
- ☑ Haben Sie die Risiken der Investitionen berücksichtigt, dokumentiert und gegebenenfalls ausreichend versichert?
- ☑ Gibt es für die Installationsphase der Investitionen einen klar vorgegebenen Zeit- und Kostenplan?
- ☑ Werden die Anschaffungskosten einschließlich aller Nebenkosten auf einem Kostenträger dokumentiert?

3. Liquidität sichern
- ☑ Haben Sie Liquiditäts- und Investitionsplan für die nächsten 3 Jahre berechnet, aufeinander abgestimmt und den Liquiditätsbedarf entsprechend abgesichert?
- ☑ Stimmt das Liquiditätsmanagement? (Überfällige Forderungen, Lieferantenverbindlichkeiten, Einhaltung der Kreditlinien)

> ☑ Beobachten Sie die Kennzahlen, die Sie mit der Bank im Kreditvertrag vereinbart haben? Informieren Sie die Bank laufend über wichtige Vorgänge und stehen Sie mit ihr laufend in Kontakt?
> ☑ Nutzen Sie Möglichkeiten wie Leasing, Sale-and-Lease-Back oder Factoring?
> ☑ Nutzen Sie öffentliche Förderprogramme für einen Teil ihrer Investitionen?

Abb. 11.2: Checkliste: Investieren und Liquidität halten

11.3.3 Finanzierung in der Krise

Wer in der Krise Investitionen durch Kredite finanzieren möchte, braucht gute Argumente und viel Überzeugungskraft. Selbst dann kommt es noch vor, dass die Bank der Zukunftsfähigkeit des Unternehmens letztlich nicht vertraut und deshalb kein längerfristiges Darlehen gewährt. Der Unternehmer kann dann gezwungen sein, seine Investition kurzfristig über teure Kontokorrentkredite zu finanzieren. Die Folge davon ist, dass ausgerechnet in der Krise die Kapitalkosten steigen.

Wie in guten Zeiten erwartet ein Financier auch jetzt vor allem eine gute Kapitalverzinsung. In der Krise jedoch kämpft das Unternehmen mit sinkenden Absätzen – und dementsprechend verlängern sich die Amortisationszeiten einer Investition. Um die von der Bank erwartete Kapitalverzinsung dennoch sicherzustellen, muss der Unternehmer – wie oben dargestellt – sein Investitionsprogramm an die Krisensituation anpassen. Entscheidend ist dann mehr denn je ein überzeugendes Finanzierungskonzept (siehe Abschnitt 4.3.3), in dem er anhand nachvollziehbarer Berechnungen aufzeigt, dass die Investition eine gute und zuverlässige Verzinsung einbringt.

Neben der Kapitalverzinsung interessiert den Geldgeber auch die Performance des Gesamtunternehmens. Hierzu kann der Unternehmer wieder seine integrierte Unternehmensplanung heranziehen, die auch die Entwicklung der Liquidität und des Unternehmensergebnisses zeigt. Darüber hinaus spielen für die Bank auch die längerfristigen Entwicklungsperspektiven des Unternehmens eine wichtige Rolle.

Gerade in Krisenzeiten zählt zu einem überzeugenden Konzept auch ein Plan B. Das heißt: Der Unternehmer sollte darlegen können, was er tut, wenn sich die wirtschaftliche Situation unerwartet verschlechtert. Banken erwarten von einem Unternehmer, dass er verschiedene Szenarien schon vorgedacht hat. Ein Unternehmer sollte also darlegen können, wie er die Situation stabilisiert, wenn z. B. der Auslandsabsatz um zehn Prozent hinter den Erwartungen zurückbleibt, ein wichtiger Rohstoff sich um 30 Prozent verteuert oder der Hauptkunde zahlungsunfähig wird.

Selbst gesunde Unternehmen hatten gegen Ende der vergangenen Rezession häufig Schwierigkeiten, die notwendigen Investitionsmittel zu erhalten. Aufgrund der einsetzenden Belebung bestand 2010 ein erheblicher Finanzierungsbedarf, die Rezession 2009 hatte jedoch in den Jahresabschlüssen ihre Spuren hinterlassen. Die Zahlen aus dem Vorjahr wirkten sich vor allem auf die quantitativen Ratingfaktoren negativ aus und erschwerten dadurch die Kreditaufnahme. Einen Ausweg fanden einige Unternehmen, indem sie öffentliche Förderprogramme in Anspruch nahmen. Mit Hilfe der Hausbank bestand die Möglichkeit, bis Ende 2010 kurzfristig einen Antrag auf Kreditmittel aus einem KfW-Sonderprogramm zu stellen. Wie schon im 4. Kapitel ausgeführt (Abschnitt 4.2), sollte ein Unternehmer bei der Finanzierung seines Investitionsprogramms grundsätzlich diesen Weg prüfen und die sich ihm bietenden Möglichkeiten staatlicher Förderprogramme ausschöpfen.

Mehr noch als in normalen Zeiten sollte ein Unternehmer seine Financiers auf dem Laufenden halten und über neue Entwicklungen umgehend informieren. Kein Geldgeber liebt negative Überraschungen. Wer seine Bank erst aufsucht, wenn er den Kredit nicht mehr bedienen kann und akuter Liquiditätsbedarf besteht, verspielt das Vertrauen seiner Financiers.

11.4 Zusammenfassung

Wenn eine Krise harte Einschnitte erzwingt, ist für die Zukunft eines Unternehmens vor allem Eines entscheidend: die gesunden Unternehmensteile zu erhalten, aus denen heraus künftiges Wachstum entstehen kann. Eine nachhaltige Entwicklung erfordert es, die Weichen bereits während der Konsolidierungsphase auf Wachstum zu stellen.

An dieser Krisenstrategie leitet sich das Investitionsprogramm ab: Auf der einen Seite gilt, durch Investitionen kurzfristig die Kostenstrukturen zu verbessern. Auf der anderen Seite sollten aber auch strategisch wichtige Investitionen eine hohe Priorität haben, die das Unternehmen langfristig stärken. Gemeint sind damit vor allem Investitionen, die eine Alleinstellung sichern, eine Nische verteidigen oder zukunftsträchtige Geschäftsfelder ausbauen.

Bei der Umsetzung eines Investitionsprogramms in Krisenzeiten agiert der Unternehmer unter hoher Unsicherheit. Dementsprechend ungewiss sind die künftigen Umsätze, mit denen die Investitionsrechnungen kalkuliert werden – und ebenso unsicher sind die errechneten Amortisationszeiten oder Kapitalrückflüsse. Es empfiehlt sich deshalb, einen finanziellen Sicherheitspuffer einzuplanen, um unvorhergesehene Ereignisse – wie etwa den Konkurs eines wichtigen Kunden – abfangen zu können.

Die Herausforderung liegt in einer Gratwanderung zwischen Investitionsausgaben auf der einen Seite und dem Halten der Liquidität auf der anderen Seite. Damit das gelingt, benötigt der Unternehmer eine detaillierte Unternehmensplanung, die eine zeitnahe Liquiditätsplanung einschließt. Hieran kann er genau verfolgen, welche Umsätze das Unternehmen erzielt, welche Kosten anfallen – und welches Budget am Ende für Investitionen und als Sicherheitsreserve übrigbleibt.

Wer in der Krise auf strategisch wichtige Investitionen verzichtet, verschafft sich damit zwar Liquiditätsspielräume. Auf der anderen Seite vergibt er jedoch künftige Gewinnchancen. Überlegen Sie deshalb, auf welche Investitionen Sie verzichten können, welche dagegen für die Zukunft Ihres Unternehmens entscheidend sind.

12 Investieren in Umwelt und Nachhaltigkeit

Das Engagement der Wirtschaft für Umweltschutz und Nachhaltigkeit hat sich als ausgesprochen krisenfest erwiesen. So verkündete BMW im Rezessionsjahr 2009 unter Hinweis auf seine Umwelt- und Nachhaltigkeitsstrategie seinen Ausstieg aus der Formel 1. Die frei werdenden Mittel will das Unternehmen künftig in die Entwicklung umweltverträglicher Antriebstechnologien stecken.[180] Ein Premium-Produkt, so die Überzeugung des Vorstands, definiert sich für die Kunden zunehmend auch über die Umweltverträglichkeit. Weniger auf den Markt als auf die Kosten blickte die Großwäscherei CWS-Boco, die am Standort Solingen 1,2 Millionen Euro in eine Anlage zur Abwasseraufbereitung investierte. Durch Einsparung an Wasser und Energie erzielte das Unternehmen sowohl ökologische wie auch ökonomische Effekte.[181]

Zwei Beispiele, die für viele andere stehen: Rund 62 Prozent der Unternehmen haben ihr Nachhaltigkeitsengagement in der zurückliegenden Krise nicht reduziert, in jedem dritten Unternehmen ist die Bedeutung sogar gestiegen – so das Ergebnis einer Studie des Center for Sustainability Management e. V. an der Universität Lüneburg vom August 2010. Fazit der Autoren: »Nachhaltigkeit ist im Mainstream angekommen, und zwar nicht nur in den Medien. Unternehmen aller Größen und Branchen beschäftigen sich intensiv mit dem Thema.«[182] Die Ratingagentur oekom research AG sieht das gesteigerte Engagement in vielen Fällen als »Ausdruck der von der Wirtschaftskrise beförderten Erkenntnis, dass Nachhaltigkeit einen zentralen Beitrag für die Stabilisierung und Sicherung der Zukunftsfähigkeit der Unternehmen leisten kann.«[183]

Tatsächlich kommt die Beratungsgesellschaft A.T. Kearney zu dem Schluss, dass nachhaltige Unternehmen während der zurückliegenden Finanzkrise besser aufgestellt waren. Eine globale Analyse aus der zweiten Jahreshälfte 2008 belegt, dass in 16 der untersuchten 18 Branchen nachhaltige Unternehmen im Untersuchungszeitraum von Mai bis November 2008 durchschnittlich eine um 15 Prozent höhere Performance erzielten als die gesamte Branche.[184] »Unsere Studie unterstreicht, dass die Aktienmärkte nachhaltigen Unternehmen eher zutrauen, die Krise zu bewältigen und vor allen Dingen auch langfristig – sprich nach der Krise – weiterhin sehr erfolgreich zu sein«, kommentierte *Dietrich Neumann*, Leiter Zentraleuropa von A.T. Kearney, das Ergebnis.

Bleibt also festzuhalten: Der Gedanke der Nachhaltigkeit findet bei immer mehr Unternehmen Eingang in die Unternehmensstrategie. Es liegt auf der Hand, dass sich dies auch unmittelbar auf die Investitionsziele und das Investitionsprogramm auswirkt. In diesem Kapitel beleuchten wir zunächst die Motive für Investitionen in Umwelt und Nachhaltigkeit (Abschnitt 12.1), befassen uns dann mit der Frage, wie sich nachhaltiges Handeln in die Unternehmens- und Investitionsstrategie integrieren lässt (Abschnitt

---

180 *o. V.* 2009.
181 *Melchior* 2009.
182 *Schaltegger et al.* 2010, S. 71 ff.
183 *oekom research* AG, März 2010, S. 2.
184 *A.T. Kearney*, Pressemitteilung, 12.9.2009.

12.2) – und wenden uns dann einem Kernproblem zu: der Frage, wie sich Nachhaltigkeitseffekte messen und steuern lassen (Abschnitt 12.3).

12.1 Motive für Investitionen in Nachhaltigkeit

Wie die Eingangsbeispiele BMW und Boco deutlich machen, lassen sich zwei Grundmotive für Investitionen in Nachhaltigkeit unterscheiden. Im ersten Fall steht die *langfristige Zukunftssicherung* im Vordergrund. Das Unternehmen möchte sich im Bewusstsein der Kunden als ökologisch und sozial verantwortungsbewusster Akteur verankern und so einen dauerhaften Wettbewerbsvorteil erzielen. Im zweiten Fall hat das Unternehmen vor allem *kurzfristige Aspekte* wie Kosteneffekte, veränderte Kundenanforderungen oder die Erfüllung gesetzlicher Auflagen im Blick.

12.1.1 Langfristiges Motiv: In die Zukunftsfähigkeit investieren

Nachhaltigkeit findet als Leitgedanke immer öfter Eingang in Unternehmensstrategien. Damit verknüpft ist die Erwartung, dass nachhaltiges Handeln die Zukunft des Unternehmens langfristig sichern kann. Um diesen Zusammenhang zu verstehen, lohnt sich ein Blick auf die Entstehung des Nachhaltigkeits-Modells.

Der Gedanke der Nachhaltigkeit entstammt der Forstwirtschaft: Aufgrund einer Energiekrise gegen Ende des 18. Jahrhunderts führte Deutschland die nachhaltige Forstwirtschaft ein, um der Übernutzung des Waldes Einhalt zu gebieten. Zur langfristigen Ressourcenerhaltung durfte nur noch so viel Holz geschlagen werden wie nachwächst.[185] Im ursprünglichen Wortsinn beschreibt Nachhaltigkeit also die Nutzung eines regenerierbaren natürlichen Systems in einer Weise, dass dieses System in seinen wesentlichen Eigenschaften erhalten bleibt und sein Bestand auf natürliche Weise nachwachsen kann.

Grundlegend für die heutigen Konzepte ist die Definition von Nachhaltigkeit im sogenannten Brundtland-Bericht, den 1987 die Weltkommission für Umwelt und Entwicklung unter Vorsitz der damaligen norwegischen Ministerpräsidentin Gro Harlem Brundtland veröffentlichte: »Nachhaltige Entwicklung ist eine Entwicklung, die die Bedürfnisse der Gegenwart befriedigt, ohne die Möglichkeiten künftiger Generationen zu gefährden, ihre eigenen Bedürfnisse zu befriedigen.« Von dieser Definition ausgehend nimmt der Bericht auch auf die Zielsetzung von Investitionen Bezug: »Im wesentlichen ist dauerhafte Entwicklung ein Wandlungsprozess, in dem die Nutzung von Ressourcen, das Ziel von Investitionen, die Richtung technologischer Entwicklung und institutioneller Wandel miteinander harmonieren und das derzeitige und künftige Potenzial vergrößern, menschliche Bedürfnisse und Wünsche zu erfüllen.«[186]

---

185 *Boyd* 2007, S. 27.
186 *Hauff* 1987.

12.1.1.1 Dreiklang aus ökologischer, ökonomischer und sozialer Nachhaltigkeit

Das hieraus hervorgegangene, heute gängige gesellschaftliche Leitbild für eine nachhaltige Entwicklung besteht aus drei Komponenten: der ökologischen, ökonomischen und sozialen Nachhaltigkeit. Die *ökologische* Nachhaltigkeit hat das Ziel, Natur und Umwelt für die nachfolgenden Generationen zu erhalten, die *ökonomische* Nachhaltigkeit schafft dauerhaft tragfähige Grundlagen für Erwerb und Wohlstand – und *soziale* Nachhaltigkeit intendiert eine zukunftsfähige, lebenswerte Gesellschaft, die eine faire Partizipation aller ihrer Mitglieder ermöglicht. Dieses »Drei-Säulen-Modell« liegt zum Beispiel dem Deutschen Nachhaltigkeitspreis zugrunde, der seit 2009 jährlich an nachhaltig ausgerichtete Unternehmen vergeben wird. Dahinter steht der Gedanke, dass Unternehmen eine maßgebliche Rolle spielen, um die Grundlagen einer zukunftsfähigen Gesellschaft zu schaffen und zu bewahren – etwa indem sie durch moderne Technologien Umweltbelastungen vermindern, mit erfolgreichen Geschäftsmodellen Wohlstand und Beschäftigung sichern oder als fairer Sozialpartner das Gemeinwohl stärken.

Der Dreiklang aus ökologischer, ökonomischer und sozialer Nachhaltigkeit bezieht sich jedoch nicht nur auf die gesamtgesellschaftliche Zukunftsfähigkeit, sondern gilt auch als Modell für die Zukunftssicherung des einzelnen Unternehmens. Für viele Unternehmer liegt ein wichtiges Motiv für nachhaltiges Handeln in dem Wunsch, die Existenz ihres Unternehmens langfristig zu sichern.[187] »Nachhaltige Unternehmensführung heißt für mich, ein komplexes Gebilde, wie es ein Familienunternehmen ist, stabil in die Zukunft zu führen«, erklärt Dr. Jürgen Heraeus, Vorsitzender des Aufsichtsrates der Heraeus Holding GmbH[188] – eine Grundhaltung, die viele Unternehmer teilen. Klaus-Peter Müller, Vorsitzender des Aufsichtsrates der Commerzbank AG[189], sieht das »Postulat der Nachhaltigkeit« darin, dass sich wirtschaftliches Handeln im Interesse aller Stakeholder »insbesondere an langfristiger Wertschöpfung und Erhaltung der Zukunftsfähigkeit des Unternehmens orientieren sollte« – und stellt fest: »Nach den Lehren aus der Finanzmarktkrise beinhaltet dies, dass auf Geschäfte verzichtet wird, bei denen die Risiken zu groß oder nicht überschaubar sind.«

12.1.1.2 Zukunftsrisiken begrenzen

Das Ziel einer langfristigen Unternehmenssicherung wird greifbar, wenn es um die Begrenzung von Risiken geht. So birgt die Endlichkeit von Rohstoffen die Gefahr explodierender Preise – und es erscheint sinnvoll, die Abhängigkeit von diesen Stoffen durch Investitionen in innovative Verfahren oder Produkte zu reduzieren. Um diese und ähnliche Risiken rechtzeitig zu erkennen, kommt es auf eine kontinuierliche Umfeldanalyse an. Wie in Kapitel 1 ausgeführt (Abschnitt 1.1) sollte das Unternehmen seine »strategischen Antennen« ausfahren, um frühe Signale wahrnehmen und rechtzeitig reagieren zu können.

Wie Warnsignale Unternehmen dazu veranlassen, die Prioritäten ihrer Investitionsstrategie zu verändern, illustriert das folgende Beispiel. Experten warnen seit einiger Zeit

---

187 *Boyd* 2007, S. 124 ff.
188 *Heraeus* 2010.
189 *Müller* 2010.

vor einer Wasserkrise in vielen Regionen der Welt. Einige Branchen sind auf die Verfügbarkeit von sauberem Wasser für ihre Produktionsprozesse und Produkte in hohem Maße angewiesen. Einem Unternehmen, das sich erst in zehn Jahren auf eine mögliche Wasserkrise einstellt, könnten daraus beträchtliche Probleme erwachsen. Vor allem in der Nahrungsmittelwirtschaft haben einige Unternehmen deshalb sehr umfassende Risikoanalysen erstellt und realisierten an Standorten mit akutem Wassermangel auch schon ehrgeizige Programme, wie zum Beispiel die Einrichtung geschlossener Wasserkreisläufe. »Die effiziente Nutzung von Wasser und der Schutz der Wasserressourcen zählen zu den Kernzielen einer nachhaltigen Entwicklung und finden auch im nachhaltigen Investment zunehmend Beachtung«, schreibt die Rating-Agentur oekom research.[190]

Ein anderes Beispiel sind Risiken, die aus dem demografischen Wandel resultieren und möglicherweise Investitionen im Bereich der Personalpolitik erfordern. Stichworte sind hier: Integration älterer Mitarbeiter (mit entsprechender Arbeitsplatzgestaltung), Gesundheitsschutz (Sicherheit, aber auch Vorsorge), eine familienorientierte Unternehmenspolitik (z. B. Investition in Kinderbetreuung) und die Schaffung ausgewogener Altersstrukturen.

Auch Imageschäden können den Wert und damit die Zukunftsfähigkeit eines Unternehmens empfindlich treffen. Man denke an die Folgen für BP nach dem Untergang der Ölplattform Deepwater Horizon im Golf von Mexiko – oder auch an das öffentlichkeitswirksame Aufdecken von Missständen wie Kinderarbeit oder Niedriglöhnen. So geriet zum Beispiel 1997 der Sportartikelhersteller Nike wegen der Beschäftigungspraktiken einiger seiner asiatischen Zulieferer in die Schlagzeilen. Das Unternehmen sah sich zu konsequenten Maßnahmen veranlasst, um die Arbeitsbedingungen sowie Umwelt-, Gesundheits- und Sicherheitsstandards an die US-Vorschriften anzupassen.[191]

Wie diese Beispiele illustrieren, kann es aufgrund von Imageschäden für ein Unternehmen existenzielle Risiken geben, die sich durch Investitionen in Nachhaltigkeit begrenzen lassen. Zusätzliches Gewicht erhält dieses Argument von Seiten der Versicherer, die vermehrt auf das Risikomanagement der Unternehmen Einfluss nehmen. Sie verlangen von ihren Kunden eine konsequente Risikovorsorge zum Schutz von Menschen, Umwelt und Sachwerten und orientieren hieran auch ihre Prämienkalkulation. Im Alltag des Unternehmers zeigt sich das dann in immer wieder geänderten Bedingungen, z. B. bei der Umweltversicherung oder auch in den detaillierten Risikofragebögen, die Grundlage für die Prämienkalkulation sind.

Investitionen in Nachhaltigkeit können unterschiedlichster Art sein und sind oft auch mit direkten Kosteneinsparungen verbunden. Das Einrichtungsunternehmen Ikea entwickelte z. B. eine flachere Verpackung und konnte so Transporte und Rohstoffe einsparen. Auch investiert Ikea in die Gebäudetechnik mit dem Ziel, die Gebäude mit 100 Prozent erneuerbaren Energien zu betreiben und die Energieeffizienz zu verbessern.[192] Bei der Keller & Kalmbach GmbH in Unterschleißheim, einem Großhandelsunternehmen für Verbindungs- und Befestigungstechnik, hat der Einkauf darauf geachtet, dass in der Or-

---

190 *oekom research AG*, März 2010, S. 43.
191 *Hardtke/Prehn* 2001, S. 32.
192 Internet Seite des Unternehmens: http://www.ikea.com/ms/de_AT/about_ikea/our_responsibility/the_never_ending_list/index.html (28.10.2010).

ganisation PCs mit einer Leistung von 12 statt 27 Watt eingesetzt werden, wodurch sich erhebliche Energiekosten einsparen ließen.[193]

12.1.1.3 Investoren erwarten langfristige Wertsteigerung

Auch in den Augen von Geldgebern und Investoren gewinnt die Zukunftsfähigkeit eines Unternehmens zunehmend an Gewicht – was für Unternehmen ein starkes Motiv sein kann, eine nachhaltige Investitionsstrategie zu verfolgen. Der Finanzmarkt wird »zum Treiber für die Themen der Nachhaltigkeit in den Konzernzentralen«[194], immer mehr Investoren sehen Nachhaltigkeit als wichtigen Bestimmungsfaktor für den Unternehmenswert. Ausdruck hiervon ist auch die Existenz von Nachhaltigkeits-Indizes wie dem Dow Jones Sustainability Index oder dem Global Challenges Index.

Aus dem Blickwinkel des Investors beinhaltet Nachhaltigkeit alle kritischen Faktoren, die für eine langfristig profitable Entwicklung eines Unternehmens wichtig sind. Die Berücksichtigung von Nachhaltigkeitskriterien bei der Kapitalanlage sei inzwischen integraler Bestandteil der Verantwortung von Asset Managern für das ihnen anvertraute Vermögen, stellt die Rating-Agentur oekom research unter Bezug auf eine Studie der Finanzinitiative des Umweltprogramms der Vereinten Nationen (UNEP) fest.[195] Die Erklärungen der UNEP finden bei Banken und Versicherungen eine hohe Akzeptanz und belegen den hohen Stellenwert des Themas Nachhaltigkeit für Financiers und Versicherer. Beteiligt ist die UNEP auch an der Global Reporting Initiative (GRI), die weltweite Standards für ein Nachhaltigkeitsreporting entwickelt (mehr hierzu im Abschnitt 12.3).

12.1.2 Kurzfristige Motive: Gesetzliche Vorgaben, Kosten- und Absatzeffekte

Nach wie vor sind kurzfristige Motive wie gesetzliche Vorgaben, Kosteneinsparungen und Kundenanforderungen die wesentlichen Treiber für Investitionen in Umweltschutz und Nachhaltigkeit. Viele Investitionen in Nachhaltigkeit haben messbare Kosteneffekte, zum Beispiel wenn das Unternehmen damit den Energie- und Rohstoffeinsatz reduziert oder Krankheitstage und Arbeitsunfälle vermeidet. Betrachten wir noch einmal die Investition in die neue Abwasseraufbereitungsanlage der Großwäscherei CWS-Boco: Die neue Anlage hat vor allem die Aufgabe, Schadstoffe aus dem Abwasser zu entfernen. Zugleich verringert sich jedoch durch den Einbau eines Wärmetauschers der jährliche Energieverbrauch des Unternehmens um rund 1,9 Gigawattstunden, so dass die 1,2 Millionen Euro teure Anlage auch einen wesentlichen Beitrag zur Stabilisierung der Betriebskosten leistet.

Ebenso können Produktinnovationen zu rechenbaren Effekten führen, wenn etwa ein neues Design die Reparaturfähigkeit vereinfacht oder neue Materialien die Entsorgungskosten vermindern. Ein Produkt, das strengen Umweltkriterien Rechnung trägt, kann auch zusätzliche Kunden ansprechen und damit zu Einahmen führen. Als Unternehmer und Investor bewegen wir uns in solchen Fällen auf vertrautem Terrain: Die monetären

---

193 Ökoprofit Maßnahmendatenbank: http://www.arqum.de/datenbank/ Abruf am 28.10.2010.
194 *Hardtke/Prehn* 2001, S. 72.
195 *oekom research*, 2010, S. 13.

Effekte lassen sich mit den in Kapitel 2 vorgestellten Rechenverfahren quantitativ beurteilen. Rechnet sich die Investition, fällt es nicht schwer, sich für sie zu entscheiden.

Ebenso klar stellt sich die Situation dar, wenn der Gesetzgeber oder maßgebliche Kunden neue Anforderungen stellen. Auch dann wird sich der Unternehmer in der Regel dazu entschließen müssen, die entsprechenden Investitionen zu tätigen.

Meist sind es veränderte Markterfordernisse, auf die sowohl Endhersteller als auch ihre Vorlieferanten reagieren. Was anfangs vielleicht noch ein Differenzierungsmerkmal darstellte und für einige Unternehmen einen Wettbewerbsvorteil bedeutete, entwickelt sich zur selbstverständlichen Anforderung des Endkunden. Ein Beispiel: Wer Schuhe kauft, geht heute davon aus, dass sie keine giftigen Stoffe enthalten. Der Schuhhändler Hamm-Reno in Osnabrück garantiert seinen Kunden deshalb die Schadstofffreiheit seiner Produkte – und wählt dementsprechend seine Lieferanten aus. Alle Gerbereien, die in der Lederverarbeitung noch das giftige sechswertige Chrom einsetzen, erhalten folglich keine Aufträge[196]. Es leuchtet ein, dass eine solche Garantie auch Investitionen in die Wareneingangskontrolle und ein adäquates Beschaffungsmanagementsystem erforderlich macht.

Das Beispiel zeigt, wie verändertes Konsumentenbewusstsein auf die gesamte Zulieferkette durchschlägt. Verfolgt ein Endhersteller ein nachhaltiges Konzept, müssen die Zulieferer ebenfalls in nachhaltige Techniken investieren. Um Nachhaltigkeitsstandards über die gesamte Lieferkette sicherzustellen, haben sich verschiedene unternehmens- oder branchenübergreifende Initiativen gebildet, die für alle beteiligten Unternehmen Anforderungen definieren und überwachen. Hierzu zählt zum Beispiel die Business Social Compliance Initiative (BSCI) zur Auditierung der Sozialverträglichkeit der Lieferanten. Weitere Beispiele für Brancheninitiativen sind die Global e-Sustainability Initiative (GeSI) für Unternehmen aus dem Bereich der Informations- und Telekommunikationstechnologie oder der CARE Process, ein vom International Council of Toy Industries (ICTI) erarbeiteter Verhaltenskodex für die Spielwarenindustrie.[197]

12.2   Nachhaltiges Handeln im Unternehmen verankern

Wie wir gesehen haben, gibt es gute Motive für eine nachhaltige Strategie. Wie lässt sich eine solche Strategie nun umsetzen? Der erste Schritt liegt darin, das Thema in die Ziele und das Leitbild aufzunehmen. Im zweiten Schritt kommt es dann darauf an, hieraus konkrete Ziele und Maßnahmen abzuleiten, um nachhaltiges Handeln sowohl in die Organisation als auch in das Kerngeschäft zu integrieren. Nur so finden die Leitgedanken am Ende auch ihren Niederschlag etwa im Sortiment, in der Produktion oder in der Lieferkette.

---

196 *Froitzheim* 2010, S. 54.
197 *Schaltegger et al.* 2010, S. 37.

12.2.1 Nachhaltigkeit als Unternehmensziel

Um Nachhaltigkeit in Vision und Strategie einzubinden, können wir auf die in Kapitel 1 beschriebene Vorgehensweise zurückgreifen: Nachhaltigkeit wird in die Zielsetzung des Unternehmens mit aufgenommen und geht damit auch als zentraler Aspekt in das Leitbild ein. Hieraus wiederum ergeben sich strategische Ziele und Investitionsziele, die nunmehr das Thema Nachhaltigkeit mit einschließen.

Zu beachten ist, dass sich der Begriff Nachhaltigkeit für Führungskräfte und Mitarbeiter keineswegs von selbst erschließt. Ein Unternehmen sollte in seinem Leitbild deshalb präzise und verständlich darlegen, was es genau unter Nachhaltigkeit versteht und wie es mit der dahinter stehenden sozialen, ökologischen und ökonomischen Verantwortung umgeht. Ein gutes Beispiel hierfür ist das Leitbild des Büromöbel-Herstellers Wilkhahn in Bad Münder (siehe Abb. 12.1). Es zeigt, wie sich der abstrakte Begriff der Nachhaltigkeit auf die konkrete Unternehmenstätigkeit, hier die Herstellung von Büromöbeln, beziehen lässt und damit für den Leser lebendig wird.

Leitbild des Büromöbel-Herstellers Wilkhahn
Wir lassen uns leiten vom Streben nach Wahrhaftigkeit unserer Produkte, nach fairem Miteinander und nach Schutz und Schonung unserer natürlichen Lebensräume.
Unser Ziel ist es, ein aktives und nützliches Glied der Gesellschaft zu sein, dabei das Image des Unternehmens zu fördern und seine Existenz langfristig zu sichern. Wilkhahn sieht sich deshalb in besonderer Weise verpflichtet, Ökonomie, Ökologie und Soziales als gleichrangige Unternehmensziele zu betrachten und zu einer nachhaltigen Entwicklung beizutragen. Dazu gehört die Entwicklung, Produktion und Vermarktung von Produkten und Leistungen, die einen substanziellen, internationalen Beitrag zur Kultur der Arbeits- und Lebenswelten leisten.

Ökonomische Verantwortung
Um unserem Verständnis einer verantwortungsvollen Unternehmensführung gerecht zu werden, gilt unser Streben daher der Erwirtschaftung angemessener Erträge zur Sicherung der Arbeitsplätze und der unternehmerischen Unabhängigkeit. Dabei verstehen wir die Internationalisierung von Wilkhahn als Chance, durch unser unternehmerisches Handeln und durch unsere Produkte die globalen Arbeits- und Lebensbedingungen verantwortungsvoll und nachhaltig zu verbessern.

Ökologische Verantwortung
Wir versuchen uns so zu verhalten, dass wir vor unseren Kindern bestehen können. Das ist nichts weiter als selbstverständliche Vorsorge für die Zukunft. Die Einhaltung umweltbezogener Qualitätskriterien ist Gegenstand unserer eigenen Erfolgsbetrachtung. Unsere ökologische Verantwortung erstreckt sich auf den gesamten Produktlebenszyklus, auf die Produktionsprozesse, auf Transport- und Logistikleistungen sowie im Rahmen unserer Möglichkeiten auf die Produktions- und Geschäftsprozesse unserer Lieferanten und Vertriebspartner.

Nachhaltige Produktqualität
Wir wollen langlebige Produkte entwickeln, ihren Gebrauchswert erhöhen und die Verschwendung reduzieren. »Less is more« oder »reduce to the max« sind die Leitbegriffe, die Wilkhahn immer wieder neu für die Zukunft übersetzt. Ökologisch orientierte Designleitlinien sind selbstverständlicher Bestandteil der Wilkhahn Produktentwicklung.

Kunden- und Bedürfnisorientierung
Wir wollen unseren Kunden in aller Welt Mehrwerte bieten. Die Bedürfnisse unserer Kunden sind der Maßstab für unsere Produktentwicklung und Leistungen. Das bedeutet erstklassig zu analysieren, zu informieren, zu beraten, zu betreuen und zu begleiten. Das Produkt ist dann der Beweis der Botschaft.

Soziale Verantwortung
»Fairness in der Zusammenarbeit« – das gilt bei Wilkhahn gegenüber den Beschäftigten ebenso wie gegenüber den Marktpartnern. Wir stellen den Menschen in den Mittelpunkt. Dies impliziert einen kooperativen Führungsstil, der die Mitarbeitervertretung als Co-Management für die Unternehmensgestaltung versteht. Die Beteiligung der Mitarbeiter am Unternehmenserfolg, die Entwicklung neuer Arbeitsformen mit teilautonomer Gruppen- und Projektarbeit sowie ein fest etabliertes Gesundheitsmanagement sind Ausdruck der Sozialorientierung von Wilkhahn.

Abb. 12.1: Leitlinie des Büromöbel-Herstellers Wilkhahn[198]

12.3 Vom Leitgedanken zur konkreten Investition

Das Leitbild bietet nun die Möglichkeit, das betriebliche Handeln daran auszurichten. Das lässt sich auch am Beispiel Wilkhahn zeigen. Mit Blick auf die soziale Verantwortung unterzeichnete das Unternehmen zum Beispiel mit der IG Metall und dem internationalen Bund der Bau- und Holzarbeiter eine internationale Rahmenvereinbarung, in der es sich verpflichtet, vorbildliche Standards bei den Arbeitsbedingungen seiner rund 600 Beschäftigten an seinen in- und vor allem ausländischen Standorten einzuhalten. Aus dem Leitgedanken der ökologischen Verantwortung ergibt sich die Konsequenz, bei jeder einzelnen Investition stets auch die Umwelt mit im Blick zu haben: Als Wilkhahn 2010 einen siebenstelligen Betrag in eine neue Fertigungsanlage für Holzoberflächen investierte, wurden die neuen Maschinen zusätzlich mit einem Verfahren ausgestattet, das bis zu 90 Prozent der Abluftwärme zurückgewinnt. Damit spart das Unternehmen jährlich rund 210.000 Kilowattstunden Energieverbrauch ein – was dem jährlichen Energieverbrauch von etwa sieben Einfamilienhäusern entspricht.[199]

Wie in Kapitel 1 dargestellt, ergeben sich aus dem Leitbild strategische Ziele, Investitionsziele und konkrete Projekte. Als strategische Ziele im Bereich Ökologie kann ein Unternehmen zum Beispiel festlegen, dass es nachhaltige Produkte herstellen (Sustainable Design) und umweltverträglich produzieren möchte. Hieraus ergeben sich dann zwei Zielfelder (s. Abb. 12.2), für die sich dann die entsprechenden Maßnahmen und Investitionen definieren lassen. Wie üblich handelt es sich letztlich um Investitionen entweder in Produkt- oder in Verfahrensinnovationen – wobei nunmehr das qualitative Ziel einer Umweltwirkung im Vordergrund steht.

---

[198] Internetseite des Unternehmens wilkhahn: www.wilkhahn.de.
[199] *Wilkahn* Pressemitteilungen vom 13.02.2009 und 12.01.2010 auf www.wilkhahn.de.

Strategische Ziele	Investitionsziele
»Nachhaltige Produkte herstellen«	Unser Produkt enthält keine Schadstoffe.
	Das Design unseres Produktes stellt eine hohe Reparaturfreundlichkeit sicher.
	Unser Produkt ist zu 100 Prozent recyclingfähig.
	Unser Produkt hat eine durchschnittliche Haltbarkeit von 12 Jahren und ist damit besonders langlebig.
	Unser Produkttyp zählt im Verbrauch zu den drei sparsamsten auf dem Markt.
»Nachhaltig produzieren«	Wir senken den Energiebedarf in der Produktion um 10 Prozent.
	Wir reduzieren den Wasserverbrauch in der Produktion um 5 Prozent.
	Wir erhöhen die Recyclingquote unserer Produktionsabfälle auf 90 Prozent.
	Wir reduzieren den Heizölverbrauch durch Installation einer modernen Heizungsanlage um 20 Prozent.
	Wir verlagern die Auslieferung unserer Produkte komplett von der Straße auf die Schiene

Abb. 12.2: Beispielhafte strategische Ziele und Investitionsziele im Bereich Umwelt

Die Entscheidung, welche Investitionen nun ins Investitionsprogramm aufgenommen werden, hängt (wie in Kapitel 2 beschrieben) vom Ergebnis der Bewertung der einzelnen Alternativen und vom verfügbaren Budget ab. Mit Blick auf die Finanzierung sollten auch hier wieder die Möglichkeiten öffentlicher Förderprogramme geprüft werden. So unterstützt zum Beispiel das ERP-Umwelt- und Energieeffizienzprogramm der KfW Mittestandsbank Investitionen zur Energieeinsparung.

Betrachtet man die Investitionsprogramme nachhaltig agierender Unternehmen, fällt auf, dass eine Investition häufig nicht zusätzlich ins Programm aufgenommen, sondern lediglich um ökologische oder soziale Ziele ergänzt wird. So muss die Anschaffung einer neuen Anlage zusätzlich klar definierte ökologische Kriterien erfüllen. Hat ein Unternehmen das Thema Nachhaltigkeit erst einmal für sich entdeckt, lassen sich oft auch bei klassischen Investitionen nachhaltige Aspekte identifizieren und öffentlichkeitswirksam kommunizieren. Das belegt folgende Passage aus dem Nachhaltigkeitsbericht der Hirsch Servo AG, einem österreichischen Kunststoffhersteller aus Glanegg bei Klagenfurt: »Die Investition von rund einer Million Euro in das im Oktober 2005 eröffnete Innovationszentrum am Standort Glanegg spiegelt auch die Bereitschaft wider, gesellschaftliche Verantwortung zu übernehmen und einen nachhaltigen Beitrag zur Absicherung des Wirtschaftsstandortes Kärnten und Österreich zu leisten.«[200]

---

200 *Hirsch Servo* AG, 2006, S. 17.

12.4 Controlling: Nachhaltigkeit messen und steuern

Ohne Controlling ist ein effektives Investitionsmanagement nicht möglich. Wie beschrieben bildet das Controlling die Klammer für den gesamten Controllingprozess. Sollen Investitionen Nachhaltigkeitszielen dienen, muss daher das Controlling um diesen Aspekt erweitert werden. Es gilt also, die hierzu erforderlichen Kennzahlen nicht nur zu definieren und zu erfassen, sondern auch systematisch in die Bewertung einer Investition einzubeziehen.

12.4.1 Einbeziehung von Nachhaltigkeit in Rechnungswesen und Controlling

Um Nachhaltigkeitsaspekte messen und steuern zu können, müssen sie Eingang ins Controlling finden,. »Nachhaltigkeit in der Verankerung des Führungshandelns erreicht man nur, wenn eine Einbindung in die Regelsteuerung erfolgt – und hierfür sind die Controller verantwortlich«, konstatiert Prof. *Jürgen Weber*, Leiter des Instituts für Management und Controlling der WHU – Otto Beisheim School of Management in Vallendar.[201]

In der Praxis sind die meisten Unternehmen hiervon jedoch noch weit entfernt. Nur in etwa acht Prozent der Unternehmen ist der Bereich Finanzen, Controlling und Rechnungswesen in das Umwelt- und Nachhaltigkeitsmanagement einbezogen, so geht aus dem bereits erwähnten Corporate Sustainability Barometer vom August 2010 hervor.[202] Die Folge davon ist, dass Nachhaltigkeitsinformationen nur selten systematisch ins Investitionscontrolling eingehen. Beispiele für solche Informationen sind CO_2-Emissionen und deren Kosten, der Ressourcenverbrauch, Kosten für Weiterbildung oder auch Kennzahlen über die Werbewirkungen von Biolabels.

12.4.2 Kennzahlen für ein Nachhaltigkeits-Controlling

Auch wenn die Einbindung ins Controlling oft noch nicht gegeben ist, erheben doch viele Unternehmen bereits systematisch Kennzahlen, mit denen sich Nachhaltigkeitsaspekte messen lassen. Neben klassischen Kennzahlen wie Energie- und Wasserverbrauch ist ein Beispiel hierfür der »Product Carbon Footprint«, der den Treibhauseffekt eines Produkts über den gesamten Lebenszyklus misst[203.] Derzeit werden, wie Abb. 12.3 zeigt, auf Seiten der Ökologie vor allem der Energie- und Wasserverbrauch, Emissionen, Abwasser und Abfall sowie der Materialverbrauch gemessen. Auf Seiten der sozialen Nachhaltigkeit sind es vor allem die Zahl der Arbeitsplätze, Aus- und Weiterbildungsmaßnahmen sowie Arbeitsschutz und Arbeitssicherheit.

---

201 *Weber* 3/2010, S. 12.
202 *Schaltegger* 2010, S. 51 ff.
203 Der *Product Carbon Footprint* (»CO_2-Fußabdruck«) bezeichnet die Bilanz der Treibhausgasemissionen entlang des gesamten Lebenszyklus eines Produkts in einer definierten Anwendung und bezogen auf eine definierte Nutzeinheit. Ausführliche Informationen enthält eine Broschüre von *Bundesministerium für Umwelt, Naturschutz und Reaktorsicherheit (BMU)* (Hrsg.), »Produktbezogene Klimaschutzstrategien (August 2010), S. 18, http://www.bdi.eu/Publikationen-Flyer_Produktbezogene-Klimaschutzstrategien.htm am 06.12.2010.

238 Investieren in Umwelt und Nachhaltigkeit

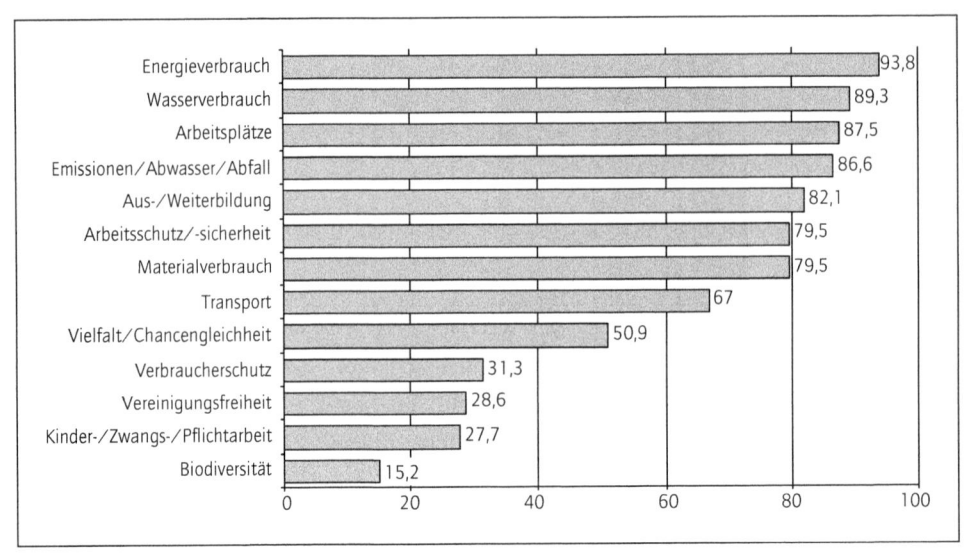

Kategorie	Wert
Energieverbrauch	93,8
Wasserverbrauch	89,3
Arbeitsplätze	87,5
Emissionen/Abwasser/Abfall	86,6
Aus-/Weiterbildung	82,1
Arbeitsschutz/-sicherheit	79,5
Materialverbrauch	79,5
Transport	67
Vielfalt/Chancengleichheit	50,9
Verbraucherschutz	31,3
Vereinigungsfreiheit	28,6
Kinder-/Zwangs-/Pflichtarbeit	27,7
Biodiversität	15,2

Abb. 12.3: Messung ökologischer und sozialer Entwicklungen (Quelle: Schaltegger 2010, S. 68)

Wie sich Nachhaltigkeitsaspekte konkret anhand von Kennzahlen messen lassen, zeigt beispielhaft die folgende Übersicht:

Nachhaltigkeitsaspekt	Erklärung gemäß Leitfaden zur Nachhaltigkeitsberichterstattung[194]

Energieverbrauch	• Direkter und indirekter Energieverbrauch aufgeschlüsselt nach Primärenergiequellen wie z. B.
	  – Kw/h Strom pro Materialeinheit
	  – m^3 Ergas pro Materialeinheit
	• Eingesparter Energieverbrauch aufgrund von Effizienzmaßnahmen

Wasserverbrauch	• Gesamtentnahme aufgeteilt nach Quellen • Liter Wasser pro Materialeinheit
Arbeitsplätze	• Anzahl Mitarbeiter
Emissionen/Abwasser/Abfall	• Gesamte direkte und indirekte Treibhausgasemissionen nach Gewicht • Andere Relevante Treibhausgasemissionen nach Gewicht • Emission von Ozon abbaubaren Stoffen nach Gewicht • NOx, SOx an andere wesentliche Luftemissionen nach Art und Gewicht

---

204 Zum großen Teil entnommen aus *Global Reporting Initiative* (www.globalreporting.org), Leitfaden zur Nachhaltigkeitsberichterstattung, 2006, S. 29 ff.

Nachhaltigkeitsaspekt	Erklärung gemäß Leitfaden zur Nachhaltigkeitsberichterstattung[194]
Emissionen/Abwasser/Abfall (Forts.)	• Gesamte Abwassereinleitungen nach Art und Einleitungsort • Gesamtgesicht nach Art und Einleitungsort • Gesamtgewicht des Abfalls nach Art und -Entsorgungsmethode • Gesamtzahl und Volumen wesentlicher Freisetzungen
Aus-/Weiterbildung	Externe Weiterbildungskosten
Arbeitsschutz/-sicherheit	• Verletzungen, Berufskrankheiten, Ausfalltage und Abwesenheit sowie Summe der arbeitsbedingten Todesfälle nach Region. • Unterricht, Schulungen, Beratungsangebote, Vorsorge und Risikokontrollprogramme, die Mitarbeiter, ihre Familien oder Gemeindemitglieder in Bezug auf ernste Krankheiten unterstützen
Materialverbrauch	• Eingesetzte Materialien nach Gewicht und Volumen • Anteil von Recyclingmaterial am Gesamtmaterialeinsatz
Transport	Wesentliche Umweltauswirkungen verursacht durch den Transport von Produkten und anderen Gütern und Materialien, die für die Geschäftstätigkeit der Organisation verwendet werden, sowie durch den Transport von Mitarbeitern
Vielfalt/Chancengleichheit	• Zusammensetzung der leitenden Organe und Aufteilung der Mitarbeiter nach Kategorie hinsichtlich Geschlecht, Altersgruppe, Zugehörigkeit zu einer Minderheit und anderen Indikatoren der Vielfalt • Verhältnis des Grundgehaltes für Männer zum Grundgehalt für Frauen nach Mitarbeiterkategorie.
Verbraucherschutz	• Anzahl der Garantie- und Gewährleistungsfälle • Servicefreundlichkeit (schnell, preiswert, zuverlässig) • Schutz des Verbrauchers vor defekten und gefährlichen Produkten. • AGBs und Rechtsstreitigkeiten daraus • Dauer und Anzahl der Nutzungen des Produktes
Vereinigungsfreiheit	Ermittelte Geschäftstätigkeiten, bei denen die Vereinigungsfreiheit oder das Recht zu Kollektivverhandlungen erheblich gefährdet sein könnten sowie ergriffene Maßnahmen, um diese Rechte zu schützen
Kinder-/Zwangs-/Pflichtarbeit	Ermittelte Geschäftstätigkeiten, bei denen ein erhebliches Risiko auf Kinderarbeit besteht und ergriffene Maßnahmen, um zur Abschaffung von Kinderarbeit beizutragen

Nachhaltigkeitsaspekt	Erklärung gemäß Leitfaden zur Nachhaltigkeitsberichterstattung[194]
Biodiversität	• Ort und Größe von Grundstücken in Schutzgebieten oder angrenzender Schutzgebiete. Ort und Größe von Grundstücken in Gebieten mit hohem Biodiversitätswert außerhalb von Schutzgebieten oder daran angrenzend. (eigene, gepachtete oder verwaltete Grundstücke) • Beschreibung der wesentlichen Auswirkungen von Aktivitäten, Produkten und Dienstleistungen auf die Biodiversität in Schutzgebieten und in Gebieten mit hohem Biodiversitätswert außerhalb von Schutzgebieten

Abb. 12.4: Kennzahlen (Beispiele) zur Messung von Nachhaltigkeit

Die Erhebung der Kennzahlen geschieht teilweise im Rahmen von Ökobilanzen, bei denen die Umweltwirkungen eines Produktes während seines Lebensweges erfasst werden. Viele Unternehmen erfassen ökologische und soziale Daten auch im Zuge eines Nachhaltigkeitsreportings, das aus den in den 1990er-Jahren aufgekommenen Umweltberichten hervorgegangen ist. Bereits 1994 führte das Institut für ökologische Wirtschaftsforschung (IÖW) zusammen mit der Unternehmerinitiative future e. V. erstmals ein Ranking von Umweltberichten durch, das sich inzwischen auf die Nachhaltigkeitsberichterstattung bezieht. Neben der Rangliste deutscher Großunternehmen erstellte das IÖW 2009 erstmals auch ein eigenständiges Ranking von Umwelt- und Nachhaltigkeitsberichten kleiner und mittelständischer Unternehmen (KMU).[205] Die Anforderungen an den Bericht umfassen ökonomische und managementbezogene Aspekte ebenso wie soziale und ökologische Aspekte der Produktion, der Produkte und Dienstleistungen sowie der Lieferkettenbeziehungen. Die bei diesem Ranking angelegten Kriterien können ebenso wie die Berichte selbst eine erste Orientierung für Unternehmen bieten, die im Bereich Nachhaltigkeit ein systematisches Reporting aufbauen möchten.

Die vom IÖW zugrunde gelegten Kriterien sind unterschiedlich gewichtet, wie die folgende Wiedergabe des Kriterienkatalogs zeigt:[206]

Ranking Kriterien (KMU) und ihre Gewichtung	Max. Bewertung	Gewichtung	Max. Punkte
A.) Materielle Anforderungen an die Berichterstattung			
A.1 Unternehmensprofil	5	5	25
A.2 Vision, Strategie und Management	5	20	100
A. 3 Ziele und Programm	5	15	75

---

205 *Institut für ökologische Wirtschaftsforschung und future e. V.* (Hrsg.): Anforderungen an die Nachhaltigkeitsberichterstattung von KMU. Kriterien und Bewertungsmethode im IÖW/future-Ranking, 2009 (zum Download unter *www.kmu.ranking-nachhaltigkeitsberichte.de*).
206 *Institut für ökologische Wirtschaftsforschung und future e. V.* 2009, S. 5.

Ranking Kriterien (KMU) und ihre Gewichtung	Max. Bewertung	Gewichtung	Max. Punkte
A. 4 Interessen der MitarbeiterInnen	5	15	75
A. 5 Ökologische Aspekte der Produktion	5	15	75
A. 6 Produktverantwortung	5	20	100
A. 7 Verantwortung in der Lieferkette	5	10	50
A. 8 Gesellschaftliche Verantwortung	5	10	50
B.) Allgemeine Berichtsqualität			
B. 1 Wesentlichkeit	5	10	50
B. 2 Offenheit	5	10	50
B. 3 Aussagekraft und Vergleichbarkeit	5	5	25
B. 4 Kommunikative Qualität	5	5	25

Abb. 12.5: Nachhaltigkeitsreporting: Kriterienkatalog des IÖW

Das Versandhaus memo AG wurde Sieger des Rankings 2009. Die Entscheidung der Jury begründet Udo Westermann, Geschäftsführer von future e. V., folgendermaßen: »Das Berichtskonzept der memo AG hat sich in seiner nunmehr vierten und ausgereiften Umsetzung seine Authentizität und Glaubwürdigkeit bewahrt. Dies gelingt auch durch offene Hinweise auf Punkte, die sich nicht so gut entwickeln und der Bericht erklärt die Gründe dafür. Unterm Strich gelingt es memo dadurch besonders gut zu zeigen, wo es auf dem Weg zum Ziel des nachhaltigen Wirtschaftens steht, welche Hürden es bereits genommen hat und welche es sich noch vornimmt. Weitere Stärken zeigt der Bericht in den Bereichen Produktverantwortung, Klimaschutz und gesellschaftliche Verantwortung, über die aussagekräftig berichtet wird.«[207]

Bezogen auf die Investitionen im Unternehmen wird dies an verschiedenen Stellen deutlich von denen einige wenige exemplarisch hervorgehoben werden:

Im Nachhaltigkeitsbericht wird zum Beispiel als Ziel die *Klimaneutralisierung* genannt. Die Maßnahme lautet: »Emissionsausgleich durch Investitionen in anerkannte ökologisch sinnvolle Klimaschutzprojekte.«[208] Als Termin ist »ab dem Jahr 2007« genannt und das Ziel wird als »erreicht« beurteilt. Hinzugefügt ist die Information: »Seit 2007 berechnen und kompensieren wir die nicht vermeidbaren Treibhausgas-Emissionen. Die Maßnahme wird kontinuierlich fortgesetzt.«[209] An einer anderen Stelle im Bericht sind die Maßnahmen dann im Einzelnen aufgezählt, von denen hier drei genannt seien:
- der Einsatz des Mehrwegsystems »memo Box«,
- die Verwendung von energiesparender Beleuchtungssysteme im ganzen Gebäude und
- der Einsatz energiesparender Bürogeräte und technischer Anlagen.[210]

---

207 Internet Seite der memo AG: http://memo.de/info?file=/aktuelles/Details/KMU.html (31.10.2010)
208 memo AG 2009, Nachhaltigkeitsbericht, S. 41.
209 ebenda
210 ebenda, S. 36.

Auch im Bericht der Neumarkter Lammsbräu, auf Platz zwei des Rankings, wird nachhaltiges Wirtschaften durch jährliche Ziele vorgegeben, die in umweltrelevante, soziale, wirtschaftliche und kulturelle Ziele unterteilt sind. Anhand einer Input-Output-Bilanz kann die Brauerei den Umgang mit Material, Energie, Wasser und Emissionen auch quantitativ bewerten.

Dies wird an folgendem Beispiel deutlich: Als ein Ziel für 2008/2009 wird die »Senkung des spezifischen Wasserverbrauches in der Brauerei auf 5,2 hl/hl Verkaufsgetränk« genannt. Die Umsetzung soll durch Umbau der Filtrationsanlage und die Optimierung der Frischwasserspritzung in der Abfüllanlage erfolgen. Diese Maßnahmen konnten 2009 nicht wie geplant umgesetzt werden, sondern im ersten Halbjahr 2010. Weiter heißt es in dem Bericht: »2009 wurde in der gesamten Brauerei mehr Wasser verbraucht (signifikanter Anstieg abgefüllter 0,33 Liter Flaschen), sodass das gesteckte Ziel deutlich verfehlt wurde (spezifischer Wasserverbrauch Brauerei: 5,67 hl/hl Verkaufsgetränk).«[211]

An anderen Stellen im Bericht wird begründet, wie das Unternehmen die Bedeutung von Wasser als gesellschaftliche Verantwortung sieht und welche Entwicklungen hier zu verzeichnen sind.[212] Auf Seite 26 sind die Input-Mengen im Zeitablauf angegeben, wobei der Trinkwasserbedarf von 15.952 cbm im Jahr 2004 bis auf 20.633 cbm im Jahr 2009 angestiegen ist.

An diesem Beispiel kann gezeigt werden, wie das Unternehmen seine Vision von gesellschaftlicher Verantwortung wahrnimmt, nämlich indem es transparent über wesentliche Input- und Output-Daten berichtet sowie konkrete Maßnahmen und Investitionen benennt. Die Controlling-Daten werden umfassend aufbereitet und selbstkritisch an den Zielen gemessen. Dies alles geschieht mit hoher Transparenz nach innen und außen und kann deshalb als mutiger und konstruktiver Ansatz verstanden werden, Investitionen nachhaltig umzusetzen.

12.4.3 Standard für das Nachhaltigkeitsreporting

Als internationaler Standard für das Nachhaltigkeitsreporting scheint sich ein Indikatorenset der Global Reporting Initiative (GRI) herauszubilden, das immer mehr Unternehmen zur Grundlage für die Messung und Berichterstattung der Nachhaltigkeitsleistung nehmen. »Die Qualität der Nachhaltigkeitsberichterstattung von Unternehmen hat sich tendenziell verbessert«, urteilt die Ratingagentur oekom research AG[213]. »Ausschlaggebend hierfür ist unter anderem die steigende Zahl der Unternehmen, die sich an den Vorgaben der Global Reporting Initiative (GRI) orientieren.« Nach Feststellung der Agentur steigt die Zahl der kleinen und mittleren Unternehmen, deren Berichte vom GRI-Sekretariat überprüft und mit dem Vermerk »GRI checked« ausgezeichnet sind. Dies belege, »dass eine qualitativ hochwertige Nachhaltigkeitsberichterstattung auch bei Unternehmen mit geringerer Finanz- und Personalstärke möglich ist«. Derzeit sind in Deutschland nur große Kapitalgesellschaften gesetzlich verpflichtet, in ihrem jährlichen Lagebericht über so genannte »nicht-finanzielle Aspekte« zu berichten, die für den Geschäftsverlauf relevant sind.

---

211 Neumarkter Lammsbräu 2009, Nachhaltigkeitsbericht, S. 49.
212 ebenda, S. 22.
213 *oekom research AG* 2010, S. 4.

Die GRI mit Sitz in Amsterdam lässt sich von der Vision leiten, »dass die Berichterstattung über ökonomische, ökologische und soziale Leistung für alle Organisationen selbstverständlich und mit dem Jahresabschluss vergleichbar wird«.[214] Hierzu möchte die Initiative einen glaubwürdigen und zuverlässigen Rahmen zur Verfügung stellen, der unabhängig von Größe, Branche oder Standort genutzt werden kann. Hieraus entstanden ist ein Nachhaltigkeitsberichtsrahmen, der global entwickelt wurde und auf dem Konsens zahlreicher Stakeholder basiert. Zu ihnen zählen Firmen, Investoren, Arbeitgeber- oder Arbeitnehmervertretungen ebenso wie staatliche Organisationen sowie Menschenrechts- und Umweltorganisationen.

Der GRI-Berichtsrahmen besteht aus den Elementen *Strategie, Managementansatz* und *Leistungsindikatoren*. Letztere sind in die Kategorien Ökonomie, Ökologie und Gesellschaft/Soziales aufgeteilt: Die *ökonomischen* Leistungsindikatoren betreffen die wirtschaftliche Leistung, Marktpräsenz sowie mittelbare wirtschaftliche Auswirkungen. Die *ökologischen* Leistungsindikatoren nehmen Bezug auf Aspekte wie Materialien, Energie, Wasser, Biodiversität, Emissionen, Produkte, Einhaltung von Rechtsvorschriften und Transport. Die *gesellschaftlichen* Leistungsindikatoren benennen wesentliche Leistungsaspekte zu Arbeitspraktiken, Menschenrechten, Gesellschaft und Produktverantwortung. Im Zuge der Nachverfolgung der Ziele empfiehlt der Leitfaden korrigierende oder präventive Maßnahmen, die auch die Lieferkette einbeziehen.

Ein Beispiel ist der Nachhaltigkeitsbericht der Hirsch Servo AG. Gemäß dem GRI-Rahmen sind darin ökonomische, ökologische und soziale Aspekte beschrieben. Dies geschieht vor allem anhand der folgenden Kennzahlen (Abb. 12.6).

Kennzahlen im Nachhaltigkeitsbericht der Hirsch Servo AG	
Ökonomische Kennzahlen	Nettoumsatz
	Geographische Aufteilung von Märkten (Umsatz nach Regionen in Millionen €)
	Summe Lohnzahlungen
	Auszahlungen an Kapitalgeber
	Gezahlte Steuern nach Ländern
	Erhaltene Subventionen nach Ländern
Ökologische Kennzahlen	Materialverbrauch (z.B. Rohstoffeinsatz in Millionen Kilogramm)
	Direkter Energieverbrauch (z.B. Heizöl in Millionen Liter)
	Gesamter Wasserverbrauch
	Emissionen klimarelevanter Gase (z.B. Pentan-Verbrauch in Tonnen pro Jahr)
	Gesamtabfallmenge
	Gesamtmenge wieder- und weiterverwendeten Wassers
	Signifikante Umweltbelastungen durch die für logistische Zwecke verwendeten Transportmittel (z.B. LKW in Millionen Kilometer, Seefracht in Tonnen)

---

214 *Global Reporting Initiative* (www.globalreporting.org), Leitfaden zur Nachhaltigkeitsberichterstattung 2006, S. 2.

Kennzahlen im Nachhaltigkeitsbericht der Hirsch Servo AG	
Soziale Kennzahlen	Belegschaftsstruktur (z.B. Betriebszugehörigkeit, Qualifikationsstruktur, Altersstruktur)
	Netto-Neubeschäftigung und Fluktuationsrate
	Kennzahlen zu Krankenstandstagen, Arbeitsunfällen
	Anzahl an Seminartagen, Weiterbildungskosten

Abb. 12.6: Kennzahlen zur Steuerung der Nachhaltigkeit am Beispiel der Hirsch Servo AG (Quelle: Nachhaltigkeitsbericht 2006)

Die systematische Erhebung solcher Nachhaltigkeitskennzahlen ist die Voraussetzung, um nun die Nachhaltigkeit von Investitionsmaßnahmen zu messen und zu steuern. Darüber hinaus müssen diese Informationen jedoch, wie bereits ausgeführt, in das Unternehmens- und Investitionscontrolling eingebunden werden.

12.5 Zusammenfassung

Unternehmerische Nachhaltigkeit beruht auf einem Drei-Säulen-Modell, das ökonomische, ökologische und soziale Ziele miteinander verbindet. Der Gedanke der Nachhaltigkeit findet zunehmend Eingang in die Unternehmensstrategie – und wirkt sich damit auch auf die Investitionsziele und das Investitionsprogramm aus.

Für Investitionen in Nachhaltigkeit lassen sich zwei Grundmotive unterscheiden: zum einen die langfristige Zukunftssicherung des Unternehmens, zum anderen kurzfristige Aspekte wie Kosteneffekte, Kundenanforderungen oder die Erfüllung gesetzlicher Auflagen. Die kurzfristigen und reaktiven Maßnahmen dominieren zwar, doch gewinnt der Gedanke der langfristigen Zukunftsfähigkeit an Gewicht. Ein Grund liegt auch in den Anforderungen von Investoren und Kapitalgebern, die Nachhaltigkeit zunehmend als wichtigen Bestimmungsfaktor für den Unternehmenswert ansehen.

Für die Integration von Nachhaltigkeit in das Investitionsmanagement können wir auf die im ersten Teil dieses Buches (Kapitel 1 und 2) vorgestellte Vorgehensweise zurückgreifen: Das Unternehmen nimmt Nachhaltigkeit in seine Zielsetzung und sein Leitbild auf. Hiervon abgeleitet ergeben sich die Investitionsziele und schließlich die konkreten Projekte, die ins Investitionsprogramm aufgenommen werden.

Eine effektive Kontrolle und Steuerung von Nachhaltigkeitsinvestitionen ist nur möglich, wenn aussagefähige Kennzahlen existieren und auch Eingang in das Controlling finden. In der Praxis sind die meisten Unternehmen davon jedoch noch weit entfernt: Ein zunehmend akzeptierter internationaler Standard für das Nachhaltigkeitsreporting ist der Berichtsrahmen der Global Reporting Initiative (GRI), den immer mehr Unternehmen für die Messung und Berichterstattung ihrer Nachhaltigkeitsleistung heranziehen.

13 Investieren in intellektuelles Kapital

Neben den materiellen Faktoren wie Maschinen und Anlagen ist auch das im Unternehmen verfügbare Wissen ein entscheidender Erfolgsfaktor. Vor diesem Hintergrund haben viele Betriebe während der zurückliegenden Konjunkturkrise ihre Fachkräfte nicht entlassen, sondern trotz fehlender Aufträge über Monate hinweg »durchfinanziert« – eine Investition, die sich dann im folgenden Aufschwung bezahlt machte. Deutlich wird hier der hohe Stellenwert, den diese Unternehmen einem »weichen« Faktor wie der Fachkompetenz der Mitarbeiter zumessen.

Investitionen in immaterielle Erfolgsfaktoren, das »intellektuelle Kapital«, stellen einen Unternehmer jedoch vor ein schwieriges Problem: Wo genau in diesem schwer fassbaren Bereich besteht tatsächlich Investitionsbedarf? Auf welche Maßnahmen sollte er seine Mittel konzentrieren, um mit Blick auf die Unternehmensziele die größte Wirkung zu erreichen? Die meisten Unternehmer tun sich hier schwer, weil die verfügbaren Kennzahlen diesen Bereich nicht abdecken. Es fehlen die notwendigen Informationen, um gezielt in das intellektuelle Kapital zu investieren.

Als Antwort auf dieses Problem hat seit 2004 ein Arbeitskreis am Fraunhofer-Institut für Produktionsanlagen und Konstruktionstechnik (IPK) in Berlin mit Unterstützung des Bundesministeriums für Wirtschaft und Technologie das Modell einer *Wissensbilanz* entwickelt.[215] Die Methodik findet in der betrieblichen Praxis zunehmend Anerkennung. Rund 150 Unternehmen setzten die Wissensbilanz bis Mitte 2010 ein, der dazugehörige Leitfaden wurde bis dahin rund 40.000 Mal abgerufen. Die Besonderheit der Wissensbilanz liegt darin, dass sie die immateriellen Vermögenswerte eines Unternehmens greifbar macht. So wird es möglich, auch die weichen Erfolgsfaktoren wie das Fachwissen der Mitarbeiter, schlanke Prozesse oder gute Kundenbeziehungen zu messen, zu steuern – und gegebenenfalls gezielt durch Investitionsmaßnahmen zu stärken.

Die Wissensbilanz lässt sich damit als ergänzendes Instrument nutzen, um den Investitionsbedarf des Unternehmens zu erkennen und die richtigen Investitionen ins Investitionsprogramm aufzunehmen. Ihr Nutzen für den Investor liegt also am Anfang des Investitionsprozesses, wenn das Unternehmen seine Investitionsziele festlegt und die Investitionsalternativen bewertet (s. Kapitel 1 und 2). Die Wissensbilanz gibt einem Unternehmer zusätzliche Sicherheit, die richtigen Investitionsentscheidungen zu treffen. Das gilt vor allem für wissensintensive Unternehmen oder Unternehmen mit hoher Wertschöpfung, deren Erfolg stark vom eigenen Know-how abhängt.

In diesem Kapitel lernen wir aus dem Blickwinkel des Investors das Instrument der Wissensbilanz kennen (Abschnitt 13.1) und befassen uns dann mit dessen Einsatz in der unternehmerischen Praxis (Abschnitt 13.2).

---

215 Siehe auch *www.akwissensbilanz.org*.

13.1 Die Wissensbilanz – ein Instrument für den Investor

Eine Wissensbilanz erfasst und bewertet immaterielle Vermögenswerte, zu denen zum Beispiel der Erfahrungsschatz der Mitarbeiter, effiziente Organisations- und Prozessabläufe oder gute Beziehungen zu Geschäftspartnern zählen. »Eine Wissensbilanz ist ein Instrument zur gezielten Darstellung und Entwicklung des intellektuellen Kapitals einer Organisation. Sie zeigt die Zusammenhänge zwischen den organisationalen Zielen, den Geschäftsprozessen, dem intellektuellen Kapital und dem Geschäftserfolg einer Organisation auf und beschreibt diese Elemente mittels Indikatoren.«[216]

Die Indikatoren werden für jedes Unternehmen individuell festgelegt. Zur besseren Übersicht wird das Unternehmen in Geschäftsprozesse strukturiert. Definiert ein Handelsunternehmen zum Beispiel »Akquisition« als einen Geschäftsprozess, so kann dieser anhand der Indikatoren »Anzahl Neukunden« und »Akquisitionseffizienz« (Verhältnis der Außendienstbesuche bei Kunden zu konkreten Aufträgen) gemessen werden. Das Humankapital hat zum Beispiel als einen Einflussfaktor die Fachkompetenz. Diese kann anhand der Indikatoren »Anzahl der Mitarbeiter mit Hochschul- oder Berufsabschluss« und »Anzahl der Weiterbildungstage pro Mitarbeiter« gemessen werden.

Die eindeutige Beziehung von Indikatoren zu Geschäftsprozessen, dem Human-, Struktur-, oder Beziehungskapital ist wichtig, um im Zeitablauf Veränderungen festzustellen. Somit kann der Beitrag zu den Unternehmenszielen dokumentiert werden, denn die Wissensbilanz ist keine Bilanz im finanziellen Sinne.

13.1.1 Das Wissensbilanzmodell

Die Methodik der Wissensbilanz unterteilt das intellektuelle Kapital in drei Teilbereiche, die in enger Beziehung zueinander stehen:
- Das *Humankapital* umfasst die Kompetenz und Einstellung der Mitarbeiter. Hierzu zählen zum Beispiel Fachkompetenz, Führungskompetenz, soziale Kompetenz und Motivation. Das Humankapital ist im Besitz der Mitarbeiter, die ihr Wissen mit nach Hause oder auch zum nächsten Arbeitgeber mitnehmen.
- Das *Strukturkapital* umfasst alle Strukturen und Prozesse, welche die Mitarbeiter benötigen, um in ihrer Gesamtheit produktiv und innovativ zu sein. Hierzu zählen Faktoren wie Unternehmenskultur, Organisation und Kommunikation – Strukturen also, die bestehen bleiben, wenn die Mitarbeiter das Unternehmen verlassen.
- Das *Beziehungskapital* umfasst alle geschäftsrelevanten Beziehungen zu externen Partnern. Hierzu zählen zum Beispiel die Beziehungen zu Kunden, Lieferanten und Kapitalgebern.

Den methodischen Rahmen der Wissensbilanzierung zeigt das folgende Schema (Abb. 13.1). Das intellektuelle Kapital, gegliedert in Human-, Struktur- und Beziehungskapital, wird als Ressource betrachtet, die in den Wertschöpfungsprozess einfließt; sie nimmt Einfluss auf die Geschäftsprozesse und bestimmt deren Qualität und schließlich

---

216 *Bornemann/Reinhardt* 2008, S. 2.

den Geschäftserfolg. Gemessen wird der Geschäftserfolg an der Vision und Strategie des Unternehmens.

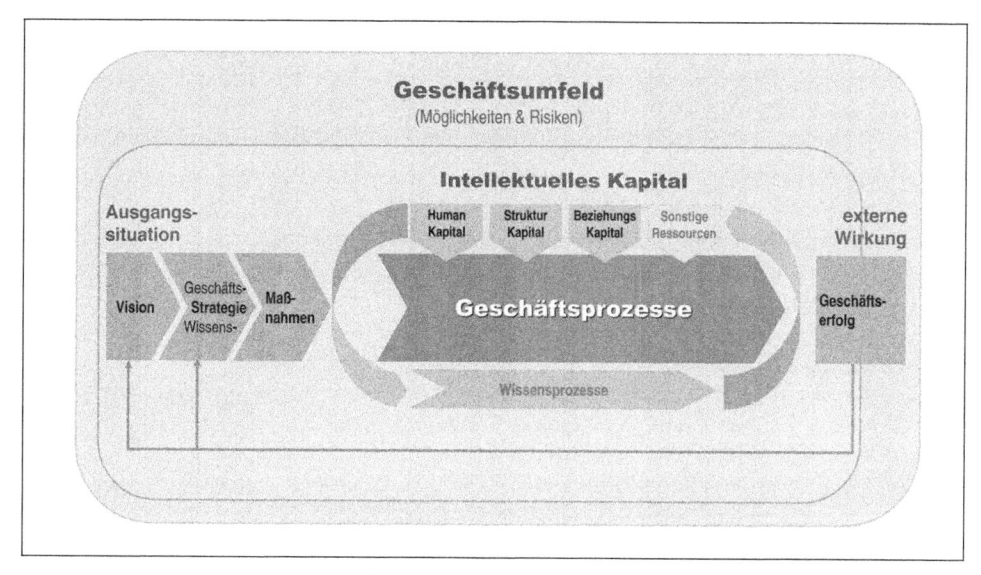

Abb. 13.1: Das Wissensbilanzmodell[217]: Das intellektuelle Kapital geht in die Geschäftsprozesse ein.

Die Wissensbilanz analysiert die Zusammenhänge zwischen Human-, Struktur- und Beziehungskapital untereinander sowie deren Auswirkungen auf die Geschäftsprozesse und den Geschäftserfolg. Um es an einem einfachen Beispiel zu verdeutlichen: Ein Unternehmer könnte fragen, welche Auswirkungen es hat, wenn der Vertriebsmitarbeiter X das Unternehmen verlässt. Welches Beziehungskapital ginge damit verloren und welche Folgen hätte das für den Geschäftserfolg? Wie könnte das Unternehmen dieses Beziehungskapital sichern? Solche Überlegungen münden dann in konkrete Maßnahmen. Das kann die Investition in eine Software sein, die den Vertriebsmitarbeitern vorgibt, standardisierte Besuchsberichte zu verfassen. Oder es wird festgelegt, dass bei wichtigen Kunden der Verkaufsleiter regelmäßig mitfährt, um diese Kontakte zu sichern.

Während die Finanzbilanz Daten aus der Vergangenheit aufbereitet, ist die Wissensbilanz stärker zukunftsgerichtet. Zum Beispiel gibt die Finanzbilanz Auskunft darüber, dass das Unternehmen in der Vergangenheit hervorragende Verkaufserfolge verbuchte, sie sagt jedoch nichts über das Beziehungskapital des erfolgreichsten Verkäufers des Hauses aus. Fällt dieser Verkäufer aus und gehen mit ihm wichtige Beziehungen verloren, wird sich der daraus resultierende finanzielle Verlust erst in einer zukünftigen Finanzbilanz niederschlagen. Die Wissensbilanz hingegen weist schon heute auf diesen Punkt hin und kann das Unternehmen dazu veranlassen, das Beziehungskapital des Verkäufers zu sichern.

---

217 *Wissensbilanzmodell* des Arbeitskreises Wissensbilanz am Fraunhofer-Institut, *www.akwissensbilanz.org*.

Investitionen in das intellektuelle Kapital, die aus der Wissensbilanz abgeleitet werden, sichern somit vor allem auch die Zukunftsfähigkeit des Unternehmens. In der Regel zählen sie zu den nachhaltigen Investitionen, wie wir sie in Kapitel 12 kennengelernt haben.

Beim Modell der Wissensbilanz sollten wir zwei Aspekte besonders festhalten:
- Bezugsgröße der Wissensbilanz ist die Strategie des Unternehmens.
- Die Wissensbilanz zielt auf die Maßnahmen mit der größtmöglichen Wirkung auf den Geschäftserfolg ab.

Beide Aspekte sind uns vertraut, gelten sie doch gleichermaßen für jede Investitionsentscheidung. Wie in Kapitel 1 ausgeführt, orientiert sich die Auswahl der Investitionsobjekte an den Unternehmenszielen und – mit Blick auf das begrenzte Budget – an einer möglichst großen Wirkung der eingesetzten Mittel. Somit lässt sich die Wissensbilanz nahtlos als zusätzlicher Baustein in den Investitionsprozess einfügen.

13.1.2 Nutzen der Wissensbilanz aus Sicht des Investors

Aus dem Blickwinkel des investierenden Unternehmers gibt es zwei gute Gründe, sich mit dem Thema Wissensbilanz zu befassen. Zum einen kann sie, wie bereits ausgeführt, das *Investitionsprogramm zusätzlich absichern*. Die Wissensbilanz ist ein strukturierter Ansatz, um genau die Faktoren zu fördern, die in der konkreten Situation den größten Effekt auf den Geschäftserfolg erwarten lassen.

Zum anderen kann die Wissensbilanz dazu beitragen, die *Konditionen bei der Finanzierung* von Investitionen zu verbessern. Gerade für viele Mittelständler stellt das intellektuelle Kapital wie etwa das Fachwissen der Mitarbeiter eine besondere Stärke dar, die jedoch für Außenstehende nicht transparent ist. So kommt es, dass die immateriellen Werte zwar einen großen Teil des Unternehmenswertes ausmachen, sich jedoch im Finanzbericht nicht niederschlagen. Die Wissensbilanz bietet nun die Möglichkeit, auch die immateriellen Werte gegenüber Kapitalgebern auszuweisen und damit die Zukunftsfähigkeit des Unternehmens zu belegen.

Die Wissensbilanz kann bei Finanzinstituten zusammen mit den üblichen Bilanz- und Planungsunterlagen vorgelegt werden. Allerdings bleibt abzuwarten, inwieweit die Wissensbilanz entscheidenden Einfluss auf die Finanzierungs- und Ratingentscheidungen der Kreditinstitute nehmen wird. Zum gegenwärtigen Zeitpunkt lässt sich noch nicht von einer breiten Akzeptanz seitens der Kreditinstitute sprechen. Die Kennzahlen und Wirkungen, die im Rahmen der Wissensbilanz ermittelt werden, sind immer nur für das einzelne Unternehmen relevant und noch nicht für den Vergleich zwischen verschiedenen Unternehmen verwendbar. Ein Test, durchgeführt durch das Fraunhofer Institut, bei dem Kapitalgebern die Unterlagen mit und ohne Wissensbilanz vorgelegt wurde, führte zu folgendem Ergebnis: Lag die Wissensbilanz vor, wiesen die Beurteilungen der Finanzexperten eine kleinere Streuung auf, das heißt, es bestand über die Einschätzung des Unternehmens eine größere Einigkeit. In einem Fall kamen die Fachleute zu fast 90 Prozent zu einer positiven Einstufung, als die Wissensbilanz mit eingereicht wurde. Die Experten, denen die Wissensbilanz nicht zur Verfügung stand, beurteilten das Unternehmen dagegen nur zu knapp 40 Prozent mit dieser positiven Einstufung.[218]

13.2 Wissensbilanz in der Praxis: Die weichen Faktoren managen

13.2.1 Die Wissensbilanz einführen

Der praktische Einstieg in das Thema Wissensbilanz ist schnell und einfach: Der Arbeitskreis Wissensbilanz bietet im Internet (www.wissensbilanz-schnelltest.de) einen Schnelltest, mit dessen Hilfe ein Unternehmer in etwa zehn Minuten herausfinden kann, wie sein Unternehmen in den Bereichen Human-, Struktur- und Beziehungskapital aufgestellt ist. Deutlich mehr Aufwand erfordert dann natürlich die Erstellung der eigentlichen Wissensbilanz. Hierfür sind drei eintägige Workshops zu veranschlagen, bei denen die wesentlichen Aspekte des Human-, Struktur- und Beziehungskapitals erfasst, bewertet und mit Messgrößen hinterlegt werden.[219]

Bevor der *erste Workshop* beginnt, sind drei vorbereitende Schritte notwendig: Beschreibung des Geschäftsmodells, Beschreibung des intellektuellen Kapitals und eine erste Bewertung. Die Beschreibung des Geschäftsmodells erfolgt (wie wir es bereits aus Kapitel 1 kennen) mit der Definition des Bilanzierungsbereiches, der Beschreibung des externen Umfeldes sowie der Formulierung von Vision und Strategie. Anschließend werden die Geschäftsprozesse definiert (z. B. Akquisition oder Produktinnovation) und schließlich die Geschäftserfolge (z. B. Finanzergebnis, Wachstum oder Kundenzufriedenheit) beschrieben. Deutlich ungewohnter sind dann für viele Unternehmen die folgenden Schritte: die Beschreibung des intellektuellen Kapitals und seiner Einflussfaktoren. Für das Humankapital kann z. B. die soziale und fachliche Kompetenz ein solcher Einflussfaktor sein. Nun kann der erste Workshoptag beginnen, bei dem diese Faktoren mit Hilfe einer festgelegten Systematik bewertet werden.

Der erste Workshop ermittelt das spezifische intellektuelle Kapital des Unternehmens, um es qualitativ und quantitativ zu bewerten. Die Teilnehmer, die aus möglichst allen hierarchischen und funktionalen Bereichen kommen sollten, bewerten für die einzelnen Einflussfaktoren den aktuellen Status in Bezug auf die operativen oder strategischen Ziele. Dies geschieht mit den Werten 0 Prozent, 30 Prozent, 60 Prozent, 90 Prozent und 120 Prozent – wobei eine Bewertung mit 120 Prozent wieder negativ zu interpretieren ist, weil der betreffende Faktor übererfüllt, also stärker als notwendig ausgeprägt ist. Ergebnis des Workshops ist ein präzises *Stärken- und Schwächenprofil* des Betriebs.

Der *zweite Workshop* macht die Wechselwirkungen der immateriellen Faktoren sowie ihre Bedeutung für die Organisation und den Geschäftserfolg transparent. Das spannende Ziel liegt darin, jenen Einflussfaktor aufzuspüren, der die größte Wirkung auf den

---

[218] *Alwert et al.* 2010, AK Wissensbilanz Fraunhofer Academy.
[219] Ausführliche Darstellung in: Bundesministerium für Wirtschaft und Technologie (Hrsg.), Wissensbilanz – Made in Germany, Leitfaden 2.0 zur Erstellung einer Wissensbilanz, Berlin 2008 (zum Download: *www.akwissensbilanz.org/methode/leitfaden.htm*).

Geschäftserfolg hat. Oft werden als Ergebnis dieser Analyse sich selbst verstärkende Wechselwirkungen deutlich.

Beim *dritten Workshop* sammeln die Teilnehmer die Ergebnisse, um hieraus die Maßnahmen und Strategien mit der größten Wirkung auf den Geschäftserfolg abzuleiten.

Eine Software[220] hilft beim Erstellen der Wissensbilanz, visualisiert die Ergebnisse und benennt aufgrund der firmenspezifischen Eingaben die anstehenden Verbesserungsmaßnahmen.

13.2.2 Den Investitionsbedarf aus der Wissensbilanz ableiten

Die Wissensbilanz arbeitet im ersten Workshop mit drei Bewertungsdimensionen: Quantität, Qualität und Systematik. Dementsprechend diskutieren und beantworten die Workshopteilnehmer bei der Bewertung der Einflussfaktoren folgende Fragen:
- Ist die *Quantität* des Einflussfaktors ausreichend? Haben wir ausreichend viel davon, um unsere strategischen Ziele zu erreichen?
- Ist die *Qualität* des Einflussfaktors ausreichend? Haben wir die richtige Qualität, um unsere strategischen Ziele zu erreichen?
- Pflegen und entwickeln wir den Einflussfaktor *systematisch* genug, um die Ziele zu erreichen und Verschlechterungen zu vermeiden? Gibt es definierte, regelmäßige Maßnahmen und Routinen, um den Faktor zu überwachen, zu pflegen und zu verbessern?

Die Bewertung erfolgt, wie bereits erwähnt, mit fünf festgelegten Werten. Da die Teilnehmer in den Bewertungsdiskussionen häufig sehr unterschiedliche Positionen einbringen, hängt der Erfolg des Workshops in hohem Maß von einer guten Moderation ab. Meist setzt sich die Gruppe aus acht bis zehn führenden Mitarbeitern zusammen, die ein Thema aus unterschiedlichen Perspektiven bewerten. Am Ende einer kurzen Diskussion muss sich die Gruppe bei jedem Einflussfaktor und jeder Dimension auf einen Wert einigen. Ein kurzes Protokoll der Diskussion hält zu jedem Punkt die wesentlichen Erkenntnisse und Verbesserungsvorschläge fest. Diese Notizen sind später eine wertvolle Grundlage zur Erarbeitung konkreter Maßnahmen.

Ein Beispiel verdeutlicht das Bewertungsverfahren. Es handelt es sich um ein international tätiges Unternehmen im Bereich der Kommunikationselektronik, das sich im Zuge seiner Wissensbilanz mit dem Einflussfaktor »Wissenstransfer zwischen den Abteilungen« befasst.[221] Der Moderator stellt die Ausgangsfrage: »Wie steht es um den Wissenstransfer zwischen den Abteilungen? Was können Sie konkret zur Quantität sagen? Wird nach Ihrer Einschätzung genug Wissen transferiert, um die strategischen Ziele zu erreichen?« In der Diskussion wird deutlich, dass wichtige Informationen aus der Abteilungsleiterrunde nicht immer bei den Mitarbeitern ankommen. Auch Kundenreklamationen gelangen hin und wieder nicht bis in die Qualitäts- und Fertigungsplanung, um notwendige Verbesserungen vornehmen zu können. Nach kurzer, aber intensiver Diskussion einigen sich die Teilnehmer auf einen mittleren Wert von 50 Prozent.

---

220 Die Software »Wissensbilanz Toolbox« lässt sich auf *www.akwissensbilanz.org* kostenlos abrufen.
221 *Bornemann/Reinhardt* 2008, S. 112 ff.

Mit Blick auf das Kriterium Qualität stellt der Moderator nun die Frage: »Was können Sie konkret zur Qualität sagen? Ist die Qualität des Wissenstransfers ausreichend, um die strategischen Ziele zu erreichen?« In der Diskussion stellen sich zwar einige Defizite heraus, beispielsweise wird ein mangelndes Feedback beklagt. Meist funktioniert die Wissensweitergabe jedoch zufriedenstellend. Die übermittelten Informationen sind sachlich, klar und ausreichend, um ihren Zweck zu erfüllen. Die Gruppe stimmt ab und einigt sich auf 75 Prozent.

Schließlich fragt der Moderator nach dem dritten Kriterium: »Was können Sie konkret zur Systematik sagen? Transferieren Sie das Wissen systematisch genug, um die strategischen Ziele zu erreichen?« In der Diskussion wird bemängelt, dass es im Unternehmen für die organisatorischen Abläufe kein Qualitätsmanagement-System gibt. Deshalb ist auch der Wissenstransferprozess nicht systematisch geregelt, so dass weder klare Zielvorgaben existieren noch ein kontinuierlicher Verbesserungsprozess stattfinden kann. Es gibt keine Systematik, die darüber Auskunft gibt, wer im Unternehmen wann welches Wissen benötigt, ebenso wenig ist klar, bei welchen Informationen eine Hol- oder eine Bringschuld besteht. Die Gruppe einigt sich auf den recht niedrigen Wert von 40 Prozent.

Besondere Bedeutung bei der Interpretation dieses Ergebnisses kommt dem Faktor »Systematik« zu. Aus einer schwachen Ausprägung dieses Wertes lässt sich schließen, dass sich die Situation auch für die ersten beiden Faktoren »Quantität« und »Qualität« in Zukunft vermutlich verschlechtern wird. Wenn für den Wissenstransfer klare Ziele und festgelegte Abläufe fehlen, besteht die Gefahr, dass die Kommunikation zwischen den Abteilungen bald nur noch ad hoc und nach Gutdünken der Beteiligten stattfindet. Um Quantität und Qualität zu halten oder zu verbessern, sollte das Unternehmen deshalb die Systematik verbessern – zum Beispiel durch die Investition in ein Qualitätsmanagement-System.

Wie das Beispiel zeigt, spiegelt die Systematik das Zukunftspotenzial des Einflussfaktors wider. Darin liegt eine Kernaussage der Wissensbilanz. Ist die Systematik nur gering ausgeprägt, werden sich die beiden anderen Faktoren – Quantität und Qualität – in Zukunft voraussichtlich schlecht entwickeln. Umgekehrt deutet eine gute Systematik darauf hin, dass auch Quantität und Qualität ein hohes Niveau erreichen.

Die Bewertungen lassen sich grafisch zum Beispiel in Form eines Balkendiagramms darstellen. Es lässt auf einen Blick erkennen, ob bei einem Einflussfaktor Handlungsbedarf besteht. Die folgende Abbildung (Abb. 13.2) zeigt links die Ergebnisse des geschilderten Beispiels, rechts die Ergebnisse eines anderen Beispiels jeweils als Diagramm mit den Balken Qualität, Quantität und Systematik. Im ersten Beispiel ergibt die Bewertung der drei Kriterien eine »negative Treppe«, im zweiten eine »positive Treppe«.

Eine negative Treppe ergibt sich, wenn die Balken nach unten kürzer werden. Im Falle von Beispiel 1 sind Qualität und Quantität recht gut ausgeprägt, die Systematik lässt dagegen zu wünschen übrig. In diesem Fall lautet die Prognose, dass sich der Einflussfaktor »Wissenstransfer zwischen den Abteilungen« vermutlich nicht verbessern, sondern im Gegenteil im Laufe der Zeit verschlechtern wird. Hier sollte das Unternehmen gegensteuern und durch entsprechende Investitionen die Systematik verbessern. Bei einer positiven Treppe hat dagegen die Systematik einen vergleichsweise sehr hohen Wert, während Qualität und Quantität etwas schwächer ausgeprägt sind. Hieraus lässt sich ablesen, dass zwar die gegenwärtige Situation noch nicht den strategischen Anforderungen entspricht, die Pflege und Entwicklung dieses Einflussfaktors aber bereits sehr systematisch und planvoll betrieben wird. Der Faktor wird sich daher vermutlich positiv entwickeln – auch ohne weitere Maßnahmen.

Bewertung des intellektuellen Kapitals

Ergebnisse Beispiel 1:
Bewertung des Einflussfaktors
»Wissenstransfer zwischen den Abteilungen«

Qualität	75 %
Quantität	50 %
Systematik	40 %

Ergebnisse Beispiel 2:
Bewertung des Einflussfaktors
»Kundenbeziehungen«

Qualität	50 %
Quantität	50 %
Systematik	80 %

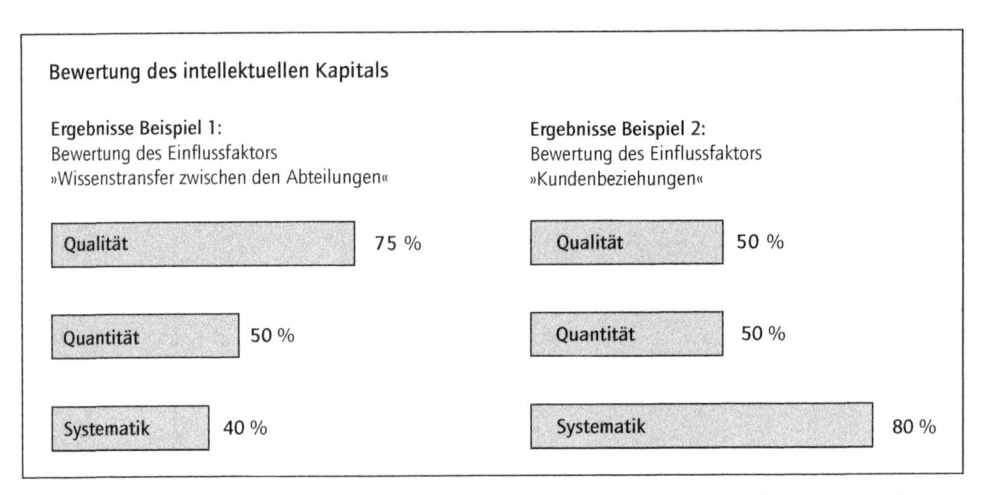

Abb. 13.2: Darstellung des intellektuellen Kapitals als Balkendiagramms: Die »negative Treppe« (links, Beispiel 1) weist auf einen Investitionsbedarf hin.

Eine wesentliche Aufgabe des ersten Workshops liegt darin, die Indikatoren zur Beschreibung der wichtigsten Einflussfaktoren zu finden. Hierbei handelt es sich um absolute oder relative Kennzahlen, wie z. B. die Anzahl der Neukunden als Maßstab für die Akquisition oder die Anzahl der Mitarbeiter mit Facharbeiterbrief als Maßstab für die fachliche Kompetenz der Mitarbeiter. Werden diese Indikatoren im Zeitablauf gemessen, lässt sich erkennen, ob Investitions- und andere Maßnahmen Verbesserungen bringen. Da jedes Unternehmen einizgartig ist, sind auch die Indikatoren sehr unterschiedlich. Einmal festgelegte Indikatoren sollte das Unternehmen jedoch beibehalten und immer auf die gleiche Weise messen, damit eine Vergleichbarkeit über die Jahre entsteht.

Wie wir gesehen haben gibt die Bewertung der Einflussfaktoren im ersten Workshop bereits gute Hinweise auf möglichen Investitionsbedarf. Der zweite Workshoptag bringt hier zusätzliche Klarheit – denn identifiziert werden jetzt die Faktoren, die den Geschäftserfolg am stärksten beeinflussen. Die Teilnehmer untersuchen hierzu die Wirkungsstärke der einzelnen Faktoren.

Dies erfolgt mittels Paarvergleichen: Wie wirkt sich der eine Einflussfaktor auf den anderen aus? Welche Wirkung hat zum Beispiel der Faktor Produktinnovation auf das Umsatzwachstum? Auch wird umgekehrt gefragt, wie sich Umsatzwachstum auf Produktinnovation auswirkt. Die Teilnehmer bewerten die jeweilige Wirkung mit Punkten, wobei eine sehr starke Wirkung drei Punkte, gar keine Auswirkung null Punkte erhält; zudem wird zwischen lang- und kurzfristigen Wirkungen unterschieden. Wichtig für den Geschäftserfolg sind die Faktoren mit den stärksten Wechselwirkungen.

Bei etwa 20 Einflussfaktoren muss die Gruppe ein erhebliches Stück Arbeit leisten. Lohn der Mühe sind dann aber zusätzliche Erkenntnisse, bei denen mit Blick auf das Thema Investitionsbedarf vor allem zwei Auswertungen interessant sind: das Potenzialportfolio und das Wirkungsnetz.

Das *Potenzialportfolio* (Abb. 13.3) stellt das Entwicklungspotenzial der einzelnen Einflussfaktoren als Portfolio mit vier Quadranten dar. Die horizontale Achse gibt die Bewertung des Einflussfaktors wider; es handelt sich hier um den Mittelwert der Bewertung nach den drei Bewertungsdimensionen Quantität, Qualität und Systematik. Je weiter links ein Einflussfaktor steht, desto schlechter ist seine Bewertung und desto größer ist sein Verbesserungspotenzial. Auf der vertikalen Achse ist das Einflussgewicht des Faktors, also die Wirkungsstärke auf das Gesamtsystem, dargestellt. Je weiter oben ein Einflussfaktor steht, desto größer ist seine Wirkung auf den Geschäftserfolg. Ist ein Faktor oben links positioniert (auf der Abbildung ist das der Einflussfaktor »Führungsprozess«), so deutet dies auf einen konkreten Handlungsbedarf hin. Das Unternehmen sollte in diesem Beispiel also in die Führungskräfteentwicklung investieren. Hier liegt nicht nur das größte Verbesserungspotenzial, Maßnahmen in diesem Bereich lassen auch die stärkste Wirkung auf den Geschäftserfolg erwarten.

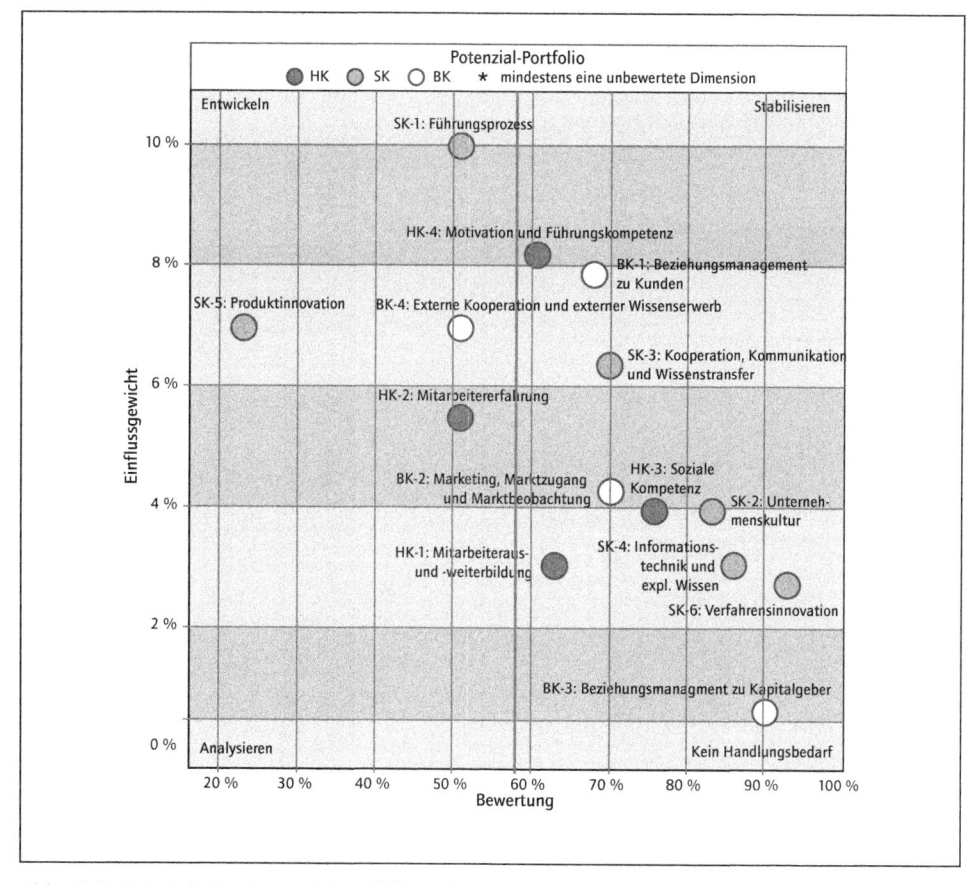

Abb. 13.3: Beispiel eins Potenzialportfolios: Die Positionierung der einzelnen Einflussfaktoren (HK = Humankapital, SK = Strukturkapital, BZ = Beziehungskapital) weist auf ihr Verbesserungspotenzial und ihre Bedeutung auf den Geschäftserfolg hin.

Noch einen Schritt tiefer in die Analyse führt das *Wirkungsnetz*. Ausgangspunkt ist die Wirkungsmatrix, die sich in sehr verkürzter Form wie folgt darstellen lässt (s. Abb. 13.4):

	Ursache	GP-1	GE-1	HK-1	SK-1	Aktiv Summe
GP-1	Produktinnovation		3	1	2	6
GE-1	Umsatzwachstum	0		0	3	3
HK-1	Mitarbeiterfachkompetenz	3	0		0	3
SK-1	Wissenstransfer und -sicherung	0	0	3		3
	Passivsumme	3	3	4	5	

Abb. 13.4: Vereinfachtes Beispiel einer Wirkungsmatrix

Wie aus der Matrix hervorgeht, hat der Geschäftsprozess »Produktinnovation« (GP-1) mit Faktor 3 eine starke Wirkung auf das Umsatzwachstum (Geschäftsergebnis GE-1). Ebenfalls eine starke Wirkung geht vom Umsatzwachstum (GE-1) auf den Faktor Wissenstransfer und -sicherung (SK-1) aus. Indem man die Wirkungen in ihrer Stärke addiert, erhält man eine Aktivsumme für einen Einflussfaktor. Der Faktor mit der höchsten Summe entfaltet auch die höchste Wirkung im Gesamtsystem. Im sehr vereinfachten Beispielfall ist das der Faktor Produktinnovation mit dem Betrag von 6. Werden die starken mit Faktor 3 bewerteten Beziehungen in einer Grafik dargestellt, erhält man folgendes Wirkungsnetz (s. Abb. 13.5):

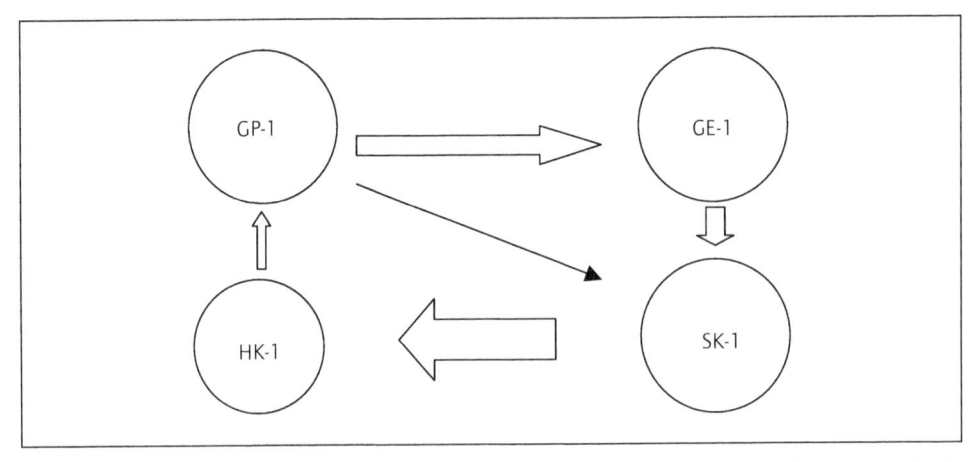

Abb. 13.5: Vereinfachtes Beispiel eines Wirkungsnetzes (abgeleitet aus der Wirkungsmatrix in Abb. 13.4)

Das Wirkungsnetz erlaubt es, die Einzelauswirkungen festzustellen. Die Produktinnovation (GP-1) wirkt sich stark auf das Umsatzwachstum (GE-1) aus, das Umsatzwachstum hat wiederum eine starke Auswirkung auf Wissenstransfer und -sicherung (SK-1), weil z. B. entsprechende Systeme angeschafft werden können. Dieser Faktor wirkt sich wiederum auf dem Wege über die Mitarbeiterfachkompetenz (HK-1) auf die Produktinnovation aus. In diesem Fall kann man diese Wirkungskette als Generator bezeichnen, da sich Kette selbst verstärkt.[222]

13.3 Zusammenfassung

Nicht nur die klassische Betriebsausstattung, sondern auch das intellektuelle Kapital ist für die Zukunft eines Unternehmens bedeutsam. Immaterielle Werte wie zum Beispiel der Wissensschatz der Mitarbeiter, eine schlanke Organisation oder gute Kundenbeziehungen können für ein Unternehmen ein entscheidender Erfolgsfaktor und ein wichtiger Wettbewerbsvorteil sein. Dieses intellektuelle Kapital ist jedoch schwer fassbar. Es ist für einen Unternehmer oft nicht einfach, zu erkennen, welche Investitionen in das intellektuelle Kapital notwendig sind und mit welchen Investitionen er die größte Wirkung erzielt.

Eine Lösung bietet hier die Wissensbilanz an, die ein Arbeitskreis am Fraunhofer-Institut für Produktionsanlagen und Konstruktionstechnik (IPK) in Berlin entwickelt hat und die inzwischen auch in die betriebliche Praxis Eingang fand. Die Wissensbilanz orientiert sich an der Unternehmensstrategie und zielt auf die Maßnahmen mit der größtmöglichen Wirkung auf den Geschäftserfolg ab. Damit lässt sie sich nahtlos als zusätzlicher Baustein in den Investitionsprozess einfügen. Der Unternehmer bekommt ein Instrument an die Hand, um auch die immateriellen Erfolgsfaktoren in seine Investitionsstrategie einzubeziehen.

---

222 Vgl. *Bornemann/Rheinhardt* 2008, S. 177.

14 Schlussakkord: Der Dreiklang des Investitionsmanagements

Jede Investition will wohl überlegt sein – denn nicht selten kann eine fehlgeschlagene Investition die Existenz eines Unternehmens gefährden. Erinnern wir uns an Beispiele, die uns in diesem Buch begegnet sind: Da war der Unternehmer, der mit Blick auf ein neues Geschäftsfeld für zwei Millionen Euro ein modernes CNC-Zentrum anschaffte. Die erwarteten Aufträge blieben aus, gleichzeitig fehlten nunmehr die Mittel für Investitionen in das Kerngeschäft. Oder denken wir an den Hersteller von Scherenblättern, der den Einstieg in die Lasertechnologie verpasste, weil er wie üblich in den Ersatz bestehender Anlagen investierte, anstatt sich mit neuen Marktentwicklungen auseinanderzusetzen.

Die Gründe für Fehlinvestitionen sind vielfältig, im Einzelfall kann ein ganzes Bündel an Ursachen vorliegen. Manche Unternehmen investieren voreilig in ein neues Geschäftsfeld, weil sie dort »die große Chance« sehen. Andere liegen mit ihren Plänen goldrichtig – doch sind ihre Entscheidungswege so lang, dass der Wettbewerb ihnen am Markt zuvorkommt. Wieder andere versäumen es, die Investitionsalternativen sorgfältig durchzurechnen und geraten in kostspielige Abenteuer, bei denen die Bank am Ende den Geldhahn abdreht.

So unterschiedlich diese Gründe sind, lassen sie sich doch auf drei Kernpunkte zurückführen: Der Erfolg ist gefährdet, wenn das Unternehmen strategische Fehler macht, wenn die Investition betriebswirtschaftlich nicht abgesichert ist oder wenn im Unternehmen der notwendige Rückhalt für das Vorhaben fehlt. Gute Investitionen erfordern also dreierlei: Strategie, betriebswirtschaftliches Handeln und Führung.

14.1 Strategie

Um die vorhandenen Mittel wirklich gezielt einsetzen zu können, muss ein Unternehmer sich zunächst über seine Strategie im Klaren sein. Wie jedes strategische Ziel sollte auch ein Investitionsziel aus der Gesamtstrategie des Unternehmens hervorgehen. Bei der Ableitung der Investitionsziele lohnt es sich, den Erfolgsgeheimnissen der »Hidden Champions« nachzuspüren. Ihre Stärke liegt in der Zusammenführung zweier strategischer Ansätze: Auf geschickte Weise kombinieren sie externe Chancen, die ihnen Märkte, Kunden und Wettbewerb bieten, mit ihren internen Ressourcen, also ihren Kernkompetenzen, besonderen Fähigkeiten und Stärken.

Gerade bei strategisch wichtigen Investitionen besteht die Schwierigkeit häufig darin, einen Investitionsbedarf rechtzeitig zu erkennen. Um den Blick für den richtigen Moment zu schärfen, sollte das Unternehmen ein strategisches Radar entwickeln, das frühe Signale für mögliche Gefahren und Chancen empfängt.

Hilfreich kann es auch sein, die Strategiemuster erfolgreicher Unternehmen zu analysieren und auf die Anwendbarkeit im eigenen Unternehmen zu prüfen. So lassen sich Anregungen und Lösungsideen finden, um die eigene Strategie weiterzuentwickeln. Vor allem aber animiert der Blick über die Grenzen des eigenen Unternehmens dazu, nicht nur die notwendigen Ersatzinvestitionen zu tätigen, sondern auch neue Trends aufzuspüren, stärker auf den Kundennutzen zu achten und so ein Gespür für strategisch bedeutsame Investitionen zu entwickeln.

14.2 Betriebswirtschaft

Die betriebswirtschaftliche Überprüfung von Investitionen ist in allen Phasen entscheidend, denn Investitionen haben stets auch finanzwirtschaftliche Ziele: Sie sollen die Rentabilität und die Zahlungsfähigkeit des Unternehmens sichern oder verbessern.

Zu Beginn gilt es zu prüfen, ob sich eine Investition überhaupt rechnet. Hierfür bietet die Betriebswirtschaft verschiedene Investitionsrechenverfahren an, die es ermöglichen, Investitionsalternativen »durchzukalkulieren« und unter betriebswirtschaftlichen Gesichtspunkten zu bewerten. Erst damit ist es möglich, ein Investitionsprogramm zusammenzustellen, das unter Berücksichtigung der vorhandenen Mittel die Vorhaben enthält, die den größten Beitrag zu den Unternehmenszielen leisten.

Weitere betriebswirtschaftliche Aspekte erwarten den Unternehmer bei der Investitionsfinanzierung. Hier kommt es darauf an, das »magische Dreieck« aus Liquidität, Rentabilität und Risiko im Blick zu behalten. Häufig laufen diese Ziele einander zuwider. So kann eine teure Finanzierung eine Investition unwirtschaftlich machen oder die Absicherung von Risiken nur unter hohen Kosten möglich sein.

Um Investitionen möglichst kostengünstig und sicher zu finanzieren, benötigt der Unternehmer eine zuverlässige Bewertung der Finanzierungsrisiken und Kosten. Dann muss er eine Finanzstruktur festlegen, die ihm eine ausreichende Aufnahme finanzieller Mittel zu günstigen Konditionen ermöglicht. Entscheidungsgrundlage für die Bank oder andere Financiers sind dann letztlich die harten Fakten, die sich in der Bilanz widerspiegeln.

Auch bei der Frage nach dem optimalen Ersatzzeitpunkt einer Investition helfen betriebswirtschaftliche Rechenverfahren. So kann der Investor mit Hilfe der Grenzwertmethode den Ersatzzeitpunkt bestimmen, bei dem der maximale Kapitalwert erzielt wird.

Das Investitionscontrolling bildet die zentrale Klammer, die den Investitionsprozess von Anfang bis Ende zusammenhält. Nur wenn der Investor Abweichungen von der Planung rechtzeitig erkennt und konsequent gegensteuert, wird er seine Ziele erreichen.

14.3 Führung

Eine Investition kann noch so gut auf Fakten gestützt und betriebswirtschaftlich durchdacht sein – wenn die Mitarbeiter sie nicht annehmen, droht sie zu scheitern. Drittes Kernelement des Investitionsmanagements ist daher die Führung. Nur wenn die beteiligten Führungskräfte und Mitarbeiter das Investitionsvorhaben verstanden haben und hinter ihm stehen, werden sie es ernst nehmen und unterstützen. Erst dann sind sie bereit, neben ihrem Alltagsgeschäft ausreichend Zeit und Energie auf die Umsetzung des Investitionsvorhabens zu verwenden.

Der Unternehmer sollte daher frühzeitig die Bedeutung des Projekts kommunizieren und die wesentlichen Know-how-Träger in das Investitionsvorhaben einbinden. So macht er die Betroffenen zu Beteiligten und erreicht bereits in der Anfangsphase der Investition, dass seine Mannschaft hinter der Investition steht.

Idealerweise gelingt es mit der Zeit, eine Unternehmenskultur zu schaffen, in der die Mitarbeiter für Veränderungen aufgeschlossen sind. Dann stehen die Chancen gut, auch große Investitionsvorhaben zügig umzusetzen und dadurch einen dauerhaften Wettbewerbsvorteil zu erlangen.

Fassen wir zusammen: Ein erfolgreicher Investor versteht sich darauf, den Akkord aus Strategie, Betriebswirtschaft und Führung zu spielen.

Anhang – Werkzeuge für das Investitionsmanagement

Vorlagen für alle Werkzeuge aus dem Anhang können als Excel-Dokumente unter www.schaeffer-poeschel.de/webcode aus dem Internet heruntergeladen werden. Ihren persönlichen Zugangscode finden Sie ganz vorne im Buch.

1. Checklistenverfahren

Art:	Qualitatives Auswahlverfahren
Ziel:	Die **Checkliste** dient zur Problemstrukturierung und Entscheidungsunterstützung. Das Ziel des Verfahrens ist alle zu einem Problem oder einer Investition relevanten Merkmale aufzulisten.
Vorgehen:	Im **ersten Schritt** wird ein **Anforderungskatalog erstellt**, in etwa vergleichbar mit einem Lastenheft. Das heißt, es werden alle Merkmale zusammengetragen, die für diese Investition relevant sind. In dieser ersten Phase kann der Investor auf **veröffentlichte Checklisten** zurückgreifen. Diese können jedoch nicht auf seine spezifische Situation zugeschnitten sein, sodass sie individuell ergänzt und angepasst werden sollten. Wichtig ist, dass die angeführten Merkmale auch eine entsprechende Bedeutung für die Investition haben. In einer **zweiten Phase** wird die Liste nach allen aufgeführten Dimensionen untersucht und geprüft, ob **die Merkmale erfüllt sind oder nicht**. Die Merkmale können durch die geprüften Investitionsalternativen vollständig, teilerfüllt oder gar nicht erfüllt sein. Auf diese Art und Weise können Investitionen, die sich gar nicht eignen, durch definierte **K.-o.-Kriterien** rasch aussortiert werden.
Vorteil:	Geschlossene, systematische Analyse über sämtliche Kriterienausprägungen einer Investition wird ermöglicht.
Nachteil:	Keine endgültige Entscheidungsvorlage für die Investition.
Praktische Relevanz:	Hoch, da relativ einfach einsetzbar.
Beispielhafte Anwendung:	Standortanalyse im Einzelhandel Technische Checklisten Checklisten zur Erfüllung gesetzlicher Auflagen
Besonders zu beachten:	Die Checkliste sollte die Kriterien möglichst **vollständig** und **überschneidungsfrei** auflisten. Die Vollständigkeit gewährt eine umfassende Beurteilung des Investitionsproblems. Checklisten, die über einen längeren Zeitraum hinweg eingesetzt werden, können so aufgrund gewonnener Erfahrungen immer weiter ergänzt und verbessert werden. Eine Überscheidungsfreiheit ist anzustreben, um eine doppelte Abprüfung der Merkmale zu vermeiden und dadurch den Planungsaufwand zu reduzieren. Außerdem wird sichergestellt, dass ein Merkmal nur einmal in die Bewertung einfließt und keine unterschiedliche Gewichtung von Merkmalen erfolgt.
Literatur:	• Adam, Dietrich (1997): Investitionscontrolling. München/Wien, S. 72 ff.

Beispiel:
Im Einzelhandel wird diese Analyse z. B. gerne zur Standortanalyse eingesetzt. Auch die Ladenausstattung lässt sich so festhalten, wie das folgende Beispiel verdeutlicht. Nehmen wir an, ein Einzelhändler sucht ein neues Ladenlokal. Er verkauft ein buntes Sortiment an Geschenkartikeln. Für die Suche nach einer geeigneten Immobilie könnte seine Checkliste wie folgt aussehen:
- Das Ladenlokal liegt in einer 1a- oder 1b-Lage in seiner Heimatstadt, einer mittelgroßen Stadt in Nordrhein Westfalen.
- Die monatliche Miete darf die Summe von 2.000 Euro nicht übersteigen.

- Zur Präsentation seines Warenangebotes benötigt er eine Schaufensterfläche von mindestens fünf Meter Länge.
- Das Ladenlokal hinterlässt von außen einen modernen und gepflegten Eindruck.
- Öffentliche Parkplätze sollten nicht weiter als 500 Meter entfernt liegen.

Die Liste könnte natürlich noch weitere Kriterien enthalten. Bei der Suche nach einer Immobilie braucht der Einzelhändler nun nur abzuhaken, ob die einzelnen Kriterien erfüllt sind.

2. Nutzwertanalyse

Art:	Qualitatives Auswahlverfahren
Ziel:	Die vergleichende Bewertung von Investitionsalternativen. Abgleich von Investitionsalternativen mit dem Zielsystem des Unternehmens. Verdichtung des Zielbeitrages einer Investition zu einem einzigen Nutzwert.
Vorgehen:	Die Bewertung erfolgt mit Hilfe eines Punktbewertungsverfahrens. **1. Schritt:** Aufstellen einer Zielhierarchie, bzw. eines Zielsystems und geeigneter Beurteilungskriterien. Diese können z. B. aus einer Checkliste hergeleitet werden. **2. Schritt:** Ableitung von Gewichtungsfaktoren für die Kriterien oder Ziele. Kriterien mit höherem Zielbeitrag sind stärker zu gewichten als Kriterien mit geringerem Zielbeitrag. Es können jeweils zwei Kriterien als Paar verglichen werden, sodass ein Kriterium als das höher gewichtige erkannt wird. **3. Schritt:** Auswahl möglicher Kriterienausprägungen. Werden maximal 8 Punkte vergeben, so muss definiert werden, ab welcher Ausprägung welche Punktzahl vergeben wird. **4. Schritt:** Die Alternativen werden durch Experten bewertet und Schritt für Schritt jedes Kriterium mit einem Punktwert versehen. **5. Schritt:** Der Nutzwert wird berechnet, indem zunächst innerhalb eines Kriteriums der Gewichtungsfaktor mit dem Punktwert zu einem gewichteten Punktwert multipliziert wird. Anschließend werden diese gewichteten Punktwerte zu einem Gesamtnutzwert addiert. Die Investitionsobjekte können dann durch Vergleich der Nutzwerte miteinander verglichen werden.
Vorteil:	Die Methode ist geeignet, um eine Vorauswahl an Projekten zu treffen, sodass in der Schlussphase nur eine Auswahl von Projekten noch quantitativ bewertet werden muss.
Nachteil:	Die Bewertung erfolgt zum großen Teil auf der Basis einer subjektiven Bewertung, was leicht zu Fehlurteilen führen kann. Es können hart und weich zu quantifizierende Kriterien miteinander vermischt werden. Dadurch können Informationsverluste entstehen.
Praktische Relevanz:	Die Methode ist übersichtlich.
Beispielhafte Anwendung:	Forschung- und Entwicklungsvorhaben Produktinnovation Arbeitsplatzbewertung Standortauswahl Bewertung von EDV Systemen Bewertung von flexiblen Fertigungssystemen Öffentliche Investitionsvorhaben (z. B. Verkehrswege, Müllentsorgung)
Besonders zu beachten:	• Ein hoher Nutzwert sollte auch mit einem hohen Unternehmenserfolg korrelieren. • Die Beurteilungskriterien müssen mit den Unternehmenszielen korrespondieren. • Es sollten Mindestwerte, so genannte K.-o.-Werte für einzelne Ausprägungen festgelegt werden, die auch zum Ausschluss von Alternativen dienen. Eine Kompensation guter und schlechter Werte darf dann nicht möglich sein.

Besonders zu beachten: (Forts.)	• Durch Bewertung von mehreren externen Experten Subjektivität vermeiden. • Es werden vorschnell Kriterien qualitativ bewertet, die auch monetär zu bewerten sind. • Die abteilungsübergreifende Bewertung bereitet oft Schwierigkeiten aufgrund der notwendigen Konsensfindung. • Die Überschneidungsfreiheit der Kriterien muss gewährleistet werden, da ansonsten die Gefahr besteht, dass Kriterien durch die nachträgliche Addition zu stark gewichtet werden. Konkurrenz- und Komplementärbeziehungen sollten vermieden werden. • Ein hoher Nutzwert sollte auch mit einem hohen Zielerreichungsgrad in dem Unternehmen korrelieren. • Die Nutzwertanalyse stellt eine wichtige Ergänzung zu den quantitativen monetären Bewertungsverfahren dar, kann sie aber nicht ersetzen.
Literatur:	• Adam, Dietrich (1997): Investitionscontrolling. München/Wien, S. 76 ff. • Reichmann, Thomas (2006): Controlling mit Kennzahlen und Management-Tools. München, S. 330 ff.

Beispiel:

In diesem stark verkürzten und vereinfachten Beispiel soll eine Großstadt in Deutschland für einen Flagshipstore einer englischen Damenmodenmarke ausgewählt werden. Das Unternehmen betrachtet den künftigen Standort als Pilotprojekt für die Eroberung des gesamten deutschen Marktes. Es werden zwei alternative Großstädte bewertet. Dabei wird wie folgt vorgegangen:

- Im ersten Schritt werden die Bewertungskriterien definiert und in die linke Spalte gesetzt.
- Anschließend werden diese Kriterien entsprechend ihrer Bedeutung gewichtet. Zum Beispiel wird der Existenz eines zentralen Einkaufszentrums übergeordnete Bedeutung zugemessen, weshalb dieses Kriterium mit einem Anteil von 20 % in die Bewertung einfließt. Die wachsende Wirtschaftskraft der Großstadt wird dagegen als weniger bedeutend eingeschätzt. Der entsprechende Gewichtungsfaktor beträgt somit nur 5 %. Im nächsten Schritt werden alle Kriterien für beide Alternativen mit einem Punktbewertungsverfahren bewertet. Null Punkte werden für den schlechtesten, 800 Punkte für den besten Wert vergeben
- Anschließend wird für jedes Kriterium die Gewichtung mit der Punktzahl multipliziert, sodass man einen gewichteten Wert bekommt.

Im letzten Schritt werden alle diese Werte zu einem Gesamtnutzwert addiert.
Im Ergebnis zeigt sich, dass Alternative 2 einen höheren Nutzwert hat und demnach auszuwählen ist.

Kriterien	Alternative 1			Alternative 2		
	Gewichtung	Anzahl Punkte	Gesamt Punkte	Gewichtung	Anzahl Punkte	Gesamt Punkte
Großstadt						
Die Einwohnerzahl der Großstadt ist größer als 500.000	15,00%	800	120	15,00%	600	90
Die durchschnittliche Kaufkraft je Einwohner beträgt x €	10,00%	500	50	10,00%	300	30
Die Wirtschaftskraft der Großstadt wächst	5,00%	400	20	5,00%	400	20
Die Großstadt ist auch für Bewohner aus dem Umland ein beliebtes Einkaufsziel	15,00%	600	90	15,00%	600	90
Die Großstadt hat ein zentrales Einkaufszentrum	20,00%	200	40	20,00%	500	100
Summe Bewertung Großstadt	65,00%		320	65,00%		330
Branche/Wettbewerb						
In der Großstadt herrscht ein guter Einzelhandelsmix	10,00%	300	30	10,00%	400	40
Es sind mindestens zwei unserer Hauptwettbewerber am Ort	10,00%	500	50	10,00%	500	50
Fachkräfte sind gut zu bekommen	15,00%	300	45	15,00%	800	120
Summe Bewertung Branche/ Wettbewerb	35,00%		125	35,00%		210
Gesamtsumme			445			540

3. Kostenvergleichsrechnung

Art:	Statisches quantitatives Rechenverfahren
Ziel:	Das Kostenvergleichsverfahren dient dazu, alternative Verfahren auf Kostenbasis miteinander zu vergleichen. Auf Basis der Kosten wird das Verfahren ausgewählt, welches die geringsten Kosten als Stück- oder Gesamtkosten aufweist. Das Verfahren wird für den reinen Wirtschaftlichkeits- oder für den Ersatzvergleich eingesetzt.
Vorgehen:	Im ersten Schritt werden die zu vergleichenden Projekte, Anlagen oder Maschinen ausgewählt. Im nächsten Schritt werden die Kosten ermittelt, die entscheidungsrelevant sind. Entscheidungsrelevante Kosten sind die Kosten, die durch die Änderung des Verfahrens beeinflusst werden. Diese Kosten werden über die gesamte Nutzungsdauer ermittelt und auf eine bestimmte Periode oder eine zu vergleichende Menge bezogen. Durch Kostenvergleich der einzelnen Projekte wird eine Kostenrangfolge der Projekte ermittelt.
Eingangsgrößen:	Nur Kostengrößen, differenziert nach den einzelnen Kostenarten (Material-, Personal-, Sach-, Abschreibungen, Zinsen), unterteilt in fixe und variable Kosten nach Kostenstellen und Deckungsbeitragsstufen. Nutzungsdauer, Kapazitäten. Die Berechnung der **Zinsen** als Durchschnittszinsen: (Anschaffungskosten am Anfang der Investitionsperiode abzgl. Liquidationserlös am Ende Investitionsperiode) dividiert durch 2. Beispiel: Anschaffungskosten: 100.000 € Liquidationserlös am Ende: 0 € Zinssatz: 10% Die durchschnittliche Kapitalbindung beträgt: (100.000 € + 0 €)/2= 50.000 € Es berechnen sich folgende Zinsen pro Periode: 50.000 €*10%= 5.000 € Berechnung der **linearen Abschreibung:** Beispiel: Anschaffungskosten: 100.000 € Liquidationserlös am Ende: 0 € Nutzungsdauer: 10 Jahre Die lineare Aschreibung beträgt p.a.: (100.000 € - 0 €) / 10 Jahre = 10.000 €/p.a. Bei einer Produktionsmenge von 10.000 Stück p.a. beträgt die lineare Abschreibung pro Stück 10.000 €/10.000 Stück= 1 €/Stück
Nachteil:	Die Erlöse bleiben vollkommen unberücksichtigt. Eine veränderte Kapazitätsauslastung, die zu einer unterschiedlichen Fixkostenbelastung führen kann, wird nicht berücksichtigt. Die Zielsetzung der Kostenminimierung muss nicht der individuellen Zielsetzung des Investors entsprechen. Die Zinswirkungen aufgrund unterschiedlicher Zahlungszeitpunkte bleiben unberücksichtigt.

Praktische Relevanz:	Einfaches Rechenverfahren, deshalb in der Praxis auch sehr beliebt. Einsetzbar bei Routineinvestitionsentscheidungen für eine kurze Nutzungsdauer, von geringer Höhe. Die Investitionen sollten auch keine wesentlichen Neuerungen enthalten.
Beispielhafte Anwendung:	Verfahrensvergleich von Fertigungseinrichtungen.
Besonders zu beachten:	Es sind alle entscheidungsrelevanten Kosten mit einzubeziehen, auch die kalkulatorischen Kosten. Das Nutzungsjahr, welches unterstellt wird, sollte repräsentativ sein. Eingehende Faktorpreise (z. B. Material, Energie) können sich im Zeitablauf erheblich verändern. Beträge, die in unterschiedlichen Perioden fließen, werden als gleichwertig angesehen. Keine Zins- oder Zinseszinsrechnung über die Perioden. Die zeitliche Verteilung von Anschaffungsauszahlungen und Liquiditätserlösen kann zu Fehlurteilen führen. Kosten und Erlöse entsprechen nicht immer den Ein- und Auszahlungen (z. B. Kalkulatorische AfA oder kalkulatorische Zinsen, Verkauf auf Ziel). Die Zurechenbarkeit der Kosten auf einzelne Investitionsobjekte ist in der Praxis schwierig. Es wird keine Aussage über die Ergänzungsinvestition getroffen und wie die Differenzbeträge angelegt werden. Die Finanzierungsseite wird nur rudimentär abgebildet. Es wird nicht nach Soll- und Habenzinssätzen unterschieden.
Literatur:	• Olfert/Reichel (2006): Investition, 10. Aufl., Leipzig, S. 149 ff. • Reichmann, Thomas (2006): Controlling mit Kennzahlen und Management-Tools, 7. Aufl., München, S. 446. • Kruschwitz, Lutz, (2007): Investitionsrechnung 11. Aufl., München/Wien, S. 35.

Beispielaufgabe:

Ein Unternehmen der Metallverarbeitung möchte eine Maschine zum Schleifen eines Metallteiles anschaffen. Es stehen zwei Maschinen zur Auswahl. Beide Maschinen haben die gleiche Kapazität und können in einer Schicht 11.000 Stück/Jahr schleifen. Der Liquidationserlös am Ende der Nutzungsperiode ist für beide Maschinen Null. Die Maschine 1 kostet in der Anschaffung 100.000 €, Maschine 2 kostet 50.000 €. Es wird mit einem kalkulatorischen Zinssatz von 10 % gerechnet und linear abgeschrieben.

Es entstehen folgende Kosten jeweils in einem Jahr:

Beispiellösung:

Kostenvergleich als Wirtschaftlichkeitsvergleich				
Eingangsdaten vom Unternehmen vorgegeben				
Kalkulatorischer Zinssatz	10,00%			
	Daten pro Stück		Gesamtdaten	
Eingangsdaten Maschine	Maschine 1	Maschine 2	Maschine 1	Maschine 2
Anschaffungskosten			100.000 €	50.000 €
Liquidationserlös am Ende der Nutzung			0 €	0 €
Nutzungsdauer			10,00 Jahre	10,00 Jahre
Ausbringung p.a.			11.000 Stück	11.000 Stück
Sonstige fixe Kosten p.a.			1.000 €	600 €
Löhne und Lohnnebenkosten	0,50 €	1,00 €	5.500 €	11.000 €
Materialkosten	0,18 €	0,20 €	1.980 €	2.200 €
Energie und sonst. Var. Kosten	0,14 €	0,36 €	1.540 €	3.960 €
Lösung			Maschine 1	Maschine 2
Nutzungsdauer			10 Jahre	10 Jahre
Ausbringung p.a.			11.000 Stück	11.000 Stück
Berechnung der variablen Kosten				
Löhne und Lohnnebenkosten	0,50 €	1,00 €	5.500,00 €	11.000,00 €
Materialkosten	0,18 €	0,20 €	1.980,00 €	2.200,00 €
Energie und sonst. Var. Kosten	0,14 €	0,36 €	1.540,00 €	3.960,00 €
Summe variable Kosten	**0,82 €**	**1,56 €**	**9.020 €**	**17.160 €**
Sonstige fixe Kosten p.a.	0,09 €	0,05 €	1.000 €	600 €
Berechnung der Kapitalkosten				
Anschaffungskosten			100.000 €	50.000 €
Durchschnittliche Kapitalbindung (Anschaffungskosten abzgl. Liquidationserlös/2)			50.000 €	25.000 €
Kalkulatorischer Zinssatz			10,00%	10,00%
Zinsen p.a.	0,45 €	0,23 €	5.000 €	2.500 €
Abschreibung p.a. (Anschaffungskosten/Nutzungsdauer)	0,91 €	0,45 €	10.000 €	5.000 €
Summe der Kapitalkosten			**15.000 €**	**7.500 €**
Sonstige fixe Kosten p.a.	0 €	0 €	1000 €	600 €
Summe fixe Kosten	**1,45 €**	**0,74 €**	**16.000 €**	**8.100 €**
Summe Gesamtkosten p.a.	**2,27 €**	**2,30 €**	**25.020 €**	**25.260 €**

Die Maschine 1 hat die geringeren Gesamt- und Stückkosten und ist daher der Maschine 2 vorzuziehen.

4. Gewinnvergleichsrechnung

Art:	Statisches quantitatives Rechenverfahren
Ziel:	Das Ziel ist es, die Investition zu ermitteln, die den größten Gewinn erbringt.
Vorgehen:	Im ersten Schritt werden die zu vergleichenden Projekte, Anlagen oder Maschinen ausgewählt. Im nächsten Schritt werden die Gewinne der Alternativen ermittelt. Der Gewinn wird definiert als Erlös abzüglich Kosten. Es sind die relevanten Erlös- und Kostenänderungen zu erfassen. Das Investitionsvorhaben ist dann vorteilhaft, wenn der Gewinn größer gleich Null ist. Werden zwei Objekte verglichen, ist das Objekt mit dem höheren Gewinn vorteilhafter.
Eingangsgrößen:	Die Gewinnvergleichsrechnung erweitert die Kostenvergleichsrechnung um die Erlöse.
Vorteil:	Investitionsobjekte, die unterschiedliche Mengen produzieren oder deren Verfahren sich qualitativ unterscheiden und somit zu anderen Erlösen führen, lassen sich miteinander vergleichen.
Nachteil:	Die Zielsetzung Gewinnmaximierung muss nicht der Zielsetzung des Investors entsprechen. Die Zurechenbarkeit der Erlöse ist dann nicht unproblematisch, wenn mehrere Maschinen an der Produktion eines Stücks beteiligt sind. Die gewinnmaximale Investition muss nicht die mit der höchsten Rentabilität sein.
Praktische Relevanz:	Das Verfahren ist dann geeignet, wenn sich die Erlöse direkt z. B. auf die Produkte zurechnen lassen. Deshalb wird es in der Praxis nicht so häufig angewandt wie die Kostenvergleichsrechnung.
Beispielhafte Anwendung:	Ersatz-, Rationalisierungs-, Erweiterungsinvestition
Besonders zu beachten:	Der Gewinn ist für eine repräsentative oder eine Durchschnittsperiode zu ermitteln. Die Auflösung der Kosten in fixe und variable Bestandteile bereitet in der Praxis oft ein Problem. Die Nutzungsdauern und der Kapitaleinsatz von zwei zu vergleichenden Objekten müssen gleich sein, sonst kann diese Methode zu falschen Entscheidungen führen. Es gelten mit Ausnahme der Punkte, die sich auf die Erlöse beziehen, die gleichen Kritikpunkte wie bei der Kostenvergleichsrechnung.
Literatur:	• Olfert/Reichel (2006): Investition, 10. Aufl., Leipzig, S. 169 ff. • Kruschwitz, Lutz, (2007): Investitionsrechnung 11. Aufl., München/Wien, S. 33.

Beispielaufgabe:

Ein Unternehmen der Metallverarbeitung möchte eine Maschine zum Schleifen eines Metallteiles anschaffen. Es stehen zwei Maschinen zur Auswahl. **Die Maschinen haben unterschiedliche Kapazitäten, die auch auf dem Markt zu festen Preisen abgesetzt werden können.** Der Liquidationserlös am Ende der Nutzungsperiode ist für beide Maschinen Null. Die Maschine 1 kostet in der Anschaffung 100.000 €, die Maschine 2 kostet 50.000 €. Es wird mit einem kalkulatorischen Zinssatz von 10 % gerechnet und linear abgeschrieben.

Es liegen folgende Daten vor:

Eingangsdaten vom Unternehmen vorgegeben				
Kalkulatorischer Zinssatz	10,00%			
	Daten pro Stück		Gesamtdaten	
Eingangsdaten Maschine			Maschine 1	Maschine 2
Anschaffungskosten			100.000 €	50.000 €
Liquidationserlös am Ende			0 €	0 €
Nutzungsdauer			10,00 Jahre	10,00 Jahre
Ausbringung p.a.			**16.000 Stück**	**11.000 Stück**
Erlös	2,50 €	2,50 €		
Sonstige fixe Kosten p.a.			1.000 €	600 €
Löhne und Lohnnebenkosten	0,50 €	1,00 €	8.000 €	11.000 €
Materialkosten	0,18 €	0,20 €	2.880 €	2.200 €
Energie und sonst. var. Kosten	0,14 €	0,36 €	2.240 €	3.960 €
Lösung	Daten pro Stück		Maschine 1	Maschine 2
Nutzungsdauer			10 Jahre	10 Jahre
Ausbringung p.a.			16.000 Stück	11.000 Stück
Berechnung der variablen Kosten				
Löhne und Lohnnebenkosten	0,50 €	1,00 €	8.000,00 €	11.000,00 €
Materialkosten	0,18 €	0,20 €	2.880,00 €	2.200,00 €
Energie und sonst. Var. Kosten	0,14 €	0,36 €	2.240,00 €	3.960,00 €
Summe variable Kosten	**0,82 €**	**1,56 €**	**13.120,00 €**	**17.160,00 €**
Sonstige fixe Kosten p.a.	0,06 €	0,05 €	1.000 €	600 €
Berechnung der Kapitalkosten				
Anschaffungskosten			100.000 €	50.000 €
Durchschnittliche Kapitalbindung (Anschaffungskosten abzgl. Liquidationserlös/2)			50.000 €	25.000 €
Kalkulatorischer Zinssatz			10,00%	10,00%
Zinsen p.a.	0,31 €	0,23 €	5.000 €	2.500 €
Abschreibung p.a. (Anschaffungskosten/ Nutzungsdauer)	0,63 €	0,45 €	10.000 €	5.000 €
Summe fixe Kosten	**1,00 €**	**0,74 €**	**16.000 €**	**8.100 €**
Summe Gesamtkosten p.a.	**1,82 €**	**2,30 €**	**29.120 €**	**25.260 €**

Eingangsdaten vom Unternehmen vorgegeben				
Erlöse p.a.	2,50 €	2,50 €	40.000,00 €	27.500,00 €
Variable Kosten	0,82 €	1,56 €	13.120,00 €	17.160,00 €
Deckungsbeitrag p.a.	**1,68 €**	**0,94 €**	**26.880,00 €**	**10.340,00 €**
Fixe Kosten			16.000,00 €	8.100,00 €
Gewinn p.a.	0,68 €	0,20 €	10.880,00 €	2.240,00 €

Maschine 1 erwirtschaftet den höheren Gewinn.

Das Ergebnis zeigt, dass beide Maschinen den Gewinn des Unternehmens erhöhen. Ist eine Auswahl zwischen den beiden Maschinen zu treffen, so ist die Maschine 1 auszuwählen.

5. Amortisationsrechnung

Art:	Statisches quantitatives Rechenverfahren; als kumulative Methode mit Diskontierung ist sie auch den dynamischen Verfahren zuzurechnen.
Ziel:	Einschätzung des Risikos, welches das Unternehmen finanzwirtschaftlich mit der Investition eingeht. Die Vorteilhaftigkeit einer Investition wird anhand der Amortisationszeit (Wiedergewinnungszeit) gemessen. Eine Investition ist dann vorteilhaft, wenn die Amortisationszeit kürzer als die vom Unternehmen festgelegte Amortisationszeit ist. Werden zwei Objekte miteinander verglichen, ist das Objekt vorteilhafter, welches die kürzere Amortisationszeit hat.
Vorgehen:	Die Amortisationsrechnung baut auf den Ergebnissen der Kosten- oder Gewinnvergleichsrechnung auf. Sie berechnet die Amortisationszeit als die Zeit, in der das eingesetzte Kapital in das Unternehmen durch Gewinne wieder zurückfließt.
Eingangsgrößen:	Der Kapitaleinsatz (die ursprünglichen Anschaffungskosten vermindert um den Restwert, ggf. ergänzt um das durch die Investition zusätzlich gebundene Umlaufvermögen). Die durchschnittlichen Ein- und Auszahlungen je Periode. Sind diese nicht gegeben, so wird der durchschnittliche Gewinn, Deckungsbeitrag oder Kostenersparnis je nach Ansatz ermittelt und die Abschreibungen hinzuaddiert, da diese zwar kostenmäßig berücksichtigt werden aber finanziell nicht abfließen.
Vorteil:	Einfaches, leicht verständliches Rechenverfahren
Nachteil:	Entwicklungen im Zeitablauf, wie z. B. Veränderungen der Faktorpreise, Einsatzmengen oder Verkaufserlöse, bleiben bei der statischen Amortisationsrechnung unberücksichtigt. Die Zurechenbarkeit der Erlöse ist dann nicht unproblematisch, wenn mehrere Maschinen an der Produktion eines Stücks beteiligt sind. Der Kapitaleinsatz unter Rentabilitätsgesichtspunkten wird nicht nicht berücksichtigt. Selbst wenn das Investitionsobjekt eine kurze Amortisationszeit aufweist, kann die Rentabilität im Vergleich zu den Unternehmenszeilen nicht ausreichend sein. Rückflüsse, die nach der Amortisationszeit entstehen, werden nicht berücksichtigt. Die Nutzungsdauer der Investitionen bleibt unberücksichtigt.
Praktische Relevanz:	Die statische Amortisationsrechnung wird häufig in der Praxis angewandt. Mit diesem einfachen Verfahren kann das Risiko einer Investition schnell abgeschätzt werden.
Beispielhafte Anwendung:	Ersatz-, Erweiterungs-, oder Rationalisierungsinvestition.
Besonders zu beachten:	Wird durch die Investition zusätzliches Umlaufvermögen gebunden, so ist dies bei dem Kapitaleinsatz zu berücksichtigen. Unbedingt eine Referenz- oder Durchschnittsperiode auswählen, die den tatsächlichen Gegebenheiten entspricht. Das Rechenverfahren ist nur dann geeignet, die Wirtschaftlichkeit eines Investitionsobjektes zu beurteilen, wenn die Nutzungsdauer länger als die Amortisationszeit ist. Ist die Nutzungsdauer kürzer als die Amortisationszeit, ist das

	Wirtschaftsgut unwirtschaftlich, da es über die gesamte Nutzungsdauer nicht zurückverdient wird. Zur vollständigen Beurteilung von Investitionsalternativen sollten noch andere Verfahren in Verbindung mit der Amortisationsrechnung angewandt werden.
Literatur:	• Olfert, Klaus/Reichel, Christopher (2006): Investition, 10. Aufl., Leipzig, S. 188 ff. • Reichmann, Thomas (2006): Controlling mit Kennzahlen und Management-Tools, 7. Aufl., München, S. 311 • Kruschwitz, Lutz (2007): Investitionsrechnung, 11. Aufl., München/Wien, S. 37 ff.

Die statische Methode als Kostenvergleich (Beispielrechnung):

Beispielaufgabe für die Amortisationsrechnung als Kostenvergleich:

Ein Unternehmen der Metallverarbeitung möchte eine Maschine zum Schleifen eines Metallteiles anschaffen. Es stehen zwei Maschinen zur Auswahl. Beide Maschinen haben die gleiche Kapazität und können in einer Schicht 11.000 Stück/Jahr schleifen. Der Liquidationserlös am Ende der Nutzungsperiode ist für beide Maschinen Null. Maschine 1 kostet in der Anschaffung 100.000 €, Maschine 2 kostet 50.000 €. Es wird linear abgeschrieben. Die Zinsen werden in diesem Beispiel mit 10 % angesetzt und – da sie Fremdkapitalzinsen sind – als Kosten nach der Durchschnittsmethode mit einbezogen. Die unterschiedlichen Kosten der Maschinen sind in der Tabelle enthalten.

Die Amortisationsrechnung als Wirtschaftlichkeitsvergleich				
Eingangsdaten vom Unternehmen vorgegeben				
Kalkulatorischer Zinssatz		10,00%		
		Daten pro Stück	Gesamtdaten	
Eingangsdaten Maschine			Maschine 1	Maschine 2
Anschaffungskosten			100.000 €	50.000 €
Liquidationserlös am Ende			0 €	0 €
Nutzungsdauer			10,00 Jahre	10,00 Jahre
Ausbringung p.a.			11.000 Stück	11.000 Stück
Sonstige fixe Kosten p.a.			1.000 €	600 €
Löhne und Lohnnebenkosten	0,50 €	1,00 €	5.500 €	11.000 €
Materialkosten	0,18 €	0,20 €	1.980 €	2.200 €
Energie und sonst. Var. Kosten	0,14 €	0,36 €	1.540 €	3.960 €
Berechnung der Amortisationszeit als Kostenvergleich				
Summe variable Kosten	0,82 €	1,56 €	9.020,00 €	17.160,00 €
Differenz der Anschaffungskosten			50.000,00 €	
Differenz der variablen Kosten		0,74 €	8.140,00 €	
Differenz der jährlichen Fixkosten		−0,04 €	−400,00 €	

Die Amortisationsrechnung als Wirtschaftlichkeitsvergleich				
Differenz der jährlichen Zinskosten (Durchschnitt)	−0,23 €		−2.500,00 €	
Differenz der jährlichen Kosten	0,48 €		5.240,00 €	
Amortisationsdauer d. h. ab diesem Zeitpunkt ist Maschine 1 günstiger			9,54 Jahre	
Berechnung der Amortisationsmenge als Kostenvergleich				
Amortisationsmenge			104.962 Stück	

Das Ergebnis zeigt, dass auf Basis der Kosten die Maschine 1 bei Vollauslastung sich innerhalb eines Zeitraumes von 9,54 Jahren amortisiert, also günstiger arbeitet als Maschine 2. Oder anders ausgedrückt: Wird weniger als die Menge von 104.962 Stück produziert, ist als Investition die Maschine 2 vorzuziehen. In der Praxis kann sich auf dieser Basis der Entscheider überlegen, ob diese Mengen erreicht werden oder nicht – und entsprechend seine Entscheidung treffen.

Die Berechnung kann jeweils auf Basis von Deckungsbeiträgen oder Gewinnen erfolgen und insofern auch die Risikobetrachtung differenziert vorgenommen werden.

Unter der Annahme eines Erlöses pro Stück von 2,50 € lässt sich eine Amortisationsrechnung auf der Basis des Gewinns bzw. der Deckungsbeiträge berechnen.

Die statische Amortisationsrechnung als Deckungsbeitrags- oder Gewinnvergleich				
Eingangsdaten vom Unternehmen vorgegeben				
Kalkulatorischer Zinssatz	10,00%			
	Daten pro Stück		Gesamtdaten	
Eingangsdaten Maschine			Maschine 1	Maschine 2
Anschaffungskosten			100.000 €	50.000 €
Liquidationserlös am Ende			0 €	0 €
Nutzungsdauer			10,00 Jahre	10,00 Jahre
Ausbringung p.a.			11.000 Stück	11.000 Stück
Erlös	2,50 €	2,50 €		
Sonstige fixe Kosten p.a.			1.000 €	600 €
Löhne und Lohnnebenkosten	0,50 €	1,00 €	5.500 €	11.000 €
Materialkosten	0,18 €	0,20 €	1.980 €	2.200 €
Energie und sonst. Var. Kosten	0,14 €	0,36 €	1.540 €	3.960 €
Berechnung der Amortisation als Deckungsbeitragsvergleich (nur variable Kosten)				
Deckungsbeitrag I p.a.	1,68 €	0,94 €	18.480,00 €	10.340,00 €
Anschaffungskosten			100.000 €	50.000 €
Amortisationszeit			5,41 Jahre	4,84 Jahre
Amortisationsmenge			59.524 Stück	53.191 Stück

Die statische Amortisationsrechnung als Deckungsbeitrags- oder Gewinnvergleich				
Berechnung der Amortisation als Deckungsbeitragsvergleich (Variable Kosten und sonstige fixe Kosten)				
Deckungsbeitrag I p. a.	1,68 €	0,94 €	18.480,00 €	10.340,00 €
Sonstige fixen Kosten	0,09 €	0,05 €	1.000,00 €	600,00 €
Deckungsbeitrag II p. a.	1,59 €	0,89 €	17.480,00 €	9.740,00 €
Amortisationszeit			5,72 Jahre	5,13 Jahre
Amortisationsmenge			62.929 Stück	56.468 Stück
Berechnung der Amortisation als Gewinnvergleich (Variable Kosten, sonstige fixe Kosten, Zinskosten)				
Deckungsbeitra II p. a.	1,59 €	0,89 €	17.480,00 €	9.740,00 €
Zinskosten (Durchschnittskosten)	0,45 €	0,23 €	5.000,00 €	2.500,00 €
Gewinn p. a.	1,13 €	0,66 €	12.480,00 €	7.240,00 €
Amortisationszeit			8,01 Jahre	6,91 Jahre
Amortisationsmenge			88.141 Stück	75.967 Stück

Die kumulative Amortisationsrechnung:
Die kumulative Amortisationsrechnung berücksichtigt die Veränderung der Zahlungsströme im Zeitablauf. Die geschätzten Rückflüsse werden für die einzelnen Jahre getrennt erfasst, was eine differenzierte Betrachtung ermöglicht. Das ist zum Beispiel dann von Vorteil, wenn eine Anlaufzeit von Maschinen berücksichtigt werden soll oder sich die Erlöse, Kosten, Ein- und Auszahlung im Zeitablauf z. B. durch bestimmte Ereignisse verändern. Die Überschüsse werden so lange den Aufwendungen, hier der Anschaffungsauszahlung, gegengerechnet, bis diese zurückbezahlt sind. Zu beachten ist, dass es sich hier um Zahlungsüberschüsse handelt. Diese sind der Gewinn plus Abschreibungen. Die Zinsen werden in diesem Beispiel als Kosten betrachtet, da angenommen wird, dass sie an einen Fremdkapitalgeber auch gezahlt werden. Sind sie rein kalkulatorisch, sind sie aus dem Rückfluss herauszurechnen, sofern sie in den Kosten enthalten sind und somit kompensiert werden können.

Die Beispielrechnung zeigt, dass die statische und kumulative Methode so zu unterschiedlichen Ergebnissen führen. Werden diese Rechnungen als Wirtschaftlichkeitsvergleich durchgeführt, kann das Ergebnis je nach Zahlungsstrom die Vorteilhaftigkeit umkehren.

	Maschine I	Veränderung des Rückflusses gegenüber Vorjahr	Kumulierter Rückfluss abzgl. Anschaffungskosten Masch. I	Berechnung der dynamischen Amortisationszeit
Anschaffungskosten	100.000,00 €			
Kapitalrückfluss Jahr 1	20.880,00 €		−79.120,00 €	1,00 Jahr
Kapitalrückfluss Jahr 2	21.924,00 €	5,00%	−57.196,00 €	1,00 Jahr
Kapitalrückfluss Jahr 3	23.458,68 €	7,00%	−33.737,32 €	1,00 Jahr
Kapitalrückfluss Jahr 4	25.335,37 €	8,00%	−8.401,95 €	1,00 Jahr

	Maschine I	Veränderung des Rückflusses gegenüber Vorjahr	Kumulierter Rückfluss abzgl. Anschaffungskosten Masch. I	Berechnung der dynamischen Amortisationszeit
Kapitalrückfluss Jahr 5	26.095,44 €	3,00%	17.693,49 €	0,32 Jahre
Kapitalrückfluss Jahr 6	26.617,34 €	2,00%	44.310,83 €	
Kapitalrückfluss Jahr 7	25.286,48 €	−5,00%	69.597,31 €	
Kapitalrückfluss Jahr 8	23.769,29 €	−6,00%	93.366,60 €	
Kapitalrückfluss Jahr 9				
Kapitalrückfluss Jahr 10				
Summe Kapitalrückfluss	193.366,60 €			4,32 Jahre
Durchschnittl. Rückfluss	24.170,83 €			
Berechnung der Amortisation nach der statischen Durchschnittsmethode	4,14 Jahre			

Die Berechnung zeigt, dass sich Maschine 1 innerhalb eines Zeitraumes von 4,32 Jahren bei der kumulativen Betrachtungsweise amortisiert. Wäre diese Berechnung mit der statischen Amortisationsrechnung mit Durchschnittswerten durchgeführt worden, so hätte sich in dem oben genannten Beispiel eine Amortisationszeit in Höhe von 4,14 Jahren ergeben. Die unterschiedlichen Ergebnisse sind auf die Struktur der Zahlungen im Zeitablauf zurückzuführen.

Die dynamische Methode mit Diskontierung (Beispielrechnung):
In dieser Rechenmethode werden die jährlichen Überschüsse auf den Anfangszeitpunkt hin abgezinst, in diesem Beispiel mit 5 %. Die Zahlungsüberschüsse können genau wie bei der kumulativen Methode von Jahr zu Jahr verändert werden. Darauf wurde in diesem Beispiel verzichtet. Die Überschüsse werden gegen Anfangsauszahlungen solange als abgezinste Beträge aufaddiert, bis diese abbezahlt sind. Entsprechend des gewählten Zinssatzes verlängert sich die Amortisationsdauer.

	Periode	Investitionsobjekt	Abzinsungsfaktor	Abgezinste Überschüsse	Kumulierter abgezinster Rückfluss abzgl. Anschaffungskosten	Berechnung der dynamischen Amortisationszeit
Anschaffungsauszahlung		−100.000,00 €				
Kapitalrückfluss Jahr 1	1	20.880,00 €	1,05	19.885,71 €	−80.114,29 €	1,00 Jahr
Kapitalrückfluss Jahr 2	2	20.880,00 €	1,10	18.938,78 €	−61.175,51 €	1,00 Jahr
Kapitalrückfluss Jahr 3	3	20.880,00 €	1,16	18.036,93 €	−43.138,58 €	1,00 Jahr
Kapitalrückfluss Jahr 4	4	20.880,00 €	1,22	17.178,03 €	−25.960,55 €	1,00 Jahr

	Periode	Investitions-objekt	Abzinsungs-faktor	Abgezinste Überschüsse	Kumulierter abgezinster Rückfluss abzgl. Anschaffungskosten	Berechnung der dynamischen Amortisationszeit
Kapitalrückfluss Jahr 5	5	20.880,00 €	1,28	16.360,03 €	−9.600,53 €	1,00 Jahr
Kapitalrückfluss Jahr 6	6	20.880,00 €	1,34	15.580,98 €	5.980,45 €	0,62 Jahr
Kapitalrückfluss Jahr 7	7	20.880,00 €	1,41	14.839,03 €	20.819,48 €	0,00 Jahr
Kapitalrückfluss Jahr 8	8	20.880,00 €	1,48	14.132,41 €	34.951,88 €	0,00 Jahr
Kapitalrückfluss Jahr 9	9	20.880,00 €	1,55	13.459,43 €	48.411,32 €	0,00 Jahr
Kapitalrückfluss Jahr 10	10	20.880,00 €	1,63	12.818,51 €	61.229,83 €	0,00 Jahr
Summe Kapitalrückfluss		208.800,00 €				5,62 Jahre
Durchschnittl. Rückfluss p.a.		20.880,00 €				
Amortisationszeit nach der Statischen Durchschnittsmethode		4,79 Jahre				

Wird die Verzinsung unter dieser Prämisse berücksichtigt, beträgt die Amortisationszeit 5,62 Jahre.

Besonders zu beachten:
- Es gilt die generelle Kritik an den statischen Rechenverfahren (siehe Blatt Kostenvergleichsrechnung).
- Die Methode ist gut einzusetzen, wenn eine zügige Rückgewinnung der eingesetzten Mittel erzielt werden soll.
- Die Rechnung ist einfach zu handhaben, erfordert nicht viele Eingangsgrößen und ist deshalb in der Praxis auch sehr beliebt. Die statische Amortisationsrechnung erfasst nur Durchschnittswerte, was zu verzerrten Ergebnissen führen kann, da die Zahlungsströme im Zeitablauf sich verändern können oder sogar je nach Projekt eine unterschiedliche Struktur aufweisen können.
- Die dynamische Amortisationsrechnung erfasst die Zahlungsüberschüsse einzeln in den Jahren. Die dynamischen Rückflüsse können diskontiert werden. Es wird also erfasst, ab welchem Zeitpunkt die dynamischen diskontierten Einzahlungsüberschüsse die Anfangsauszahlung übersteigen. Es ist zu beachten, dass die Beträge zu den jeweiligen Zinssätzen auch wieder angelegt werden müssen.
- Für die liquiditätsorientierte Betrachtungsweise sind Einzahlungen und Auszahlungen entscheidend und nicht die Erlöse und Kosten.
- Es werden nur Zahlungsreihen und keine qualitativen Kriterien erfasst.

6. Rentabilitätsrechnung

Art:	Statisches quantitatives Rechenverfahren
Ziel:	Das Ziel ist, mit Hilfe dieses Rechenverfahrens, in der Literatur auch als Rentabilitätsvergleichsrechung bezeichnet, das Investitionsobjekt auszuwählen, welches die geforderte oder die höchste Durchschnittsverzinsung erbringt. Diese wird aus den Ergebnissen der Kosten- oder der Gewinnvergleichsrechung ermittelt.

Vorgehen:	Es werden die Eingangsgrößen ermittelt. Anschließend wird der durchschnittliche Gewinn auf das gebundene Kapital der Investition bezogen.
	
	Es gilt folgende Formel bei abnutzbaren Anlagegütern:
	
	Rentabilität = Gewinn * 100 / Durchschnittlicher Kapitaleinsatz
	
	Es gilt folgende Formel bei nicht abnutzbaren Anlagegütern wie z. B. Grundstücken:
	
	Rentabilität = Gewinn * 100 / Anschaffungskosten
	
	Ein Investitionsobjekt gilt nach dieser Rechenmethode dann als vorteilhaft, wenn seine Rentabilität über der geforderten Mindestrentabilität liegt. Werden mehrere Investitionsobjekte miteinander verglichen, so ist das Objekt mit der höchsten Rentabilität am vorteilhaftesten.
	
	Begriffe:
	• Bruttorentabilität =
	  Gewinn (nach kalk. Zinsen) + kalk. Zinsen / Durchschnittliche Kapitalbindung
	• Nettorentabilität =
	  Gewinn (nach kalk. Zinsen) / Durchschnittliche Kapitalbindung

Eingangsgrößen:	Kosten und Erlösgrößen, Gewinn, Kapitaleinsatz
Vorteil:	Das Verfahren gibt dem Investor die Möglichkeit, die Investitionen gewichtet zum Kapitaleinsatz zu beurteilen. Damit zeigt es die absolute Vorteilhaftigkeit von Investitionen an, während die Kosten- oder Gewinnvergleichsrechnung nur die relative Vorteilhaftigkeit der Investition anzeigt, d. h. ob der Gewinn sich verbessert oder die Kosten minimiert werden. Die Nettorentabilität zeigt die Überrendite an, d. h. der Investor weiß, wie hoch die Verzinsung im Verhältnis zu seiner geforderten Mindestverzinsung ist.
Nachteil:	Das Verfahren führt nur dann bei mehreren Investitionen zu vergleichbaren Ergebnissen, wenn die Nutzungsdauer und der Kapitaleinsatz der Investitionen vergleichbar sind.
Praktische Relevanz:	Dieses Rechenverfahren wird in der Praxis häufig verwendet.
Beispielhafte Anwendung:	Beurteilung einzelner oder mehrere Investitionsobjekte
Besonders zu beachten:	• Es gelten die gleichen Bedenken wie bei der Kostenvergleichs- und Gewinnvergleichsrechnung. • Der Rentabilitätsvergleich berücksichtigt nur ein Jahr und geht von Durchschnittswerten aus. Es werden also keine Veränderungen der Daten im Zeitablauf berücksichtigt. Für die Praxis ist dementsprechend eine repräsentative Periode auszuwählen. • Die Zurechenbarkeit der Erlöse kann problematisch werden, wenn zur Erstellung eines Produktes mehrere Maschinen benötigt werden.

Besonders zu beachten: (Forts.)	• Sind die Anschaffungsbeträge von zwei Investitionsobjekten unterschiedlich, so unterstellt die Vergleichrechnung, dass die Differenzbeträge zur gleichen Verzinsung wie die errechnete Rentabilität angelegt werden. Dieser Aspekt wird in der Rentabilitätsrechnung vernachlässigt. • Sie vernachlässigt eine eventuelle Kapitalknappheit zum Anschaffungszeitpunkt. • Die Rendite ist eine relative Kennzahl, die nichts über den absoluten Gewinn aussagt. • Es gibt unter Umständen Ermittlungsprobleme bei dem tatsächlich gebunden Kapital.
Literatur:	• Bleis, Christian (2006): Grundlagen Investition und Finanzierung, München, S. 9. • Olfert, Klaus/Reichel, Christopher (2006): Investition, 10. Aufl., Leipzig, S. 184 ff. • Reichmann, Thomas (2006): Controlling mit Kennzahlen und Management-Tools, 7. Aufl., München, S. 303. • Witt, Frank-Jürgen (2002): Controlling Lexikon, München, S. 693.

Beispielrechung 1:

Mit dieser Berechnungsmethode wird der Gewinn auf das **durchschnittlich gebundene Kapital** bezogen. Diese Methode wird so angewandt bei Investitionsgütern die einem Verschleiß unterliegen und abgeschrieben werden. Dementsprechend werden die Abschreibungen als Kosten berücksichtigt, und die Rentabilität wird auf das durchschnittliche Kapital bezogen.

Beispielaufgabe:

Ein Unternehmen der Metallverarbeitung möchte eine Maschine zum Schleifen eines Metallteiles anschaffen. Es stehen zwei Maschinen zur Auswahl. Die Maschinen haben unterschiedliche Kapazitäten und können in einer Schicht 16.000 Stück (Maschine 1) bzw. 11.000 Stück/Jahr (Maschine 2) schleifen. Der Liquidationserlös am Ende der Nutzungsperiode ist für beide Maschinen Null. Maschine 1 kostet in der Anschaffung 100.000 €, Maschine 2 kostet 50.000 €. Es wird mit einem kalkulatorischen Zinssatz von 10 % gerechnet und linear abgeschrieben.

Es entstehen folgende Kosten jeweils in einem Jahr:

Methode der Berechnung: die Rentabilität wird jeweils auf das durchschnittliche Kapital bezogen. Die Abschreibungen werden berücksichtigt.				
	Daten pro Stück		Gesamtdaten	
Eingangsdaten Maschine			Maschine 1	Maschine 2
Anschaffungskosten			100.000 €	50.000 €
Liquidationserlös am Ende			0 €	0 €
Nutzungsdauer			10,00 Jahre	10,00 Jahre
Ausbringung p.a.			16.000 Stück	11.000 Stück
Erlös	2,50 €	2,50 €		

Methode der Berechnung: die Rentabilität wird jeweils auf das durchschnittliche Kapital bezogen. Die Abschreibungen werden berücksichtigt.				
Sonstige fixe Kosten p.a.			1.000 €	600 €
Löhne und Lohnnebenkosten	0,50 €	1,00 €	8.000 €	11.000 €
Materialkosten	0,18 €	0,20 €	2.880 €	2.200 €
Energie und sonst. Var. Kosten	0,14 €	0,36 €	2.240 €	3.960 €
Erlöse p.a.	2,50 €	2,50 €	40.000,00 €	27.500,00 €
Variable Kosten	0,82 €	1,56 €	13.120,00 €	17.160,00 €
Deckungsbeitrag p.a.	1,68 €	0,94 €	26.880,00 €	10.340,00 €
Fixe Kosten inkl. Abschreibungen ohne Zinsen			11.000,00 €	5.600,00 €
Gewinn vor Zinsen	0,68 €	0,20 €	15.880,00 €	4.740,00 €
Bruttorentabilität			31,76%	18,96%
Kalkulatorischer Zinssatz			10,00%	10,00%
Zinsen p.a.			5.000,00 €	2.500,00 €
Gewinn nach kalkulatorischen Zinsen			10.880,00 €	2.240,00 €
Nettorentabilität			21,76%	8,96%

Beispielrechnung 2:

In dieser Berechnungsmethode werden die Gewinne ohne Berücksichtigung der Abschreibungen auf das **ursprünglich vorhandene Kapital** bezogen. Dies wird zum Beispiel bei Investitionen, die sich nicht abnutzen, so gemacht – beispielsweise Grundstücke.

Kalkulatorischer Zinssatz		10,00%		
	Daten pro Stück		Gesamtdaten	
Eingangsdaten Maschine/Bezeichnung			0	0
Anschaffungskosten			100.000,00 €	50.000,00 €
Liquidationserlös am Ende			0,00 €	0,00 €
Nutzungsdauer			10,00 Jahre	10,00 Jahre
Ausbringung p.a.			16.000 Stück	11.000 Stück
Erlös/Stück	2,50 €	2,50 €		
Sonstige fixe Kosten p.a.			1.000 €	600 €
Personalkosten (variabel)	0,50 €	1,00 €	8.000,00 €	11.000,00 €
Materialkosten (variabel)	0,18 €	0,20 €	2.880,00 €	2.200,00 €
Energie und sonst. Var. Kosten	0,14 €	0,36 €	2.240,00 €	3.960,00 €

Lösung	Daten pro Stück		0	0
Erlöse p.a.	2,50 €	2,50 €	40.000,00 €	27.500,00 €
Summe variable Kosten	0,82 €	1,56 €	13.120,00 €	17.160,00 €

Deckungsbeitrag (Stück/p.a.)	1,68 €	0,94 €	26.880,00 €	10.340,00 €
Sonstige fixe Kosten p.a.			1.000,00 €	600,00 €
Gewinn vor Abschreibungen und Zinsen p.a.			25.880,00 €	9.740,00 €
Anschaffungskosten			100.000,00 €	50.000,00 €
Bruttorentabilität (Anschaffungskapital)			25,88%	19,48%
Kalkulatorischer Zinssatz			10,00%	10,00%
Zinskosten (auf das Anfangskapital)			10.000,00 €	5.000,00 €
Gewinn vor Abschreibungen p.a.			15.880,00 €	4.740,00 €
Nettorentabilität (Anschaffungskapital)			15,88%	9,48%

7. Kapitalwertmethode

Art:	Dynamisches Investitionsrechenverfahren
Ziel:	Die Kapitalwertmethode dient dazu, die Vorteilhaftigkeit der Investition anhand des Kapitalwertes zu ermitteln. Die Kapitalwertverfahren berücksichtigen alle Zahlungen (Ein- und Auszahlungen), die investitionsbedingt anfallen. Diese werden über den Kalkulationszinsfuß auf einen Zeitpunkt hin vergleichbar gerechnet. Die Investition mit einem positiven Kapitalwert gilt als vorteilhaft. Werden mehrere Investitionsalternativen miteinander verglichen, gilt die Investition mit dem höchsten Kapitalwert als die Vorteilhafteste.
Vorgehen:	Es werden zunächst die Ein- und Auszahlungen in den einzelnen Perioden, die investitionsbedingt anfallen, ermittelt. Anschließend wird mit Hilfe des Kalkulationszinsfußes der Barwert dieser Periode errechnet. Der Barwert ist der auf den gemeinsamen Zeitpunkt (in der Regel der Anfangszeitpunkt der Investition) hin abgezinste Wert. Zum Schluss werden die Barwerte der einzelnen Perioden addiert. Die Summe der Barwerte wird Kapitalwert genannt. **Beispiel** zur Ermittlung des Barwertes anhand der Abzinsung eines Betrages in Höhe von 10.000,– € über 2 Perioden zum Kalkulationszinsfuss von 10%. Barwert= 10.000 € * (1 + 10%)$^{-2}$ = 10.000 € * 0,826 = 8.260,00 € Die Formel lautet: $$K_0 = A_0 + \sum_{t=1}^{n}(e_t - a_t)(1+i)^{-t}$$ t: Zeitpunkt K_0: Kapitalwert zum Zeitpunkt Null A_0: Anfangsauszahlung zum Zeitpunkt Null e_t: Einzahlung zum Zeitpunkt t a_t: Auszahlung zum Zeitpunkt t i: Kalkulationszinsfuß Ein spezieller Fall sind Investitionen, deren Nutzungsdauer im Vorhinein nicht bestimmbar ist und deren Ein- und Auszahlungen mit einem Durchschnittswert berechnet werden. Diese Berechnung wird mit der Formel der ewigen Rente berechnet, zum Beispiel beim Kauf eines Grundstücks oder eines Unternehmens. $$K_0 = (e-a)(1/(1+i)-1) - A_0$$ e: Durchschnittliche Einzahlungen a: Durchschnittliche Auszahlungen
Eingangsgrößen:	Die jährlichen Überschüsse, alle Ein- und Auszahlungen, Kalkulationszinsfuß
Ermittlung des Kalkulationszinsfußes	• Zur Ermittlung und Bestimmung des Kalkulationszinsfußes gibt es folgende Möglichkeiten: **1. Orientierung an einer alternativen Anlage** Als Zinsfuß wird der Zinsfuß genommen, den man z. B. bekäme, wenn man die Finanzen in eine andere Finanzanlage oder ein anderes Investitionsobjekt investieren würde. Der Investor könnte z. B. den Betrag in eine sichere

Ermittlung des Kalkulations-zinsfußes (Forts.)	Bundesanleihe stecken und so eine Verzinsung erwirtschaften. Da Investitionen in Unternehmen in der Regel mit erhöhtem Risiko getroffen werden müssen, wird ein entsprechender Risikoaufschlag diesem Zinssatz hinzugerechnet. **2. Orientierung am Anspruchsniveau des Investors** Jeder Investor kann für sich festlegen, welches Anspruchsniveau er an die Mindestverzinsung einer Investition hat und diesen Zinssatz als Kalkulationszinsfuß einsetzen. **3. Orientierung an den Zinskosten des Unternehmens, indem der kalkulatorische Zinssatz anhand des betriebsnotwendigen Kapitals ermittelt wird.** 1. Ausgangswerte sind die durchschnittlichen Vermögenswerte der Bilanz. 2. Die nicht betriebsnotwendigen Teile der Bilanz werden eliminiert. 3. Die betriebsnotwendigen Positionen, die nicht in der Bilanz erfasst sind, werden hinzugerechnet. 4. Das Ergebnis ist das betriebsnotwendige Kapital bzw. Vermögen. 5. Dieses betriebsnotwendige Kapital wird vermindert um das Abzugskapital, z. B. Lieferantenkredite und Kundenvorauszahlungen. 6. Ermittlung des gewichteten Zinssatzes, indem der Eigenkapitalanteil mit dem Zinssatz für das Eigenkapital bewertet wird und der Fremdkapitalanteil mit den Fremdkapitalzinsen. Die Formel lautet: $i_{kalk} = EK/(EK+FK) * i_{EK} + FK/(EK+FK) * i_{FK}$ auch WACC Weighted average cost of capital genannt (i: Zinssatz; EK: Eigenkapital, FK: Fremdkapital, WACC: Weighted average cost of capital)
Praktische Relevanz:	Diese Methode wird häufig in der Praxis eingesetzt.
Nachteile:	Die Finanzierungsseite wird nur rudimentär betrachtet, da nur von einem Zinssatz ausgegangen wird. Haben- und Sollzinsen unterscheiden sich in der Praxis oft deutlich.
Besonders zu beachten:	Der Kalkulationszinsfuss muss die unternehmensindividuellen Gegebenheiten berücksichtigen. Er kann individuelle Risiken, die Finanzierungskosten oder die Kosten der Wiederanlage der Finanzen widerspiegeln. Es sind grundsätzlich alle Ein- und Auszahlungen, die durch eine Investition ausgelöst werden, in der Rechnung zu berücksichtigen. In der Praxis sind zwei Dinge besonders zu beachten: • Die Nutzungsdauer der zu vergleichenden Investitionsobjekte sollte nahezu gleich sein, denn ansonsten muss die Differenz mit Hilfe einer Differenzinvestition verglichen werden, um die Vergleichbarkeit herzustellen. • Die technische Nutzungsdauer eines Investitionsobjektes muss nicht der wirtschaftlichen Nutzungsdauer entsprechen. • Die Wahl des Kalkulationszinsfußes. Dieser ist in Unternehmen immer von der Unternehmensleitung vorzugeben. Er kann sich an alternativen Anlagenverzinsungen, der Renditeerwartung oder der erzielten Durchschnittsrendite orientieren. • Die Berechnung des Zinssatzes nach der WACC (Weighted average cost of capital auf deutsch übersetzt, durchschnittlicher gewichteter Zinssatz für das eingesetzte Kapital) Methode bietet den Vorteil, dass so die Renditeerwartungen für das Eigenkapital und die Kosten für das Fremdkapital berücksichtigt werden können.

Besonders zu beachten: (Forts.)	• Es wird ein vollkommener Kapitalmarkt unterstellt, d. h. Geld kann immer zum Kalkulationszinsfuß wieder angelegt bzw. wieder aufgenommen werden. Dieser Zinssatz bleibt über den gesamten Zeitraum konstant. Diese Annahme ist praxisfern. • Zinsen, die auch Auszahlungen sind, sind in jedem Fall in der Zahlungsreihe bei der Ermittelung der Grunddaten zu berücksichtigen. • In der betrieblichen Praxis ist die Nutzungsdauer nicht immer bestimmbar, wie z. B. beim Ankauf von Grundstücken oder eines Unternehmens.
Literatur:	• Bleis, Christian (2006): Grundlagen Investition und Finanzierung, München, S. 26 ff. • Olfert, Klaus/Reichel, Christopher (2006): Investition, 10. Aufl., Leipzig, S. 209 ff. • Schweizer, Marcell/Küpper Hans-Ulrich (2008): Systeme der Kosten- und Erlösrechnung, München, S. 114 (WACC), S. 239 ff.

Rechenbeispiel:

In diesem Beispiel wird der Kapitalwert der Maschinen 1 und 2 über einen Vergleichszeitraum von 10 Jahren berechnet. Der Kalkulationszinsfuß beträgt 10 %. Die Zahlungsströme für die einzelnen Maschinen können aus der folgenden Tabelle ermittelt werden. In diesem Beispiel wurden die Zahlungsströme über die Jahre konstant gelassen. In der Praxis sind sie unbedingt einer detaillierten Planung zu unterziehen und können daher in den einzelnen Perioden sich deutlich unterscheiden.

Zinssatz		10,00%				
Periode		Maschine 1 Zahlungsüberschüsse Gewinn + Abschreibungen	Maschine 2 Zahlungsüberschüsse Gewinn + Abschreibungen	Barwertfaktoren	Bar- und Kapitalwert Maschine 1	Bar- und Kapitalwert Maschine 2
0	Anschaffungsauszahlung	−100.000,00 €	−50.000,00 €	1,00	−100.000,00 €	−50.000,00 €
1	Überschuss	20.880,00 €	7.240,00 €	1,10	18.981,82 €	6.581,82 €
2	Überschuss	20.880,00 €	7.240,00 €	1,21	17.256,20 €	5.983,47 €
3	Überschuss	20.880,00 €	7.240,00 €	1,33	15.687,45 €	5.439,52 €
4	Überschuss	20.880,00 €	7.240,00 €	1,46	14.261,32 €	4.945,02 €
5	Überschuss	20.880,00 €	7.240,00 €	1,61	12.964,84 €	4.495,47 €
6	Überschuss	20.880,00 €	7.240,00 €	1,77	11.786,22 €	4.086,79 €
7	Überschuss	20.880,00 €	7.240,00 €	1,95	10.714,74 €	3.715,26 €
8	Überschuss	20.880,00 €	7.240,00 €	2,14	9.740,67 €	3.377,51 €
9	Überschuss	20.880,00 €	7.240,00 €	2,36	8.855,16 €	3.070,47 €
10	Überschuss	20.880,00 €	7.240,00 €	2,59	8.050,14 €	2.791,33 €
				Kapitalwert	28.298,56 €	−5.513,33 €

Da Maschine 1 einen positiven Kapitalwert aufweist, kann sie bei dem gegebenen Zinssatz von 10 % als vorteilhaft ausgewählt werden. Maschine 2 dagegen ist nicht vorteilhaft, da sie einen negativen Kapitalwert aufweist.

8. Interne Zinsfußmethode

Art:	Dynamisches Investitionsrechenverfahren
Ziel:	Mit Hilfe der internen Zinsfußmethode wird die Verzinsung eines Investitionsobjektes ermittelt, die als Maßstab für die Vorteilhaftigkeit dient. Der interne Zinsfuß ist der Zinssatz, bei dem der Kapitalwert gleich Null wird.
Vorgehen:	**Ermittlung des internen Zinsfußes:** Ausgehend von einer Zahlungsreihe werden die Zahlungen eines Jahres durch den Wert $(1+i)^t$ dividiert. Der Kapitalwert wird mit Null angesetzt. Formel: $K_0 = A_0 + \sum_{t=1}^{n}(e_t - a_t)(1+i)^{-t} = 0$ t: Zeitpunkt K_0: Kapitalwert zum Zeitpunkt Null A: Anfangsauszahlung zum Zeitpunkt Null e_t: Einzahlung zum Zeitpunkt t a_t: Auszahlung zum Zeitpunkt t i: Kalkulationszinsfuß In Tabellenkalkulationsprogrammen gibt es Formeln, die für diese Rechenmethode angewendet werden können. **Ermittlung des modifizierten internen Zinsfußes:** Mit der Berechnung des modifizierten Zinsfußes wird den unterschiedlichen Soll- und Haben-Zinssätzen Rechnung getragen. Die Berechnung kann mit Hilfe der finanzmathematischen Formeln in Tabellenkalkulationsprogrammen erfolgen.
Praktische Relevanz:	Das Verfahren wird in der Praxis häufig angewendet.
Besonders zu beachten:	• Die Verfahren sind gut einsetzbar, wenn konstante Zahlungsüberschüsse in den Perioden über die Nutzungsdauer zu erwarten sind. • Haben Investitionsobjekte unterschiedliche Nutzungsdauern, so können die Ergebnisse nach Berechnung der internen Zinsfußmethode anders ausfallen als nach der Kapitalwertmethode und somit eine andere Vorteilhaftigkeit zeigen. • Der interne Zinsfuß ist problematisch zu ermitteln, wenn die Zahlungsreihe sehr lang ist (hohe Nutzungsdauer) und Gleichungen n-ten Grades zu lösen sind. • Bei der Berechnung des modifizierten Zinssatzes gilt ein Kontenausgleichsverbot zwischen Guthaben und Verbindlichkeiten, welches als praxisfern anzusehen ist. • Die Zahlungsreihen können so verlaufen, dass die Kapitalverlaufskurve die Abszisse mehrmals schneidet, es also mehrere interne Zinsfüße gibt. • Beim Verfahren des modifizierten Zinsfußes müssen die Ergänzungsinvestitionen bei verschiedenen Investitionen vergleichbar sein, es müssen also z. B. die gleichen Haben-Zinssätze verwendet werden.
Literatur:	• Bleis, Christian (2006): Grundlagen Investition und Finanzierung, München, S. 45 ff. • Olfert, Klaus/Reichel, Christopher (2006): Investition, 10. Aufl., Leipzig, S. 220 ff. • Adam, Dietrich (1997): Investitionscontrolling, 2. Aufl., München, S. 134 ff.

Beispielaufgabe 1:

Ein Unternehmen der Metallverarbeitung möchte eine Maschine zum Schleifen eines Metallteiles anschaffen. Der Liquidationserlös am Ende der Nutzungsperiode ist für beide Maschinen Null. Maschine 1 kostet in der Anschaffung 100.000 €, Maschine 2 kostet 50.000 €. Die Zahlungsströme sind in der unten stehenden Tabelle enthalten. Zunächst soll der interne Zinsfuß der beiden Investitionen errechnet werden:

Periode		Maschine 1	Maschine 2
		Zahlungsüberschüsse Gewinn + Abschreibungen	Zahlungsüberschüsse Gewinn + Abschreibungen
0	Anschaffungsauszahlung	−100.000 €	−50.000 €
1	Überschuss	20.880 €	7.240 €
2	Überschuss	20.880 €	7.240 €
3	Überschuss	20.880 €	7.240 €
4	Überschuss	20.880 €	7.240 €
5	Überschuss	20.880 €	7.240 €
6	Überschuss	20.880 €	7.240 €
7	Überschuss	20.880 €	7.240 €
8	Überschuss	20.880 €	7.240 €
9	Überschuss	20.880 €	7.240 €
10	Überschuss	20.880 €	7.240 €
Interner Zinsfuß	IKV (Interne Kapitalverzinsung)	16,25%	7,37%

Beide Maschinen weisen einen positiven internen Zinsfuß auf und sind demnach als vorteilhaft zu bewerten. Der Investor kann anhand dieser Werte entscheiden, ob die errechnete Verzinsung seiner geforderten Mindestverzinsung entspricht. Die Maschine 1 ist aufgrund der höheren Verzinsung vorteilhafter als die Maschine 2.

Beispielaufgabe 2:

Aufgabe 1 wird erweitert: Nun wird angenommen, dass die Zinsen, die für das Fremdkapital zu zahlen sind, mit 10 % festgelegt werden, und die Zinsen die für die Wiederanlage von Kapital 2 % betragen. So wird der modifizierte interne Zinsfuß berechnet.

Periode		Maschine 1	Maschine 2
		Zahlungs- überschüsse	Zahlungs- überschüsse
	Anschaffungsauszahlung	−100.000,00 €	−50.000,00 €
1	Überschuss	20.880,00 €	7.240,00 €
2	Überschuss	20.880,00 €	7.240,00 €
3	Überschuss	20.880,00 €	7.240,00 €
4	Überschuss	20.880,00 €	7.240,00 €
5	Überschuss	20.880,00 €	7.240,00 €

Periode		Maschine 1 Zahlungs-überschüsse	Maschine 2 Zahlungs-überschüsse
6	Überschuss	20.880,00 €	7.240,00 €
7	Überschuss	20.880,00 €	7.240,00 €
8	Überschuss	20.880,00 €	7.240,00 €
9	Überschuss	20.880,00 €	7.240,00 €
10	Überschuss	20.880,00 €	7.240,00 €
Modifizierter Interner Zinsfuß	QIKV (Qualifizierte interne Kapitalverzinsung)	8,62 %	4,72 %

9. Annuitätenmethode

Art:	Dynamisches Investitionsrechenverfahren
Ziel:	Mit Hilfe der Annuitätenmethode wird die Vorteilhaftigkeit von Investitionen anhand von Annuitäten beurteilt. Sie ähnelt der Kapitalwertmethode und ermittelt statt eines Totalerfolges einer Investition den Periodenerfolg. Eine Investition ist dann vorteilhaft, wenn sie eine positive Annuität aufweist. Bei der Annuitätenmethode werden die Zahlungsreihen auf einen Bezugszeitpunkt hin abdiskontiert und anschließend durch Umrechnung mit dem Barwertfaktor in gleich bleibende Annuitäten umgewandelt. So erhält man eine gleichbleibende Rente aus dem Kapitalwert, die fiktiv ist und in gleichbleibenden Zahlungsabständen gezahlt wird.
Vorgehen:	Die Ein- und Auszahlungen der Investitionsobjekte werden so umgewandelt, dass man gleiche jährliche Überschüsse, die Annuitäten, erhält. oder $K = a * RBF$ $a = K * 1/RBF$ $RBF = (1+i)^n - 1 / i(1+i)^n$ K: Kapitalwert a: Annuität i: Zinssatz RBF: Rentenbarwertfaktor (Der Kehrwert wird als Wiedergewinnungsfaktor bezeichnet) n: Anzahl der Perioden
Besonders zu beachten:	• Werden mehrere Investitionsobjekte miteinander verglichen, so führt die Annuitätenmethode zum gleichen Ergebnis in Bezug auf die Vorteilhaftigkeit wie die Kapitalwertmethode. • Die Zurechenbarkeit von Zahlungsreihen auf ein einzelnes Investitionsobjekt ist in der Praxis häufig ein Problem. • Die Prognostizierbarkeit von Zahlungsreihen in der Zukunft ist immer mit Unsicherheiten behaftet. • Der Vorteil dieser Methode ist, dass Zahlungsreihen zeitlich und betragsmäßig differenziert erfasst werden können.
Literatur:	• Olfert, Klaus/Reichel, Christopher (2006): Investition, 10. Aufl., Leipzig, S. 230 ff. • Reichmann, Thomas (2006): Controlling mit Kennzahlen und Management-Tools, 7. Aufl., München, S. 309. • Bieg, Hartmut et al. (2006): Investitionsmanagement in Übungen, München, S. 55 ff. und S. 79 ff.

Beispielaufgabe:

Ein Investor hat die Investitionsalternativen Maschine 1 und Maschine 2. Anschaffungsauszahlungen und Überschüsse sowie die Berechnung des Wiedergewinnungsfaktors sind in der folgenden Tabelle angegeben:

Beispiel für Berechnung des Wiedergewinnungsfaktors	
Zinssatz	10,00%
1+i	
Anzahl Perioden	10,00
(1+i) hoch n	2,59
i* (1+i) hoch n	0,25937425
((1+i) hoch n) −1	1,59
Wiedergewinnungsfaktor	0,16274539

Zinssatz		10,00%				
		Maschine 1			Maschine 2	
Periode		Zahlungs- überschüsse Gewinn + Abschreibun- gen	Bar- wert- fakto- ren	Barwerte	Zahlungs- überschüsse Gewinn + Abschrei- bungen	Barwerte
0	Anschaffungs- auszahlung	−100.000,00 €	1,00	−100.000,00 €	−50.000,00 €	−50.000,00 €
1	Überschuss	20.880,00 €	1,10	18.981,82 €	7.240,00 €	6.581,82 €
2	Überschuss	20.880,00 €	1,21	17.256,20 €	7.240,00 €	5.983,47 €
3	Überschuss	20.880,00 €	1,33	15.687,45 €	7.240,00 €	5.439,52 €
4	Überschuss	20.880,00 €	1,46	14.261,32 €	7.240,00 €	4.945,02 €
5	Überschuss	20.880,00 €	1,61	12.964,84 €	7.240,00 €	4.495,47 €
6	Überschuss	20.880,00 €	1,77	11.786,22 €	7.240,00 €	4.086,79 €
7	Überschuss	20.880,00 €	1,95	10.714,74 €	7.240,00 €	3.715,26 €
8	Überschuss	20.880,00 €	2,14	9.740,67 €	7.240,00 €	3.377,51 €
9	Überschuss	20.880,00 €	2,36	8.855,16 €	7.240,00 €	3.070,47 €
10	Überschuss	20.880,00 €	2,59	8.050,14 €	7.240,00 €	2.791,33 €
			Kapitalwert	28.298,56 €		−5.513,33 €
Wiedergewinnungsfaktor				0,1627		0,1627
Annuität (Gleichbleibende Zahlung)				4.605,46 €		−897,27 €

Wird die Zahlungsreihe für die Maschine 1 in gleichbleibende Zahlungen umgewandelt, so beträgt die Annuität 4.605,46 €. Dieser Betrag kann jedes Jahr entnommen werden. Die Maschine 2 weist dagegen eine negative Annuität auf. Sie ist demnach keine vorteilhafte Investition.

10. Vollständiger Finanzplan

Art:	Dynamisches Rechenverfahren
Ziel:	Der vollständige Finanzplan erfasst alle Ein- und Auszahlungen über ein Investitionsobjekt in der jeweiligen Periode. So wird ein Vermögensendwert ermittelt, anhand dessen die Vorteilhaftigkeit von Investitionen beurteilt wird.
Vorgehen:	Es wird die Anfangsauszahlung der Investition mit seinen Ein- und Auszahlungen und evtl. Liquidationserlösen bzw. Aufwendungen in den Finanzplan eingesetzt. Das verfügbare Eigenkapital und verfügbare Fremdkapital wird auf der Finanzierungsseite erfasst. Ebenso werden alle Ein- und Auszahlungen erfasst, die mit der Finanzierungsseite verbunden sind.
Vorteil:	Es werden die Ein- und Auszahlungen jeweils den Perioden zugeordnet, sodass es in jeder Periode nicht zu einer Unterschreitung des Liquiditätslimits kommt. Guthaben werden zum Habenzinssatz angelegt; es können unterschiedliche Sollzinssätze berücksichtigt werden. Die jährlichen Entnahmen und Steuerzahlungen können berücksichtigt werden. Es können unterschiedliche Finanzierungsformen, wie z.B. der Vergleich Fremdfinanzierung zu Leasing, durchgerechnet werden.
Besonders zu beachten:	Wenn als Entscheidungsproblem ansteht, eine Anlage durch eine neuere zu ersetzen und der Nutzungszeitraum über den Planungszeitraum hinausgeht, zeigt die Planungsrechnung das Optimum nur bis zum Ende des Planungszeitraumes auf. Liegt das Optimum aber außerhalb des Planungszeitraumes, wird dieses im vollständigen Finanzplan im Endvermögensvergleich nicht aufgezeigt. Am Ende der Planungsperiode wird der abgeschriebene Sachwert nur in die Planung eingestellt und nicht der Restkapitalwert.
Literatur:	• Adam Dietrich (1997): Investitionscontrolling, München/Wien, S. 104 ff.

Beispielaufgabe:

In diesem Beispiel soll eine alte Anlage durch eine neue ersetzt werden. Die entsprechenden Zahlungsströme finden sich in der unten stehenden Tabelle.

Zum Auffinden des optimalen Ersatzzeitpunktes sind alternative Finanzpläne durchzurechnen und zwar mit den Optionen Ersatz der Maschine alt durch Maschine neu in den Perioden 1, 2, 3, 4, 5 oder 6. Es ist der Zeitpunkt optimal, bei dem der Vermögensendwert am höchsten ausfällt.

Diese Berechnung wird an dem Beispiel Ersatz der Anlage in Periode 2 gezeigt:

Die alte Anlage wird für 2 Perioden, die neue für die restlichen 4 Perioden bis zum »Planungshorizont« betrieben.

	Alte Anlage	Neue Anlage					
Verkaufspreis/Stück	30 €	30 €					
Kosten/Stück	25 €	23 €					
Produktionsmenge p.a.	10.000 €	12.000 €					
Gesamterlöse p.a.	300.000 €	360.000 €					

	Alte Anlage	Neue Anlage					
Gewinn vor Abschreibungen	50.000 €	84.000 €					
Restnutzungsdauer	6 Jahre	10 Jahre					
Anschaffungsausgabe		200.000 €					
Buchwert in t=0	90.000 €						
Abschreibung p.a.	15.000 €	20.000 €					
Liquidationserlös in t=0	20.000 €						
Habenzinssatz	0,25%						
Sollzinssatz	12,00%						
Zeitpunkt	**0**	**1**	**2**	**3**	**4**	**5**	**6**
Investitionstätigkeit							
Investitionsausgaben			−200.000 €				
Liquidationserlöse			8.000 €				120.000 €
Einnahmen/Ausgaben Investitionstätigkeit		0 €	−192.000 €	0 €	0 €	0 €	120.000 €
Einzahlungen/Auszahlungen aus Betriebstätigkeit							
Einnahmen Betrieb Anlage alt		50.000 €	50.000 €				
Einnahmen Betrieb Anlage neu				84.000 €	84.000 €	84.000 €	84.000 €
Summe Einnahmen		50.000 €	50.000 €	84.000 €	84.000 €	84.000 €	84.000 €
Zinsen Haben			90 €	0 €	0 €	18 €	164 €
Zinsen Soll			0 €	−11.898 €	−5.746 €	0 €	0 €
Zinssaldo			90 €	−11.898 €	−5.746 €	18 €	164 €
Ermittlung der Steuerlichen Zahlungen							
Abschreibung Anlage alt		15.000 €					
Sonderabschreibung Anlage alt wegen Verkauf unter Restbuchwert			67.000 €				
Abschreibung Anlage neu				20.000 €	20.000 €	20.000 €	20.000 €
Gesamtbetrag Abschreibung		15.000 €	67.000 €	20.000 €	20.000 €	20.000 €	20.000 €
Steuerliches Ergebnis		35.000 €	−16.910 €	52.102 €	58.254 €	64.018 €	64.164 €
Davon Steuerzahlung/-ersparnis		14.000 €	−6.764 €	20.841 €	23.302 €	25.607 €	25.665 €
Überschuss (Cashflow)		36.000 €	−135.146 €	51.261 €	54.952 €	58.411 €	178.498 €
Vermögen/Schulden		36.000 €	−99.146 €	−47.885 €	7.068 €	65.478 €	243.977 €

Das Ergebnis zeigt, das der Vermögensendwert mit 243.977 € positiv ist. Demnach ist der Ersatz der Anlage zum Zeitpunkt 2 eine vorteilhafte Investition. Ob andere Zeitpunkte günstiger sind, müssen alternative Berechnungen zeigen.

11. Ersatz einer Anlage (optimaler Ersatzzeitpunkt)

Art:	Statische und dynamische Rechenverfahren
Ziel:	Eine Vielzahl von Investitionen sind Ersatzinvestitionen. Mit Hilfe dieser Methode kann der optimale Ersatzpunkt für eine Investition gefunden werden, z. B. wenn neuere, technisch effizientere und wirtschaftlichere Verfahren auf dem Markt verfügbar sind und berechnet werden soll, zu welchem Zeitpunkt die alte Maschine ersetzt werden soll.
Vorgehen:	**1. Berechnung mit Hilfe der Kapitalwertmethode** Es werden die Zahlungsreihen (Auszahlungen und Zahlungsüberschüsse) für die einzelnen Investitionsobjekte ermittelt. Anschließend wird ein Planungshorizont festgelegt, der nach x Jahren endet. 1. Berechnung: Es wird für die alte zu ersetzende Anlage der Kapitalwert bis zum Ende des Planungshorizontes durchgerechnet. Anschließend werden nach dem gleichen Verfahren die Kapitalwerte für die neue Anlage ermittelt. 2. Berechnung: Es werden die Kapitalwerte für beide Investitionen für den Fall berechnet, dass die alte Maschine in der ersten Periode ersetzt wird. Der Kapitalwert wird für die alte Maschine bis zum Nutzungsende der ersten Periode berechnet und von der neuen Maschine von Beginn der Nutzung zu Periode 2 bis zum Ende des Planungshorizontes. Ist diese Maschine bis dahin nicht abgenutzt, wird der Restwert in der letzten Periode eingesetzt. Anschließend werden die beiden Kapitalwerte addiert. Weitere Berechnungen: Diese Berechnung wird für die Perioden, für die der Austausch in Frage kommt (dieser Zeitraum kann abweichend vom Planungshorizont sein), vorgenommen. Es wird also alternativ berechnet, ob die Maschine in Periode 2, 3 usw. ausgetauscht wird. Wird der Kapitalwert maximal bezogen auf eine Austauschperiode, so ist das der optimale Ersatzzeitpunkt. **2. Berechnung mit Hilfe des vollständigen Finanzplanes** • Siehe Tool Vollständiger Finanzplan Der optimale Ersatzzeitpunkt ist dann erreicht, wenn der Vermögensendwert den maximalen Endwert erreicht. **3. Berechnung mit Hilfe der Annuitätenmethode** • Siehe Tool Annuitätenmethode Der optimale Ersatzzeitpunkt ist dann erreicht, wenn die Annuität des alten Investitionsobjektes in der nächsten Periode kleiner als die Annuität des neue Objektes ist.
Besonders zu beachten:	Das neue Investitionsobjekt wird nach der Nutzungsdauer des alten Investitionsobjektes identisch eingesetzt. Es gelten die Vorbehalte der Kapitalwert- und Annuitätenmethode. Aufgrund des technischen Fortschritts können sich schnell neue Situationen ergeben. Während die alte Maschine sich in der Regel in ihrer Wirtschaftlichkeit verschlechtert, wird die neue durch den technischen Fortschritt wirtschaftlicher. Dadurch verkürzt sich unter Umständen der errechnet Zeitraum bis zum Ersatz.
Literatur	• Olfert, Klaus/Reichel, Christopher (2006): Investition, 10. Aufl., Leipzig, S. 209 ff. • Jacob/Voigt (1997): Investitionsrechnung, 5. Aufl., Wiesbaden, S. 34 ff.

Berechnung mit Hilfe der Kapitalwertmethode

Beispielberechnung für den Vergleich über 2 Perioden:

Aufgabenstellung:
Der Planungszeitraum beträgt 6 Perioden. Zum Zeitpunkt t = 0 ist eine Maschine alt im Einsatz, die – wenn sie zu diesem Zeitpunkt ersetzt wird – einen Liquidationserlös von 10.000 € erbringt; wird sie am Ende von Periode t = 1 ersetzt, beträgt ihr Liquidationserlös noch 7.500 €. Für diesen Fall erwirtschaftet sie einen Überschuss von 44.800 € jährlich in den Perioden, in denen die Maschine produziert.

Die Maschine neu erwirtschaftet dagegen einen konstanten Zahlungsüberschuss in Höhe von 67.200 € jährlich in den Perioden, in denen die Maschine produziert. Die Anschaffungsauszahlung beträgt 100.000 €, der Liquidationserlös zum Ende des Planungszeitraumes ist abhängig vom Investitionszeitpunkt. Wird die Maschine zum Zeitpunkt t = 0 eingesetzt, ist der Liquidationserlös am Ende des Planungszeitraumes 40.000 €; wird sie zum Zeitpunkt t = 1 ersetzt, beträgt er 50.000 €. Es werden nur diese beiden alternativen Zeitpunkte betrachtet.

Berechnung der Kapitalwerte bei Ersatz der alten Anlage zu zwei alternativen Zeitpunkten				
		10,00%		
Ersatz der alten Anlage in Periode	Zahlungsreihe Maschine alt	Liquidationserlös	Zahlungsreihe Maschine neu	Anfangsauszahlung/ Liquidationserlös
0,00	0	10.000		
			67.200	−100.000
				40.000
1,00	44.800	7.500		
			67.200	−100.000
				50.000

Lösung:
Ersatz der Maschine alt in Periode 0:

Periode	0	1	2	3	4	5	6	Kapitalwert zum Zeitpunkt 0	Summe der Kapitalwerte
Barwertfaktoren	1,00	1,10	1,21	1,33	1,46	1,61	1,77		
Liquidationserlös Maschine alt	10.000 €							10.000 €	
Abgezinste Zahlungsüberschüsse Maschine neu			61.091 €	55.537 €	50.488 €	45.899 €	41.726 €	37.933 €	292.674 €
Anfangsauszahlung/ Liquidationserlös Maschine neu	−100.000 €						0	22.579 €	−77.421 €	225.252 €

Ersatz der Maschine alt in Periode 1:

Periode	0	1	2	3	4	5	6	Kapitalwert zum Zeitpunkt 0	Summe der Kapitalwerte
Barwertfaktoren	1,00	1,10	1,21	1,33	1,46	1,61	1,77		
Abgezinste Zahlungsüberschüsse Maschine alt		40.727 €						40.727 €	
Liquidationserlös Maschine alt		6.818 €						6.818 €	
Abgezinste Zahlungsüberschüsse Maschine neu			55.537 €	50.488 €	45.899 €	41.726 €	37.933 €	231.583 €	
Abgezinste Anfangsauszahlung/ Liquidationserlös Maschine neu		-90.909 €				28.224 €	-62.685 €		216.443 €

Wird die Maschine alt in der Periode 0 ersetzt, ergibt sich ein höherer Kapitalwert (225.252 €) als bei einem Ersatz in Periode 1, wo der Kapitalwert einen Betrag von 216.443 € aufweist. Demnach ist der optimale Ersatzzeitpunkt die Periode 0. Die alte Anlage ist also sofort zu ersetzen.

Die Geschäftsführung könnte auch auf die Idee kommen, die Maschine nicht zu ersetzen. Die Rechnung sieht dann wie folgt aus:

Periode		1	2	3	4	5	6	Kapitalwerte	Summe Kapitalwerte
kein Ersatz	Zahlungsüberschüsse	40.727 €	37.025 €	33.659 €	30.599 €	27.817 €	25.288 €	195.115 €	
	Liquidationserlös	0 €	0 €	0 €	0 €	0 €	0 €	0 €	195.115 €

Dies ist also die unwirtschaftlichste Alternative.

12. Lebenszykluskosten

Ziel:	Mit den Lebenszykluskosten werden alle Kosten einer Investition oder eines Produktes, die über den gesamten Lebenszyklus anfallen, erfasst und bewertet.
Methode:	Die Berechnung der Lebenszykluskosten basiert auf dem Kapitalwertverfahren. Es werden die Investitionsausgaben einschließlich aller Nebenkosten zum Kapitalwert aller Betriebskosten über die gesamte Nutzungsdauer addiert. Anschließend wird der Barwert des Liquidationserlöses am Ende der Periode wieder angerechnet. So ergibt sich eine ganzheitliche Betrachtung.
Praktische Relevanz:	Dieses Verfahren wird z. B. bei der Produktgestaltung eingesetzt, um die Kosten über die gesamte Lebensdauer des Produktes zu erfassen. Erfahrungen zeigen, dass die Kosten zu 90% in der Forschungs- und Entwicklungsphase festgelegt werden. Somit kommt diesem Konzept eine strategische Bedeutung zu. Das Verfahren wird eingesetzt im Großanlagenbau und anderen Großprojekten (z. B. Automobil- und Flugzeugbau, Pumpen und Druckluftsysteme).
Besonders zu beachten:	Werden die Lebenszykluskosten eines Produktes errechnet, können sich die Auszahlungen zu Beginn (z. B. für Forschung und Entwicklung) über mehrere Perioden verteilen. Demnach sind Kosten auch auf einen Zeitpunkt hin abzuzinsen.
Literatur:	• Schweitzer, Marcell/Küpper Hans-Ulrich (2008): Systeme der Kosten- und Erlösrechnung, München, S. 214 ff.

Beispielberechnung:

Ein Investitionsobjekt soll für einen Betrag von 15.000 € zzgl. 1.500 Anschaffungsnebenkosten angeschafft werden. Die Betriebsdauer oder Amortisationszeit dieser Investition wurde mit 10 Jahren festgelegt. Die Verzinsung beträgt 5% und die Inflationsrate 3%, sodass mit einem Kalkulationszinssatz von 8% gerechnet wird. Die Stilllegungs- und Entsorgungskosten betragen 2.000 €. Wie hoch sind Kosten, die über den gesamten Lebenszyklus entstehen?

Investitionskosten	15.000,00 €
Installations- und Inbetriebnahmekosten	1.500,00 €
Anschaffungsauszahlung	16.500,00 €
Stilllegungs- und Entsorgungskosten	2.000,00 €
Energiekosten/Jahr	760,00 €
Betriebskosten/Jahr	800,00 €
Durchschnittliche Instandhaltung/Jahr	500,00 €
Stillstandskosten/Jahr	200,00 €
andere jährliche Kosten	400,00 €
Summe jährliche Kosten	2.660,00 €
Amortisationszeit (Jahre)	10 Jahre
Zinssatz	8,00%
Inflationsrate	3,00%
Diskontsatz	5,00%

Jahr	Barwertfaktoren	Betriebskosten
0		
1	1,08	2.463 €
2	1,17	2.281 €
3	1,26	2.112 €
4	1,36	1.955 €
5	1,47	1.810 €
6	1,59	1.676 €
7	1,71	1.552 €
8	1,85	1.437 €
9	2,00	1.331 €
10	2,16	1.232 €
Summe der Betriebskosten zum gegenwärtigen Zeitpunkt		17.849 €
Stilllegungs- und Entsorgungskosten		2.000,00 €
Abzinsungsfaktor nach	10 Jahre	2,16
Abgezinste Stilllegungs- und Entsorgungskosten		926,39 €
Gegenwärtiger Lebenszykluskostenwert		35.275,20 €

Die gesamten Lebenszykluskosten addieren sich aus der Anschaffungsauszahlung, den abgezinsten Betriebskosten über den gesamten Zeitraum der Nutzungsdauer und den abgezinsten Stilllegungs- und Entsorgungskosten. Es ergibt sich ein Lebenszykluskostenwert in Höhe von 35.275, 20 €.

13. Ermittlung der optimalen Nutzungsdauer

Ziel:	Das Ziel ist es, die optimale wirtschaftliche Nutzungsdauer für ein Investitionsobjekt herauszufinden, die von der technischen Nutzungsdauer abweichen kann. Das Verfahren gilt für Investitionen, die keinen Nachfolger haben.
Vorgehen:	Die Methode basiert auf dem Kapitalwertverfahren.
Literatur:	• Adam, Dietrich (1997): Investitionscontrolling, München/Wien, S. 185. • Bieg, Hartmut/Kussmaul, Heinz/Waschbusch, Gerd (2006): Investitionsmanagement mit Übungen, München, S. 133 ff.

Beispielaufgabe zur Ermittlung der optimalen Nutzungsdauer

Es soll die optimale Nutzungsdauer eines Investitionsobjektes ermittelt werden. Gegeben sind der Kalkulationszinsfuß in Höhe von 10 % sowie die Anschaffungsauszahlung, der Liquidationserlös in den einzelnen Perioden und die erwirtschafteten Zahlungsüberschüsse gemäß der folgenden Tabelle.

1. Methode: Maximierung der Kapitalwerte im Zeitvergleich.

Eine Investition weist für alternative Nutzungsdauern unterschiedliche Kapitalwerte auf. Diese einzelnen Kapitalwerte werden errechnet und verglichen.
Die Nutzungsdauer, die den höchsten Kapitalwert ergibt, bietet nach dieser Bewertung den höchsten Nutzen.

Beispielrechnung:

Kalkulationszinsfuss		10,00%					
	Barwertfaktoren		1,00	1,10	1,21	1,33	
Periode	Zahlungsüberschuss	Liquidationserlös	0	1	2	3	Kapitalwert
0	−25.000	22.000	0				0
1	10.500	17.500	−25.000	28.000			
			−25.000	25.455			455
2	9.500	10.000	−25.000	10.500	19.500		
			−25.000	9.545	16.116		661
3	3.000	4.000	−25.000	10.500	9.500	7.000	
			−25.000	9.545	7.851	5.259	−2.344

Für die Nutzungsdauer von 2 Jahren ist der Kapitalwert am höchsten. Folglich ist das die wirtschaftlichste Nutzungszeit.

2. Methode: Das Grenzwertkalkül.

Die Investition ist solange als positiv zu bewerten, wie die Einzahlungen größer als Null sind. Die Grenzeinzahlung setzt sich aus folgenden Komponenten zusammen:

- Dem periodischen Einzahlungsüberschuss bzw. dem Cashflow. Von diesem Wert wird die Restäderung abgezogen. Ein Wirtschaftsgut verliert in der Regel während seiner Nutzung an Wert. Wird das Investitionsobjekt also eine Periode länger benutzt, sinkt der Restwert um einen bestimmten Betrag. Soll das Investitionsobjekt noch in der Periode weiter betrieben werden, müssen folglich die Einzahlungsüberschüsse höher sein als der Verlust aus dem Sinken des Restwertes.
- Die Verzinsung wird berücksichtigt, indem ein Verzinsungsverzicht berechnet wird; d. h. würde man das Anlagegut verkaufen, könnte der freie Betrag verzinslich angelegt werden.
- Die Investition ist nach der Methode so lange vorteilhaft zu betreiben, bis die Differenz aus den Zahlungsüberschüssen der jeweiligen Periode abzüglich der Restwertdifferenz der laufenden Periode zur Vorperiode abzüglich des Betrages der durch den Verzinsungsverzicht entsteht, positiv und maximal ist.

Beispielrechnung:

Kalkulationszinsfuss:		10,00%			
Periode	Zahlungsüberschuss der Periode	Liquidationserlös	Differenz Restwerte	Verzinsungsverzicht	Grenzwert
0	−25.000	20.000	0		
1	10.500	15.000	−5.000	2.000	3.500
2	9.500	10.000	−5.000	1.500	3.000
3	3.000	4.000	−6.000	1.000	−4.000

Besonders zu beachten:
Der Restwerterlös der Investition wird mit zunehmender Nutzungsdauer sinken.
Instandhaltungs- und Wartungskosten der Investition werden sich im Zeitablauf verändern und wahrscheinlich erhöhen.
Verkaufspreise und -mengen verändern sich im Zeitablauf und werden gemäß dem Produktlebenszyklus zum Ende der Investitionsperiode tendenziell sinken.

Glossar

Ablaufplanung	Mit der Ablaufplanung wird im Detail festgelegt, wie die einzelnen Arbeitsschritte und -pakete logisch und zeitlich hintereinander durchgeführt werden sollen.
Abnahme	Eine Abnahme ist die formelle Bestätigung der Richtigkeit der geforderten Eigenschaften eines Projektergebnisses durch den Auftraggeber.
Absatzprogramm	Das Absatzprogramm ist das gesamte Leistungsangebot (Dienstleistungen und Produkte) eines Unternehmens, welches nach außen potenziellen Kunden angeboten wird.
Abschreibungen	Die Abschreibung ist die buchhalterische Erfassung des Werteverzehrs. Abschreibungen können verschiedene Ursachen haben (Verschleiß; Alterung; Außerordentliche Abschreibungen durch z. B. Auslaufen des Patents).
Aktivseite	Auf der Aktivseite der Bilanz wird das Vermögen eines Unternehmens ausgewiesen (Mittelverwendung).
Amortisation	Die Amortisation beantwortet die Frage, mit welcher abgesetzten Menge oder in welchem Zeitraum das eingesetzte Kapital für eine Investition durch Einnahmenüberschüsse wieder zurückfließt. Sie ist ein Maß für das Risiko einer Investition.
Anlagendeckung	Die Anlagendeckung zeigt an, welcher Anteil (in Prozent) des Anlagevermögens langfristig finanziert ist. Sie ist ein Maß der Fristenkongruenz.
Annuität	Aufteilung des Kapitalwertes in gleich bleibende, in gleichen zeitlichen Abständen wiederkehrende Zahlungen
Annuitätenmethode	Die Annuitätenmethode basiert auf der Kapitalwertmethode: Der Kapitalwert einer Investition wird in gleich bleibenden Zahlungen (Annuitäten) auf die einzelnen Perioden verteilt.
Annuitätendarlehen	Diese Form des Darlehens ist langfristig über einen fest vereinbarten Zeitraum. Die zu zahlenden Raten bleiben während der gesamten Laufzeit gleich, so dass mit sinkender Restschuld der Zinsanteil sich verringert und der Tilgungsanteil sich steigert.
Ausfallrisiko	Das Risiko, dass eine Vertragspartei ihre Zahlungsverpflichtungen nicht vollständig oder rechtzeitig erfüllt; auch Bonitätsrisiko genannt.
Außerordentlicher Verlust	Außerordentliche Verluste können durch einen außerordentlichen Aufwand entstehen. Diese Aufwendungen gehören nicht zum normalen Geschäftsbetrieb eines Unternehmens.
Balanced Scorecard	Die Banlanced Scorecard wurde von *Kaplan* und *Norton* entwickelt. Mit diesem Instrument werden die Zielbeiträge einer

	Organisation über die finanzielle Perspektive hinaus erweitert. Sie offenbart die Wertetreiber für wichtige, langfristige und wettbewerbsfähige Leistungen.
Baldwin-Verfahren	Berechnung des internen Zinsfußes unter Berücksichtigung unterschiedlicher Soll- und Habenzinssätze
Balkenmäher	Ein Balkenmäher ist eine Mähmaschine zum Mähen von Gras, Getreide oder dünnen Gehölzen. Kennzeichen dieses Mähers ist ein Mähbalken, auf dem Mähmesserklingen und Mähfinger montiert sind.
Branding-Nische	Die Branding-Nische kombiniert in der Regel eine Fokussierung auf eine Kundenzielgruppe mit der Fokussierung auf eine Produktgruppe und versucht, durch Markenbildung einen eigenen Markt zu generieren.
Barwert	Unter dem Begriff Barwert wird der Wert einer in der Zukunft liegenden Zahlung im Investitionszeitpunkt t_0 verstanden. Der Barwert wird durch Abzinsung berechnet. Der Abzinsfaktor ist der so genannte Barwertfaktor.
Basistechnologie	Basistechnologien sind Technologien in der Reifephase. Sie werden wahrscheinlich in naher Zukunft durch Schrittmachertechnologien abgelöst.
Behinderungsanzeige	Die Behinderungsanzeige ist ein Instrument des Claim Managements. Sie zeigt an, dass Leistungen nicht termingerecht ausgeführt werden konnten, z. B. weil bestimmte Vorleistungen nicht termingerecht fertiggestellt wurden.
Benchmarking	Benchmarking ist ein professionelles Vergleichsverfahren, das der kontinuierlichen Verbesserung und Erhöhung von Leistungsfähigkeit dient und damit zur Steigerung der Wettbewerbsposition führt. Die Ursachen für Leistungslücken sollen analysiert und Möglichkeiten zu ihrer Schließung entwickelt werden.
Betreibermodelle	Grundidee eines Betreibermodells ist, dass der Lieferant die Investitionskosten übernimmt. Dieser rechnet gegenüber dem Kunden entsprechend des individuell gewählten Modells nach Leistungseinheiten ab.
Beziehungskapital	Der Begriff aus dem Themengebiet der Wissensbilanz bezeichnet alle Beziehungen zu organisationsexternen Gruppen und Personen, die im Zusammenhang mit der Geschäftstätigkeit genutzt werden (z. B. Beziehungen zu Kunden, Lieferanten und sonstigen Partnern einer Organisation).
Bottom-up-Planung	Bei der Bottom-up-Planung wird zuerst auf den hierarchisch unteren Abteilungen geplant. Diese Plandaten werden dann in der Unternehmensspitze zusammengeführt.
Break-even-point	Der Break-even-point wird auch Gewinnschwelle genannt. Der Gewinn ist in diesem Punkt null; wird er überschritten, so werden Gewinne erwirtschaftet.

Bruttoinvestitionen	Die Summe aus Nettoinvestitionen und Reinvestitionen. Bruttoinvestitionen sind die Gesamtheit der in einer Periode getätigten Investitionen.
Bruttorentabilität	Die Bruttorentabilität gibt die Verzinsung einer Investition einschließlich der kalkulatorischen Zinsen an.
Bürgschaftsbank	Eine Bürgschaftsbank übernimmt Ausfallbürgschaften für Kredite an mittelständische Unternehmer und freiberuflich Tätige, wenn diese ihrem Kreditinstitut keine ausreichenden Sicherheiten stellen können.
Cashcows	Als Cashcow werden Produkte eines Unternehmens bezeichnet, die langsam wachsen, einen hohen Marktanteil und eine bedeutende Cash-Erzeugung haben.
Cashflow	Der Cashflow ist ein Finanz- und Erfolgsindikator, der angibt, in welchem Umfang die Unternehmung aus eigener Kraft durch betriebliche Umsatztätigkeit finanzielle Mittel erwirtschaftet oder erwirtschaften kann.
Cashflow-Rate	Die Cashflow-Rate gibt an, welcher Anteil (in Prozent) des Umsatzes als finanzwirtschaftlicher Ertrag liquiditätswirksam zurückgeflossen ist. Sie wird berechnet als Quotient aus Cashflow und Umsatz.
Change Request	Als Change Request oder Änderungsantrag wird ein Änderungswunsch an der Zielsetzung oder Spezifikation eines Projektziels bezeichnet. Änderungen im Projektverlauf werden damit systematisch erfasst.
Checklistenverfahren	Beim Checklistenverfahren werden Kriterien festgelegt, die z. B. eine Investition erfüllen muss. Anhand der Checkliste wird dann geprüft, ob die Investition die Kriterien erfüllt.
Claim	Als Claims werden notwendige Änderungen in einem Projekt bezeichnet, bei denen die Verantwortung für die Ursache und die daraus resultierenden Konsequenzen strittig sind.
Claim-Erfassungsmatrix	Auflistung der Claims nach Wert und Sachstand in einer Liste.
CNC-Zentrum	CNC ist die Abkürzung für computerized numerical control und bedeutet Maschinensteuerung durch eingebauten Rechner.
Data-Mining-System	Ein Data-Mining-System ist ein Prozess des Entdeckens bedeutsamer neuer Zusammenhänge, Muster und Trends durch die Analyse großer Datensätze mittels Mustererkennung sowie statischer und mathematischer Verfahren.
Deckungsbeitrag	Der Deckungsbeitrag ist definiert als die Differenz zwischen Erlös und variablen Kosten.
Desinvestition	Die Desinvestition ist die Freisetzung des durch die Investition gebundenen Kapitals. Sie erfolgt in Form von Einzahlungen aus dem Verkauf der Erzeugnisse und Waren, also in Form der Umsatzerlöse, sowie aus dem Verkauf länger gebundener Vermögensteile des Unternehmens, z. B. Maschinen. Ihr kommt eine Finanzierungsfunktion zu.

Differenzierungsstrategie	Ein Unternehmen versucht sich mit dieser Strategie von den Wettbewerbern zu differenzieren und damit etwas zu schaffen, was in der Branche als einzigartig angesehen wird.
Drittanbieter	Als Drittanbieter oder Fremdanbieter werden Anbieter verstanden, die z. B. Ersatzteile im Wettbewerb zu den Originalherstellern verkaufen.
Due Diligence	Die Due Diligence ist ein Prüfungsprozess des Unternehmens, der in der Regel durchgeführt wird, um eine mögliche Übernahme zu prüfen. Man unterscheidet zwischen wirtschaftlicher, rechtlicher, steuerrechtlicher und sonstiger Due Diligence. In der Regel stellt das Verkäuferunternehmen einen Datenraum zur Verfügung, in dem potenzielle Käufer Unterlagen einsehen können. Im Rahmen dieser Due Diligence findet die abschließende Unternehmensbewertung statt.
Durchlaufzeit	Die Durchlaufzeit bezeichnet die Zeitspanne, die von Beginn der Bearbeitung bis zur Fertigstellung bzw. Auslieferung eines Erzeugnisses benötigt wird.
Dynamischer Verschuldungsgrad	Die Kennzahl sagt aus, welche Zeit ein Unternehmen benötigt, um aus dem selbst erwirtschafteten Cashflow seine Verbindlichkeiten wieder zurückzuzahlen.
Earned Value (EV)	Der Earned Value ist eine Kennzahl der OEE-Methode, die den Wert der geleisteten Arbeit widerspiegelt.
Earned-Value-Analyse (EVA)	Die Earned-Value-Analyse ist eine Methode, mit der systematisch der Arbeitsfortschritt eines Projektes bewertet wird. Mit ihr können Kosten- und Zeitabweichungen differenziert bewertet werden.
EBIT	Earning Before Interest and Taxes. Das Ergebnis eines Unternehmens vor Zinsen und Steuern. Es wird auch als Betriebsergebnis bezeichnet.
EBITDA	Earning Before Interest, Taxes, Depreciation and Amortisation. Das Ergebnis eines Unternehmens vor Zinsen, Steuern und Abschreibungen.
Economies of scale	Wirtschaftliche Vorteile (insbesondere Kostendegression) auf Grund von Mengeneffekten und/oder kundenorientierter Leitungsdifferenzierung und paralleler Kostendegression.
Entscheidungsprämissen	Prämissen sind Vorbedingungen, aus denen in einem logischen Schluss auf ein Ergebnis geschlossen wird. Demnach sind Entscheidungsprämissen die Vorbedingungen, die einer Entscheidung zugrunde liegen.
Entscheidungsrelevante Kosten	Die Kosten, die durch eine Entscheidung verändert werden.
Ersatzinvestitionen	Ersatzinvestitionen i.e.S. helfen die Leistungsfähigkeit des Unternehmens zu erhalten, indem nicht mehr nutzbare Investitionsobjekte durch neue gleichartige Investitionsobjekte ersetzt werden.

Eskalationspfade	Unter Eskalation versteht man das Abweichen vom Planvorgehen und angestrebten Projektergebnis, sofern nicht adäquate Maßnahmen zur Bewältigung der Eskalation eingeleitet werden. Bei Feststellung dieser Abweichungen sind bestimmte organisatorische Maßnahmen zu treffen, z. B. bestimmte Hierarchieebenen zu informieren.
Euphorie	Die Euphorie ist ein Zustand einer – objektiv als unangemessen bewerteten – gehobenen Stimmung und eines gesteigerten Antriebs.
Factoring	Factoring bezeichnet ein meist langfristiges Vertragsverhältnis über den laufenden Ankauf und die Verwaltung kurzfristiger Forderungen aus Warenlieferungen und Leistungen, die eine Höchstlaufzeit von 90 bis 120 Tagen aufweisen.
Finanzinvestitionen	Investitionen in das Finanzanlagevermögen
Finanzplanung	Die Aufgaben der Finanzplanung sind Sicherung der finanziellen Stabilität und Liquidität, die Vorbereitung der Kapitalbeschaffung, Vermeidung von Überliquidität und Minderung des Verlustrisikos.
FMEA Methode	FMEA bedeutet Fehlermöglichkeits- und Einflussanalyse. Die Methode dient dem Auffinden von Schwachstellen.
Forecast	Generierung von Planwerten mit Hilfe spezieller Planungstools.
Formautomat	Formautomaten werden z. B. in Gießereien eingesetzt und zur Herstellung von mittleren und großen Stückzahlen von Formteilen verwendet. Der Automat hat so genannte Kästen mit einer bestimmten Größe. Diese werden mit einem speziellen Sand befüllt. Anschließend wird die Negativform mit einem Musterteil in den Sand gedrückt. Hohlräume werden mit einem Kern versehen. Diese nun entstandene Negativform wird mit flüssigem Gusseisen verfüllt, welches sich der Form anpasst. Am Ende des Prozesses können die Rohteile, die noch durch das erkaltete Eisen verbunden sind, aus der Form entnommen und bearbeitet werden.
Free Cashflow	Der Cashflow unter der Berücksichtigung von Steuern und Investitionen.
Fristenkongruenz	Unter Fristenkongruenz wird verstanden, dass Wirtschaftsgüter entsprechend der Zeit, die sie dem Unternehmen dienen, auch zeitlich kongruent finanziert werden, d. h. Wirtschaftgüter, die langfristig dem Betrieb dienen, werden auch langfristig finanziert.
Gantt-Chart	Der Gantt-Chart ist ein Balkendiagramm, mit dem die zeitliche Abfolge und Länge der einzelnen Arbeitsschritte eines Projektes mit Hilfe von Balken dargestellt wird.
Gefahrenanalyse	Bei der Gefahrenanalyse werden Einzelrisiken und Systemrisiken gezielt beurteilt, um mögliche Gefahren im Vorhinein erkennen zu können.

Geschäftsmodell	Geschäftsmodelle beschreiben Schlüsselprozesse eines Unternehmens, mit denen das Nutzenversprechen für einen Kunden wiederhol- und skalierbar wird.
Gewinnthesaurierung	Unter Gewinnthesaurierung wird das Einbehalten von Gewinnen im Unternehmen verstanden.
Gewinnvergleichsrechnung	Mit Hilfe der Gewinnvergleichsrechnung werden die Gewinne (Erlöse abzgl. Kosten) alternativer Investitionen miteinander verglichen.
Globalzession	Eine Vereinbarung zwischen Kreditgeber und -nehmer über die Abtretung sämtlicher gegenwärtiger und zukünftiger Forderungen gegen einen bestimmten Kundenkreis oder aus einer bestimmten Region. Der Vorteil für den Kreditgeber liegt darin, dass er schon zum Zeitpunkt der Entstehung der Forderung Gläubiger dieser Forderung ist, ohne dass es einer besonderen Rechtshandlung des Zedenten bedarf.
Grenzkosten	Unter Grenzkosten wird die Veränderung der Gesamtkosten bei Änderung um eine Bezugsgrößeneinheit verstanden. Wird also ein Stück zusätzlich produziert so entsprechen die zusätzlichen Kosten für diese Einheit den Grenzkosten.
Grenzwertmethode	Die Grenzwertmethode ist ein betriebswirtschaftliches Rechenverfahren zur Berechnung des optimalen Ersatzzeitpunktes z. B. von Maschinen i. d. R. basierend auf der Kapitalwertmethode oder dem vollständigen Finanzplan.
Halbfertigfabrikate	Halbfertigfabrikate sind Teile, die angearbeitet, aber noch nicht fertigbearbeitet sind. Sie befinden sich im Produktionsprozess.
Humankapital	Der Begriff aus dem Themengebiet der Wissensbilanz bezeichnet Kompetenzen, Fertigkeiten und Motivation der Mitarbeiter. Das Humankapital einer Organisation umfasst alle Eigenschaften und Fähigkeiten, die die einzelnen Mitarbeiter in die Organisation mit einbringen. Es ist im Besitz der Mitarbeiter und verlässt mit ihnen die Organisation.
Immaterielle Investitionen	Investitionen, die sich auf die drei Bereiche Personal, Forschung und Entwicklung und Marketing beziehen.
Innenfinanzierung	Kapitalbeschaffung durch die unternehmerische Tätigkeit.
Innovationsnische	Eine Nische, in der Unternehmen gezielt die Differenzierung zum Wettbewerb durch neue Produkte und Prozesse ausbauen.
Insourcing	Insourcing bezeichnet das Zurückverlagern von Leistungen oder Produktionsprozessen in das eigene Unternehmen. Es ist der gegenteilige Prozess des Outsourcings.
Intellektuelles Kapital	Der Begriff aus dem Themengebiet der Wissensbilanz bezeichnet alle für die Geschäftstätigkeit einer Organisation wichtigen immateriellen Faktoren und deren Vernetzung untereinander. Das Intellektuelle Kapital wird in Human- (HK), Beziehungs- (BK), und Strukturkapital (SK) differen-

	ziert. Es bezeichnet somit die ökonomische Perspektive auf organisationales Wissen als Wertschöpfungs- und Produktionsfaktor.
Interne Zinsfußmethode	Investitionsrechenverfahren: Bei der internen Zinsfußmethode wird der interne Zinssatz (= Zinsfuß) bestimmt, der sich ergibt, wenn der Kapitalwert null beträgt.
Investitionen	Investitionen überdauern das Geschäftsjahr und lösen in den Folgejahren Ein- und Auszahlungen aus. So führen die Erlöse aus dem Verkauf der Produkte zu Einzahlungen, die Kosten z. B. zum Betreiben der Anlage verursachen Auszahlungen.
Investitionsantrag	Der Investitionsantrag fasst die Bewertungsergebnisse zusammen, d.h. er beschreibt, begründet und bewertet ein Investitionsvorhaben.
Investitionsprogramm	Das Investitionsprogramm umfasst alle Investitionen, die ein Unternehmen oder eine Organisation für die Zukunft festgelegt hat.
Investitionsstau	Als Investitionsstau wird der Zustand bezeichnet, der entsteht, wenn ein Unternehmen Investitionen über einen längeren Zeitraum nicht durchführt, die es eigentlich dringend zur Aufrechterhaltung des Geschäftsbetriebes tätigen müsste.
K.o.-Kriterium	K.o.-Kriterien (K.o. = »Knock-out«) sind absolute Ausschlusskriterien.
Kalkulationszinssatz	Beim Kalkulationszinssatz handelt es sich um die Mindestrendite, die der Investor mit seinem Vorhaben erzielen möchte.
Kalkulatorische Zinsen	Den kalkulatorischen Zinsen steht kein Aufwand oder ein Aufwand in anderer Höhe entgegen.
Kapazitätserweiterungs-Kosten	Wenn die Kapazitäten gezielt über die Finanzierung von Abschreibungen hinaus erweitert werden, entsteht ein Kapazitätserweiterungseffekt.
Kapitalangebotskurve	Die verfügbaren Finanzierungsangebote werden nach steigenden Zinssätzen in eine Reihenfolge gebracht; am Anfang der Reihe steht also die günstigste Finanzierungsmöglichkeit. Ordnet man den einzelnen Angeboten das jeweilige Kreditvolumen zu, ergibt sich eine Kapitalangebotskurve.
Kapitalnachfragekurve	Die Investitionsprojekte werden nach fallenden internen Zinssätzen in eine Reihenfolge gebracht; am Anfang der Reihe steht also das Projekt mit dem höchsten Zinsertrag. Ordnet man den einzelnen Projekten die dazugehörige Auszahlung zu, ergibt sich eine Kapitalnachfragekurve.
Kapitalstruktur	Das Verhältnis von Eigen- zu Fremdkapital.
Kapitalwert	Summe der diskontierten Einzahlungsüberschüsse einer Investition zuzüglich Liquidationserlös abzgl. Kapitaleinsatz.

Kontinuierlicher Verbesserungsprozess	Eine Methode, mit der durch die Aktivierung der Mitarbeiter in Zukunft bessere Ergebnisse für das Unternehmen und ein höherer Nutzen für die Kunden erzielt werden sollen.
Kontokorrentkredit	Der Kontokorrentkredit ist eine klassische, weit verbreitete, sehr flexible Kreditform. Er ist ein kurzfristiger Kredit, der aber durch fortwährende Prolongation auch langfristig werden kann. Das Unternehmen bekommt eine Kreditlinie vom Kreditinstitut eingeräumt, bis zu deren Höhe es die Finanzmittel des Instituts in Anspruch nehmen darf. Der normale Geschäftsverkehr wird darüber abgewickelt. Die Kosten setzen sich aus Sollzinssatz (auch Nettozinssatz), Kreditprovision oder Bereitstellungsprovision, Überziehungsprovision, Kontoführungsgebühren oder Umsatzprovision sowie Barauslagen zusammen.
Korrekturverfahren	Das Korrekturverfahren bezieht den Aspekt der Unsicherheit in die Investitionsrechnung mit ein, indem die mit Unsicherheiten behafteten Größen durch Risikozu- oder -abschläge verändert werden.
Kosten	Unter Kosten wird der bewertete Verbrauch von Gütern und Dienstleistungen für die Herstellung und den Absatz betrieblicher Leistungen und die Aufrechterhaltung der dafür erforderlichen Kapazitäten verstanden. *Fixe Kosten* sind beschäftigungsunabhängig, d.h. sie entstehen bei einem Investitionsprojekt unabhängig der Maßnahmen. *Variable Kosten* sind beschäftigungsabhängig; d.h. sie fallen nur bei Durchführung von Projektmaßnahmen an.
Kostenführerschaft	Eine Strategie, bei der gezielt durch die niedrigsten Kosten die Marktführerschaft angestrebt wird.
Kostenstelle	Als Kostenstelle wird der Ort definiert, an dem die zur Leistungserstellung benötigen Güter und Dienstleistungen verbraucht werden. Sie sind selbstständige Teilbereiche des Unternehmens, für welche der Kostenanfall erfasst und kontrolliert werden soll.
Kostenträger	Als Kostenträger werden Leistungen des Unternehmens bezeichnet, deren Erstellung die Kosten verursacht hat. Unter anderen gehören auch innerbetriebliche Leistungen aufgrund interner Aufträge dazu.
Kostentreiber	Sie stellen als Haupteinflussgröße die zurechenbare Prozessmenge dar, die als Kosten verursachend angesehen werden kann.
Kostenvergleichsrechnung	Mit Hilfe der Kostenvergleichsrechnung werden die Kosten alternativer Investitionen miteinander verglichen.
Landesbürgschaft	Eine Bürgschaft eines Landes, welche als Sicherheit für den Kredit eines Kreditnehmers (Unternehmen) dient.
Lastenheft	Das Lastenheft ist nach DIN 69905 die »Gesamtheit der Anforderungen des Auftraggebers an die Lieferanten und Leistungen eines Auftragnehmers.« Es macht Aussagen über das »Was?« und »Wofür?«.

Leasing	Leasing bedeutet im weiten Sinne die Überlassung von Gegenständen zur Nutzung gegen Entgelt. Hierbei wird oft eine Leasinggesellschaft als Leasinggeber eingeschaltet. Die Vertragsformen des Leasing sind vielfältig vom normalen Mietvertrag (Operate Leasing) bis hin zum Finance Leasing, bei dem der Leasinggegenstand innerhalb einer fest vereinbarten Grundmietzeit unkündbar ist.
Leerkosten	Der Teil der Fixkosten einer Anlage, der auf dem nicht ausgelasteten Teil beruht.
Leitbild	Ein Leitbild bietet Orientierung in Bezug auf Werte und Normen. Es vereinfacht die Kommunikation, vermittelt ein Wir-Gefühl und enthält Entscheidungsregeln zum Beispiel für Krisensituationen – es bietet Beständigkeit auch in unruhigen Zeiten. Bezogen auf eine Investition stellt ein Leitbild sicher, dass die Investition das Unternehmen tatsächlich in Richtung seines strategischen Ziels voranbringt.
Lenkungsausschuss	Der Lenkungsausschuss vertritt in einem Projekt den Auftraggeber und trifft Entscheidungen z. B. über den Einsatz des Projektleiters, der Zuteilung von Ressourcen und der Abnahme von Meilensteinen.
Lessons Learned	Englischer Begriff für Erfahrungslernen. Ein Prozessschritt im Projektmanagement.
Leverage-Effekt	Mit diesem Effekt wird die gezielte Steigerung der Gesamtrendite durch die Aufnahme von Fremdmitteln bezeichnet. Sie funktioniert dann, wenn die Gesamtrendite der Investition höher ist, als die Kosten für die Aufnahme der Fremdmittel sind.
Magische Dreieck des Projektmanagements	Bei der Umsetzung von Projekten müssen drei Ziele erfüllt werden, die einander häufig widersprechen: die Projektkosten und der Projektendtermin sind ebenso einzuhalten wie die Qualität.
Managementsystem	Ein Managementsystem legt die wesentlichen Prozesse und Abläufe eines Unternehmens verbindlich fest und schließt auf diese Weise einen großen Teil möglicher Fehler und Risiken aus.
Marktführer	Als Marktführer wird das Unternehmen bezeichnet, das im relevanten Teilmarkt den höchsten Marktanteil hat.
Matrix-Projektorganisation	Kennzeichen der Matrix-Projektorganisation ist die Aufteilung der Verantwortung zwischen dem Linienvorgesetzten und dem Projektleiter.
Meilensteintrendanalyse	Die Methode zeigt, wie sich Verzögerungen auf die Meilensteine auswirken und möglicherweise auch den Endtermin gefährden.
Mezzanine-Kapital	Unter Mezzaninen werden verschiedene Finanzinstrumente zusammengefasst, die zwischen dem reinen Eigenkapital und dem reinen Fremdkapital einzuordnen sind.

Monte-Carlo Simulation	Die Monte-Carlo-Simulation ist ein Verfahren aus der Stochastik, das auf einer großen Zahl von zufälligen Vorgängen beruht, die entweder durch Würfeln oder durch computergenerierte Zufallsvorgänge erzeugt werden.
Morphologische Matrix	Die morphologische Matrix (oder der morphologische Kasten) ist eine Kreativitätstechnik. Im ersten Schritt erfolgen eine genaue Beschreibung und eine zweckmäßige Verallgemeinerung des Problems. Anschließend werden die Parameter des Problems bestimmt, d. h. derjenigen Faktoren, die die Problemlösung beeinflussen. Der morphologische Kasten ermöglicht die kombinative Verknüpfung der Ausprägungen und zum Schluss die Wahl der Lösung.
Nachhaltigkeit	Im ursprünglichen Wortsinn beschreibt Nachhaltigkeit die Nutzung eines regenerierbaren natürlichen Systems in einer Weise, dass dieses System in seinen wesentlichen Eigenschaften erhalten bleibt und sein Bestand auf natürliche Weise nachwachsen kann. Die nachhaltige Entwicklung im Unternehmen beinhaltet die Befriedigung und Erwartungen aller Stakeholder und Ermöglichung langfristiger Prosperität. Es werden die drei Teilziele ökonomisches Wachstum, Umweltexcellence und gesellschaftliche Verantwortung miteinander verknüpft.
Nettoinvestitionen	Nettoinvestitionen sind Investitionen, die erstmals im Unternehmen vorgenommen werden (als Gründungs- oder Erweiterungsinvestitionen).
Nettorentabilität	Die Nettorentabilität gibt die Verzinsung einer Investition nach Abzug der kalkulatorischen Zinsen an.
Neunzig-Prozent-Syndrom	Als Neunzig-Prozent-Syndrom wird der subjektive Eindruck verstanden, bereits 90 Prozent einer Aufgabe/eines Projekts geschafft zu haben, obwohl das objektiv nicht der Fall ist.
Nominalskala	Bei der Nominalskala unterscheiden sich die Merkmale nach einem Wort, können aber nicht in eine Rangfolge gebracht werden (z. B. Geschlecht: männlich/weiblich).
Nutzen	Unter »Nutzen« versteht man die subjektive Wertschätzung von Eigenschaften von Gütern, die der Bedürfnisbefriedigung dienen.
Nutzwertanalyse	Die Nutzwertanalyse dient dazu, den höchsten Nutzen einer Investition zu ermitteln. Dies geschieht, indem qualitative Kriterien zur Bewertung einer Investition mit Hilfe eines Punktesystems gewichtet werden und durch Summierung ein Gesamtnutzen ermittelt wird.
Offene-Punkte-Liste	Eine Liste, auf der alle noch nicht erledigten, also offenen Punkte stichwortartig schriftlich festgehalten werden.
Operative Investitionen	Kurzfristige, meist routinemäßige Investitionen.
Optimaler Ersatzzeitpunkt	Der Zeitpunkt, bei dem die Durchführung einer Ersatzinvestition wirtschaftlich optimal ist, d. h. ab diesem Zeitpunkt ist

	die Ersatzinvestition wirtschaftlicher als die alte vorhandene Investition.
Ordinalskala	Bei der Ordinalskala werden bestimmte Merkmalsausprägungen in eine bestimmte Rangfolge gebracht.
Overall Equipment Effectiveness	Abgekürzt: OEE-Methode. Eine Methode zur systematischen Messung der Gesamtanlageneffektivität.
Passivseite	Die Seite der Mittelherkunft der Bilanz.
Pay-off-Menge/-zeit	siehe Amortisation
Pflichtenheft	Das Pflichtenheft enthält die vom Auftrageber erarbeiteten Realisierungsvorgaben aufgrund der Umsetzung des Lastenheftes. Es beschreibt wie und womit die Forderungen verwirklicht werden können.
Plagiat	Als Plagiat wird die Verletzung des Urheberrechts verstanden.
Post Completion Audit	Der Zielerreichungsgrad einer Investition wird etwa zwei Jahre nach Einführung der Investition in einem Post Completion Audit überprüft.
Product Carbon Footprint	Der Product Carbon Footprint (»CO_2-Fußabdruck«) bezeichnet die Bilanz der Treibhausgasemissionen entlang des gesamten Lebenszyklus eines Produkts in einer definierten Anwendung und bezogen auf eine definierte Nutzeinheit.
Produktlebenszyklus	Der »Produktlebenszyklus« ist ein betriebswirtschaftliches Modell, das die Lebensdauer eines Produktes in mehrere Phasen unterteilt, die nach dem Modell idealtypisch verlaufen. Es unterteilt in eine Entstehungs-, Wachstums-, Reife- und Altersphase.
Projekt	Ein Projekt ist laut DIN 69901 ein »Vorhaben, das im Wesentlichen durch Einmaligkeit der Bedingungen in ihrer Gesamtheit gekennzeichnet ist«.
Projektabschluss	Offizielles Ende eines Projektes
Projektleiter	Der Projektleiter ist im Projekt dafür verantwortlich, dass die Ziele erreicht werden. Er verfügt über die Ressourcen im Projekt.
Projektstrukturplan	Der Projektstrukturplan zerlegt die Gesamtaufgabe des Projektes inhaltlich (nicht zeitlich) in einzelne Teilaufgaben und Arbeitspakete. Die Detaillierung wird so lange vorangetrieben, bis alle Aufgaben in einzelne, voneinander abgegrenzte Arbeitspakete aufgeteilt sind.
Ratenkredit	Der Ratenkredit wird über eine feste Laufzeit vereinbart. Die Tilgungsrate bleibt über die gesamte Laufzeit gleich, sodass mit sinkendem Zinsanteil die gesamte Rückzahlungsrate sinkt.
Rating	Mit dem Rating wird die Fähigkeit eines Kreditnehmers beschrieben, seinen Zahlungsverpflichtungen, die er eingeht, in der Zukunft nachzukommen.
Reine Projektorganisation	Ein Team arbeitet autonom an einem Projekt. Das Projektteam ist nicht in die Linienorganisation integriert.

Reinvestitionen	Investitionen, die ein Wiederauffüllen des verminderten Bestandes an Produktionsfaktoren darstellen. Im weiteren Sinne werden unter diesem Begriff auch Rationalisierungs-, Umstellungs-, und Diversifizierungsinvestitionen gefasst.
Remanente Kosten	Remanente Kosten sind nicht abbaubare Fixkosten.
Rentabilitätsrechnung	Mit Hilfe der Rentabilitätsrechnung wird die Verzinsung einer Investition errechnet. Die erwirtschafteten Gewinne oder Deckungsbeiträge werden dann ins Verhältnis zur Anfangsauszahlung gesetzt.
Ressourcen	Zu den Ressourcen zählen das Personal, die finanziellen Mittel und andere Ausstattungen, um z. B. die Aufgaben in einem Projekt zu erfüllen.
Reverse Factoring	Beim Reverse Factoring bezahlt die Factoring-Gesellschaft den Lieferanten – und räumt seinem Kunden ein längeres Zahlungsziel ein. Sie übernimmt somit die Finanzierungsfunktion, die im Falle des Lieferantenkredits dem Lieferanten aufgebürdet wird.
Risiko	Als Risiko werden die Ereignisse (externe Faktoren) oder Entscheidungen und Handlungen (interne Faktoren) bezeichnet, die das Unternehmen daran hindern (ursachenbezogene Komponente), definierte Ziele zu erreichen bzw. Strategien erfolgreich zu realisieren (wirkungsbezogene Komponente).
Risikoprofil	Das Risikoprofil zeigt die Verteilung der Kapitalwerte in Abhängigkeit verschiedener Eingangsgrößen, denen ein bestimmter Wahrscheinlichkeitswert des Eintritts zugeordnet wurde.
Rollierende Planung	Bei der rollierenden Planung wird die vergangene abgelaufene Periode durch eine neue zukünftige ersetzt. Ist z. B. ein Planquartal abgelaufen, wird ein neues Planquartal am bisherigen Periodenende der Planung ersetzt.
Rotormäher	Der Rotormäher wird seit den 1950er-Jahren in der Landwirtschaft zum Mähen von Gras eingesetzt. Der Vorteil gegenüber dem Balkenmäher besteht darin, dass er durch das Rotationsprinzip nicht verstopfen kann und höhere Geschwindigkeiten ermöglicht als ein Balkenmäher.
Rückstellungen	Rückstellungen sind Aufwendungen, denen zum Zeitpunkt der Bildung keine Auszahlungen gegenüberstehen. Sie werden für Verbindlichkeiten gebildet, die in der Zukunft liegen. Bekannt sind z. B. Pensionsrückstellungen oder Rückstellungen für Prozessrisiken oder Garantierückstellungen.
Sachinvestitionen	Sachinvestitionen sind am Leistungsprozess des Unternehmens direkt beteiligt oder ermöglichen diesen (z. B. Maschinen und Gebäude). In weiter Auslegung gehört auch das Umlaufvermögen zu den Sachinvestitionen.
Sale-and-Lease-Back-Verfahren	Dieses Verfahren führt zu einer Mittelfreisetzung durch Desinvestition. Dabei werden betriebsnotwendige Vermögens-

	gegenstände an eine Leasinggesellschaft verkauft und von dieser sofort wieder geleast. Die Nutzung erfolgt nahtlos im Rahmen des mit der Leasinggesellschaft geschlossenen Vertrages. Risiken: Die verschobenen Bilanzrelationen irritieren die Kreditgeber. Die Vermögensgegenstände verschwinden aus der Bilanz. Es werden unter Umständen Steuerzahlungen durch Auflösung stiller Reserven fällig.
Selbstbild	Das Selbstbild ist die persönliche Meinung eines Individuums über sich selbst – es spiegelt keine objektiven Tatsachen wider.
Selektive Wahrnehmung	Bei selektiver Wahrnehmung achtet ein Individuum gezielt nur auf bestimmte Dinge und schaltet die Wahrnehmung aller anderen Aspekte aus.
Sensitivitätsanalyse	Eine Sensitivitätsanalyse untersucht die Empfindlichkeit eines Ergebnisses einer Investition auf Änderungen in den Prämissen.
Simulation	Bei der Simulation wird ein Modell gebildet, das den realen Zustand eines Unternehmens abbilden soll. Dann werden die Eingangsvariablen geändert und es wird berechnet, wie sich der Gesamtzustand ändert.
Skalennachteile	siehe Economies of scale
Stab-Projektorganisation	Im Falle einer Stab-Projektorganisation übernimmt ein Stabmitarbeiter die Projektleitung, häufig der Assistent der Geschäftsleitung. Der Stabmitarbeiter hat keine Entscheidungs- und Weisungsbefugnis.
Stakeholder	Unter dem Begriff »Stakeholder« werden unterschiedliche Anspruchsgruppen zusammengefasst, die einen spezifischen Beitrag zur Unternehmensführung erbringen, wie z. B. die Eigen- und Fremdkapitalgeber, Arbeitnehmer, Management, Kunden, Lieferanten und die allgemeine Öffentlichkeit.
Standortanalyse	Bei der Standortanalyse wird anhand fest definierter Kriterien geprüft, ob ein Standort für ein bestimmtes Unternehmen geeignet ist.
Strategie	Die Strategie leitet sich aus der Vision ab und dient als Leitlinie und Orientierung künftigen Handelns. Sie beinhaltet die für die Geschäftsführung und Mitarbeiter verbindlichen Leistungsvorgaben und Handlungsprinzipien, die sicherstellen sollen dass angestrebtes Image, Leistungsangebot, Prozess und Mitarbeiter im Einklang stehen.
Strategische Investitionen	Investitionen, die auf oberer Unternehmensebene geplant werden.
Strukturierte Finanzierung	Unter strukturierter Finanzierung wird in der Bankpraxis eine Finanzierung verstanden, die sich aus mehreren Elementen zusammensetzt.
Strukturkapital	Der Begriff aus dem Themengebiet der Wissensbilanz bezeichnet alle Strukturen, die die Mitarbeiter einsetzen, um in ihrer

	Gesamtheit die Geschäftätigkeit durchzuführen. Das Strukturkapital ist im Besitz der Organisation und bleibt auch beim Verlassen der einzelnen Mitarbeiter weitgehend bestehen.
Substitutionsprodukt	Ein Substitutionsprodukt ist ein Produkt, das ein anderes ersetzt. Klassisches Bespiel ist der Ersatz von Dampflokomotiven durch Elektro- und Diesellokomotiven.
SWOT-Analyse	Mit Hilfe der SWOT-Analyse werden die internen Stärken und Schwächen eines Unternehmens und die Chancen und Risiken des Marktes untersucht. Ziel ist es, hieraus Strategien abzuleiten.
Taktische Investitionen	Mittelfristige Investitionen, die auf mittlerer Hierarchieebene geplant werden.
Technische Nutzungsdauer	Die technische Nutzungsdauer bezeichnet die technisch mögliche Nutzung eines Anlagegutes.
Tilgungszuschussdarlehen	oder Tilgungsauffangdarlehen. Bei dieser Form des Darlehens wird der Kapitaldienst des Ursprungdarlehens übernommen. Der Kapitaldienst des Zusatzdarlehens wird zunächst ausgesetzt und die aufgelaufenen Zinsen dem Darlehensbetrag zugeschlagen. Erst nach Tilgung des Ursprungdarlehens beginnt der Kapitaldienst.
Top-down-Planung	Planung von oben nach unten. Es werden von der Unternehmensspitze Vorgaben an hierarchisch untere Abteilungen gegeben, die dort zu erfüllen sind.
Touch down	Mit »Touch-down« bezeichnet man die Projektabschlussveranstaltung – das Pendant zum Kick-off.
Unternehmenskultur	Unter Unternehmenskultur (auch Organisationskultur) werden die Wertehaltung, Normenorientierung und Denkmuster verstanden, die sich die Mitarbeiter eines Unternehmens oder einer Organisation teilen.
Unternehmensziel	Das Ziel ist ein Zustand oder ein Ergebnis, welches in Zukunft angestrebt wird. In Unternehmen werden diese Zielfunktionen spezifisch festgelegt.
Vermögensposition	Eine Vermögensposition oder ein Vermögensgegenstand wird auf der Aktivseite der Bilanz eines Unternehmens aufgeführt. Vermögenspositionen müssen selbstständig verwertbar sein. Es können Positionen des Anlage- oder Umlaufvermögens sein.
Vision	Oberbegriff für die zukünftige Ausrichtung und Positionierung der Organisation. Die Vision beschreibt die langfristigen Ziele und bildet die Grundlage der Entwicklung aller Kenngrößen einer Strategie.
Vollständiger Finanzplan	Der vollständige Finanzplan erfasst sämtliche finanzielle Auswirkungen einer Investition als Originalgrößen
WACC	Weighted Average Cost of Capital. Der gewichtete durchschnittliche Kapitalkostensatz (Eigen- und Fremdkapital) eines Unternehmens oder einer Organisation.

Wertanalyse	Die Wertanalyse ist eine Methodik, mit der gezielt Kosteneinsparungen und Verbesserungen bei bestehenden Produkten oder Prozessen gesucht werden.
Wiedergewinnungsfaktor	Mit Hilfe des Wiedergewinnungsfaktors wird der Kapitalwert unter Berücksichtigung von Zinsen und Zinseszinsen auf gleich hohe Zahlungen während der Nutzungsdauer aufgeteilt.

Literatur- und Quellenverzeichnis

A.T. Kearney (2009): »GreenWinners. The performance of sustainability-focused companies during the financial crisis«, Pressemitteilung vom 12.9.2009, Düsseldorf (abgerufen am 5.12.2010)
Adam, Dietrich (1997): »Investitionscontrolling«, München/Wien
Alwert, Kay/Bornemann, Manfred/Will, Markus (2010): Fraunhofer Academy Arbeitskreis Wissensbilanz (AK-WB), Berlin
Andriessens, Pola (1995): »Wahrnehmung«, in: Brunner, Reinhard/Titze, Michael (Hrsg.): Wörterbuch der Individualpsychologie, München/Basel
Arbeitskreis Wissensbilanz (2010a): »Wissensbilanz-Schnelltest«; URL: http://www.wissensbilanz-schnelltest.de (29.10.2010)
Arbeitskreis Wissensbilanz (2010b): »Wissensbilanz-Leitfaden«; URL: http://www.akwissensbilanz.org/methode/leitfaden.htm (29.10.2010)
Arbeitskreis Wissensbilanz (2010c): »Wissensbilanz-Toolbox«; URL: http://www.akwissensbilanz.org/Toolbox/toolbox-download.htm (29.10.2010)
Beatge, Jörg/Kirsch, Hans-Jürgen/Thiele, Stefan (Hrsg.) (2009): »Bilanzen«, Düsseldorf
Beck, Hanno (2008): »Die heiße Hand und der Spielerirrtum«, in: Frankfurter Allgemeine Zeitung, 13.11.2008, S. 23
Becker, A. Hugo/Becker, H. (2004): »Psychologisches Konfliktmanagement«, München
Bernecker, Michael/Eckrich, Klaus (2003): »Handbuch Projektmanagement«, München/Wien
Bieg, Hartmut/Kussmaul, Heinz/Waschbusch, Gerd (2006): »Investitionsmanagement mit Übungen«, München
Bieg, Hartmut/Kussmaul, Heinz/Waschbusch, Gerd (2007): »Finanzierungsmanagement mit Übungen«, München
Blacksocks (2010): http//www.blacksocks.com (29.10.2010)
Bleis, Christian (2006): »Grundlagen Investition und Finanzierung«, München
Bornemann, Manfred/Reinhard, Rüdiger (2008): »Handbuch Wissensbilanz«, Berlin
Boyd, Britta (2007): »Nachhaltige Unternehmensführung in langlebigen Familienunternehmen«, Dissertation, Flensburg
Brenthenoux, Erik: Gartner Group, in: IT Wissen am 06.12.2010, http://www.itwissen.info/definition/lexikon/Data-Mining-data-mining.html
Bundesministerium für Wirtschaft und Technologie: http://www.foerderdatenbank.de (23.09.2010)
Bundesverband Deutscher Unternehmensberater BDU e. V. (2006): »Controlling« 5. Aufl., Berlin
Bürgschaftsbank NRW (2010): http://www.bb-nrw.de/cms/internet/de/home.html (28.09.2010)
Busse. Franz-Joseph (2003): »Grundlagen der betrieblichen Finanzwirtschaft« 5. Aufl., München/Wien
C. Rob. Hammerstein GmbH & Co. KG, Solingen (2010): http://www.crh-group.com/development/safety/simulation (23.09.2010)
Corsten, Hans (2004): »Produktionswirtschaft« 10. Aufl., München/Wien
Dahm, Georg/Selbach, David (2010): »Kopf oder Bauch?« in: impulse 1/2010, S. 17
Deutsch, Christian (2008): »Spezial Messen Tatort Messe«, in: Markt und Mittelstand, 1/2008, S. 32–35
Deutscher Industrie und Handelskammertag e. V. (2009): »Innovationsverhalten deutscher Unternehmen in der Krise – erstaunlich offensiv«, Berlin
Douglas Gruppe (2010): Geschäftsbericht der Douglas Gruppe 2008/2009; URL: http://www.dhaggb.com/uploads/media/GB08-09DE.pdf (01.11.2010)
Egon Evertz KG (GmbH & Co.), Solingen (2010): http://www.evertz-group.com/de/unternehmen/egon-evertz-kg/(23.09.2010); http://www.evertz-group.com/de/unternehmen/evertz-maschinenbau/produkte-und-dienstleistungen/(23.09.2010); http://www.evertz-group.com/de/ueber-uns/leitbildvision/(23.09.2010)
Eisenmann AG. Böblingen (2010): http://www.eisenmann.de/include/Download/Journal_engl.pdf (4.1.2011)
Ernst, Holger (2009): »Hören Sie besser nicht auf ihre Kunden«, in: impulse, 9/2009, S. 108

Faber-Castell (2010): http://www.faber-castell.de/30517/Presse/Unternehmensinfos/index.aspx (28.10.2010)
Faulhaber, Peter/Grabow, Hans-Joachim (2009): »Turnaround-Management in der Praxis«, Frankfurt/Main
Freidank, Carl-Christian (2008): »Kostenrechnung«, 8. Aufl., München
Frielinghaus GmbH Ennepetal (2010): http://www.frielinghaus.de/Chronik080110.pdf (23.09.2010)
Froitzheim, Ulf J. (2010): »Sauber, Sauber«, in: impulse 01/2010, S. 53 ff.
Fuchs, Hans Joachim (2010): »Marken- und Produktpiraten systematisch verfolgen«, in: Maschinenmarkt Heft 22, S. 21 ff.
Gleich, Ronald/Sauter, Rolf (2009): »Der Krise trotzen«, in: »Innovationsmanager F.A.Z.-Institut«, Frankfurt am Main, Ausgabe 04/2009, S. 28. URL: http://www.innovation-navigators.com/fileadmin/media/PDF/de/04_Publikationen/E_Innovationsmanager_4_09_Der_Krise_trotzen_Sauter-Gleich.pdf (23.09.2010)
Gleißner, Werner (2008a): »Risikocontrolling und strategisches Risikomanagement«, Teil 1, in: Controller Magazin, Heft 4 (Juli/August) 2008, S. 35 ff.
Gleißner, Werner (2008b): »Risikocontrolling und strategisches Risikomanagement«, Teil 2, in: Controller Magazin, Heft 5 (Sept./Okt.) 2008, S. 38 ff.
Gleißner, Werner/Füser, Karsten (2003): »Leitfaden Rating«, München
Global Reporting Initiative (2010): http://www.globalreporting.org/Home/LanguageBar/LanguageGerman.htm (24.09.2010)
Goretzki, Lukas/Weber, Jürgen/Zubler, Susanne (2010): »Die Rollen der Controller«, in: Controller Magazin, Heft 2 (März/April) 2010, S. 59f.
Gregorc, W./Weiner, K.L. (2005): »Claim Management«, Erlangen
Greiner, Oliver (2006): »Musterbasierte Strategieentwicklung«, in: Controlling, Heft 11/2006, S. 611 ff.
Heraeus, Jürgen (2010), »Familienunternehmen stabil in die Zukunft führen«, in: http://www.aknu.org/index.php?option = com_content&view = article&id = 278:familienunternehmen-stabil-in-die-zukunft-fuehren&catid = 34:content&Itemid = 5, erschienen bei der Schmalenbach Gesellschaft e.V. Hauptmenü: Klartext (2010a) abgerufen am 24.09.2010
Hamel, Gary/Välkangas, Liisa (2003): »Das Streben nach Erneuerung«, in: Harvard Business Manager, Heft 2003, S. 24 ff.
Hardtke, Arno/Prehn, Marco (2001): »Perspektiven der Nachhaltigkeit«, Wiesbaden
Hauff, Volker (Hrsg.) (1987): »Unsere gemeinsame Zukunft. Der Brundtland-Bericht der Weltkommission für Umwelt und Entwicklung«, Greven
Heinz Berger Maschinenfabrik GmbH & Co. KG, Wuppertal (2010): http://www.berger-grinder.de/index.php?mySID = b925f4c4e26dc4eeb6d63b2aea6f2468&lang = de&cat_id = 1952&menuid = 1924 (23.09.2010)
Hinz, Olaf (2009): »Sicher durch den Sturm. So halten Sie als Projektmanager den Kurs«, Zürich
Hirsch Servo, Glanegg, Österreich (2006), Nachhaltigkeitsbericht 2006
Hobel, Bernhard/Schütte, Silke (2006): »Business Wissen A – Z. Projektmanagement«, München
Hoffmann, Kai/Renner, Lothar (2008): »Projektcontrolling mit der Earned Value Methode«, in: Controller Magazin, Heft 6 (November/Dezember) 2008, S. 48 ff.
Horváth, Péter/Gleich, Ronald/Voggenreiter, Dietmar (2001): »Controlling umsetzen«, Stuttgart
ICC Deutschland e. V. Berlin (2010): http://www.original-ist-genial.de (23.09.2010)
Ikea (2010): http://www.ikea.com/ms/de_AT/about_ikea/our_responsibility/the_never_ending_list/index.html (28.10.2010)
Institut für ökologische Wirtschaftsforschung und future e. V. (Hrsg.) (2009): »Anforderungen an die Nachhaltigkeitsberichterstattung von KMU: Kriterien und Bewertungsmethode im IÖW/future-Ranking, 2009«; URL: http://www.kmu.ranking-nachhaltigkeitsberichte.de (24.09.2010)
Jacob, Herbert/Voigt, Kai-Ingo (1997): »Investitionsrechnung«, Wiesbaden
Kalo-Gruppe (6.3.2009): Pressemitteilung »Kostensenkung durch Contracting: So rentiert sich der Umweltschutz für die Industrie«, Hamburg
Kaplan, Robert S./Norton, David P. (1997): »Balanced Scorecard«, Stuttgart
Kinkel, Steffen (2009): »Produktionsverlagerungen in Zeiten der Krise«, Fraunhofer-Institut für System- und Innovationsforschung (ISI), Karlsruhe
Köhn, Rüdiger (2010): »Wir haben den Vorteil der Marke«, in: Frankfurter Allgemeine Zeitung, 30.08.2010
Kramp, Varsseveld Holland (2010a): http://www.kramp.com (24.09.2010)

Kramp, Varsseveld Holland (2010b): http://www.kramp.com/info/index.php?id = 2502 (24.09.2010)
Kreditanstalt für Wiederaufbau (2009): http://www.kfw.de/DE_Home/Presse/Pressearchiv/2009/20090727.jsp (24.09.2010)
Kröger, Fritz/Vizjak, Andrej/Ringlstetter, Max (2006): »Wachsen in Nischen«, Weinheim
Kruschwitz, Lutz (2007): »Investitionsrechnung« 11. Aufl., München
Krystek, Ulrich/Müller, Michael (1999): »Frühaufklärungssysteme. Spezielle Informationssysteme zur Erfüllung der Risikokontrollpflicht nach KonTraG«, in: Controlling, April/Mai 1999
Kurz, Andreas (2009): »Auf Holz gebaut« in: impulse, Heft 11/2009, S. 44 ff.
Lambert, M. Douglas/Knemeyer, Michael A. (2005): »Gemeinsam zur perfekten Partnerschaft«, in: Harvard Business Manager, Heft 9/2005, S. 25 ff.
Lay, Gunter (2003): »Betreiben statt Verkaufen: Häufigkeit des Angebots von Betreibermodellen in der deutschen Investitionsgüterindustrie«, in: Mitteilungen aus der Produktinnovationsforschung, Fraunhofer Institut Systemtechnik und Innovationsforschung, Nr. 29 (Mai 2003)
Lechler, Th. (1997): »Erfolgsfaktoren des Projektmanagements«, Frankfurt am Main
Lemken GmbH & Co. KG, Alpen (2010): http://www.lemken.com/appc/content_manager/page.php?ID = 194317&dbc = c3890db55da59526afa90c451d5894e7 (10.05.2010)
Little, Arthur D. (1988): »Innovation als Führungsaufgabe«, Frankfurt am Main/New York
Little, Arthur D. (1997): »Management von Innovation und Wachstum«, Wiesbaden
Litz, Christin (2009): »Ostwestfälische Sammlernatur«, in: impulse, Heft 9/2009, S. 57
Mahlendorf, Matthias D. (2010): »Eskalation des Commitments bei scheiternden Projekten«, in: Controller Magazin, Heft 1 (Jan./Feb.) 2010, S. 38 f.
May, Constantin/Koch, Arno (2008): »Overall Equipment Effectiveness (OEE)«, in: Zeitschrift für Unternehmensberatung (Zub), Heft 6/2008, Berlin, S. 245ff.
Melchior, Fred-Lothar (2009): »Bioreaktor spart Millionen Liter Wasser«, in Solinger Tageblatt v. 4.11.2009
Meyer, Jens-Uwe (2009): »Innovation«, in: Zeitschrift für Unternehmensberatung (ZUb), Berlin Heft 5/2009, S. 223 ff.
Michel, Reiner (1999): »Komprimiertes Kennzahlen-Know-how«, Wiesbaden
Ministerium für Wirtschaft, Energie, Bauen, Wohnen und Verkehr des Landes Nordrhein-Westfalen: »NRW Ziel 2-Programm 2007–2013 (EFRE)«; URL: http://www.ziel2-nrw.de/1_Ziel2-Programm/index.php (29.10.2010)
Möbius, Jan (2009): »Mehr Platz für moderne Technik bei KSB in Halle«, in: Mitteldeutsche Zeitung v. 2.12.2009, http://www.mz-web.de/servlet/ContentServer?pagename = ksta/page&atype = ksArtikel&aid = 1259758198929 am 30.11.2010
Müller, Klaus-Peter (2010): »Nachhaltigkeit orientiert sich an langfristiger Wertschöpfung«, http://www.aknu.org/index.php?option = com_content&view = category&id = 34&Itemid = 50&limitstart = 25, erschienen bei der Schmalenbach Gesellschaft e. V. Hauptmenü: Klartext (2010b) abgerufen am 24.09.2010
Nokia Deutschland (2010): http://www.nokia.de/nokia/ueber-nokia/unternehmen/vision-and-strategie (19.05.2010)
Ochs, Birgit (2009): »Wir bauen keine Luftschlösser«, in: Frankfurter Allgemeine Zeitung, 07.02.2009
oekom research AG (2010): »Corporate Responsibility Review 2010«, März 2010. URL: http://www.oekom-research.com/index.php?content = studien (24.09.2010)
Ökoprofit Maßnahmendatenbank: http://www.arqum.de/datenbank (28.10.2010)
Olfert, Klaus (2008): »Kostenrechnung« 15. Aufl., Ludwigshafen
Olfert, Klaus/Reichel, Christopher (2006): »Investition«, 10.Aufl., Leipzig
Otto, Presseinformation (18.01.2010)
o. V. (2009): »BMW steigt aus der Formel 1 aus«, in: FAZ v. 30.7.2009
Paul, Holger (2009): »Wir müssen sein wie ein Tausendfüßler«, in: FAZ (27.4.2009)
Pollanz, Manfred (2009): »BilMoG-Einstieg leicht gemacht!«, Norderstedt
Porter, Michael (1995a): »Strategische Konzepte«, hrsg. von: Eschenbach, Rolf/Kunesch, Hermann, Stuttgart
Porter, Michael E. (1995b): »Wettbewerbsstrategie«, 8. Aufl., Frankfurt a.M./New York
Reichmann, Thomas (2006): »Controlling mit Kennzahlen und Management-Tools«, München
Ritter, Johannes (2009): »Werner Otto 100 Jahre«, in: Frankfurter Allgemeine Zeitung, 12.09.2009
Samulat, Gerhard (2001): »Nur selten kooperieren Unternehmen, wenn es ihnen gut geht«, in: Informationsdienst Wissenschaft 26.01.2001, URL: http://www.isi.fhg.de/pr/presse.htm (24.09.2010)

Samulat, Gerhard (2002): »Die virtuelle Fabrik in weiter Ferne«, in: Informationsdienst Wissenschaft, URL: www.isi.fhg.de/pr/2002de/pri062002.htm (24.09.2010)

Schaltegger, Stefan/Windolph, Sarah Elena/Harms, Dorli: »Corporate Sustainability Barometer«, herausgegeben von PricewaterhouseCoopers; URL: http://www.pwc.de/portal/pub/!ut/p/c4/04_SB8K8xLLM9MSSzPy8xBz9CP0os3gDA2NPz5DgAF9nA0dPN3M_dydnAwjQL8h2VAQAZ4E4Sw!!/?topNavNode=49c4e38420924a4b&siteArea=49c4e38420924a4b&content=e5ee160e1661cf5 (24.09.2010)

Schelle, Heinz (2004): »Projekte zum Erfolg führen«, München

Schweitzer, Marcel/Küpper, Hans-Ulrich (2008): »Systeme der Kosten- und Erlösrechnung«, 9. Aufl., München

Simon, Hermann (2007): »Hidden Champions des 21. Jahrhunderts«, Frankfurt/New York

Simon, Hermann (1996): »Die heimlichen Gewinner (Hidden Champions)«, Frankfurt/New York, S. 110–111

Solinger Tageblatt (09.02.2010): »In Kohlfurth auf Wachstumskurs«

Solinger Tageblatt (25.08.2010): »Zwei Geldbriefe aus Bonn«

Stern, Thomas/Jaberg, Thomas (2007): »Erfolgreiches Innovationsmanagement«, Wiesbaden

Warkotsch, Nicolas (2010) »Investitionscontrolling in Konzernstrukturen«, in: Controller Magazin, Heft 3 (März/April) 2010, S. 70 ff.

Weber, Jürgen (2010): »Controlling und Nachhaltigkeit«, in: Controller Magazin, Heft 3 (März/April) 2010, S. 12

Wilkhahn (2010a): http://www.wilkhahn.de/home.html (29.10.2010)

Wilkhahn (2010b): Pressemitteilung des Unternehmens wilkhahn vom 12.01.2010; URL: https://www.wilkhahn.de/loadframes.html?/0_meta/04_presse/index.php

Wilkhahn (2009): Pressemitteilung des Unternehmens wilkhahn vom 13.02.2009; URL: https://www.wilkhahn.de/loadframes.html?/0_meta/04_presse/index.php

Witt, Frank-Jürgen (2002): »Controlling-Lexikon«, München

Wittrock, Olaf, (2009): »Insourcing. Das Rad wird jetzt zurückgedreht«, in: impulse, Heft 9/2009, S. 54 ff.

Wöhe, Günther (2000): »Einführung in die Betriebswirtschaftlehre«, 20. Aufl., München

Würth, Reinhold (2002): »Skripten für Entrepreneuership I«, WS 2002/2003, Vorlesung 2, S. 4; URL: http://www.wuerth.de/web2/wuerth/akademie/iep/de/V2WS0203.pdf (29.10.2010)

Zakon, Alan J. (1993): »An Erfolg anknüpfen«, in: v. Oetinger, Bolko (Hrsg.): »Das Boston Consulting Group Strategie-Buch«, Wien/New York/Moskau

Stichwortverzeichnis

Abbruchkriterien 211
Abnahme 81, 132
Abschreibungen 99, 160
Abschreibungsquote 96
Alleinstellungsmerkmal 221
Amortisation
- Amortisationsmenge 37
- Amortisationsmethode 222
- Amortisationsrechnung 37
- Amortisationszeit 37
Anlageintensität 96
Anlagendeckung 94
Anlagennutzung 96
Annuität 106
Annuitätenmethode 48
Anreizsystem 174
Arbeitsplan 129
Aufbauorganisation 124
Auftraggeber 125
Ausfallrisiko 89
Ausfallzeiten 158
Auslastung 158
Ausschreibung 137
Außenfinanzierung 101

Balanced Scorecard 16, 17, 67, 158
Balkendiagramm 128, 251
Bankkredit 104
Barwert 45
Bauchentscheidungen 167
Behinderungsanzeige 139
Benchmarking 194
Bestandsaufnahme
- strategische 159
Beteiligungskapital 111
Betreibermodelle 179, 184
Betriebsblindheit 210
Betriebsdatenerfassung 159
Beziehungskapital 246, 247
Bilanz 79, 90, 194
Bilanzmodernisierungsgesetz 213
Bilanzstrukturkennzahlen 95
Bottom-up-Planung 134
Brandingnische 199
Break-even-Analyse 187
Break-even-Point 37
Bruttorentabilität 41
Bürgschaftsbank 107, 119

Cashflow 92, 218
Cashflow-Rate 92
Change Request 136, 149
Checkliste 158

Claim-Management 138
Contracting 185
Controller 167, 170
Controlling 154, 166, 212, 219, 237
Cost-Performance-Index 145

Darlehen 104, 107
- Annuitätendarlehen 104
- Ratendarlehen 104
- Zinsdarlehen, reines 104
Data-Mining-System 208
Dean-Modell 113
Deckungsbeitragsrechnung 158
Desinvestition 155, 163, 220
Differenzierungsstrategie 193
Differenzinvestition 43
Dokumentation 69, 83, 84, 117, 131, 139
Due Diligence 111
Dynamische Investitionsrechenverfahren 43
Dynamischer Verschuldungsgrad 95

Earned-Value-Analyse 143
Eigenkapital 98
Eigenkapitalreichweite 96
Eigenkapitalrendite 102
Eintrittswahrscheinlichkeit 70, 80
Energieeinsparung 236
Entscheidungsprämissen 173
Erfahrungskurvenkonzept 68
Erfolgsfaktoren 192, 245
Erfolgskennzahlen 92
Erfolgsmuster 200
Ersatzinvestition 4, 99, 155, 160, 166, 221
Ersatzzeitpunkt
- optimaler 52, 160
Erwartungen 152, 171
Erweiterungsinvestition 101
Eskalationspfade 149
Eskalationsweg 174
Euphorie 65, 167
Expansionsphase 115

Factoring 110
Feedback 65
Fehlinvestition 10
Feinplanung 123
Finanzen
- Leitlinien 88
Finanzierung 248
- Instrumente 97, 114
- Konzept 116
- Struktur 71, 115
Finanzplanung 113, 117, 129

First-Mover-Erträge 212
Fixkosten 108, 182
FMEA-Methode 68
Fördermittel 106, 204
Forschung und Entwicklung 202
Free-Cashflow 93
Fristenkongruenz 94
Früherkennungssystem 224
Frühwarnsignale 6
Führungskultur 22, 136
Führungsstruktur 116
Fünf-Kräfte-Modell 8, 68

Gantt-Chart 128
Gefahrenanalyse 68
Gegenstromverfahren 134, 169
Gesamtanlageneffektivität 158
Gesamtkapitalrendite 94
Gesamtkapitalstruktur 109
Gesamtkapitalverzinsung 93
Geschäftserfolg 247, 249
Geschäftsmodell 249
Geschäftsprozesse 247, 249
Gewinnschwelle 164
Gewinnthesaurierung 99
Gewinn- und Verlustrechnung 90
Gewinnvergleichsrechnung 36
Global Reporting Initiative 242
Grenzkosten 165
Grenzwert 147
Grenzwertmethode 161

Hausbank 116
Hebelwirkung 101
Humankapital 246

Ideenfindung 208
Ignoranzfalle 6
Imageschäden 231
Immaterielle Vermögenswerte 245
Immaterielle Wirtschaftsgüter 213
Informationssammlung 67
Innenfinanzierung 97, 98
Innovationen 202, 216
Innovationsnische 198
Innovationsprogramm Mittelstand ZIM 204
Innovationsprozess 202, 204
Innovationsteam 210
Insolvenz 63
Insourcing 183, 220
Intellektuelles Kapital 245
Interne Zinsfußmethode 47
Investitionen 3, 4, 192, 233
– strategische 28
Investitionsantrag 168, 173, 174
Investitionsbedarf 5, 11, 245, 252
Investitionsbudget 141
Investitionscontrolling 167

Investitionsdeckung 96
Investitionsprogramm 55, 113, 169, 172, 199, 216, 222, 228, 236, 248
Investitionsprozess 4
Investitionsquote 96
Investitionsrechnung 164, 213
Investitionsruine 63, 64
Investitionsstau 63
IT-Investitionen 122

Kalkulationszinssatz 46
Kapazitätserweiterungseffekt 99
Kapitalangebotskurve 113
Kapitalflussrechnung 92
Kapitalnachfragekurve 113
Kapitalwert 161, 163, 202
Kapitalwertmethode 44, 109, 161, 222
Kennzahlen 84, 90, 91, 158, 212, 237, 245, 252
Kennzahlencockpit 159
Kernkompetenz 180, 193, 196, 197, 200
Kick-off-Meeting 127
K.o.-Kriterien 210
Kommunikation 65, 152
Komplexität 122
Konfliktphase 151
Kontinuierlicher Verbesserungsprozess 156
Kontokorrentkredit 104, 118
Kontrolle 136
Kooperation 179, 180
Korrekturverfahren 52
Kosten 33
– entscheidungsrelevante 156
– Finanzierung 113
– Kongruenz- 108
– Koordinations- 187
– Remanenz 164
– Strukturen 218, 221
– -überschreitung 146
Kostenführerschaft 193
Kostenrechnung 157
Kostenstelle 157, 166, 206
Kostenträger 134, 135, 157, 206
Kostentreiber 158
Kostenvergleichsrechnung 34
Kreativitätsprozess 212
Kreditversicherer 110
Krise 216
Kundennutzen 27, 200

Landesbürgschaft 119
Lastenheft 128
Leasing 108
Lebenszyklus 237
Leerkosten 99, 158, 219
Leistungen 186
Leitbild 12, 167, 203, 230, 233
Lenkungsausschuss 125

Lessons Learned 84
Leverage Effekt 101
Lieferantenkredit 109
Liquidität 101, 108, 216
Liquiditätsplan 224

Magisches Dreieck des Prozessmanagements 133
Make-or-buy-Entscheidung 179
Managementsystem 81
Managerhaftung 81
Marke 199
Marktführer 64, 193
Marktzutrittsschwelle 197
Matrix-Projektorganisation 125
Meilenstein 118, 129, 140, 144, 174
Meilensteintrendanalyse 140
Messgrößen 159
Mezzanine 112
Mindestrendite 46
Monte-Carlo-Simulation 71
Morphologische Matrix 208

Nachforderungen 138
Nachhaltigkeit 228
Nachhaltigkeitsbericht 236, 242
Nachträge 137
Nettorentabilität 41
Neunzig-Prozent-Syndrom 144
Nische 191, 221
Nutzen 208, 209
Nutzungsdauer
– technische 161
– wirtschaftliche 161
Nutzungsphase 154
Nutzungszeit 160
Nutzwertanalyse 28, 187

Offene-Punkte-Liste 131
Öffentliche Förderprogramme 106, 116
– Darlehen 87
Ökobilanzen 240
Organisationsphase 151
Outsourcing 179, 182
Overall Equipment Effectiveness 158

Paarvergleich 29, 252
Patentschutz 213
Pay as you earn 108
Performance 90, 108, 145, 228
Personalkostenplanung 134
Personalkostenquote 94
Pflichtenheft 128, 132
Plankosten 144
Planungsphase 168
Post Completion Audit 159
Potenzialportfolio 253
Private-Equity-Gesellschaft 111

Product Carbon Footprint 237
Produktinnovationen 232
Produktlebenszyklus 10, 68, 164
Produktnische 198
Projekt 123
Projektabschluss 133
Projektcontrolling 84, 154, 157, 169
Projektfortschritt 144
Projektleiter 126, 137, 139, 143, 149, 150
Projektorganisation 123, 124, 125
Projektstatus 147
Projektstatusbericht 147
Projektstrukturplan 128
Projektteam 123
Public-Private-Partnership 185

Qualitätsstandards 187

Rating 89, 109, 110, 120
Rechnungswesen 90
Remanenzkosten 189
Rendite 202
Rentabilität 88, 101
Rentabilitätsrechnung 41
Reparaturen 156
Reporting 117, 119, 136, 240
Ressourcen 126, 205, 212, 229
Restwertrisiko 108
Risiko 38, 69, 103, 106, 117, 118, 214, 230
– -analyse 71, 222
– -bereitschaft 223
– existenzielles 75
– -feld 67
– finanzielles 79, 84
– Finanzierungs- 88
– gesetzliches 83
– -höhe 76
– Image 80
– -liste 67, 69, 187
– -management 72, 83, 113, 169, 204
– -profil 54
– typisches 79
Rückstellungen 100

Sale-and-Lease-Back-Verfahren 109
Schadensausmaß 70, 76, 80
Schedule Performance-Index 145
Schuldentilgungsfähigkeit 95
Schutzrechtsverletzung 214
Schwache Signale 6
Scoring-Modelle 187
Selbstbild 65
Selbstcheck 89
Selbstfinanzierungsquote 96
Selbstüberschätzung 65
Selektive Wahrnehmung 64
Sensitivitätsanalyse 53
Sicherheit 53, 107, 118, 191, 245

Sicherheitspuffer 135
Sicherungsinstrumente 105
Simulation 71
Sollplanung 129
Sorgfaltspflicht 81
Stakeholder 230
Standards 167, 172, 188
Stärken- und Schwächenprofil 249
Statisches Verhalten 65
Störursachen 158
Strategie 191, 193, 194, 197, 234, 247, 248, 249
Strategisches Radar 8, 9
Strukturkapital 246
Substanzerhaltung 99
Substitutionsprodukt 7
SWOT-Analyse 16, 68
Synergien 180, 197, 200
Systematik 251
Szenario 78, 223

Teambildungsprozess 152
Teammitglieder 126
Teilmarkt 191
Termintreue-Index 145
Terminüberschreitung 146
Top-down-Planung 134
Transaktionskosten 186
Trendbrüche 6
Trugschluss 65

Umlaufvermögen 109
Umschlagshäufigkeit des Anlagevermögens 96
Umsetzung 122
Umsetzungsphase 84
Umweltschutz 228
Unabhängigkeit 98, 185
Unsicherheit 52
Unternehmenskultur 8
Unternehmensplanung 129

Value Innovationen 204
Vermögenskonstitution 96
Versicherungen 80
Versorgungssicherheit 80

Vertrag 81, 82
Vertragstreue 70
Vertrauen 118
Verwertbarkeit 108
Vision 14, 234, 247, 249
Vollständiger Finanzplan 50, 114, 161, 222

WACC 47
Wachstum 202
Wahrnehmung
– subjektive 157
Wahrnehmungsschwelle 157
Warnzeichen 6
Wechselwirkungen 249
Wertanalyse 64
Werterzeuger 220
Wertschöpfungskette 186
Wertvernichter 220
Wettbewerber 191, 209
Wettbewerbskräfte 8
Wettbewerbsvorteil 205, 206, 221, 229
Wiedergewinnungsfaktor 48
Wirkungsnetz 254
Wissensbilanz 245, 247
Work Breakdown Structure 143

Zahlungsbereitschaft 87, 88
Zahlungsfähigkeit 92
Zahlungsunfähigkeit 218
Zeitdruck 65
Ziel 167, 203, 207, 233, 242
– Investitions- 5, 14, 26, 115, 158, 163, 196, 228, 245
– Prozess- 203
– strategisches 170
– Unternehmens- 245
Ziel 2-Förderung 106
Zielkontrolle 159
Zufallsgenerator 72
Zufallszahlen 71
Zukunftsfähigkeit 19, 87, 218, 220, 228, 232, 248
Zukunftssicherung 229, 230
Zusatznutzen 193

Der Autor

Wolfgang Rasspe-Dahmann war viele Jahre für Investitionen in produzierenden Betrieben verantwortlich – als Geschäftsführer und in verschiedenen Leitungsfunktionen. Heute begleitet der Diplom-Kaufmann mittelständische Betriebe bei ihren Investitionsprojekten, denn Investitionen sind eine wichtige Lebensader des Unternehmens: Nur wer richtig investiert, kann die Nase vorn haben im Verdrängungswettbewerb.

Die wichtigsten Stationen seines bisherigen Berufslebens:

- Als Vertriebskaufmann im Investitionsgütergeschäft eines Großkonzerns sicherte er die Anlagengeschäfte durch laufende Kalkulationen und Risikobetrachtung ab.
- Als internationaler Verkaufsleiter für technische Produkte in einem mittelständischen Betrieb verantwortete er die Investitionen in neue Produktfelder und Auslandsmärkte.
- Als Mitglied der Geschäftsleitung sanierte und schuf er Investitionsstrategien in der Produktion.
- Als alleiniger Geschäftsführer eines mittelständischen Maschinenbauunternehmens stärkte er das Anlagengeschäft durch Investitionen und Vertriebssteuerung.
- Im Immobilienmanagement sicherte er die Auslastung durch gezielte Investitionen.
- Der dreifache Vater lebt mit seiner Familie in Solingen und ist außerdem Lehrbeauftragter der Fachhochschule Aachen.

Weitere Informationen: www.rasspe-dahmann.de